BIBEL FÜR HEUTE

Die Bibellese
für jeden Tag

KOMMENTARE – ANREGUNGEN – FRAGEN – IMPULSE

BRUNNEN
Verlag Giessen · Basel

Impressum

Herausgeber: Hildegard vom Baur, Dr. Michael Diener, Rainer Geiss, Gottfried Heinzmann, Karsten Hüttmann, Dr. Roland Werner
Redaktion: Klaus Jürgen Diehl (NT-Texte), Prof. Dr. Christoph Rösel (AT-Texte)

Quellennachweise

19. Februar: Dietrich Bonhoeffer, Die Psalmen. Das Gebetbuch der Bibel. Brunnen/MBK.
10. Juli: 3. Strophe aus: O Bethlehem, du kleine Stadt. Text: Helmut Barbe © Verlag Merseburger, Kassel www.merseburger.de.
3., 4., 5. u. 6. Oktober: Dietrich Bonhoeffer Werke © Gütersloher Verlagshaus, Gütersloh, in der Verlagsgruppe Random House GmbH.
16. Dezember: Hanns Dieter Hüsch/Uwe Seidel, Ich stehe unter Gottes Schutz, Seite 25, 2009/11 © tvd-Verlag Düsseldorf, 1996.

FSC www.fsc.org
MIX
Papier aus verantwortungsvollen Quellen
FSC® C006701

Umschlagfoto: Shutterstock
Umschlaggestaltung: Ralf Simon
Satz: Die Feder GmbH, Wetzlar
Herstellung: CPI – Ebner & Spiegel, Ulm
ISSN 0941-7753
ISBN 978-3-7655-6001-9

Vorwort 2012

Liebe Leserin, lieber Leser,

als der japanische Christ und Sozialreformer Toyohito Kagawa einmal von Journalisten gefragt wurde, was ihn zu seiner enormen Lebensleistung befähigt habe, hielt er ihnen seine Bibel entgegen mit den Worten: „Daraus beziehe ich meine ganze Kraft!"

Aus der Bibel als einer nie versiegenden Kraftquelle zu schöpfen: Diese Erfahrung wünschen wir Ihnen, liebe Leserin, lieber Leser, bei der Beschäftigung mit dem vom Ökumenischen Bibelleseplan täglich vorgegebenen Abschnitt aus dem Alten bzw. Neuen Testament. Das Leben in unserer komplizierten Welt wird immer anstrengender, und nicht wenige Menschen stoßen an die Grenzen ihrer Kraft und suchen nach neuer Lebensenergie. Ein pfiffiger Getränkeproduzent hat dies längst als Marktlücke erkannt und wirbt für sein Energiegetränk mit dem Versprechen, dass es Flügel verleihe. Doch was allenfalls als kurzfristig wirkendes Aufputschmittel taugt, löst die tiefer liegende Energiekrise in keiner Weise. Dazu braucht es schon die Kraftzufuhr aus einer anderen Welt, die uns mit der Botschaft der Bibel, dem Wort Gottes, angeboten wird.

Bibel für heute will Ihnen helfen, durch Erläuterungen und Kommentare, Impulse und Fragen das „Kraftpaket" des jeweiligen Bibeltextes auszupacken und daraus Stärkung und Orientierung für Ihr Leben mitzunehmen. Mehr als 50 Autorinnen und Autoren haben an dieser Ausgabe mitgearbeitet. Ihre Anschriften finden Sie am Ende des Buches. Erstmals sind dabei auch die E-Mail-Adressen einiger Autorinnen und Autoren mit angegeben, sodass Ihnen eine Kontaktaufnahme noch rascher und unkomplizierter möglich ist. Wir freuen uns auf Ihre Fragen und Anregungen und sind selbstverständlich offen für Ihre Kritik und Verbesserungsvorschläge.

Wir grüßen Sie mit einem Wort aus Psalm 119, Vers 162: *Ich freue mich über dein Wort wie einer, der große Beute macht!*

Dr. Christoph Rösel (Redaktion der Auslegungen des AT)
Klaus Jürgen Diehl (Redaktion der Auslegungen des NT)

Neujahr, 1. Januar Psalm 121

Was das **neue Jahr** bringt, wissen wir so wenig, wie wir hinter einen Berg sehen können. Undurchdringlich, unbekannt steht es vor uns. Die Annahme „Irgendwie werden wir da schon durchkommen" wäre zu kurz gedacht für einen weiten Weg.

Tiefer geht die Frage: ***Woher kommt mir Hilfe?*** Es ist die Frage nach Begleitung und Beistand. Wie viele fragen: Wer hilft mir? Das gehört zum Menschen, dass er immer wieder auf Hilfe angewiesen ist. Die Antwort ist ein persönliches Bekenntnis zu Gott: *Meine Hilfe kommt von dem HERRN, der Himmel und Erde gemacht hat.* Allumfassend ist seine Kraft. Der Schöpfer ist auch der Erhalter des Lebens.

Der ***Hüter Israels*** ist auch der Hüter des einzelnen Menschen. Der um sein Volk besorgt ist, sorgt auch für mich. Mein Leben ist ihm nicht zu gering, sich darum zu kümmern. Der Weg durch das neue Jahr ist ihm nicht zu weit, mich zu begleiten.

Darin ist der Hüter Israels einzig: **er schläft nicht**. Grenzenlos ist er präsent. Das ist keinem Menschen gegeben. Wir brauchen unseren Schlaf. Wir kommen immer wieder an unsere Grenze. Jeder Tag hat seine Grenze und jede Nacht. Wir sind dann mal weg. Aber Gott ist immer da. Allezeit ist seine Zeit.

Wer unterwegs ist, ist **besonderen Gefahren** ausgesetzt. Sonne und Mond werden als Bedrohungen gesehen. Aber nichts kann dem schaden, den Gott behütet. Er selbst ist der Schatten, der das Unheil abwehrt. Er selbst ist als Helfer und Beistand zur Stelle. Er ist der ständig aktive Schutzschild, der dem Unheil wehrt. In seiner Gegenwart ist geborgen, wer sich ihm anvertraut.

Mit diesem Zuspruch lässt sich das neue Jahr gut angehen.

Wo immer du gehst oder stehst, dein Aufbrechen und dein Ankommen, dein Wachen und Schlafen, dein Ausgang und Eingang, jeder Schritt und jeder Tritt geschieht in seiner Gegenwart.

● Wie mit einem kräftigen Glockenschlag beginnt das Evangelium: *Anfang des Evangeliums von Jesus Christus, dem Sohn Gottes.* Damit steht von Anfang an fest, wer Jesus ist:

➢ ***Christus,*** hebräisch: *Messias:* der von Gott berufene und eingesetzte *(gesalbte)* König, der sein Volk retten und regieren wird.

➢ ***Sohn Gottes***: Jesus kommt in der Autorität Gottes, in einer ganz engen Verbindung mit ihm. Alles, was jetzt geschieht, ist von Gott so gewollt und gewirkt – mehr noch: in Jesus kommt Gott, der Vater, zu uns. Das ist so wichtig, dass Gott selbst sich gleich in der ersten Szene des Evangeliums, bei der Taufe, zu Wort meldet und Jesus als *Sohn Gottes* bestätigt (V 11). In der Mitte des Evangeliums wird Gott das noch einmal tun: bei der Verklärung (Kap. 9,7).

➢ ***Anfang***: Mit diesem Wort beginnt die Schöpfungsgeschichte am Anfang der Bibel (vgl. 1Mo 1,1; Joh 1,1). Jetzt beginnt in Jesus die neue Schöpfung. Das ist *Evangelium, Frohe Botschaft.*

● Das Mk ist das kürzeste der vier Evangelien. Die erste Hälfte erzählt von dem, was Jesus in Galiläa tat und sagte. Die zweite Hälfte (ab Kap. 8,27) berichtet von Leiden, Tod und Auferstehung – und vom Weg Jesu dorthin.

● ***Johannes der Täufer*** ist eine einzigartige Gestalt im NT. Sein besonderer Auftrag ist es, die Menschen auf das Kommen des Messias/Christus vorzubereiten. Dazu entscheidet er sich für einen asketischen Lebensstil und wählt für sein Wirken einen ungewöhnlichen Ort: *die Wüste* am Jordan, nahe am Toten Meer. Nicht in der lauten, belebten Hauptstadt ruft Johannes die Menschen zur Umkehr, sondern an einem stillen, abgeschiedenen Ort, an den die Menschen in großer Zahl strömen.

✎ *Warum dort? Drei Mal kommt hier die Wüste vor: in V 3, 4 und 12f. Kennen Sie weitere Wüstengeschichten in der Bibel? Warum können gerade Wüstenstrecken im Leben oder in der Geschichte eines Volkes zu neuen Glaubenserfahrungen führen?*

Dienstag, 3. Januar Markus 1,14-20

● Jetzt – nach Taufe und Wüstenzeit – fängt Jesus an, öffentlich aufzutreten. Seine erste Predigt überliefert Mk im SMS-Format. Das Wichtigste steht in zwei Sätzen:

➤ ***Die Zeit ist erfüllt:*** Im Griechischen steht hier das Wort *kairos;* das bedeutet: *der entscheidende Moment, auf den alles hinausläuft; der festgesetzte und einzigartige Zeitpunkt.* Jetzt, wenn Jesus sein Wirken beginnt, ist der Zeitpunkt gekommen, in dem *das Reich Gottes* da ist. Es kommt mit Jesus.

➤ Im ersten Satz der Predigtkurzfassung hat Jesus betont, was von Gott her kommt: das Reich Gottes, das Evangelium. Jetzt im zweiten Satz folgt die nötige Antwort des Menschen: ***Tut Buße und glaubt an das Evangelium.*** Mit *Buße* meint Jesus nicht ein zähneknirschendes Erkennen dessen, was wir falsch gemacht oder versäumt haben; wenn es nur beim Erschrecken darüber bleibt, führt das oft nur zu falschen Selbstvorwürfen oder zu eigensinnigem Selbstmitleid. Jesus meint eine **fröhliche, mutige Umkehr in die Arme Gottes** – etwa so, als wenn uns jemand von hinten auf die Schulter klopft und wir uns neugierig zu ihm umdrehen. Jesus erklärt: *Glaubt an das Evangelium.* Verlasst euch auf die gute Nachricht, dass Gott es gut mit euch meint und macht: dass er rettet, Schuld vergibt und Freiheit schenkt. Dieses Evangelium ist mit Jesus gekommen. Er ist es in Person.

● Mk erzählt kurz und knapp die **Berufung der ersten Jüngerpaare Simon/Andreas und Jakobus/Johannes.** Sie werden bald zum Jesus besonders nahe stehenden Kern des Jüngerkreises. Ihre Berufung geschieht auffallend schnell (V 18: *sogleich;* V 20: *alsbald*, im Griechischen dasselbe Wort: *sofort*). Es gibt Momente im Leben, in denen ein klares Ja zur Nachfolge dran ist; eine Entscheidung, die dann keinen Aufschub mehr duldet. Das setzt den Mut und die Bereitschaft voraus, Altes und Gewohntes zu verlassen: V 18 *die Netze,* V 20 *den Vater.*

✎ *„Nachfolgen" ist ein Wort, das eine Bewegung ausdrückt. Was bedeutet das für Ihr Leben? Welche Folgen hat Nachfolge?*

✎ *Achten Sie bitte in diesem Abschnitt auf die Zeitangaben in V 21.29.32.35. Unterstreichen Sie diese, wenn möglich, in Ihrer Bibel. Was fällt Ihnen auf?*

Mk berichtet hier von einem Sabbat und dem Tag danach.
➤ Am **Sabbat** – unserem Samstag, der im Judentum bereits am Vorabend beginnt – geht Jesus mit seinen bisher vier Jüngern in die Synagoge zum Gottesdienst. Dort kann nach jüdischer Sitte jeder erwachsene Mann den verlesenen Bibelabschnitt auslegen. Jesus *lehrt mit Vollmacht.* Die Leute sind tief beeindruckt. Aber der Gottesdienst wird gestört. Aus einem Menschen spricht ein *unreiner Geist,* der genau weiß, wer Jesus ist – und dagegen kämpft. Die Bibel weiß von dämonischen Mächten, die vor allem dann auf dem Plan sind, wenn Jesus auftritt oder das von ihm verkündete Evangelium laut wird. Aber Jesus ist stärker und treibt den unreinen Geist aus.
➤ **Nach dem Gottesdienst** sollte die Feier zu Hause beginnen. Dabei ist es üblich, dass die Hausmutter die Kerzen entzündet, das Essen bringt und so die Feier beginnt. Aber auch dieser „Gottesdienst" wird gestört: Die Schwiegermutter des Petrus ist krank. Indem Jesus sie heilt, macht er auch die häusliche Feier wieder möglich: *sie diente ihnen* (V 31).
➤ **Am Abend** nach Sonnenuntergang ist der Sabbat zu Ende. Jetzt darf man wieder Kranke transportieren. Dass Jesus predigen und heilen kann, sprach sich rasch herum. Jesus *half vielen Kranken* – und so zeigt er, dass er als Messias/Christus die Kraft und Macht hat, Menschen zu verändern. Interessanterweise betont Mk, dass *alle* Kranken zu Jesus kommen, *die ganze Stadt* (V 32f). Aber Jesus heilt „nur" *viele.* Er will nicht zuerst als Wundertäter und Heiler verehrt werden.
➤ *Am* ***Morgen, noch vor Tage,*** *stand er auf.* Es ist Sonntagmorgen! Am Ende des Mk wird es einen Ostersonntag geben, an dem dasselbe Wort mit einer weit tieferen Bedeutung wiederkehrt: *er stand auf.* Darauf weist dieser Abschnitt schon hin. Seit Ostern treffen sich Christen an diesem Morgen zum Gottesdienst und tun, was Jesus damals tat: *Er betete dort* (V 35).

Donnerstag, 5. Januar **Markus 1,40-45**

● Eigentlich war nach dieser Heilung der Rummel um Jesus verständlich. Ein ***Aussätziger*** (griechisch: *lepros*), ein dem Verfaulen und dem Tod geweihter Leprakranker, wird geheilt. Wie kann er da den Mund halten? Jesus verbot ihm zwar, es hinauszuposaunen. Aber er hält sich nicht daran. Kein Wunder, dass sie dann *von allen Enden* zu Jesus strömen.

● **Aber Jesus *ging fort*** (V 45). Er möchte kein wegen seiner Wundertaten umjubelter Star sein. Er will keine Show zur Reparatur des Wohlbefindens, ohne dass es zu grundlegender Veränderung im Leben von Menschen kommt.

● Was er will, zeigt die Heilungsgeschichte:

➢ **Vertrauen**: Ein Leprakranker war geächtet, aussichtslos und hoffnungslos. Aber als Jesus kommt, kniet der Kranke nieder: *Willst du, so kannst du mich rein machen* (V 40). Aus dieser Bitte spricht ein tiefes Vertrauen, das mehr ist als ein schnelles Gebet. Zwei Klänge sind darin wichtig. Zuerst: *du kannst es.* Damit bekennt der Aussätzige: du hast die einzigartige Kraft von Gott, zu heilen. Und der andere Klang: *Wenn du willst …* Wir beten oft so, dass wir Gott vorgeben, was alles gut und richtig für uns wäre. Der Kranke bittet anders: Du weißt, was richtig ist für mich. Das ist ein hingebungsvolles Beten: Ich stelle mein Leben ganz unter deinen Willen. Er geschehe.

➢ ***Jesus rührte ihn an.*** Er hatte Mitleid. Immer wieder berichten die Evangelien davon, dass Jesus tief bewegt war. Er steht nicht erhaben über dem Leid von Menschen wie ein Buddha; er verteilt auch keine Weisheitssprüche als Trostpflaster oder murmelt etwas über das Schicksal. Nein, er sieht das Leid, lässt sich davon packen. Er *rührte* den Kranken *an.*

✎ *Wie rührt Jesus uns heute an?*

➢ ***Sogleich wich der Aussatz von ihm*** (V 42). Der Lepröse wird gesund. Heute zeigen uns Missionsärzte in Bhutan und Nepal, dass Lepra inzwischen heilbar ist. Und doch leben wir weiter in einer Welt mit Krankheit und Tod. Wo aber Jesus bei uns ist, schenkt er uns Heil: ein Leben im Vertrauen auf ihn. Der Kranke hat es damals erfahren.

● Die Häuser hatten damals in Israel Flachdächer. Von außen führte eine Treppe hinauf. Das begehbare Dach bestand aus Holzbalken, Zweigen, Lehm, Erde und Mergel.

● Die vier Männer zeigen eine **bewundernswerte missionarisch-diakonische Fantasie**. Sie schleppen den Gelähmten auf seiner Matratze zum Haus, dann hinauf, graben das Dach auf und lassen ihn vor Jesus hinunter.

✎ *Inwiefern können die vier Vorbilder für Gemeindeinitiativen sein? Wie werden heute Menschen zu Jesus gebracht? – Können Sie sich vorstellen, wie die Menschen neben Jesus auf das Loch in der Decke reagierten (Sachbeschädigung, Störung der Andacht, Dreck …)? Wie reagieren in Ihrer Umgebung Menschen auf missionarisch-diakonische Aktionen?*

● Jesus sieht *ihren* Glauben (V 5). Es gibt also auch ein **stellvertretendes Vertrauen** (vgl. Kap. 5,36; 9,23f). Das ermutigt auch uns heute zur Fürbitte für andere Menschen.

● Was Jesus nun sagt, klingt verwunderlich. Wir denken im Stillen: Brachten die vier Männer ihren Freund, nur damit Jesus ihn mit ein paar frommen Worten abspeist? Für damalige Ohren aber war die Zusage: *Deine Sünden sind dir vergeben* absolut anstößig. Hätte Jesus den Kranken „nur" gesund gemacht, hätten wir eine „normale" Heilungsgeschichte vor uns. Darüber hätten sich womöglich selbst die Schriftgelehrten gefreut. Jetzt aber ärgern sie sich, denn Jesus maßt sich in ihren Augen etwas an, was allein Gott zusteht. Ihrer Überzeugung nach kann nur Gott Sünden vergeben. Wer dies für sich in Anspruch nimmt, lästert Gott (V 7). Auf solcher Lästerung stand die Todesstrafe (vgl. Kap. 3,6).

● Jesus durchschaut die Gedanken der Schriftgelehrten. Nun heilt er den Kranken – und beweist damit seine messianische Würde und Vollmacht, Sünden zu vergeben. **Jesus nimmt die Krankheit ernst und heilt sie; aber er nimmt auch den Kranken ernst und heilt ihn in seiner ganzen Existenz vor Gott.** Er nimmt körperliche Beschwerden weg, aber vielmehr noch das, was in Ewigkeit vor Gott beschwert.

Samstag, 7. Januar Markus 2,13-17

● Zöllner erhoben an Grenzen oder Stadttoren Zölle im Auftrag der römischen Besatzungsmacht. Meistens waren sie Pächter einer Zollstation und mussten jährlich eine bestimmte Summe an den römischen Statthalter abliefern. Mehreinnahmen flossen in die eigene Tasche. Verbindliche Tarife gab es nicht, sodass die Zöllner den Bürgern oft genug einen überhöhten Zoll abpressten. Manche Zöllner hatten auch Unterpächter angestellt, die ihrerseits von den erwirtschafteten Mehreinnahmen profitierten. **Beim Volk waren daher die Zöllner** einerseits wegen ihrer Zusammenarbeit mit der verhassten Besatzungsmacht und andererseits wegen ihrer Geldgier **verachtet**.

● **Ausgerechnet einen Zöllner wählt Jesus aus**. Er fragt nicht, ob er sein Jünger werden will. Er ruft ihn – und Levi folgt Jesus. Es fällt auf, dass Jesus nicht in der Schriftauslegung Gelehrte oder fromme Pharisäer in seinen Jüngerkreis beruft, sondern einfache Fischer, dann einen Zöllner – also Menschen, die für die Nachfolge nichts anderes auszeichnet als die Tatsache ihrer Berufung und ihr Ja dazu.

● Jesus spitzt diese Auswahl zu, indem er sich zu Levi einladen lässt und mit *Zöllnern und Sündern* Tischgemeinschaft pflegt. Für die Juden ist dies ein Skandal. **Tischgemeinschaft bedeutet** bis heute im Orient **engste Gemeinschaft.** Jesus tritt mit dem Anspruch auf, dass mit ihm das Reich Gottes gekommen ist. Wenn er nun mit solchen Menschen isst, die in den Augen der Juden zwielichtig sind, dann bedeutet dies: **Er bietet ihnen Gemeinschaft mit Gott an**. Er nimmt sie, die wenig oder gar nicht nach Gott gefragt haben, in Gottes Liebe hinein und ermöglicht ihnen ein neues, heiles Leben. Mit dem Wort in V 17 zeigt Jesus, dass darin der Sinn seiner Mission besteht. Dafür lebt er. Dafür stirbt er schließlich.

✎ *Manchmal hört man: Dass Jesus Sünder ruft, sei grundlegend neu; der Gott des AT sei allein der richtende und strafende Gott. Suchen Sie bitte Stellen im AT, in denen deutlich wird, wie Gott schon im alten Bund Sünder liebt und ihnen vergibt.*

● Das **Königtum Davids** ist das Thema des 89. Psalms. Der Psalm gliedert sich in drei Teile:

➢ V 2-19: Die Gnadenerweise Gottes in seiner Schöpfermacht und in der Erwählung des Hauses Davids;

➢ V 20-38: Erwählungs- und Schutzzusage an David und seine Nachkommen für immer;

➢ V 39-52: Klagelied über den Niedergang des davidischen Königtums.

● V 2: Durch alle Generationen und Zeiten hindurch will der Sänger die **Gnadenerweise und Treue Gottes** verkündigen. Sie gründen in der Erwählung Davids (V 3-5). Mit ihm hat Gott einen Bund geschlossen und ihm in einem feierlichen Eid den Fortbestand seiner Dynastie versprochen (vgl. Ps 132,11f).

● V 6-9: Der Blick wechselt in die himmlische Welt. Dort wird Gott von der ganzen Versammlung der Heiligen gelobt. Mit den Heiligen sind nicht herausragende Menschen gemeint, die jetzt im Himmel sind, sondern die Engel, die Gottes Thron umgeben. Zur **himmlischen Ratsversammlung** gehören auch die degradierten Götter der anderen Völker. Sie alle müssen seine unvergleichliche Macht anerkennen.

● V 10-15: ***Rahab*** steht für ein Seeungeheuer der Urzeit, das auch ein Symbol für Ägypten sein kann. Weil Gott im Kampf gegen Rahab gewonnen hat, ist er zu Recht der Höchste über alle und Herr über Himmel und Erde geworden. Selbst die hohen Götterberge im Süden und Norden (V 13) rühmen den Gott Israels und anerkennen ihn als einzigen Gott.

✎ *Wenn die Götter untergeordnet sind, warum wird dann Israel vor ihnen gewarnt? Lesen Sie dazu Jer 10,1-10!*

● V 16-19: Zu einem solchen Gott kann man Israel nur gratulieren. Es hat gut lachen, ja **Grund zu jubelnder Freude**. Dieser Gott ist echt stark. Für *Haupt* in V 18 heißt es im Hebräischen wörtlich *Horn,* ein Bild für Stärke. Ebenso ist *Schild* Bild für den König (Ps 84,10). Gottes Stärke wird auch im König offenbar, der als von ihm Erwählter an Gottes weltumspannender Macht Anteil hat.

Montag, 9. Januar 1. Korinther 1,1-9

Paulus kommt gleich zur Sache – denn die Sache drängt in Korinth: **Die Einheit der Gemeinde steht auf dem Spiel**. Aber er setzt die Korinther nicht unter Druck, doch endlich einig zu sein und die Unterschiede zu vergessen. Vielmehr lenkt er zunächst den Blick auf das, was ihnen anvertraut ist und was sie zusammenhält: Die Einheit der Gemeinde ist kein Ergebnis menschlicher Anstrengung, sondern ist die Konsequenz göttlichen Handelns. **Die Korinther sollen die Einheit nicht herstellen, wohl aber sie bewahren und leben.**

Paulus erinnert die Korinther an das, was sie verbindet:

- Ihr seid begabt (V 4-7). Alles, was ihr zum Zusammenleben braucht, hat Gott euch gegeben. Erkennt, dass ihr *in allen Stücken reich gemacht seid* (V 5) und welch tiefgreifende Veränderungen die Verkündigung von Christus in eurem Leben bewirkt hat (V 6). **Aber ihr seid nur als Gemeinschaft reich, nicht jeder Einzelne für sich.** Wenn ihr euch voneinander abgrenzt, macht ihr euch nur ärmer. Für euch gilt, *dass ihr keinen Mangel habt an irgendeiner Gabe* (V 7), die ihr braucht, um in dieser Welt im Glauben zu bestehen.

> ✎ *Die Bedeutung der Gaben führt Paulus in Kap. 12 und 14 aus. Den Leitsatz zum Umgang damit lesen wir in 12,7.*

- Ihr habt eine **starke Erwartung**, denn *ihr wartet nur auf die Offenbarung unseres Herrn Jesus Christus* (V 7). Ihr blickt nach vorne und ihr blickt nach oben. Ihr erwartet Jesus Christus, der kommt und sein Reich in dieser Welt für alle sichtbar aufrichtet. Diese Hoffnung ist eure große Stärke.
- Ihr werdet gehalten (V 8). Was auch immer geschieht – und wie ihr euch auch immer als Gemeinde verhaltet – *Gott ist treu, durch den ihr berufen seid zur Gemeinschaft seines Sohnes Jesus Christus, unseres Herrn* (V 9). **Die Treue Gottes zu sich selbst und zu euch ist die Basis eures Glaubens und eurer Gemeinschaft.** Fest. Verlässlich. Stärkend.

Wendet euch ab von dem Denken, das auf die eigene Erfahrung, die eigene Herkunft und die eigene Gruppe fixiert ist, und wendet euch dem zu, was Gott für euch getan hat.

● **Die Gemeinde in Korinth war zersplittert und in sich zerstritten.** Sie zerfiel in verschiedene Gruppen, die sich voneinander abgrenzten. Dabei spielte die unterschiedliche soziale Herkunft der Gemeindeglieder ebenso eine Rolle wie unterschiedliche geistliche Erfahrungen und theologische Ansichten. **Die einzelnen Gruppen orientierten sich dabei an verschiedenen Bezugspersonen** – vermutlich, um so die eigene Position in den Auseinandersetzungen zu stärken. *Der eine sagt: Ich gehöre zu Paulus, der andere: Ich zu Apollos, der dritte: Ich zu Kephas, der vierte: Ich zu Christus* (V 12).

> ✎ *Paulus hatte die Gemeinde in Korinth gegründet: Apg 18,1-18. Er hatte zusammen mit Aquila und Priszilla Apollos in den Glauben an Jesus Christus eingeführt, der dann anschließend in Korinth wirkte: Apg 18,24–19,1. Paulus hat in ihm jemanden gesehen, der sein Werk fortführte, vgl. Kap. 3,6; 16,12.*

● Für Paulus ist diese Haltung, wie Fans für ihr Idol zu schwärmen und damit als unterschiedliche „Fanclubs" in ein und derselben Gemeinde in Konkurrenz zueinander zu treten, vollkommen inakzeptabel: *Wie? Ist Christus etwa zerteilt? Ist denn Paulus für euch gekreuzigt? Oder seid ihr auf den Namen des Paulus getauft* (V 13)? Habt ihr es denn nicht begriffen?

● **Christus, der Herr seiner Gemeinde,** kann doch nicht die Leitfigur nur einer Gruppe innerhalb der Gemeinde sein! Zu ihm gehört das Ganze – nicht nur ein Teil. Wer das nicht versteht, der hat nicht begriffen, wer die Gemeinde Jesu Christi im Entscheidenden zusammenhält.

● Christus ist für euch gekreuzigt worden und hat euch gerettet. Das vermag kein Apostel, sondern nur Christus selbst. Wie könnt ihr das göttliche Handeln in Jesus Christus mit dem menschlichen Handeln seiner Botschafter verwechseln?

● Die Taufe geschieht auf den Namen Jesu. **In ihr wird der Täufling Christus unterstellt und in den Leib Christi, die Gemeinde, eingegliedert.** Wie kann die Taufe, die doch ein Zeichen der Zusammengehörigkeit aller Glieder am Leib Christi ist, zur Abgrenzung dieser Glieder missbraucht werden?

● ***Das Wort vom Kreuz*** ist kein Argument, um den Tod Jesu besser verstehen zu können, sondern ein Angriff auf alle, die meinen, ohne den Tod Jesu gerettet zu werden. Es soll nicht erklären, sondern stören; provozieren, nicht begründen. **Gott stellt mit dem *Wort vom Kreuz* die menschliche Selbstsicherheit in Frage.** Die Weisheit der Welt koppelt sich von der Weisheit Gottes ab, indem sie seinen ungewöhnlichen Rettungsplan für eine verlorene Welt als *Torheit* (V 18) verwirft und sich anmaßt, sein Handeln nach ihren Kriterien zu bewerten.

> ✎ *Welche Folgen es hat, wenn sich die menschliche Weisheit von der göttlichen Weisheit Gottes löst, entfaltet Paulus eindrücklich in Röm 1,19-23.*

● Repräsentiert wird diese menschliche Weisheit für Paulus durch die ***Griechen,*** die führenden Philosophen seiner Zeit. Ihr Urteil darüber, dass Gott durch das Kreuz Jesu das Heil geschaffen hat, ist vernichtend: eine *Torheit* (V 23), Unsinn! Unverstand! Und die ***Juden,*** deren Kriterium die Stärke und Durchsetzungsfähigkeit Gottes ist, stimmen mit dieser Bewertung überein: Das Wort vom Kreuz ist für sie ein *Ärgernis* (V 23 griech. *skandalon*). Eine Provokation! Ein Skandal! **Darin sind sich beide einig: Die Botschaft, dass Gott durch den Tod Jesu am Kreuz das Heil für alle Menschen schafft, widerspricht menschlicher Vernunft ebenso wie religiöser Vorstellung.**

● Und Paulus? Er stimmt ihnen zu: Es ist wirklich „unvernünftig", an das Wort vom Kreuz zu glauben. Nur sagt dieses Urteil nichts über die Wahrheit und Wirksamkeit des Wortes vom Kreuz aus, sondern nur etwas über die Begrenztheit menschlicher Vernunft! *Denn die Torheit Gottes ist weiser, als die Menschen sind, und die Schwachheit Gottes ist stärker, als die Menschen sind* (V 25). Die Menschen – Juden wie Griechen, Starke wie Weise – sprechen ein Urteil über sich selbst: Sie wollen sich nicht auf Gottes Handeln einlassen, das ihre eigene Vorstellungskraft sprengt. Darum gehen sie an ihrer Selbstsicherheit zugrunde und verpassen Gottes Heil.

Donnerstag, 12. Januar 1. Korinther 1,26-31

● Hand aufs Herz: **Das soll die Gemeinde Jesu Christi sein?** Das Aushängeschild Gottes in dieser Welt? ***Nicht viele Weise nach dem Fleisch, nicht viele Mächtige, nicht viele Angesehene sind berufen*** (V 26). Diese Gemeindeglieder – in der Mehrzahl einfache Handwerker, kleine Händler, Hafenarbeiter, Sklaven, Unterschicht eben – sie sollen die Erwählten Gottes repräsentieren? Was muss das für ein ärmlicher Gott sein, wenn sich im Leben dieser kleinen Leute seine Herrlichkeit spiegeln soll?! Das Bild, das die Gemeinde in Korinth abgibt, scheint ihrem Anspruch, dem Herrn der Welt nachzufolgen, vollkommen zu widersprechen.

> ✎ *Zur sozialen Zusammensetzung der Gemeinde in Korinth beachten Sie neben V 26 auch noch Kap. 7,21 und 11,21f.*

● Doch Paulus sieht die Zusammenhänge anders – und der Schlüssel dazu ist *das Wort vom Kreuz* (V 18). **Gott handelt anders, als wir Menschen erwarten, und er spricht deshalb auch andere Menschen an als die, die wir als erste gerne dabei hätten.** Nicht die Starken und die Klugen, sondern diejenigen, die damals gesellschaftlich abgehängt waren. Wenig Einfluss, wenig Bildung, wenig Geltung.

● Aber wenn es um *das Wort vom Kreuz* geht, ist ihr Nachteil eigentlich ein Vorteil: Sie verbauen sich nicht durch eigene Klugheit, moralische Überlegenheit oder gesellschaftliche Stellung den Zugang zu einem Heil, das durch die Tiefen menschlicher Verwerfung, Verspottung und Verdammung führt. Sie tun sich eben nicht so schwer, sich auf Gottes Weg einzulassen. Sie stehen nicht unter dem Zwang, Gottes Handeln mit ihrem Verstand begreifen oder Gottes Heil mit ihren Vorzügen ins Gleichgewicht bringen zu müssen.

● Sie sind offen für Gottes Wirken – auch wenn es menschlichen Vorstellungen widerspricht. Sie können erkennen, dass Gott sie durch Christus ohne ihr Zutun rettet und sie von allem, was ihr Leben versklavt und bedroht, erlöst (V 30). **Weil sie mit eigenen Vorzügen nicht protzen können, rühmen sie umso lieber, was Christus aus ihrem Leben gemacht hat.**

Freitag, 13. Januar 1. Korinther 2,1-9

● Das Evangelium ist kein Rätsel, das der menschliche Verstand lösen könnte, sondern ein *Geheimnis*, das allein der Geist Gottes lüftet. Paulus hat dieses *Geheimnis Gottes* in Korinth verkündigt, aber gerade *nicht mit hohen Worten und hoher Weisheit* (V 1), *sondern in Schwachheit und in Furcht und mit großem Zittern* (V 3). Das Evangelium wird nicht durch intellektuelle Höhenflüge interessant – oder durch beeindruckende Predigerauftritte. **Das Geheimnis liegt nicht in der Gestalt der Verkündigung, sondern in ihrem Inhalt:** Paulus hat nichts anderes in Korinth gepredigt, ***als allein Jesus Christus, den Gekreuzigten*** (V 2). Dass in einem Gekreuzigten das Heil zu finden ist, in einem zu Tode Gequälten das Leben: Das ist menschlichem Verstand nicht einsichtig zu machen. Dafür hat der Verstand kein Verständnis.

● **Aber was zeichnet diese Botschaft vom gekreuzigten Jesus Christus dann aus?** Wo doch auch Paulus als Verkündiger des Evangeliums nicht gerade beeindruckend ist, und seine rhetorischen Fähigkeiten eher begrenzt sind? Aber selbst wenn seine *Rede kläglich* ist – wie ihm seine Gegner vorwerfen (2Kor 10,10) – verleiht Gott seiner Predigt Kraft und Vollmacht.

> ✎ *In 1Thes 1,5 hat Paulus schon einmal angesprochen, worin die Kraft des Evangeliums besteht.*

● **Es sind Inhalt und Wirkung seiner Predigt, die überzeugen, nicht ihre Form oder Präsentation.** Menschen erkennen im gekreuzigten Jesus Christus *die Weisheit Gottes, die im Geheimnis verborgen ist* (V 7). Menschen glauben dieser Botschaft und folgen Jesus Christus nach. Sie sehen im Gekreuzigten *den Herrn der Herrlichkeit* (V 8). Denjenigen, der sie – allem äußerlichen Widerspruch zum Trotz – zu Gott und damit ins Leben führt. Der gekreuzigte Jesus erschließt denen, die ihm vertrauen, die bis dahin allen Menschen unzugänglich gebliebene Herrlichkeit Gottes. Sie dürfen Gott schauen und bekommen Anteil an seiner ewigen Welt, weil sie *ihn lieben* (V 9). Später im 1Kor wird Paulus näher ausführen, dass die Liebe noch entscheidender ist als alle Erkenntnis (Kap. 13).

● Das kann kräftig missverstanden werden: *Der geistliche Mensch aber beurteilt alles und wird doch selbst von niemandem beurteilt* (V 15). Das klingt ja so, als stünde ein *geistlicher Mensch* über allem und wäre deshalb auch nicht (mehr) hinterfragbar oder kritisierbar.

✎ *Wie Paulus Impulse durch Gottes Geist mit nüchterner Beurteilung zusammenbringt, zeigen seine Anweisungen in Bezug auf Prophetie und Zungenrede in Kap. 14,27-33.*

● **Der *geistliche Mensch* hat den Geist Gottes empfangen, der ihm auch die *Tiefen der Gottheit* (V 10) erschließt**, d. h. das, was Gott im Tiefsten seines Wesens bewegt – und das ist vor allem sein Wille, die Menschen durch Jesus Christus, *den Gekreuzigten* (V 2), *den Herrn der Herrlichkeit* (V 8) zu retten. Das ist das *Geheimnis Gottes* (V 1.7), das in Gott verborgen ist und das allein der Geist Gottes kennt und entschlüsselt (V 11). Deshalb kennt nur der mit dem Geist Gottes Begabte dieses Geheimnis Gottes: Er allein weiß, *was uns von Gott geschenkt ist* (V 12).

● **Wenn wir Gottes Geist empfangen haben, besitzen wir also einen einzigartigen Zugang zu Gottes Wesen**. Das heißt nicht, dass wir nun Gott durchschauen und seine Pläne jederzeit bis ins Detail einsehen könnten. **Es bedeutet, dass wir in Gottes Herz schauen dürfen und seiner Liebe und Treue unbedingt gewiss sein können.** Wir werden überwältigt von dem, was Gott uns in Jesus Christus zugesprochen hat. Das Heil. Die Rettung. Diese Zusage kann nicht hinterfragt und damit auch nicht in Frage gestellt werden. Es gilt für immer, was Gott durch Jesus Christus getan, durch sein Wort uns Menschen zugesagt und durch den Heiligen Geist in uns bestätigt hat: Jesus Christus, unser Herr, ist der Retter!

● **Auch der mit Gottes Geist beschenkte Mensch – *der geistliche Mensch* – kennt nicht alle Antworten und steht nicht über den Dingen und jenseits aller Kritik.** Aber er weiß um das, was gilt und bleibt: Gottes Heil in Jesus Christus. Das verleiht ihm einen sicheren Stand und eine große Freiheit.

Sonntag, 15. Januar Psalm 89,20-53

● V 20-38: Dieser Abschnitt greift auf die **Zusage Gottes** zurück, die Nathan David übermittelte (2Sam 7,4ff):

➢ V 20-22: Gott selbst schildert das Erwählungs- und Einsetzungsgeschehen. Er hat David zum Messias, zum Gesalbten und damit unantastbaren Regenten gemacht. Mit der Handergreifung überträgt er seine Macht auf ihn.

➢ V 23-25: Gott sagt dem König **Hilfe und Schutz** zu. Die Feinde werden ihn nicht bezwingen. Dafür bürgt Gott mit seinem Namen. Er wird an seiner Weltherrschaft Anteil bekommen.

➢ V 27-30: Der Regent ist von Gott adoptiert. Die innige Beziehung kommt im **Vater-Sohn-Verhältnis** zum Ausdruck. Der König bekommt die Spitzenstellung, die sonst nur Gott unter den Göttern zukommt.

➢ V 31-38: Der **Ungehorsam** eines Regenten setzt nicht die Zusage auf ewigen Bestand außer Kraft. Gottes Gnade und Treue werden durch die Schuld der Thronnachfolger nicht aufgehoben, seine Strafen sind nicht vernichtend.

● V 39-52: Der letzte Teil des Psalms ist ein **Klagelied**. Es steht in hartem Kontrast zu den beiden vorausgehenden Teilen. Entgegen seinen Zusagen hat Gott seinen Gesalbten verworfen. Der Bund wurde zerbrochen, die Krone in den Dreck geschmissen, der Schutz des Gesalbten aufgehoben. Die Nachbarn machen sich über ihn lustig. Die Heilszusagen sind zu Unheilserfüllungen verkehrt. Das Königtum ist zerstört, Gott hat sich im Zorn verabschiedet.

● In V 48 und 51 spricht wohl der König selbst. Er beklagt die **Kürze und Vergänglichkeit des Lebens**. Damit geht es dem Königtum nicht besser als den Menschen. Der Gesalbte steht als der Verschmähte und Verachtete da, wie der Knecht Gottes in Jes 53,3f. Vermutlich schildert der Psalm damit eine Erfahrung Israels nach dem Tode König Josias (609 v. Chr.) oder im Babylonischen Exil (ab 587 v. Chr.).

✎ *An welchen Stellen des Psalms werden Sie besonders an Jesus als den Messias erinnert?*

Gemeindegründung und Babynahrung haben Gemeinsamkeiten: Am Anfang muss alles besonders leicht verdaulich sein. *Milch* statt *fester Speise* nennt Paulus das (V 1.2). **Die elementaren bzw. zentralen Inhalte des Evangeliums müssen Christen gerade am Anfang ihres Glaubens immer wieder vermittelt und erläutert werden.**

● Zum Elementaren gehört: Herr des Geschehens ist Jesus Christus, und niemals sind es seine menschlichen Mitarbeiter. Genau hier liegt das Problem der Korinther. **Unterschiedliche Gruppen in der Gemeinde streiten miteinander, weil sie sich auf verschiedene Leitfiguren berufen (V 4).** Nach dem Motto: Aber unser Leiter ist beeindruckender, geisterfüllter und vollmächtiger als eurer!

● Unseren christlichen Gemeinden heute ist solches Denken natürlich völlig fremd – oder? Nach Paulus ist es ein **Zeichen von Unreife** (V 3). Weil aus dem Blick gerät, worauf bzw. auf wen es allein ankommt (V 5). Die Eitelkeit und das Konkurrenzdenken von Menschen wirken vor diesem Hintergrund geradezu kindisch.

● Gemeindegründer und Lehrer arbeiten ja nur mit dem, was Gott ihnen anvertraut: mit dem Evangelium (V 6). Beurteilt werden sie von Gott einmal danach, wie sie mit dem Anvertrauten umgegangen sind (V 8). Auf ihr „Arbeitsmaterial" dagegen können sie sich nichts einbilden, es bleibt Geschenk (V 7).

● Wer seine gemeindliche Arbeit so versteht, hat es nicht mehr nötig, sich von anderen abzugrenzen, solange es auch ihnen um das Wohl der Gemeinde geht. Er kann sich entspannen und **andere wirklich als Mit-Arbeiter sehen**: Vor Gott stehen wir auf einer Stufe, also können wir auch untereinander als Team harmonieren und müssen nicht miteinander konkurrieren.

● **Teamarbeit kann auch heißen, dass in unterschiedlichen Entwicklungsphasen einer Gemeinde unterschiedliche Leiter wichtig sind** (V 6). Sie braucht nicht nur den Pioniermissionar wie Paulus, der *pflanzt*, sondern auch den Lehrer und Seelsorger wie Apollos, der *begießt*. Beide dienen dem gemeinsamen Ziel, Christen zu geistlicher Reife zu führen.

Dienstag, 17. Januar 1. Korinther 3,9-17

Manche biblische Bilder sind vertraut: **Der Christ** als Schaf oder als Körperteil am Leib Christi – aber **als Erdklumpen auf Gottes Acker oder als Mauerstein in seinem Haus**? Diese eher ungewohnten Bilder legt uns jedenfalls V 9 nahe.

> ✎ *Sehen Sie nach in Joh 10 (besonders V 11-14. 27-29) und 1Kor 12 (besonders V 12-20). Mit welchem Ziel wird dort von Christen als Schafen bzw. Körperteilen gesprochen?*

● Das Bild stellt klar: **Das Projekt „Gemeinde" gehört Gott, es ist sein *Ackerfeld und Bau*.** Alles was darauf entsteht, soll in seinem Sinne geschehen.

● So ist auch das **Fundament** klar: **Jesus Christus** (V 11). Keine menschliche Leitfigur soll sich zwischen ihn und die Gemeinde schieben. Keine theologischen Lieblingsgedanken menschlicher Lehrer sollen von ihm ablenken.

● Es ist nur auf den ersten Blick widersprüchlich, wenn Paulus zuvor erklärt, er habe dieses Fundament gelegt (V 10). Das ist rein zeitlich gemeint: Er war der Erste, der den Korinthern von Jesus erzählt hat. Er versucht gerade nicht, ein Sonderrecht für sich zu beanspruchen. Es geht ihm allein um Jesus.

● Paulus bleibt im Bild des Baus: **Auf dem Fundament kann man mit vergänglichem und beständigem Material bauen** (V 12f). **Die Qualität zeigt sich unter Belastung.** Beim Handeln von Menschen ist es genauso: Oft zeigt sich erst auf Dauer, ob sie mit ihrem Verhalten vor Gott bestehen können.

● Genauer gesagt: **Oft zeigt es sich erst am Ende – wenn Gott selbst Gericht hält.** Dann kommt alles noch einmal zur Sprache. Für Christen steht dabei nicht mehr die Ewigkeit bei Gott auf dem Spiel. Dafür steht Jesus mit seinem Tod am Kreuz ein. Aber vielleicht werden sie nur „mit versengten Haaren" *wie durchs Feuer hindurch* (V 15b) gerettet. Denn auch ihr Tun wird beurteilt: Was gut und hilfreich war, wird wertgeschätzt (V 14). Alles andere *verbrennt* (V 15a).

● Warum ist das Paulus so wichtig? Weil **die Menschen**, um die es dabei geht, ***Gottes Tempel*** sind (V 16f) – wohlgemerkt: die Menschen, und nicht Gebäude oder Institutionen.

Woran erkennt man einen Christen? Er lässt sich nicht leicht beeindrucken. Jedenfalls nicht von den falschen Dingen und äußerem Schein. Darauf pocht Paulus in diesem Abschnitt: **Was unter Menschen als klug und weise angesehen ist, kann in den Augen Gottes dumm und töricht sein. Das klingt paradox, entspricht aber göttlicher Logik** (V 18ff). Darum lügt euch nicht selbst in die Tasche, mahnt Paulus.

✎ *Mit den Begriffen Weisheit und Torheit nimmt Paulus ein Thema vom Anfang des Briefes wieder auf. Vergegenwärtigen Sie sich dazu noch einmal Kap. 1,18-25.*

● Genauso funktioniert auch die Gemeinde nach anderen Gesetzen als weltliche Organisationen, die so oft auf Leistungsstreben, persönlichem Ehrgeiz und Konkurrenzdenken aufgebaut sind. Paulus spielt wieder auf den Streit in Korinth zwischen den Anhängern unterschiedlicher Leiter an: Aus weltlicher Sicht ist es vielleicht naheliegend, sich eine möglichst „vorzeigbare" Figur zu suchen, mit der man sich identifizieren und von anderen absetzen kann. Aus Gottes Sicht ist das jedoch völlig inakzeptabel, weil damit Menschen Ruhm und Ehre entgegengebracht werden, die allein ihm zustehen (V 21a).

● Die Begründung kommt wie aus heiterem Himmel: ***Alles ist euer*** (V 21b). Anders gesagt: Ihr habt es doch nicht nötig, euch an einzelne Menschen zu hängen (V 22) und euch von ihnen abhängig zu machen. ***Ihr gehört doch zu Christus, und Christus gehört zu Gott*** (V 23), d. h. er steht ohnehin höher als alles, was in dieser Welt Rang und Namen hat. Zu ihm gehört ihr. Wer sich diese „Eigentumsverhältnisse" klarmacht, kann anderen Menschen mit einem gesunden Selbstbewusstsein gegenübertreten.

● Die Gewissheit, ein Eigentum Jesu Christi zu sein, befähigt Christen zu innerer Souveränität und ermutigt sie zur Zivilcourage, die sie auch gegen den Strom schwimmen lässt. Je fester Christen mit ihrem Leben in Christus verwurzelt sind, umso freier können sie in der Welt auftreten. **„Wer vor Gott kniet, kann ungebeugt vor Menschen stehen."**

Donnerstag, 19. Januar 1. Korinther 4,1-13

Da kann ich mich doch gleich zum *Narren* machen (V 10), denkt Paulus: Für seine Kritiker in Korinth wirkt er vielleicht zu normal, zu verletzlich (V 11ff). Mit ihm kann man offensichtlich „keinen Staat machen". Doch genau das ist von Gott so gewollt: **Es ist typisch für Gott, durch ganz normale Menschen am Werk zu sein** (V 9).

● Ganz normale Menschen wie Paulus. Sein Selbstverständnis formuliert er noch einmal in V 1: ***Haushalter*** (griech. *oikonomos*) ***über Gottes Geheimnisse*** (griech. *mysterion*). Das heißt, die Besitzverhältnisse sind klar. Paulus' Botschaft ist nicht seine Erfindung, sondern kommt von Gott; seine Verantwortung als *Haushalter* besteht darin, sie verlässlich und so klar wie möglich an andere weiterzugeben.

● **Die Treue zum anvertrauten Evangelium ist darum auch der einzige Maßstab für sein Handeln** (V 2). Am Ende kann allerdings nur Gott beurteilen, inwieweit er diesem Maßstab gerecht wird. Andere Menschen können das nicht, nicht einmal er selbst (V 3f). Insofern sind alle menschlichen Urteile Vor-Urteile und müssen ihn nicht irre machen (V 5). Dabei kann die Aussicht auf Gottes Gericht durchaus befreiend sein, weil er am Ende ja nicht nur straft, sondern auch Lob austeilt.

● Man spürt, wie sehr die Kritiker dem Apostel zusetzen. Dem stellt er größtmögliche Klarheit entgegen: **Entscheidend ist die Bindung an die Schrift** (V 6)! Das bewahrt davor, sich in Schwärmereien und Spekulationen zu verrennen.

● Solche Klarheit gibt ihm auch das Recht, die Korinther herauszufordern: Ihr meint, ihr hättet die Grundlagen des Glaubens schon voll begriffen und es fehle euch an nichts mehr? Ach, wäre es doch so, dass ihr im Glauben schon fest im Sattel säßet, seufzt Paulus (V 8). In Wirklichkeit müssen die Korinther eben doch immer wieder neu mit den elementaren Grundlagen des Glaubens vertraut gemacht werden (vgl. Kap. 3,2).

✎ *„Nicht über das hinaus, was geschrieben steht" (V 6b)! Das „protestantische Schriftprinzip" ist bis heute aktuell für das interkonfessionelle wie interreligiöse Gespräch. Warum?*

Sich selbst als Vorbild hinstellen? Das widerstrebt unserer evangelischen Zurückhaltung. Bescheidenheit ist angesagt. Paulus scheint das nicht zu kümmern: ***Folgt meinem Beispiel!*** (griech. *mimetai* = Mime; lat. *imitatores* = Nachahmer; V 16) ruft er die Korinther auf. Nicht weil er sich selbst so großartig fände (siehe V 9ff), sondern weil das zur Logik von Pioniermission gehört: **Wenn man selbst der erste Christ ist, den Nichtchristen kennenlernen, hat man automatisch für sie eine Vorbildfunktion.** Besser, man ist sich dessen bewusst.

● Die Motivation des Paulus ist also nicht, sich in den Vordergrund zu spielen. Er spricht vielmehr **aus elterlicher Sorge** (V 14f): Er hat die Korinther mit Jesus bekannt gemacht. Er war dabei, als sie ihre ersten Schritte im Glauben gingen. Nun wünscht er sich, dass ihr Wachstum im Glauben weitergeht.

● Dazu braucht es **hilfreiche Vorbilder** (V 16). Eltern wissen, dass sie ihre Kinder am stärksten durch ihr eigenes Verhalten prägen. Das Vorbild des Paulus im Glauben wirkt bis heute nach: Wer an ihn denkt, denkt an seinen unermüdlichen Einsatz für die Mission, an seine Klarheit im Blick auf den Kern des Evangeliums. Und das alles, ohne perfekt zu sein – die Korintherbriefe selbst zeigen, wie schwer Paulus etwa der Umgang mit Konflikten fiel. Wie angriffig und verletzt er sein konnte (V 18ff). Doch ändert das nichts am großen Beispiel seines Lebens.

● **Paulus geht es darum, dass die Korinther geistlich reif werden.** Deswegen hält er Kontakt mit der Gemeinde durch Briefe und Boten (V 17) und bald auch wieder durch den eigenen Besuch (V 19). Damit reagiert er auf Kritiker in der Gemeinde, die ihm anscheinend Untätigkeit und Feigheit vorgeworfen haben (V 18.21).

● Und er betont: **Am Ende entscheiden nicht Worte, sondern langfristige Wirkungen.** Gottes Wirken unter Menschen erkennt man daran, was sich grundlegend und auf Dauer im Leben von Menschen verändert.

✎ *Wo ist für Sie heute besonders deutlich, dass „Gottes Reich in Kraft steht" (V 20)?*

Samstag, 21. Januar 1. Korinther 5,1-13

Der Text konfrontiert uns mit einem heißen Eisen unter Christen: der **Gemeindezucht** oder besser: der Gemeindeverantwortung. Sofern man sich dem Thema überhaupt stellt, nimmt man dabei meist einseitig den irrenden Sünder in den Blick. In Anlehnung an Mt 18,15-17 geht es dann darum, wie man das schuldig gewordene Gemeindeglied durch Gespräche verschiedener Intensität zurückgewinnt.

● Unser heutiger Text hat aber eine andere Perspektive, nämlich die der Gemeinde. **Eine Gemeinde und die dazu gehörigen Menschen nehmen Schaden, wenn offenkundige Sünde toleriert wird.** Sie wirkt wie eine ansteckende Krankheit oder, wie Paulus es ausdrückt, wie *Sauerteig, der den ganzen Teig durchsäuert* (V 6). Um der Lebensfähigkeit der Gemeinde willen muss darauf eindeutig reagiert werden.

● Im konkreten Fall handelt es sich wohl um illegitimen Geschlechtsverkehr mit der Stiefmutter. Aber V 11 macht deutlich, dass es Paulus keineswegs nur um sexuelle Vergehen geht.

● Auf der anderen Seite kann es nicht das Ziel sein, in der Gemeinde eine moralisch heile Oase zu schaffen und sich von der nichtchristlichen Welt abzuschotten. Christen sollen ihre heidnischen Mitmenschen weder verurteilen noch meiden. Aber sie brauchen eine eindeutige Identität. Ihnen muss klar sein: Wer kein Christ ist, wird anders leben als sie, und sie leben anders als Nichtchristen, denn ihr Leben ist Ausdruck ihres Glaubens.

● Nicht zuletzt aus diesem Verhalten resultiert aber auch die Ausstrahlung und Kraft einer Gemeinde. Als Christen wollen wir unsern Glauben ohne erhobenen Zeigefinger und ohne billige Anpassung leben. Wir können dankbar dafür sein, dass wir in unserer Gesellschaft die Freiheit dazu haben.

> ✎ *Bin ich selbst eigentlich bereit, jemand anderen auf sein Fehlverhalten aufmerksam zu machen? Und bin ich ebenso bereit, mich von Brüdern und Schwestern korrigieren zu lassen?*

● Dabei geht es niemals um ein letztes Urteil. Das steht allein Jesus zu. V 5 ist ein massives, zur Umkehr mahnendes Signal, das auch den hartnäckigsten Sünder noch nicht verloren gibt.

● Psalm 86 ist das **Gebetslied eines Einzelnen**. Der Beter nimmt Zuflucht im Heiligtum und bittet Gott um Hilfe. In V 1-11 beruft der Beter sich auf das Vorrecht der Bedrängten auf dem Zion (vgl. Jes 14,32). Er weiß sich in einem besonderen Verhältnis zu seinem Herrn, das im Wohlwollen Gottes einerseits und im bundestreuen Verhalten des Beters andererseits besteht (V 2). In der Selbstbezeichnung als *Knecht* drückt er seine Abhängigkeit von Gott als seinem Herrn aus.

● Mit vielen Formulierungen, die auch in anderen Psalmen vorkommen (vgl. z. B. V 3 mit Ps 57,2; V 7 mit Ps 50,15), fleht der Beter um **Erhörung**. Er beruft sich auf die Prädikate, die Gott immer wieder von seinem Volk zugeschrieben wurden und die auch an anderen Stellen erwähnt werden (vgl. V 5 mit 2Mo 34,6; Ps 103,8).

● V 8-10: **Gottes Macht ist unvergleichlich.** Das bezeugen die Heilstaten und Wunder, die er in und an seinem Volk getan hat. Was der Beter schon erkannt hat, werden noch viele Völker anerkennen. Mit diesem Weitblick in Gottes universale Zukunft wird die Enge der eigenen Not gesprengt und die Macht des Augenblicks gebrochen. Gott ist noch viel größer.

✎ *Lesen Sie dazu Ps 22,28-32!*

● V 11: Der Beter bittet um neue Weisung und Konzentration auf den Willen Gottes. Er will ihm gehorsam bleiben. In einem Dankgelübde (V 12-13) verspricht er, Gott ein Danklied zu singen, wenn er aus dem Abgrund des Todes errettet sein wird.

● V 14-17: Im Angesicht der Feinde wendet er sich nochmals an Gott und appelliert an seine **Barmherzigkeit**. Nochmals erwähnt er sein Gehorsams- und Abhängigkeitsverhältnis. In seiner Bitte um Erhörung erwartet der Bedrängte nicht nur ein Wort, das ihn z. B. von einer Verdächtigung oder Anklage der Feinde freispricht. Er bittet auch um ein Zeichen, dass Gott zu ihm steht und das seine Feinde endgültig verstummen lässt.

Montag, 23. Januar — 1. Korinther 6,1-11

● Für Paulus gibt es im Blick auf die Gemeinde **ein klares *drinnen* und *draußen*** (Kap. 5,12f) und im Blick auf den einzelnen Christen **ein klares vorher und nachher** (V 11). Christen leben nach anderen Maßstäben als eine Gesellschaft, die nicht nach Gottes Geboten fragt und ihn nicht wirklich kennt.

● Das hat Folgen für die Frage, ob Christen ihre Streitigkeiten untereinander vor einem weltlichen Gericht klären können. Abgesehen davon, dass dadurch ein schlechtes Licht auf die Gemeinde fällt – „sie reden von Frieden und Versöhnung und liegen selber untereinander im Streit!" – so kann man von einem weltlichen Richter auch nicht erwarten, dass er bei der Klärung eines Streitfalls unter Christen geistliche Aspekte berücksichtigt. Er wird ganz andere Maßstäbe anlegen und damit der Sache nicht gerecht werden. Wie viel besser ist es da, wenn es einen Schlichter in der Gemeinde gibt, der auch geistliche Gesichtspunkte mit einbezieht. **Das hohe Gut der Einheit und der Liebe kann nämlich durchaus zum Nachgeben und zum Verzicht aufs eigene Recht führen** (V 7), was ein normaler Jurist so nicht einfach nachvollziehen kann.

● Paulus setzt in seiner Argumentation noch viel tiefer an, und das ist für uns vielleicht überraschend und fremd: Christen sollen einmal *die Welt* (V 2) und sogar die *Engel* (V 3) richten, sagt er. Wie können sie da die Rechtsprechung in eigener Sache leichtfertig in die Hände heidnischer Richter legen?

● Die eigentliche seelsorgliche Frage an die Korinther und an uns lautet allerdings: **Wer seid ihr eigentlich? Wie neu ist euer Leben wirklich geworden? Wie viel Altes bestimmt euch immer noch?** Das ist keine Frage von Bekenntnisliedern und Bibelwissen. Die Antwort darauf gibt das konkrete Leben, etwa das Verhalten in Rechtsstreitigkeiten. Die vermeintlich geistlich so besonders begabte Gemeinde in Korinth hat da noch erhebliche Defizite.

> ✎ *Wie sieht das bei mir aus? Rein gewaschen – geheiligt – gerecht geworden (V 11) – sieht man das an meinem Verhalten? Merken andere und ich selbst etwas davon?*

Dienstag, 24. Januar 1. Korinther 6,12-20

● ***Alles ist mir erlaubt!*** So lautet eine beliebte Parole in Korinth, auf die Paulus eingeht. Vielleicht ist er sogar selbst mit seiner Predigt der Freiheit vom Gesetz als Kronzeuge für einen Lebensstil ohne Regeln zitiert worden (vgl. Kap. 3,22).

● Ja, der Satz ist grundsätzlich richtig, sagt Paulus. Aber er ist nicht alles, was zum Thema Freiheit zu sagen ist. Wichtig sind die Fragen „Freiheit wozu?" und „Freiheit wovon?"

● **Freiheit wozu?** Falsch verstandene Freiheit kann zerstörerisch sein. Wer alles mitnimmt und ausprobiert, was ihm möglich ist, schadet damit nur sich und anderen. Das Beispiel einer zügellos ausgelebten Sexualität ist heute sicher nicht weniger aktuell als damals. Das Kriterium lautet: **Nutze ich meine Freiheit wirklich *zum Guten*** (V 12a)?

➤ **Freiheit wovon?** Zur Freiheit gehört auch der Aspekt, dass ich nicht fremdgesteuert und getrieben bin. *Nichts soll mich gefangen nehmen,* schreibt Paulus (V 12b). Er weiß sehr gut – vielleicht besser als wir –, welche Macht und Eigendynamik z. B. Sexualität im Leben eines Menschen entfalten kann.

● Darüber hinaus wird unsere Freiheit aber auch dadurch begrenzt, dass unser Leben einschließlich unseres Körpers Christus gehört (V 15). Das ist sehr konkret zu nehmen: Unser *Leib ist ein Tempel des Heiligen Geistes.* Gott selbst, Jesus selbst wohnt in unserem Leib – in Gestalt des Heiligen Geistes (V 19). **Wo immer wir hingehen, was immer wir mit unserem Leib tun, wir nehmen Christus mit.**

● Das hat **Auswirkungen**. So kann man als Christ unmöglich zu einer Prostituierten gehen in der Meinung, davon werde der eigene Glauben nicht berührt. In Korinth vertraten von der Gnosis beeinflusste Christen die Auffassung, der Körper sei eigentlich wertlos und man könne damit machen, was man wolle. Demgegenüber fordert Paulus dazu auf, *Gott auch mit unserem Leibe zu preisen* (V 20). Wie wir mit unserem Körper umgehen, unterstreicht, wer in uns wohnt und uns bestimmt.

✎ *Eine herausfordernde Vorstellung! Wo betrifft sie mich persönlich?*

Mittwoch, 25. Januar 1. Korinther 7,1-9

● Nachdem Paulus im gestrigen Textabschnitt der sexuellen Freizügigkeit einen Riegel vorschieben musste, vertritt er heute eine radikale Gegenposition dazu. Sie lautet: *Es ist gut für den Mann, keine Frau zu berühren* (V 1b). Aber die Position des Asketen ist in ihrer Einseitigkeit genauso falsch wie die des Sexisten, der für das hemmungslose Ausleben seines sexuellen Triebes eintritt. Laut Schöpfungsbericht war es *sehr gut* (1Mo 1,31), dass Gott Mann und Frau als sexuelle Wesen geschaffen hat. Es kommt eben darauf an, diese **gute Gabe Sexualität** gemäß den Vorgaben Gottes zu leben. Immerhin relativiert Paulus seine Auffassung mit dem Hinweis, er gebe hier nur seine persönliche Meinung zu dieser Frage weiter (V 6f).

● Man wird die für uns vielleicht merkwürdig klingenden Argumente des Paulus nur richtig verstehen, wenn man sich vor Augen führt, dass er mit der baldigen Wiederkunft Jesu und dem Ende dieser Welt rechnet. Er sieht sich selbst und die Korinther als solche, *auf die das Ende der Zeit gekommen ist* (Kap. 10,11). Deshalb geht es ihm darum, die kurze und notvolle Zeit bis dahin möglichst unbeschadet zu überstehen.

● Am leichtesten geht das nach Auffassung des Apostels, wenn man wie er selbst unverheiratet ist. Unverheiratete und Witwen sollen sich die Last einer Ehe in dieser letzten Zeit nicht auch noch aufbürden. Aber Paulus weiß auch, wie schwer es ist, dauerhaft sexuell enthaltsam zu leben und wie leicht gerade die Sexualität zum Einfallstor für die Sünde wird (V 5.9).

> ✎ *Manche stöhnen: Warum reden Christen so viel von der Sexualität, ihren Gefahren und den dazugehörigen Sünden? Paulus würde ganz nüchtern sagen: Weil es kein zweites Thema gibt, das so mächtig nach uns greift. Sex ist und bleibt Thema Nummer 1 – für die Bibel und für uns. Oder sehen Sie das anders?*

● **Weil die Sexualität eine so große Macht hat, ist es nötig, sie im von Gott gewollten Rahmen, der Ehe, zu leben.** Eine Ehe, in der die Sexualität der Partner gerne und unverkrampft gelebt wird, ist immer noch der beste Schutz vor Abwegen.

Donnerstag, 26. Januar 1. Korinther 7,10-16

Wieder muss Paulus ein **heißes Eisen** anpacken: **Ehescheidung und Wiederverheiratung Geschiedener.**

● Auffällig ist, dass es zunächst um die **Scheidungsabsicht von Frauen** geht – ein Ansinnen, das für jüdische Frauen damals überhaupt nicht in Betracht gekommen wäre. Aber für die Frauen in Korinth, die der griechischen Rechtsordnung unterlagen, stellt sich die Frage sehr wohl. Paulus überträgt das von Jesus in Mt 5,32 den Männern gegebene Scheidungsverbot analog auf die Frauen.

● Jesus hatte einzig Ehebruch (Unzucht) als legitimen **Scheidungsgrund** genannt. Bemerkenswert ist, dass Paulus darüber hinausgeht und Scheidung auch dann akzeptiert, wenn diese vom ungläubigen Partner in einer Mischehe ausgeht. Mann oder Frau sind *in solchen Fällen nicht gebunden* (V 15).

● Diese Formulierung könnte hilfreich sein für die Frage nach einer möglichen **Wiederheirat**. In V 39 gebraucht Paulus nämlich eine ähnliche Formulierung im Blick auf eine Frau, deren Mann gestorben ist. Dort heißt es, weil sie nicht mehr *gebunden* ist, kann sie wieder heiraten.

● Das Thema ist viel zu komplex, als dass es hier hinreichend behandelt werden könnte. Die wenigen Hinweise machen aber deutlich, dass das schlichte Zitieren einzelner Bibelstellen nicht ausreicht. Sollte es wirklich nur die beiden von Jesus und Paulus genannten Ausnahmen für eine legitime Scheidung geben? Ich denke an eine Frau, die von ihrem Ehemann immer wieder geschlagen und vergewaltigt wurde, sodass wir ihr – auch um der Kinder willen – dringend zur Scheidung raten mussten.

✎ *Sollte es wirklich so sein, dass Jesus von dieser Frau zusätzlich zum bisherigen Leid erwartet, anschließend auf jeden Fall unverheiratet zu bleiben, nur weil ihr Fall nicht ausdrücklich im NT erwähnt wird? Wie sehen Sie das?*

● Das darf kein Freibrief dafür sein, dass auch Christen sich immer schneller und immer häufiger scheiden lassen. **Scheidung ist immer eine Notlösung, und Wiederheirat bedarf der seelsorglichen Aufarbeitung der gescheiterten Ehe.**

Freitag, 27. Januar 1. Korinther 7,17-24

Legitimiert Paulus die Sklaverei als Stand, den man als gottgewollt annehmen und möglichst nicht verändern soll (V 21f)? Und ist es dann nicht ebenso legitim, wenn andere sich als Herren und Könige von Gottes Gnaden verstehen? Leider hat das Missverständnis dieses und ähnlicher Texte dazu beigetragen, dass es noch viele Jahrhunderte gedauert hat, bis Christen endlich die Initiative zur Abschaffung der Sklaverei ergriffen haben.

● Auch der heutige Textabschnitt muss unbedingt von der Erwartung der nahen Wiederkunft Jesu her verstanden werden. In dieser Situation lohnt es sich nicht mehr, viel Energie in die Veränderung gesellschaftlicher Verhältnisse zu investieren. Wenn sich die Möglichkeit bietet, dass ein Sklave die Freiheit gewinnt, soll er sie nutzen. Wenn aber nicht, so ist es auch nicht tragisch. **Wichtig ist, die neue Freiheit in Christus zu leben. Das ist in jeder Lebenssituation möglich.**

● Auch religiöse Traditionen – hier: *beschnitten* oder *unbeschnitten* (V 18f) – verlieren angesichts des Evangeliums ihre Bedeutung. Man muss nicht erst durch die Beschneidung Jude werden, um anschließend auch Christ sein zu können.

● **Wichtig ist einzig die Bindung an Christus. Ihm gehören wir.** Er hat uns *teuer erkauft* (V 23). Wer ihn wirklich Herr sein lässt, gewinnt eine innere Unabhängigkeit gegenüber anderen gesellschaftlichen oder religiösen Herrschaftsansprüchen.

● Heute stellt sich uns die Frage vielleicht so: Könnte ich den Glauben nicht viel besser leben, wenn meine Rahmenbedingungen einfacher wären? Wenn ich in einer anderen Familie aufgewachsen wäre, einen verständnisvolleren Mann gefunden hätte? Oder auch: Könnte ich mich für Jesus nicht viel effektiver einsetzen, wenn ich Chef wäre, mehr Einfluss hätte, mehr Geld verdiente, von dem ich dann etliches spenden könnte?

✎ *Wo gibt es in meiner Lebenssituation Umstände, die ich nur schwer annehmen kann? Und was könnte sich verändern, wenn ich diese ungeliebten Gegebenheiten akzeptiere und in ihnen die Freiheit in Christus auszuleben versuche?*

Erneut geht Paulus auf die Frage von Ehe und Ehelosigkeit ein. Es handelt sich dabei nicht um ein Gebot Jesu, sondern um die **persönliche *Meinung* des Apostels** (V 25.40), die er den Korinthern als seelsorgerlichen Rat weitergeben möchte.

● Mehr noch als in den bisherigen Abschnitten wird deutlich, wie sehr Paulus mit der baldigen Wiederkunft Jesu, dem Ende dieser Welt und den damit verbundenen Leiden für die Christen rechnet. *Die Zeit ist kurz* (V 29), meint Paulus, *denn das Wesen dieser Welt vergeht* (V 31). Wir sind die letzte Generation vor dem *Ende der Zeiten* (Kap. 10,11).

● Jesus selbst hatte in seiner Endzeitrede gesagt (Mt 24,19): *Wehe den Schwangeren und den stillenden Müttern zu jener Zeit!* Dieses Leid möchte Paulus den Frauen in Korinth gerne ersparen. Um der bevorstehenden *Not* willen (V 26) und um sich die vorhersehbare *Bedrängnis* zu ersparen (V 28), erscheint es ihm besser, ledig zu bleiben. **Allein hat man es einfacher und kann sich besser auf die Sache Jesu konzentrieren, als wenn man für eine Familie sorgen muss.**

● Wer sich jedoch anders entscheidet, sei es als junger Mensch oder auch als Vater einer Tochter in heiratsfähigem Alter, begeht deswegen keine Sünde. Aber er macht sich das Leben schwerer, weil er sich zusätzlich *um die Dinge der Welt sorgen* (V 33f) muss.

● Bei aller Situations- und Zeitgebundenheit der Ratschläge des Apostels bleibt seine Formel **„haben als hätte man nicht"** (V 29ff) auch für uns heute sehr bedenkenswert. Und: Jesus selbst hat gesagt, dass jede Generation – auch wir! – wachsam sein soll, weil der Tag des Herrn überraschend zu einer Stunde kommt, in der keiner damit rechnet (Lk 12,40).

✎ *Was bedeuten unter dieser Perspektive für Sie die Aufforderungen „weinen, als weinten sie nicht; sich freuen, als freuten sie sich nicht; kaufen, als könnten sie es nicht behalten" usw.?*

● Wir dürfen uns als Christen nicht an die Dinge dieser Welt verlieren. Und doch sollen wir mitten in der Welt unseren Mann und unsere Frau stehen, bis der Herr kommt.

Sonntag, 29. Januar Psalm 135

● In Ps 135 werden wir insgesamt neun Mal zum **Lob Gottes** aufgefordert. Daran sollen und wollen wir uns beteiligen, noch heute! Was sagt der Psalm, warum Gott zu loben ist? Weil er größer ist als alle Götter (V 5).

➤ Das zeigt sich in seiner **Schöpferkraft**. Er allein gibt Leben (V 6-7).

➤ Das zeigt sich in der **Geschichte des Volkes Israel**. Er hat seinem Volk Recht verschafft, als es in Ägypten versklavt war, als es mächtigen Königen gegenüberstand. Der Gott Israels setzt allerdings seine Macht nicht ein, nur um Stärke zu demonstrieren, sondern um Hilflosen zum Recht zu verhelfen (V 8-14).

● V 5 enthält ein Zitat von Jitro, dem Schwiegervater Moses, einem Nichtisraeliten. Nachdem ihm Mose die großen Taten Gottes berichtet hatte, bekennt er: *Ja, ich habe erkannt, dass der Herr groß ist, größer als alle Götter* (2Mo 18,11).

● V 6: Ein weiteres Zitat aus Ps 115,3 antwortet dort auf die höhnische Frage: „Wo ist nun euer Gott?" In Ps 135 wird daraus das Bekenntnis: *Alles, was ihm gefällt, macht er, im Himmel und auf der Erde.* Das ist kein willkürliches Machen, sondern Jahwe sorgt für das Leben aller seiner Geschöpfe. Und er sorgt für sein hilfloses Volk, in dem er Gewalttäter entmachtet.

● Wie ist V 8-10 zu verstehen, wo vom „Schlagen Gottes" die Rede ist? Es ist keine Rechtfertigung oder gar Verherrlichung von Gewalt, sondern eher **Ablehnung aller Gewalt**, wenn dadurch Menschen unterdrückt oder missbraucht werden.

● In V 15-18 werden die **Götterbilder** Machwerke genannt, die keinen Odem, also kein Leben haben. Nur eines können diese Machwerke: Sie machen ihre Verehrer zu dem, was sie selber sind: stumm, blind und taub. Sie bringen denjenigen, die ihnen vertrauen, letztlich den Tod. Wer dagegen **den lebendigen Gott lobt** (V 19-21), der lebt auf.

● ***Götzenopferfleisch*** meint Fleisch, das vorher irgendwelchen Göttern geweiht wurde. Nun wollte natürlich niemand in den Gemeinden bewusst solches Fleisch essen. Auf den Märkten von Korinth gab es aber kaum Fleisch, das nicht zuvor irgendwelchen Göttern geweiht worden war. Zumindest konnte man sich beim Kauf des Fleisches darin nie ganz sicher sein.
● Einige Christen in der Gemeinde sagten sich: Weil neben dem lebendigen Gott sowieso keine anderen Götter existieren und Christus uns frei gemacht hat, brauchen wir uns um die Herkunft unserer Schnitzel nicht zu kümmern. Bange machen gilt nicht mehr!
● Andere dagegen hatten große Angst, in den Einfluss anderer Götter oder widergöttlicher Mächte zu geraten, wenn sie – und sei es auch nur aus Versehen – solches Fleisch aßen.

✎ *Auch wenn das Thema „Genuss von Götzenopferfleisch" für uns nicht mehr aktuell ist: Fallen Ihnen andere Themen, Vorlieben oder Verhaltensweisen ein, bei denen wir heute ähnlich kontrovers darüber diskutieren, ob ein Christ dadurch z. B. okkult belastet oder dämonisch infiziert wird?*

● V 4.5: Existieren nun andere Götter oder andere Mächte zwischen Himmel und Erde oder nicht? An dieser Stelle bleibt Paulus ein wenig unklar. Aber in V 6 wird er wieder ganz deutlich: Egal ob andere Menschen *viele Götter und Herren* anbeten – so verehren **wir** doch nur einen Gott und Herrn, nämlich Jesus Christus. Der christliche und der jüdische Glaube sind eigentlich nicht unbedingt monotheistisch. Monotheismus heißt: Es existiert nur ein einziger Gott. Doch Paulus nimmt wahr, dass in seiner Umwelt durchaus eine Vielzahl anderer Götter verehrt wird. Unser Glaube ist daher eher monolatristisch (von griech. *monos = allein* und griech. *latreuein = Gott dienen*) zu nennen. Das heißt: **Wir *dienen* nur einem Gott.**

✎ *Würde die Annahme der Existenz anderer Götter Ihren Glauben verändern? Oder spiegeln die verschiedenen Religionen letztlich nur die Wirklichkeit eines einzigen Gottes wider?*

Dienstag, 31. Januar 1. Korinther 8,7-13

● V 7: Ob ein Verhalten richtig oder falsch ist, kann nicht immer auf Anhieb zweifelsfrei beurteilt werden. Das liegt zum einen am Glaubenswissen bzw. an ***Erkenntnis***, zum anderen aber auch an der Prägung des eigenen ***Gewissens***. Wer bisher in seinem Leben die heidnischen Götter verehrt und ihnen Opfer dargebracht hat, für den hat der Genuss von Götzenopferfleisch eine ganz andere Bedeutung als für denjenigen, dem der ganze Götzenkult bisher schon suspekt war. Vielleicht könnte man den Konflikt darüber an einem aktuellen Beispiel verdeutlichen: Wer früher einmal Alkoholiker war und durch den Glauben frei geworden ist, für den stellt sich die Frage nach dem Alkoholgenuss als Christ ganz anders als für jemanden, der ab und an gerne einmal ein Glas Rotwein trinkt.

● V 8: Nicht Essen, Trinken, Rauchen, Sex, Autofahren etc. *bringen uns vor das Gericht Gottes*. Denn weder der dankbare Genuss dieser Gaben, noch der freiwillige Verzicht darauf machen uns besser oder schlechter.

● V 9-12: Aber wie wir im konkreten Fall mit diesen Gaben umgehen, das ist entscheidend. Wenn andere Christen – Paulus nennt sie *Schwache* – durch unser Handeln in ihrem Glauben angefochten und veranlasst werden, sich über ihr Gewissen hinwegzusetzen, dann wird unser Verhalten dadurch zur Sünde. Noch einmal: **Manches Tun ist nicht an sich Sünde, aber wie es sich für andere auswirkt, wird es zur Sünde.**

● V 13: Darum kann Paulus verzichten – nicht, weil er als Christ verzichten müsste, sondern weil für ihn die christliche Freiheit auch die Freiheit zum Verzicht um anderer willen einschließt. **Wichtiger als das Bestehen auf der eigenen Freiheit ist für Paulus die Rücksichtnahme auf den schwachen Bruder, dem er nicht unnötig zum Anstoß werden möchte.** Als ein kleines Beispiel für solche Rücksichtnahme könnte man heute den in vielen Gemeinden praktizierten Verzicht auf Alkohol bei der Feier des Abendmahls anführen.

> ✎ *Gibt es bei mir Verhaltensweisen, die andern Christen zum Problem werden könnten? Bin ich bereit, darauf zu verzichten?*

In Kap. 8 ging es um das Götzenopferfleisch, jetzt scheint es um ganz etwas anderes zu gehen. Aber eigentlich bleibt das Thema dasselbe: **die Freiheit eines Christen**. Paulus behandelt dieses Thema am Beispiel seiner Person.

● V 4.5: Anscheinend wurde Paulus auch deswegen immer wieder in Frage gestellt, weil er auf manches verzichtete, was andere selbstverständlich für sich in Anspruch nahmen. **Es geht hier vor allem um die materielle Versorgung auswärtiger Prediger, die in der Gemeinde Dienst tun – einschließlich der sie begleitenden Ehefrauen.**

● V 7-13: Paulus zieht alle Register: Er bemüht die Volksweisheit (V 7) ebenso wie die Thora (V 8f) und beruft sich sogar auf einen Befehl Jesu (V 14), um das Recht der Verkündiger auf angemessene Versorgung durch die Gemeinden zu unterstreichen. Umso überraschender ist seine Schlussfolgerung, von diesem Recht selbst keinen Gebrauch zu machen.

● V 15: Wer das Evangelium verkündigt, muss nichts dafür nehmen. Vielmehr kann dann, wenn Geld und Verkündigung zu sehr verquickt werden, das Evangelium Schaden nehmen. Dies Problem hat die Kirche schon immer begleitet.

● V 16-18: Die Verkündigung des Evangeliums geschieht bei Paulus aus einer inneren Nötigung heraus (griech. *anangke = Zwang*; ein göttliches *Muss*: V 16) und nicht um *Lohnes* willen. Gerade das Predigen ohne Entgelt ist für Paulus sein Lohn. Hier ist die große **Chance des Ehrenamtes**. Aber ganz wichtig: Paulus verzichtet, ohne diesen Verzicht für andere verpflichtend zu machen. Er hätte das Recht auf Entlohnung. Aber um des Evangeliums willen verdient er seinen Lebensunterhalt lieber als Zeltmacher nebenher (vgl. Apg 18,3) und verkündigt ehrenamtlich. **Ehrenamtlich ist nicht weniger amtlich** (V 17), denn der Auftrag dazu stammt von Gott.

✎ *Der Unterschied zwischen Hauptamtlichen und Ehrenamtlichen ist vor allem die Bezahlung. Haben Sie den Eindruck, dass Menschen, die (wie Paulus) ehrenamtlich arbeiten, weniger geachtet werden als solche, die für ihren Dienst bezahlt werden?*

Donnerstag, 2. Februar 1. Korinther 9,19-23

● V 19: Jetzt geht es um Paulus' **Existenz als Missionar**. Er möchte *möglichst viele gewinnen*, und dazu ist er bereit, sich selbst ganz zurückzunehmen.

● V 20.21: Paulus ist einfühlsam auf die Menschen, mit denen er es als Missionar zu tun hat, eingegangen. Er muss nicht zeigen, wie frei oder gebunden an das jüdische Gesetz er ist, weil es ihm in der Verkündigung des Evangeliums nicht um Lebensstilfragen geht. Er passt sich auch nicht einfach anderen Menschen an, um sein Fähnchen nach dem Wind zu hängen. **Sein Motiv ist einzig und allein die Leidenschaft, auf alle erdenkliche Weise Menschen zu *retten*** (V 22).

● Allerdings ist diese Zurücknahme der eigenen Person etwas anderes als sich selber zu verleugnen bzw. seine Überzeugungen zu verraten. Das wird deutlich in den Einschüben:

➢ Auch wenn er nach der Thora lebt, ist er *nicht unter dem Gesetz;*

➢ auch wenn er ohne Gesetz lebt, ist er doch in dem Gesetz Christi.

Es geht nicht um Selbstverleugnung, sondern um ein sensibles Eingehen auf die Menschen, mit denen er es zu tun hat.

● In V 22 erwähnt Paulus erneut die *Schwachen* (vgl. Kap. 8,9ff), doch dehnt er es dann im zweiten Versteil gleich auf das ganze Leben aus: *Ich bin allen alles geworden.* Lebensstilfragen dürfen nicht mit Glaubensfragen verwechselt werden. Ob Paulus selbst das wirklich immer so gut gelungen ist?

● Gerade in der Verkündigung des Evangeliums ist **Authentizität wichtig**. Aus der Milieuforschung wissen wir, dass es nicht so einfach ist, ein Milieu zu *gewinnen*, dem man selber nicht angehört. *Allen alles zu werden*, ist im Einzelfall ganz schön schwierig. Allerdings können wir V 23 als Aufforderung hören: Das alles zu tun *um des Evangeliums willen.* Das könnte für uns heute heißen, Phantasie zu entwickeln, wie das Evangelium glaubhaft und überzeugend bei Menschen aus anderen Lebensmilieus verkündigt werden kann. Genauso sollten wir auch Menschen fördern, die mit einer Leidenschaft für Christus angesteckt sind, ohne aus unserm eigenen Milieu zu kommen.

● Zum Abschluss seines Gedankenganges über Freiheit und Verzicht eines Christenmenschen greift Paulus ein **Bild vom Wettkampf** auf. Wenn man V 24 allerdings so versteht, als wolle Paulus die Konkurrenz schüren und deutlich machen, dass es auch im Blick auf den Glauben nur einen Gewinner und sonst nur lauter Verlierer gibt, dann hätte man ihn wohl falsch verstanden. Um was für einen Wettkampf geht es – und was ist der ***Siegespreis***?

➤ In Phil 3,14 gebraucht Paulus ein zweites Mal in seinen Briefen den Begriff des *Siegespreises.* Nur an diesen beiden Stellen kommt das Wort überhaupt im NT vor. In Phil 3 spricht Paulus *von der himmlischen Berufung Gottes in Christus Jesus.* Es geht also um unsere **Teilhabe an der Herrlichkeit bei Gott**.

➤ Um welchen Kampf es geht, macht Paulus in V 27 deutlich. Es ist vor allem der **Kampf mit sich selbst**.

● Um diesen Kampf noch anschaulicher zu machen, hat Paulus in V 26 das **Bild vom Wettlauf zum Boxkampf** gesteigert. Im Kampf mit sich selbst sind harte Bandagen nötig. Paulus weiß, dass Verkündigung und Lebensbeispiel zusammengehören. Wer das Evangelium weitersagen will, muss mit seiner Person voll dahinter stehen. Er kann nicht nur schöne Worte machen: dann wäre er *einer, der in die Luft schlägt,* sondern muss Treffer setzen, d. h. auf Herz und Gewissen der Menschen zielen.

● V 27: Allerdings geht es dabei nicht um den Verzicht um des Verzichtes willen. Askese ist kein Wert an sich. **Es geht vielmehr um das zielgerichtete Leben.** Es geht darum, das Evangelium laufen zu lassen. Für Martin Luther konnte das auch heißen: „Während ich mein Tröpflein Wittenbergisch Bier trinke, läuft das Evangelium." Für Luther war es gerade wichtig, das mönchisch asketische Leben abzulegen, um das Evangelium wirksam weitersagen zu können.

✎ *Disziplin und zielgerichtetes Leben werden in diesem Text angesprochen. Gibt es in meinem Leben Punkte, an denen ich von Zeit zu Zeit den Kampf mit mir selbst führen muss? Stimmen bei mir Glauben und Leben überein? Verfolge ich ein klares Ziel?*

Die korinthischen Christen leiteten ihre vermeintliche Freiheit, bedenkenlos an Götzenopfermahlzeiten teilzunehmen, aus ihrem Geistbesitz ab. Außerdem meinten sie, durch Taufe und Abendmahl in sakramentaler Sicherheit zu leben – so, als ob ihnen nun nichts mehr passieren könnte, was sie vom Glauben an Christus abbringen könnte.

● Darum kommt Paulus auf **die Wüstengeneration Israels als warnendes Beispiel** zu sprechen und formuliert in V 12: *Wer meint er stehe, mag zusehen, dass er nicht falle!* Der Auszug Israels aus Ägypten dient als **Vorausdarstellung für die christliche Gemeinde.** Alle Israeliten sind durch das Rote Meer und die Wüste gezogen (2Mo 14,21ff); alle wurden durch das Manna und durch das Wasser aus dem Felsen (2Mo 16,4; 17,6) vor dem Tod bewahrt. Dennoch verloren die meisten in der Wüste ihr Leben (V 5). Das soll den korinthischen Christen zur Warnung dienen.

● Weiter erinnert Paulus an das Murren gegen Mose, die Sehnsucht nach den Fleischtöpfen Ägyptens, den Tanz um den Goldenen Stier, die Teilnahme an den Opfermahlzeiten für den Götzen Baal Peor, die Unzucht mit den Moabiterinnen. Das alles sind Beispiele für den Ungehorsam Israels mit Todesfolge (4 Mo 14,2.35f; 21,4ff; 25,1.9).

● Paulus lässt der Warnung in V 13 die tröstende Verheißung folgen: Die Versuchung ist menschlich und erträglich; denn Gott ist treu und überfordert niemanden.

● Taufe und Abendmahl sind Trost zum Heil; sie wirken jedoch nicht automatisch und nicht auf magische Art und Weise. Falsche Sicherheit ist fehl am Platze, da Gottes Gericht über unsern Ungehorsam möglich bleibt.

● Das Beispiel der Wüstengeneration Israels enthält darum die folgenden **beiden Aspekte:**

➢ Die **tröstende Vergewisserung** in Anfechtungen und

➢ die **Mahnung**, nicht leichtfertig mit dem Heilszuspruch umzugehen.

✎ *Welchen der beiden Aspekte haben Sie besonders nötig?*

● Ps 124 besteht aus 2 Teilen:
➢ V 1-5 beschreiben, was in der Geschichte Israels alles geschehen wäre, wenn Gott nicht eingegriffen hätte.
➢ V 6-8 schildern dagegen, was tatsächlich geschehen ist.
➢ Israel bekennt: *Unsere Hilfe steht allein im Namen des HERRN, der Himmel und Erde gemacht hat.*
● V 1-2: Das wiederholte *wäre der HERR nicht bei uns* enthält **eine kurze Theologie des Gottesnamens Jahwe**: „Ich bin mit dir, ich bin für dich da" (2Mo 3,12). Mit dem Bekenntnis zu diesem Namen (in der Lutherbibel „HERR") schließt auch der Psalm (V 8).
● In V 1-5 bekennt Israel im **Rückblick**: Als die Not unseres Volkes am größten war, hat sich das bewahrheitet: Jahwe ist da, er ist für uns da. Als der Hass der Menschen über uns kam, wenn sie wie Raubtiere uns zerreißen wollten und wir schon wie Beute in ihren Zähnen waren, dann war Jahwe bei uns, dann hat er uns in letzter Minute errettet. Als die chaotischen Wasser uns schon überflutet hatten und uns in den Abgrund ziehen wollten, war Jahwe da und hat uns errettet. Als wir schon wie ein hilfloser Vogel in der Falle gefangen waren, war Jahwe da und hat das Netz zerrissen.
● Die Hilfe im Namen Jahwes ist allerdings kein magischer Schutz, der jede Not von den Seinen abprallen lässt, aber gerade in der Not hat Israel Gottes Treue erfahren.
● Auch wir Christen bekennen: Gott ist für uns da, hilft uns. Aber doch kommt bei Schwierigkeiten die Frage: Wo bleibt jetzt Gottes Hilfe? Wo ist er jetzt für mich da? Dieser Psalm des Volkes Gottes will uns helfen, gerade in Zeiten akuter Not das Vertrauen in Gottes Hilfe neu zu buchstabieren.
● Viele christliche Gottesdienste beginnen mit dem **Bekenntnis** aus Vers 8. Das lässt uns die Wurzeln unserer Gottesdienste in den Gottesaussagen Israels im AT deutlich erkennen.

Montag, 6. Februar 1. Korinther 10,14-22

Die Teilnahme von Christen an heidnischen Opfermahlzeiten ist verwerflich, weil sie mit der Teilnahme am christlichen Abendmahl nicht vereinbar ist. Paulus argumentiert hier ganz in der Linie jüdischer Tradition, für die sich Jahweglaube und Baalsdienst ausschließen.

● Der Segenskelch beim Abendmahl bedeutet die Teilhabe am Blut Christi. Das Brot beim Abendmahl bedeutet die Gemeinschaft mit dem Leib Christi (V 16). Kelch und Brot geben Anteil an dem Heil bringenden Sühnetod Christi. Die Abendmahlsteilnehmer werden dadurch zur Einheit der Gemeinde zusammengeschlossen, denn **die Gemeinde ist der Leib Christi** (vgl. Kap. 12,12ff; Röm 12,4ff).

✎ *Die Vorstellung von der Gemeinde als Leib Christi entfaltet Paulus ausführlicher in Kap. 12,12-20. Was bewirkt trotz der Verschiedenheit der einzelnen Mahlteilnehmer die Einheit des Leibes Christi?*

● Paulus blickt auf den Opferdienst am Jerusalemer Tempel: Beim Schuldopfer erhalten die Priester einen Teil des Opfertiers; beim Dankopfer wird ein Teil des Opfers von allen Mahlteilnehmern, den *Genossen des Altars*, verzehrt (V 18). Zwischen Gott und den Opfernden wird so eine sakramentale *Communio* (lat. *Gemeinschaft*) hergestellt.

● Die Teilnahme an heidnischen Opfermahlzeiten stellt die Verbindung zu ***Dämonen*** her, die wirklich existieren und eine versklavende Macht auf den Menschen ausüben können. Wer als Christ daran teilnimmt, begibt sich in die Sphäre der Dämonen. Am Ende könnte er dem dämonischen Einfluss nicht gewachsen sein. „Paulus war der Meinung: Götzen sind nichts; die Götzenanbetung als solche aber ist das Werk von Dämonen, die die Menschen auf diese Weise von Gott weglocken" (W. Barclay).

✎ *Gibt es in unserer Zeit Veranstaltungen, Bücher, Filme, Fernsehsendungen, die einen dämonischen Einfluss ausüben und von denen sich Christen Ihrer Meinung nach fernhalten sollten?*

Dienstag, 7. Februar 1. Korinther 10,23–11,1

● Die Unterscheidung von kultischen und allgemein gesellschaftlichen Kontakten ist wichtig. Paulus erörtert drei verschiedene Situationen:

➢ V 25.26: **Das Kaufen von Fleisch auf dem Markt.** Paulus vertritt den Standpunkt der christlichen Freiheit ohne Einschränkung. Er wendet sich ausdrücklich gegen genaues Nachforschen nach der Herkunft des Fleisches, ob es etwa von Tieren stammt, die zuvor Göttern geopfert wurden. Niemand soll sich unnötige Gewissensskrupel machen. Er kritisiert das jüdische Verbot zum Kauf von Fleisch unter Berufung auf Ps 24,1: *Die Erde gehört Jahwe und was darinnen ist.*

➢ V 27: **Die Einladung von Christen zu einem Mahl in einem heidnischen Privathaus.** Christen dürfen alles essen und trinken, ohne Nachforschungen anzustellen. Denn es handelt sich um einen privaten gesellschaftlichen Kontakt.

➢ V 28.29: **Das Fleisch der Mahlzeit wird von dem heidnischen Gastgeber oder einem christlichen Mit-Bruder ausdrücklich *als heiliges Opferfleisch* deklariert.** Dadurch ist der *status confessionis* gegeben. Das Gewissen des darauf Hinweisenden begründet eine *Bekenntnissituation.* In diesem Fall ist der Verzicht auf den Verzehr des Fleisches angesagt.

● V 29: ***Das Gewissen*** ist für Paulus keine autonome, Normen setzende Instanz, sondern ist die kritische Stimme, die beurteilt, ob eine Handlung dem Willen Gottes entspricht. Paulus fordert freiwillig mit Rücksicht auf das Gewissen des anderen zum Verzicht auf (vgl. dazu noch einmal Kap. 8,7-12).

● **Kriterien für das Handeln des Paulus** sind: die Rücksicht auf das Gewissen des anderen; der dankbare Genuss vor Gott; das bewusste Handeln zur Ehre Gottes und der missionarische bzw. seelsorgerliche Aspekt, um nicht Juden, Griechen (= Heiden) und Mitchristen Anstoß zu geben. Diese Kriterien sind für das Verhalten von Christen auch heute von Bedeutung.

✎ *Die korinthische Parole „Alles ist mir erlaubt!" wird von Paulus in Kap. 6,12 und 10,23f eingeschränkt. Warum sind diese Einschränkungen der christlichen Freiheit auch heute wichtig?*

Mittwoch, 8. Februar 1. Korinther 11,2-16

● **Dürfen Christinnen im Gottesdienst nur mit bedecktem Kopf oder auch unverhüllten Hauptes beten und prophetisch reden?** Allgemeine Sitte der Griechen, Römer und Juden bzw. Judenchristen war die Kopfbedeckung der Frauen in der Öffentlichkeit. Die Frauen in der korinthischen Gemeinde meinten, sich darüber hinwegsetzen und mit offenen Haaren auftreten zu können. Paulus tritt für die **Einhaltung der allgemeinen Sitte** ein – wohl auch aus der Sorge heraus, solche frühen Emanzipationsbestrebungen von Frauen könnten die Gemeinde in der heidnischen Öffentlichkeit in Misskredit bringen.

● Das Festhalten an den Überlieferungen begründet er mit dem christologischen Grundsatz: Christus ist das Haupt jeden Mannes; der Mann aber ist das Haupt der Frau; Gott ist das Haupt Christi (V 3). Diese unterordnende **„Haupt-Struktur"** gilt in der gesamten Schöpfung. Man verstand in der jüdischen Tradition 1Mo 1,27 so, dass nur der Mann als Bild Gottes geschaffen und der Frau bloß das Attribut Abglanz des Mannes zugestanden wurde. 1Mo 2,18-23 betont, dass die Frau erst nach dem Mann als seine Gehilfin geschaffen wurde. Daraus ergibt sich für das Judentum die patriarchalische Ordnung: Die Frau steht in jeder Beziehung unter dem Mann (Josephus, Contra Apionem 2,201).

● Im Unterschied dazu betont Paulus in V 11.12 entsprechend Gal 3,28 als inzwischen gültigen Grundsatz, dass *im Herrn* (V 11), d. h. *im Lebensbereich der Gemeinde Jesu* Mann und Frau, Sklave und Freier, Jude und Heide die gleiche Würde und Verantwortung haben. In der Gemeinde gibt es keine einseitige Unterordnung mehr; alle sind gleichwertig. *Ordnet einander unter in der Furcht Christi* (Eph 5,21).

● Heute herrscht eine große Freizügigkeit in der Mode von Haartracht und Kopfbedeckung. Kopftuch oder Schleier bei muslimischen Frauen werden da eher als Zeichen von Rückständigkeit beurteilt. Dabei stehen wir in der Gefahr, lange Zeit gültige Regeln von Anstand und Sitte über Bord zu werfen.

✎ *Was, meinen Sie, ist heute schicklich? Welche Argumente von V 2-16 überzeugen Sie?*

Donnerstag, 9. Februar 1. Korinther 11,17-22

● In den Versen 17-34 behandelt Paulus **die rechte Gestaltung des Abendmahls des Herrn**. In Korinth traf man sich regelmäßig abends zur gemeinsamen Mahlzeit und zur Herrenmahlfeier in den Privathäusern der Begüterten. Diese aßen und tranken jedoch miteinander, bevor die Armen und Sklaven nach Arbeitsschluss mit hungrigem Magen dazu kommen konnten. Für Paulus wird die Gemeinschaft des Herrenmahls dadurch zerstört, wenn manche sich satt essen und anschließend die leer ausgehen lassen, die zu dem gemeinsamen Essen nichts beitragen können (V 21). Sein Urteil ist an dieser Stelle sehr scharf. „Die Armen hungern und die Reichen schlemmen, während doch Einheit und Verbundenheit der Gemeinde gerade darin sich ausdrücken sollten, dass die Wohlhabenderen den Ärmeren dienten" (Heinz-D. Wendland).

● **Paulus tadelt die Rücksichtslosigkeit der reichen Christen in Korinth gegenüber den armen.** Wenn einer so hungrig ist, dass er nicht warten kann, dann soll er vorher zuhause etwas für sich essen, damit er nicht später die Gemeinschaft des Herrenmahls torpediert (V 22.34).

● Oft wird angenommen, die Korinther hätten Brot und Wein des Herrenmahls wie gewöhnliche Speisen und Trank geachtet. Aber das ist wenig wahrscheinlich, denn in Kap. 10 warnt Paulus davor, Taufe und Abendmahl magisch-sakramental misszuverstehen. Die reichen Christen meinten, es genüge, wenn ihre armen Mitchristen nur an dem sakramentalen Mahl teilnehmen; das mit der Herrenmahlfeier verbundene gemeinsame Essen war für sie unwichtig. Dieser Egoismus verletzt die Liebe und die geschwisterliche Gemeinschaft untereinander.

✎ *Nur sehr selten ist heutzutage die Abendmahlsfeier mit einem gemeinsamen Essen verbunden. Wie könnte man das Abendmahl (Eucharistie) mit einer gemeinsamen Mahlzeit (Agape) in guter Weise verbinden? – Sehen sie einen Anlass, die Abendmahlspraxis in Ihrer Gemeinde kritisch zu beurteilen? Was sollte daran verändert werden?*

● Mit der Formulierung *vom Herrn empfangen* (V 23) erinnert Paulus die Korinther zuerst daran, dass das Mahl, das sie feiern, von Jesus selber gestiftet ist. Er zitiert in V 23b-25 den Bericht von den **Einsetzungsworten des Herrenmahls,** der auch in Mk 14,22-24, Mt 26,26-28 und Lk 22,19.20 überliefert ist.

● Der Segen (vgl. die Formulierung der gesegnete Kelch in Kap. 10,16) bei Brotwort bzw. Kelchwort ist das jüdische Tischgebet: „Gepriesen seist du, Jahwe unser Gott, König der Welt, der du das Brot aus der Erde hervorgehen lässt (bzw. der du die Frucht des Weinstocks geschaffen hast)." Brotwort bzw. Kelchwort lauten bei Paulus: *Das ist mein Leib für euch* bzw. *Dieser Kelch ist der Neue Bund durch mein Blut.*

● Nach Kap. 10,16f gibt das Brot Anteil an dem in den Tod gegebenen Leib Christi bzw. der Kelch Anteil an dem Blut Christi. In dem ***für euch*** (V 24) klingt das **Motiv des Sühnopfers** Jesu an. Der Wiederholungsbefehl *das tut zu meinem Gedächtnis!* (V 24.25) macht aus dem Abendmahl kein Totengedächtnismahl, sondern ist sakramentale Vergegenwärtigung: Immer wenn ihr das Herrenmahl feiert, ist Jesus unter euch, wird der Neue Bund aufgerichtet und der Tod Jesu bis zu seinem Wiederkommen proklamiert. Der eschatologische Ausblick in V 26 ... *bis er kommt* (vgl. auch Lk 22,18) findet sich auch in dem aramäischen Gebetsruf *maranatha* (Kap. 16,22); er kann mit *Unser Herr kommt* oder *Unser Herr, komm!* übersetzt werden.

Wesentliche Kennzeichen der Einsetzungsworte bei heutigen Abendmahlsfeiern:

➢ Sie sind meist eine Mischform aus allen vier überlieferten Berichten des NT.

➢ Der eschatologische Ausblick von 1Kor 11,26 ... *bis er kommt* wird leider oft weggelassen.

● Es wird heute oft bestritten, dass Jesus seinen Tod als Sühnetod verstanden hat. Das hat u. a. auch zur Folge, dass dann ein ausdrückliches Sündenbekenntnis und der Vergebungszuspruch bei der Abendmahlsfeier entfallen. Doch sowohl das Brotwort bei Lk und Paulus wie auch das Kelchwort bei Mk und Mt bezeugen klar den Sühnetod Jesu.

Samstag, 11. Februar 1. Korinther 11,27-34

● Aus der missbräuchlichen Herrenmahlfeier in Korinth zieht Paulus die Konsequenz: **Jeder Teilnehmer am Herrenmahl soll sich prüfen, ob er *würdig* das Herrenmahl feiert.** Das meint Paulus nicht moralisch, sondern bezieht er auf ein Verhalten, das sich lieblos und rücksichtslos an den Geschwistern versündigt. Es geht nicht um das Bewusstsein, als Sünder vor Gott unwürdig zu sein, sondern um die fehlende Achtung gegenüber der Gemeinschaft des Leibes Christi.

● In den V 29-32 bildet Paulus eine Wortkette aus ähnlichen Begriffen: *unterscheiden und beurteilen* (griech. *diakrinein;* Luther übersetzt in V 29 unkorrekt mit *achten;* V 31a) – *richten und gerichtet werden* (griech. *krinein* in V 31b; 32a) – *verurteilt und verdammt werden* (griech. *katakrinein* V 32b). Krankheits- und Todesfälle in Korinth sieht Paulus als ein vorweggenommenes *Züchtigungs*gericht Gottes (V 30-32). Es handelt sich dabei um eine *pädagogische* (im griech. Urtext steht für *züchtigen* das Wort *paideuein*) Maßnahme Gottes, die von der endgültigen Verdammung, die die ungläubige Welt trifft, zu unterscheiden ist.

● Die V 33f sind eine Zusammenfassung des gesamten Abschnittes ab V 17: Die Korinther sollen beim Essen aufeinander warten und die Abendmahlsgemeinschaft nicht verletzen; die Reichen sollen die Armen nicht beschämen und ihren Hunger zu Hause stillen.

● Die Missachtung der geschwisterlichen Gemeinschaft beim Abendmahl ist ein Verstoß gegen den im Mahl gegenwärtigen Christus und gegen die Gemeinde als Leib Christi. Im Herrenmahl wird die Tischgemeinschaft mit dem erhöhten Christus fortgesetzt. Die Teilnehmer des Mahles erhalten Anteil an dem Heil stiftenden Bund. Das Mahl ist eine Vorwegnahme der kommenden Gottesherrschaft und hat sowohl heilsame wie unter Umständen auch verurteilende Konsequenzen.

> ✎ *Jedes Herrenmahl hat einen vergangenen, einen gegenwärtigen und einen zukünftigen Aspekt. Versuchen Sie, mit eigenen Worten diese drei Aspekte zu beschreiben!*

● Man kann sich vorstellen, dass dieser **Wallfahrtspsalm** in dem Moment angestimmt wurde, wenn die Pilger auf ihrem Weg nach Jerusalem den Berg Zion mit dem Tempel zum ersten Mal sehen konnten. Was für ein Anblick: Jerusalem zwischen den umgebenden Höhenzügen! Die Stadt und der Tempel liegen auf einem Höhenrücken, der – durch Täler getrennt – im Osten, Süden und Westen von Bergen umgeben ist.

● **Zwei Vergleiche** ruft dieser Anblick hervor:

➢ Wie der Berg Zion wird derjenige, der auf Gott vertraut, unerschütterlich fest bleiben.

➢ Wie ein Schutzwall umgibt und beschützt Jahwe sein Volk – zeitlich unbegrenzt.

● Was ist ***der Gottlosen Zepter*** (V 3)? Im 4./5. Jahrhundert v. Chr. war Juda nach der Babylonischen Gefangenschaft ein Teil des persischen Weltreichs und die Bevölkerung der persischen Verwaltung unterstellt. Die Steuern, die in Münzgeld bezahlt werden mussten, waren enorm. Besonders die kleinbäuerlichen Familien, die nach altem israelitischem Gottesrecht ihr Erbteil nach dem Prinzip der Selbstversorgung bearbeiteten, – also kaum Geld in die Hand bekamen! –, mussten jetzt oft Kredite aufnehmen, um ihre Steuern bezahlen zu können. Bei Missernten waren sie dann gezwungen, sich selbst oder ihre Kinder zu verkaufen. Aus freien Kleinbauern wurden so Tagelöhner oder Sklaven. Die große Heilstat Gottes, die Befreiung aus der Sklaverei in Ägypten, wurde so rückgängig gemacht. Das könnte eine Deutung für die Fremdherrschaft durch das *Zepter der Gottlosen* sein.

● V 3b deutet eine noch schlimmere Möglichkeit an: Angehörige des eigenen Volkes *(Gerechte)* könnten die **Not ihrer Brüder ausnutzen**. Sie streckten ihre Hand aus zur *Ungerechtigkeit* (V 3b) und begaben sich auf *krumme Wege* (V 5).

Darum die Bitte an Gott (V 4f): „Tu Gutes den Guten und lass die Abweichler scheitern!“

● Der große König David ist an seiner letzten Wegstrecke angekommen. Seine Vitalität nimmt auf der ganzen Linie ab, da hilft auch keine noch so schöne junge Frau. Die **Thronfolge** ist nicht sauber geregelt, und so bahnt sich eine tödliche Intrige gegen den Prinzen Salomo an.

● Salomos älterer Bruder **Adonija**, Sohn der Haggit, will sich zum König ausrufen lassen – und der König selbst bekommt nichts davon mit. Das königliche Haus wird in zwei Lager gespalten. Zu Salomo halten sich der Priester Zadok und der Prophet Nathan, der Heeroberste Benaja und die Leibgarde Davids (Kreter und Pleter, vgl. 1,38). Sie bekommen keine Einladung zum Opferfest Adonijas. Hinter Adonija stehen alle anderen Prinzen, der Priester Abjatar und dessen Sohn Jonatan, und der erfahrene Heerführer Joab mit weiteren Heerobersten. Für Salomo und die Salomotreuen geht es um Leben und Tod; wenn Adonija den Thron besteigt, ist damit zu rechnen, dass er seine Konkurrenz ausschaltet.

● Nathan zieht die Rettungsleine und findet einen Weg, zusammen mit Batseba den alten David zum Handeln zu zwingen. Sie erinnern in sorgfältig inszenierten Audienzen den König an sein Versprechen, Salomo als Thronfolger zu bestellen und stoßen David mit Klugheit darauf, dass er in dieser brenzligen Situation handeln muss. Der Versuch gelingt, und Nathan rettet mit Gottes Hilfe die Lage.

● Die **einzelnen Personen** verhalten sich jeweils ganz unterschiedlich:

➢ David zögert und wartet fast zu lange.

➢ Adonija drängt sich nach vorne und überschreitet seine Grenzen.

➢ Nathan schreitet mit Gottes Hilfe und mit seiner Weisheit mutig ein.

✎ *Wo finden Sie Parallelen zwischen Situationen in Ihrem Leben und diesen verschiedenen Verhaltensmustern? Was müssten Sie für sich vielleicht ändern?*

Dienstag, 14. Februar 1. Könige 1,28-53

● David ist aufgeschreckt und handelt klaren Sinnes und schnell. Der priesterliche, der prophetische und der militärische Repräsentant – Zadok, Nathan und Benaja – werden mit der **Salbung Salomos** beauftragt. Auf dem königlichen Reittier (vgl. Jesu Einzug in Jerusalem in Mt 21,1-11) wird Salomo zur Gihonquelle geführt, von Zadok gesalbt und unter großem Jubel der Jerusalemer Bevölkerung zum König ausgerufen – Gott sei Dank einen Tick schneller als bei En-Rogel sein Rivale Adonija von seinen Anhängern. Diese hören den Jubel der Stadt, erhalten von Jonatan ben Abjatar die für sie verheerende Nachricht von Salomos Krönung und stieben angstvoll auseinander.

> ✎ *Eine Frage aus „Adonija-Perspektive": Wo steige ich mit Gottes Hilfe lieber jetzt vom hohen Ross, bevor ich demnächst am Boden liege?*

● **Adonija** flüchtet sich ins Heiligtum und klammert sich an die Hörner des Altars (V 50). Bis zur gerichtlichen Klärung darf ihm dort nichts angetan werden. Salomo verspricht, ihn am Leben zu lassen, solange er sich nichts weiteres zuschulden kommen lässt. Daraufhin unterwirft sich Adonija ihm. *Hochmut kommt vor dem Fall*, heißt es in Spr 16,18: So endet die Überheblichkeit Adonijas (V 5) in seiner Unterwerfung unter Salomo (V 53).

● **Ein Gebet aus „Salomo-Perspektive"**: „Herr, bewahre mich davor, mich zu rächen, wo mir Unrecht geschieht und hilf mir, bedacht und fair zu bleiben, wenn ich plötzlich am längeren Hebel sitze."

● Mit **Salomos Krönung** gibt es in Israel das erste Mal eine Thronfolge innerhalb einer Familie: die von Gott in 2Sam 7 versprochene Dynastie (*ich will dir ein Haus machen*) ist gegründet. Diesem Herrscherhaus ist ein ewiger Bestand verheißen. Rund zehn Jahrhunderte später werden sie deshalb Jesus „Sohn Davids" nennen (vgl. Mt 1,6); er ist der ewige Herrscher aus dem Hause Davids.

● Bevor David stirbt und Salomo „fest im Sattel" sitzt (V 12.46), erhält er noch letzte Anweisungen seines Vaters. **Davids „Testament"** an ihn hat einen schönen (V 1-4) und einen schwierigen Teil (V 5-9). Zunächst erfolgt die *geistliche Ermutigung,* das Leben in die Hand zu nehmen und unter Gottes Führung, Begleitung und Segen innerhalb seiner guten Gebote und mit Sachverstand zu gestalten. Damit sind auch die Bedingungen dafür genannt, dass die Daviddynastie Bestand haben kann. Leider schlägt dies später bei Salomo fehl, und das nicht ohne Folgen (vgl. Kap. 11,9-13). Die hier genannten Ermutigungen und Ermahnungen können auch gute Leitlinien für unser Leben sein: nimm die Herausforderungen des Lebens unter Gottes Segen und in seinen Geboten an!

● V 5-9 sind der eher **schwierige Teil**. Ist es politische Klugheit und Umsicht Davids, um dem Sohn aufkommendes Konfliktpotential mit diesen gefährlichen Machtmenschen zu ersparen? Ist es persönliche Rache, an deren Ausführung er sich nicht selbst die Hände schmutzig machen will? Joab und Schimi sollen nach Davids Willen nicht eines natürlichen Todes sterben (V 6.9); der Rest des Kapitels erzählt die Ausführung. Vielleicht ist es auch müßig, von unserem heutigen Standpunkt diese Anweisung Davids letztgültig zu beurteilen. Dem NT entspricht sie jedenfalls nicht (vgl. Mt 5,38-48); da ist der Schutz, den David für Barsillai fordert, schon passender und sympathischer.

> ✎ *Zwei Leitverse für heute: Fürchte Gott und halte seine Gebote (Pred 12,13) und: Wenn es aber jemandem unter euch an Weisheit mangelt, so bitte er Gott, der jedermann gern gibt (Jak 1,5).*

● Alt und lebenssatt ***legte David sich zu seinen Vätern.*** Ein reich bewegtes Leben geht zu Ende. David war *ein Mann nach dem Herzen Gottes* (1Sam 13,14; Apg 13,22). Das gilt auch trotz mancher Fehlentscheidungen und Fehltritte in seinem Leben. Letztlich zählt, ob man im Vertrauen auf Gott und aus seiner Vergebung lebt, wie David es tat.

Donnerstag, 16. Februar 1. Könige 3,1-15

● V 1-3 geben einen **schlaglichtartigen Überblick** über rund zwei Jahrzehnte. Salomo liebt den HERRN, lebt nach seinen Geboten und baut ihm den Tempel. Doch es gibt auch eine Schattenseite: er heiratet eine Pharaonentochter und opfert noch auf heidnischen Höhenheiligtümern. Hier zeichnet sich schon ab, was ihm leider zum Verhängnis werden wird: später wird er den Gottheiten seiner vielen ausländischen Frauen Höhenheiligtümer einrichten (Kap. 11,7f) und es wird deswegen nach seinem Tod zur Trennung zwischen Israel und Juda kommen.

● Im nachfolgenden Abschnitt wird ein kurzer Zeitraum zu Beginn seiner Regierungszeit in den Blick genommen. Nach einem Gottesdienst in Gibeon, wo die Stiftshütte und der Brandopferaltar standen, hatte Salomo eine **entscheidende Gottesbegegnung.** *Bitte, was ich dir geben soll* – eine wunderbare Möglichkeit, die ihm Gott eröffnet. Salomo sieht deutlich seine eigene Begrenzung: er ist noch jung und unerfahren für die große Verantwortung, das Volk Gottes zu führen. Er bittet daher um ein *hörendes Herz* und bekommt von Gott auch ein *weises und verständiges Herz.* Das hebräische *leb,* im Deutschen meist mit *Herz* wiedergegeben, ist vor allem der Sitz des Denkens; Salomo bekommt also einen **klaren Verstand und Weisheit**. Salomo hat mit seiner Bitte aus Gottes Sicht hier wirklich eine gute und klare Priorität gesetzt. Als Zugabe verspricht ihm deswegen Gott auch noch Reichtum, Ehre und – wenn er auf Gottes Wegen bleibt – ein langes Leben.

● Das muss mit einem Dankgottesdienst und einem Fest gefeiert werden! Salomo tut das in Jerusalem vor der Bundeslade, und der ganze Hof darf mitfeiern.

✎ *Weisheit ist die Kunst, in Abhängigkeit von Gott ein gottgefälliges Leben zu führen. Solche Lebensweisheit steht auch uns zur Verfügung; wer möchte, kann Gottes unerschöpflichen Reichtum anzapfen: Wenn es aber jemandem unter euch an Weisheit mangelt, so bitte er Gott, der jedermann gern gibt (Jak 1,5).*

Freitag, 17. Februar 1. Könige 3,16-28

● Dieser Abschnitt gehört zu den bekanntesten Geschichten des AT: eine Gerichtsverhandlung der besonderen Art, bei der **Salomos Weisheit** für alle Beteiligten offenkundig wird. Salomo ist mit einem äußerst schwierigen Rechtsfall konfrontiert. Wie soll er herausfinden, welche der beiden Frauen Recht hat? Er ordnet die Ermordung des noch lebenden Kindes an, natürlich ohne dies zur Ausführung bringen zu wollen. Dass dies nur inszeniert ist, wissen die Frauen freilich nicht. In der für sie ernsten und dramatischen Situation erweist es sich, wer die wahre Mutter ist, nämlich die, die herzliches Erbarmen mit dem Kind zeigt. In ihrer Mutterliebe hätte sie es lieber der anderen Frau zugestanden als es dem Tod zu überlassen.
● Der erstaunliche und weise Umgang mit dem kniffligen Rechtsfall ist ein öffentlicher Beweis dafür, dass Salomos Gebet in Gibeon wirklich erhört wurde! Ein Paradebeispiel dafür, wie von Gott geschenkte Weisheit eine ernste und verzwickte Situation lösen kann! Der Rechtsfall und Salomos Vorgehen werden landesweit bekannt; man bringt Salomos Weisheit mit Gott in Verbindung (V 28).

✎ *Welcher Knoten, welcher Konflikt, welche schwierige Situation in Ihrem Leben scheint unauflösbar? Vielleicht gibt es eine unkonventionelle und gerade deswegen weise Lösung?*

● Allerdings hat Gott uns nicht versprochen, dass sich alles, was in unserem Leben klemmt, auch lösen lässt. Aber es ist noch derselbe Gott, und manchmal gibt er auch da Lösungen, wo wir kaum noch mit einer rechnen würden. Und wo die Lage verzwickt bleibt, da kann er helfen, dass wir mit seiner Hilfe mit den Widrigkeiten umgehen können. Vielleicht steht eine Lösung aber auch gar nicht bei uns selbst, sondern bei Menschen in unserer Umgebung an. Konflikte und Herausforderungen gibt es genug – und Gott kann Ihnen dazu eine gute Mischung aus Gerechtigkeit, Liebe, Barmherzigkeit und Weisheit geben, die Teil einer Lösung sein kann.

● **Salomos Reich** hat eine große Ausdehnung: die Vasallenstaaten reichen vom Euphrat im Nordosten bis zur ägyptischen Grenze im Südwesten. Er hat einen umfangreichen Hofstaat, wie die Angaben zum täglichen Bedarf und zur Streitmacht verdeutlichen. Nicht zuletzt durch geschickte Heiratspolitik und durch Verträge erreicht Salomo für Juda (im Süden) und Israel (Nordstämme) Frieden. Salomo erweist sich nach dem Gibeongebet (1Kön 3,6-9) als ein geschickter und begabter Herrscher. Auch die Wissenschaft kommt unter dem König der Weisheit zur Blüte. In unserer Zeit bezeichnete man diese Epoche sogar als „Salomonische Aufklärung" (G. von Rad). Ja, Salomo selbst verfasst „naturkundliche" Literatur, von der sich noch einiges im Sprüchebuch spiegelt. Salomo hat es in der ganzen Großregion zu Ansehen und Berühmtheit gebracht. Das alles aber hat er Gott selbst zu verdanken: *Und Gott gab Salomo ...* (V 9).

● Keiner von uns kann sich direkt mit Salomo vergleichen. Salomos besondere Leistungen und Beiträge für Israel sind und bleiben einmalig und unwiederholbar. Wir sollten uns aber durchaus fragen: Was ist **mein persönlicher Beitrag** mit meinen Gaben, Fähigkeiten und Ressourcen, den ich für die Gemeinde Jesu und die Gesellschaft geben kann? Womit hat Gott mich beschenkt? Ein „Gabentest" kann zur Beantwortung dieser Frage eine große Hilfe sein.

✎ *Jeder Christ hat Geistesgaben. Vgl. Sie dazu zum Beispiel die Gabenliste in 1Kor 12 und die Auslegungen dazu am 29./30. Mai. Die Grundlagen für die Ausübung sind in Gal 5,22 und 1Kor 13 nachzulesen.*

● Was ich als meine Gaben und Möglichkeiten erkenne, das kann und sollte ich dann, so wie Salomo es getan hat, in die Waagschale werfen. So können Sie auf Ihre Weise Ihre Umgebung zum Blühen bringen.

● Ps 31 besteht aus zwei parallelen Teilen (V 2-9 und 10-25), die beide **vom Bitten in großer Not zum Danken für Gottes Hilfe führen**. Ein Mensch, der unter Anfeindungen von außen und innerer Schwachheit leidet, klagt Gott seine Nöte, bittet ihn um Hilfe und drückt zugleich sein uneingeschränktes Vertrauen Gott gegenüber aus (V 2-9). Er erwartet voller Zuversicht Gottes nachhaltige, zuverlässige Hilfe und weitere Führung.

● Der heutige Sonntag **„Estomihi"** – *Sei mir ein starker Fels* hat von V 3 seinen Namen erhalten. Der Psalm ist in der nun beginnenden Passionszeit ein guter Begleiter auf dem Kreuzweg. Er lässt uns Ängste und Anfechtungen miterleben, richtet aber unsern Blick auch auf die Geborgenheit, die Jesus am Kreuz durch Gott erfährt. Mit Worten aus V 6 betet Jesus in seiner Todesnot: ***Vater, in deine Hände befehle ich meinen Geist*** (= mein ganzes Leben).

● Der Psalm hilft uns auszusprechen, was uns belastet und uns bedrängt: Auch wir erleben, wie Menschen, die wir für zuverlässig hielten, uns verlassen, aber auch, wie wir selbst anderen zur Last werden (V 12). Der Beter schluckt das nicht alles hinunter oder jammert nur vor sich hin, nein, **er klagt seine Nöte seinem Gott, von dem er Hilfe erwartet.** Einander etwas vorjammern führt nicht weiter, aber selbst erfahrene Hilfe und Tröstung weitergeben (V 23), das will uns der Psalm vorbuchstabieren.

● Markant ist in diesem Psalm die Anrede: ***HERR, du treuer Gott*** (V 6). Der Beter vertraut der Treue Gottes, auch wenn seine jetzige Situation zum Verzweifeln ist. Er vertraut seinem Gott so fest, dass er seine Hoffnung so formuliert, als sei sie schon sichtbar vorhanden: *Du hast mich erlöst, HERR, du treuer Gott.*

„Dazu sind uns die Psalmen gegeben, dass wir sie im Namen Jesu Christi beten lernen."
Dietrich Bonhoeffer

Montag, 20. Februar 1. Könige 5,15-32

● Bereits David wollte für Gott einen Tempel bauen (2Sam 7,1-2; vgl. 1Kö 8,17). Doch weil es noch ausstehende Unterwerfungskriege gab (V 17), wurde ihm dieses Vorhaben verwehrt. Doch Salomo nimmt den **Tempelbau** jetzt in Angriff. Die Bauzeit wird 7 Jahre betragen.

● Wie schon David, so hat auch Salomo gute Beziehungen zur Seehandelsstadt Tyrus, die Handelsbeziehungen im gesamten Mittelmeerraum unterhielt. Die freundschaftlichen Verbindungen, die über die Generationen hinweg gepflegt werden, zahlen sich hier aus. In der Vertragsabwicklung steht Gott, der HERR, erstaunlich deutlich im Mittelpunkt.

● Salomo bezieht von Hiram Bauholz; der Libanon ist für seine Zedern berühmt. Im Gegenzug liefert Salomo Nahrungsmittel: Weizen und Öl. Der Bibeltext gibt den enormen Umfang der jährlichen Lieferung Salomos an; 1 Kor (Luther: *Sack*) sind ca. 200, vielleicht sogar bis 390 Liter. Die mächtigen Zedern des Libanon werden über das Meer geflößt und dann gute 60 km ins judäische Bergland transportiert. Man staunt über diese Leistung, die großes technisches Know-how voraussetzt. Doch wird auch entsprechend viel Manpower benötigt; die Zahlen sind schwindelerregend.

✎ *Salomo lässt sich das Haus Gottes etwas kosten. Vielleicht liegt hier ein guter Ansatz, darüber nachzudenken, wie viel ich persönlich für Gottes Sache einsetze. Welche „Lieferung" könnte ich erbringen, dass die Sache Jesu gefördert wird?*

● Jesus fordert uns zu einer deutlichen Prioritätensetzung heraus: *Trachtet zuerst nach dem Reich Gottes …* (Mt 6,33). In der Fortsetzung dieses Verses stellt er aber auch eine große „Gegenleistung" in Aussicht: *… dann wird euch solches alles* (Essen, Trinken, Kleidung – der tägliche Bedarf also) *zufallen.* In Jesus haben wir einen treuen Vertragspartner, der seinen Bund mit uns hält. Im Gegensatz zu dem Bund zwischen Salomo und Hiram tut Gott uns gegenüber dies zur Not auch einseitig: *Und wenn wir untreu sind, so ist Gott doch treu, denn er kann sich selbst nicht verleugnen* (2Tim 2,13).

● Der **Baubeginn des Tempels** fällt in das 4. Regierungsjahr Salomos. Die Maße des „Salomonischen Tempels“: ca. 30 m lang, 10 m breit und 15 m hoch. Das Kerngebäude bestand aus einem dreiteiligen Langraum mit Vorhalle, Tempelhalle und Allerheiligstem. Das Allerheiligste selbst hatte nur eine Höhe von 10 m, es war also wie ein Würfel mit gleicher Länge, Breite und Höhe. Der Tempel hatte einen dreigeschossigen Anbau, der sich nach oben hin erweitert. Vor dem Tempel gab es zwei Vorhöfe. Im inneren Vorhof stand der Brandopferalter.

● Für die Geschichte Israels wird Salomos Bautätigkeit zu einem Knotenpunkt: Die Anbetung des HERRN in Israel bekommt ihren zentralen Platz in Jerusalem. Der Tempel wird für rund dreieinhalb Jahrhunderte zum wichtigsten Ort für die Gottesbegegnung der Israeliten.

● Nach seiner Zerstörung durch die Babylonier 587/86 v. Chr. wird nach der Rückkehr aus dem Exil in fünfjähriger Bauzeit der „Zweite Tempel“ errichtet und 515 v. Chr. eingeweiht, später von Herodes kurz vor der Zeitenwende um- und ausgebaut („Herodianischer Tempel“) und von den Römern 70 n. Chr. endgültig zerstört.

● Salomo fördert den Gottesdienst, indem er den Tempel baut. Nach Jesu Aussage ist der Tempel für den Gottesdienst aber hinfällig. So sagt er etwa zur Samaritanerin in Joh 4,21.23: *Es kommt die Zeit, da werdet ihr weder auf diesem Berg* (= Garizim, der Anbetungsort der Samaritaner) *noch in Jerusalem* (Zion, der Anbetungsort der Juden) *den Vater anbeten. Es kommt die Zeit und ist schon angebrochen, dass die wahren Anbeter den Vater im Geist und in Wahrheit anbeten.* Gottesdienste können heute deshalb an vielen Orten der Welt gehalten werden, denn es gilt: *Wo zwei oder drei versammelt sind in meinem Namen, da bin ich mitten unter ihnen* (Mt 18,20). Das gilt es zu pflegen und zu fördern. Paulus bezeichnet außerdem die Gemeinde (1Kor 3,16-17) und den Leib des einzelnen Christen (1Kor 6,19) als Tempel. Auch hier lohnt es sich, zu investieren.

Mittwoch, 22. Februar 1. Könige 8,1-14

● Der Bau des Tempels ist abgeschlossen, die **Einweihung** steht an. Zur Überführung der Lade von der Davidsstadt im Süden Jerusalems zu ihrem Ort im Allerheiligsten des Tempels (ein unbeleuchteter Ort, V 12) werden alle Oberen des Volkes geladen.

● Die **Bundeslade** ist im AT ein Ort der besonderen **Gegenwart Gottes**. Sie ist sein Thron (oder nach 1Chr 28,2 der zum himmlischen Thron gehörende Fußschemel Gottes). Die Lade erinnert zugleich an den Bund Gottes mit seinem Volk – in ihr liegen auch die Steintafeln mit den Zehn Geboten. Sie wird an den seitlich angebrachten Stangen von levitischen Priestern getragen, und der gesamte Zug von den Ältesten des Volkes begleitet. Als die Lade ihren Platz im Tempel gefunden hat, erfüllt die Herrlichkeit des Herrn das Haus. Das hebräische Wort für „Herrlichkeit" bedeutet auch „Schwere"; Gottes Herrlichkeit ist hier für die Beteiligten sogar physisch spürbar. Die Gegenwart Gottes ist so dicht, dass sogar der geplante Gottesdienstablauf geändert werden muss!

✎ *Lassen wir es zu, dass unsere Vorstellung und unser Plan davon, wie wir Gott dienen möchten, manchmal von Gott selber durcheinandergebracht werden darf?*

● Die Lade ist seit der Zerstörung Jerusalems und des Tempels durch die Babylonier 587 v. Chr. verschollen. Für den Neubau des Tempels nach dem Exil wurde sie nicht wieder angefertigt. Für uns ist sie – wie der Tempel insgesamt – nicht mehr nötig, um Gottes Gegenwart zu erfahren. Seit Pfingsten gibt es eine neue Wirklichkeit: Gott ist durch seinen Geist in jedem Christen gegenwärtig. Die unmittelbare Nähe Gottes – nicht nur für Amts- und Würdenträger, sondern für jeden, der sich ihm anvertraut. Was für ein Vorrecht!

✎ *Zum Nachdenken: Der Allerheiligste in mir! Was bedeutet das heute für meine Tagesgestaltung? Darf Gott heute in meinem Leben mit seiner Herrlichkeit zur Entfaltung kommen?*

Donnerstag, 23. Februar 1. Könige 8,22-40

● Das **Gebet Salomos bei der Tempelweihe** ist eines der längsten Gebete der Bibel außerhalb des Psalters. Es ist ein öffentliches Gebet, das Salomo vor dem Altar im inneren Tempelhof kniend (V 54) und mit erhobenen Händen spricht (V 22). Salomo preist die Unvergleichlichkeit Gottes, der an denen, die sich zu ihm halten, Bund und Gnade erweist. Salomo bezieht sich auf die Zusagen Gottes an David (vgl. besonders 2Sam 7) und lobt Gott für seine Zuverlässigkeit (*der du deinem Knecht gehalten hast, was du ihm zugesagt hast*; V 24) und bittet gleichzeitig um die Fortsetzung dieser Zuverlässigkeit (*Und nun, Herr, halte deinem Knecht, was du ihm zugesagt hast*; V 25-26).
● In V 27-30 sieht Salomo sehr klar, dass Gott nicht wirklich von so einem **kleinen Tempelgebäude** erfasst werden kann, wo er doch alle Himmel übersteigt (V 27) und im Himmel thront (V 30). Salomo bittet aber, dass das besondere Augenmerk Gottes und seine Ohren auf den Tempel gerichtet sind; der Tempel wird so etwas wie ein Lautsprecher für Gebete.
● Salomo bezeichnet sich selber als ***Knecht Gottes***. Ein Knecht ist ein Untergebener des Herrn. Die untergeordnete Stellung ist klar und deutlich: der Herr hat das Sagen. Gleichzeitig ist *Knecht*, hebr. *ebed*, ein relationaler Begriff, d. h. die Stellung des Knechtes steht immer in Relation zu der des Herrn. Der Knecht eines hohen Herrn hat entsprechend auch eine hohe Stellung und Würde. So gesehen ist es ein Adel, **Knecht des höchsten Herrn** sein zu dürfen. Gotteskindschaft ist ein großes Vorrecht!
● Salomo nennt nun **Beispiele für Gebete**, die in Zukunft mutmaßlich an Gott gerichtet werden. Ein erstes Beispiel ist die Bitte darum, dem Unschuldigen zum Recht zu verhelfen (V 31f). Es folgen die Bitten um Rückkehr Israels nach der Exilierung (V 33f), um Regen nach Dürre (V 35f), um Befreiung von Plagen jeglicher Art (37-40), alle verbunden mit Sündenvergebung nach Umkehr und Buße.

Freitag, 24. Februar 1. Könige 8,41-53

● Salomo nennt weitere mögliche **Gebetsanliegen**, die im Tempel vorgebracht werden könnten, und bittet darum, dass diese zukünftigen Gebete erhört werden mögen. Wie ein Refrain zieht sich durch Salomos Beispiele die variierte Bitte: *dann höre du es im Himmel und vergib / schaffe Recht* (V 32.34.36.39.43.45.49). Himmel und Tempel greifen ineinander; Salomo sieht deutlich, dass es nicht um das Gebäude an sich geht, sondern den dahinterstehenden (vielmehr: darüberstehenden) Gott. Dennoch bleibt für Salomo der Tempel der Ort der Gegenwart Gottes. So geht es in diesem Abschnitt um Gebete in Richtung auf den Tempel:

- der Ausländer darf den Tempel nicht betreten (V 42);
- in Kriegssituation ist man fern von Jerusalem (V 44);
- im Exil ist der Tempel ebenfalls unerreichbar (V 48).

● Salomo hat schon die ganze Welt im Blick: die Bitte des Ausländers möge erhört werden, *damit alle Völker der Erde deinen Namen erkennen, damit sie dich fürchten wie dein Volk Israel* (V 43).

● Auffallend lang ist das letzte Gebetsbeispiel (V 46-51): **das Flehen der Exulanten**. Dies verweist auf die Zeit des Babylonischen Exils, das 597/87 v. Chr. mit der Belagerung und Zerstörung Jerusalems durch den babylonischen König Nebukadnezar begann und mit dem Edikt des Perserkönigs Kyros 539 v. Chr. und der damit verbundenen Möglichkeit zur Rückkehr nach Israel (zumindest für einen Teil des jüdischen Volkes) endete. Besonders deutlich ist hier der Zusammenhang zwischen der Not der Bündnispartner Gottes und dem Bündnisbruch (Sünde). Der Weg zur Wiederherstellung führt durch Umkehr und Vergebung.

✎ *Von Salomo lernen wir, dass wir mit jedem Anliegen und in jeder Lage zu Gott kommen dürfen! Mit welchem Anliegen wollen Sie sich heute an ihn wenden?*

● Nach seinem Gebet **segnet Salomo** die Gottesdienstversammlung. Er erinnert erneut an die Zuverlässigkeit Gottes. Gott hält, was er verspricht. Salomo bittet auch erneut um Gottes konkrete Unterstützung, dass das Bundesvolk auch bundestreu bleibt, indem es nach Gottes Ordnungen handelt.

➢ Salomo weiß, dass das aus ureigenem Antrieb nicht geht, und dass Gott *unser Herz zu ihm neigen* muss (V 58).

➢ Dass man sich aber andererseits nicht auf dem eigenen Unvermögen ausruhen darf, sondern auch seinen eigenen Beitrag dazu leisten muss, zeigt die Aufforderung, mit ganzem Herzen bundestreu zu leben (V 61).

● Der sichtbare Segen hat für Salomo **missionarische Dimension:** *damit die Völker der Erde erkennen, dass der HERR Gott sei und sonst keiner* (V 60). Salomo bedenkt auch die Außenwirkung mit, die Gottes Handeln an seinem Volk und das Handeln des Volkes selbst hat.

● Es folgen **Opfer** in einer Größenordnung, die für uns heute kaum nachvollziehbar sind, aber sicher damals dem Anlass und der Größe der Festmenge angemessen waren. 14 Tage wird ausgiebig gefeiert, bevor die Gäste, erfüllt über die Größe und Güte des Herrn, wieder nach Hause gehen: *sie gingen fröhlichen und guten Mutes heim über all das Gute, das der Herr getan hatte* (V 66b). Gott ist heute noch derselbe, deshalb dürfen wir darauf hoffen, dass auch wir im Gottesdienst seine Gegenwart erleben und dann erfüllt, fröhlich und guten Mutes den Gottesdienst verlassen und so gesegnet in unseren Alltag gehen dürfen.

● Von Salomo können wir lernen: wenn man ein Projekt zu einem erfolgreichen Abschluss gebracht hat, lohnt es sich, innezuhalten und ein Fest zu feiern, an dem man Gott dankt für alle Hilfe und das Projekt (im besten Sinne des Wortes) ihm weiht.

✎ *Welchen „Erfolg“ der letzten oder der nächsten Zeit möchte ich gerne mit einem „Gottesdienst“ feiern, mich über Gottes Hilfe freuen, ihm danken und ihn um seinen Segen bitten?*

● „Finde ich bei Gott **Schutz in gefährlichen Lebenssituationen?**" Psalm 91 lädt ein, das zu meditieren.

● Der Psalmbeter, der in einem schwierigen Leben Gottes Hilfe erfahren hat, nimmt sich Zeit und geht dem nach, wofür er Gott danken kann. Für ihn, der ständig gehetzt und gejagt wird, ist Gott die einzige, wirkliche Zuflucht. Diese Erfahrung gibt er jetzt weiter.

● Er benennt in vielen Bildern, was ihm zugesetzt hat:

➢ Da haben Menschen ihm heimtückisch nachgestellt – wie **Vogelsteller oder Wilderer** haben sie ihn qualvoll gefangen und dann zappeln lassen. Gott aber hat ihn aus den von Menschen gelegten Schlingen befreit.

➢ Da war das **Grauen der Nacht**, schleichende, vielleicht unbewusste Angst vor einer auflauernden Krankheit.

➢ Da gab es **Pfeile am grellen Tag**, zweifelhafte und krankmachende Parolen, die das Bewusstsein vergiften.

● Die Gefahren sind nicht alle aus dem Weg geräumt worden, aber Gott hat den, der ihm vertraut, nicht im Stich gelassen. Er blieb nicht für immer der Angst ausgeliefert. Und das ***auf allen deinen Wegen*** (V 11), auch auf den schmerzhaften und unbegreiflichen.

● Und nun bekennt er: Wer von Gott beschützt wird, muss nicht jammern, wie man eben so jammert. Er weiß: Mein Weg wird – weit über mein Verstehen hinaus – von Gottes Engel begleitet und beschützt. Ja, Gott selbst begleitet dich, er selbst ist Schutz und Schild. Erkenne doch die Wunder der Bewahrung in deinem Leben!

● Dass diese Hoffnungsbilder keine Trugbilder sind, wird begründet mit **Gottes Namen** (*Jahwe* V 14), der besagt: Ich bin bei dir – gerade in der Not. Er ist ein „Mit-dir-seiender-" und „Mit-dir-lebender-Gott", gerade in Angst und Gefahr. So ist der Psalm eine Einladung an uns, Gott zu vertrauen – auf allen Wegen und zu allen Zeiten.

● Nachdem Tempel und Palast gebaut und eingeweiht waren, erlebt Salomo eine **zweite Gotteserscheinung**. Im Unterschied zur ersten (3,5ff) spricht dieses Mal nur Gott. Salomos Antwort soll seine Gottesbeziehung und sein Leben nach den Geboten sein.

● Salomo hat mit dem Tempel einen äußeren Rahmen geschaffen, den nur Gott selbst mit Inhalt füllen kann. Nur so wird er zum **Ort der Gegenwart Gottes**. Ohne Gott bleibt der Tempel bloß ein prächtiger „Sakralbau".

➢ Gott heiligt den Tempel. Er nimmt ihn quasi in Besitz. Er gehört ihm und soll ihm dienen.

➢ Wenn Gott verheißt, seinen Namen dort wohnen zu lassen, dann will er selbst im Tempel gegenwärtig sein: Mit seinem Herzen, dem Zentrum seines Gottseins, und seinen Augen, mit denen er alles sieht.

● Mit dem Bau des Königshauses ist ein Zentrum der Herrschaft Salomos und seiner Nachkommen errichtet. Was die Zukunft betrifft, zeigt Gott den Weg und damit verbunden sein Heil, seinen Schutz und seine Hilfe. **Salomo und seine Nachfolger sollen leben:**

➢ **mit Gott**, indem sie ihre Herzen auf Gott richten, der sein Herz auf sie gerichtet hat,

➢ **vor Gott**, indem sie ihr Leben nach seinen Geboten ausrichten, weil er mit den Geboten einen Bund mit ihnen geschlossen hat.

● Sollten aber Königshaus und Volk sich von Gott ab- und anderen Göttern zuwenden (vgl. das erste Gebot), so wird auch Gott sich von ihnen abwenden und ihnen das Land der Verheißung nehmen, aus dem Tempel ausziehen und ihn dahingeben. Und Israel wird Leid und Spott erfahren und ertragen. So ist es in den folgenden Jahrhunderten dann leider auch geschehen. Zweimal hat Gott mit Land und Tempel wahr gemacht, was er Israel im Falle des Ungehorsams angedroht hatte: 587 v. Chr. und 70 n. Chr. Und doch hat Gott seinem Volk mit dem Erlass durch den Perserkönig Kyros 538 v. Chr. und der Staatsgründung Israels 1948 auch jeweils wieder einen Neuanfang geschenkt.

Die **Königin von Saba** war eine regierende Herrscherin aus Südarabien, dem Gebiet des heutigen Jemen. Vermutlich durch den Handelsverkehr über die „Weihrauchstraße", der bis nach Ostafrika, Indien und dem Mittelmeerraum reichte, hatte sie von Salomo gehört.

Ihr Wünschen und ihre Vorstellungen übertrafen alle Erwartungen, nicht nur in der Weisheit Salomos, seines Wissens und der Sprache, sondern auch in der Praxis der Bautätigkeiten und der Hofführung. Sie rühmt ihn und diejenigen, die in seiner Nähe seine Weisheit ständig erleben und **sie rühmt Jahwe, den Gott Israels**, der an Salomo Wohlgefallen hat und Israel liebt.

➢ Von einer Bekehrung der Königin, wie etwa der Koran berichtet, ist hier nicht die Rede. Die Königin konnte den Gott Israels preisen, ohne ihre eigenen Götter deswegen aufzugeben.

➢ Jesus greift die Überlieferung des AT in Mt 12,42 auf, um darauf hinzuweisen, dass seine Zuhörer bei ihm eine noch größere Weisheit erleben.

Die **Geschenke der Königin** waren in Israel selten, weil es keine Vorkommen an Gold, Edelsteinen und „Balsam" (Luther: *Spezerei*, vermutlich Harz von Balsamsträuchern zur Herstellung von Ölen, Parfümen und Heilmitteln) gab.

✎ *Vgl. Sie die Königin von Saba mit Mt 2,1ff: „Weise" bringen Jesus Gold, Weihrauch und Myrrhe. Welche Gemeinsamkeiten und Unterschiede erkennen Sie?*

Die Königin von Saba erkennt, dass Salomo als König für ***Recht und Gerechtigkeit*** in Verantwortung vor Gott und zum Wohle des Volkes eintritt. Nach Röm 13,1ff ist das die Aufgabe jeder Obrigkeit bzw. staatlichen Verwaltung. Eine andere Gerechtigkeit, die den Sünder allein aus Gnaden rechtfertigt, gibt es bei Jesus, und eine letzte Gerechtigkeit, nach der sich jeder Mensch sehnt, erst in seinem zukünftigen Reich.

Mittwoch, 29. Februar 1. Könige 10,14-29

● Der Abschnitt beschreibt hauptsächlich den **Reichtum Salomos**. Die vorher betonte Weisheit Salomos wird in den V 23-25 nur noch nebenbei erwähnt. Von seiner Gottesbeziehung und seinem Leben nach den Geboten Gottes wird nichts mehr gesagt. Es zeichnet sich eine ungeistliche Entwicklung ab.

● Seinen Reichtum bezieht Salomo durch Geschenke, durch Handel und durch Abgaben – nicht durch Kriege, Erpressungen, Ausbeutung oder Korruption. Er legt ihn an …

➢ im Libanon-Waldhaus, einem Zeughaus und einer Schatzkammer,

➢ in der Prunkentfaltung seines Thrones,

➢ in der Aufrüstung seines Militärwesens,

➢ im Luxus von Holzarbeiten, „Spezereien" (Balsamen, Ölen, Parfümen) und exotischer Tierhaltung.

● Neben seiner politischen Macht geht es um seine **Handelsmacht**, die teilweise in Kooperation mit Hiram, dem König von Tyrus, geschah. Seine Schiffe waren „weltweit" unterwegs. Dazu brauchte er eine starke Handelsflotte, erfahrene Seeleute und geschickte Kaufleute.

> ✎ *Sein Jahreseinkommen aus Gold setzte sich zusammen aus den in 9,14.28 und 10,10 erwähnten 120, 420 und noch einmal 120 Zentnern und wird auf 666 Zentner gerundet. Die „Lutherbibel erklärt" spricht von einer „bedrohliche(n) Erinnerung an die Zukunft". Vgl. Sie zu dieser Auslegung Offb 13,18.*

● In der ersten Gotteserscheinung (Kap. 3) hatte Salomo um Weisheit gebeten. Gott verhieß ihm aber mehr: *Und dazu gebe ich, worum du nicht gebeten hast, nämlich Reichtum und Ehre …* (3,13). Gott erfüllte sein Versprechen. Aber wie es im Buch Prediger heißt, ist alles (auch die Weisheit) ohne Gott eitel. Langfristig zählen nur die Gottesbeziehung und der gelebte Gehorsam.

● Salomo hat seine Macht und seinen Reichtum auch durch seine **vielen Frauen** zum Ausdruck gebracht, die aus führenden Schichten (Hauptfrauen) und aus sozial niederen Schichten (Nebenfrauen) Israels und der Nachbarvölker stammten.

● Mit den ausländischen Frauen kamen **andere Götter und deren Kulte** nach Israel. Hatte Salomo die Frauen zu sich geholt, musste er ihnen auch die Ausübung ihrer Religionen gewähren. U. a. errichtete Salomo auf der Südseite des Ölbergs eine Kultstätte (V 7). Gott aber hatte Israel grundsätzlich verboten, Ehen mit Heiden einzugehen, weil dadurch eine Vermischung der Religionen unabwendbar war. In jeder der beiden Begegnungen hatte Gott sein Anliegen Salomo eingeschärft.

● Das Problem wurde verschärft, weil Salomo seine Frauen liebte. Er gewann ihre Herzen und sie sein Herz. Damit wurde aber auch das Herz Salomos für den Götzendienst gewonnen und von Jahwe, dem Gott Israels, abgewandt, obwohl er ihn anfänglich von ganzem Herzen liebte. Doch die Erwählung und der Bund Gottes, in denen sich die Liebe Gottes zu seinem Volk und zu Salomo zeigte, verlangten nach Gehorsam gegenüber Gott, besonders in der grundlegenden Forderung des ersten Gebotes.

● So wie Gott zu seinen Verheißungen steht und sie bei Salomo verwirklichte, so wird er auch zu seinen **Gerichtsandrohungen** stehen: Das Königtum wird zu Ende gehen (V 11) – allerdings mit zwei Einschränkungen:

➢ **Zeitlich** wird es erst nach Salomos Tod unter seinem Sohn Rehabeam geschehen.

➢ **Dem Umfang nach** wird Gott einen Rest belassen, um Davids und Jerusalems willen, und seine Geschichte mit dem Stamm Juda (und Simeon und einem Teil von Benjamin) weiterführen. Wie Salomo Gottes Wort erfahren hat, wird nicht gesagt. Doch ein Ansatz von Buße und Umkehr wird jedenfalls nicht berichtet.

● In Kap. 5,18 hieß es, dass Salomo **Ruhe** hatte. Doch zum Lebensende hin erwuchsen ihm vom Norden und vom Süden Widerstände, die seine Macht schwächten. Die beiden **Widersacher** Hadad und Reson erklärten sich zu Königen (oder wurden dazu erklärt) und fielen als Vasallenmächte von Salomo ab.

● Politisch kann man die **Ursachen der Widerstände** in vergangenen Kriegen suchen.

➤ Im Krieg gegen die Edomiter hatte David zunächst einen Sieg errungen (2Sam 8,13ff). Durch die Grausamkeiten seines Feldhauptmann Joab erwuchs unter den Edomitern Hass, der in Hadad, einem gleichnamigen Sohn des getöteten edomitischen Königs, zum Abfall von Salomo führte.

➤ Ebenso hatten die Aramäer eine Niederlage durch David erfahren. Ein Unbekannter aus dem verbündeten Zola namens Reson sammelte danach eine Freischar um sich, wurde König und erklärte damit ebenfalls den Abfall von Salomo.

● Die tiefere Ursache liegt aber in **geistlichen Zusammenhängen**. Letztlich hält Gott die Fäden der Geschichte in der Hand und leitet sie. Er ist es, der Salomo die Widersacher schickt (V 14.23). Gott macht Geschichte mit Salomo, nicht ohne ihn. Und von ihm wurde im vorigen Abschnitt von seinen Götzendiensten, seinem Ungehorsam und seinem geteilten Herzen berichtet. Gott hatte deutlich zu ihm gesprochen, dass sein Ungehorsam politische Folgen haben wird. Bevor sie nach Salomos Tod massiv über das Reich kommen werden, haben sie bereits in den Widersachern Hadad und Reson ihre Vorgeschichte. Salomo kann daran ablesen, wie ernst es Gott mit seinem Wort meint. Was Salomo gesät hat, beginnt er schon zu ernten. Und nach seinem Tod wird die volle Ernte eingefahren.

● **Gottes Gericht** über Salomo wegen seines Götzendienstes geht weiter. Jetzt sind es jedoch nicht mehr nur Widersacher von außen, sondern ein Aufstand im eigenen Land. Die angedrohte Teilung Israels wird unumkehrbar. Gott hält am angekündigten Zeitpunkt fest: Es wird erst nach Salomos Tod zum Bruch kommen (V 34) – so, wie er es David versprochen hatte (2Sam 7,12).

● Die **Teilung der Herrschaft** sieht ein Nordreich mit insgesamt 10 Stämmen vor. Zum Südreich gehören der Stamm Juda mit dem integrierten Stamm Simeon und einem Teil von Benjamin.

● Über das Südreich Juda wird Salomos Sohn **Rehabeam** König werden. Die Herrschaft über das Nordreich Israel fällt **Jerobeam** zu. Er stammte aus dem Stamm Ephraim und hatte sich bei Bauarbeiten in Jerusalem durch gute Leistungen hervorgetan. Aus ungenannten Gründen hat Jerobeam einen Aufruhr gegen Salomo inszeniert. Vielleicht hing es mit den Arbeitsbedingungen beim Ausbau Jerusalems zusammen. In jedem Fall trachtete Salomo ihm nach dem Leben, doch Jerobeam konnte sich nach Ägypten retten (V 40).

● Zwischenzeitlich kam es zur Begegnung mit dem **Propheten Ahija**, der ihm in einer symbolhaften Handlung Gottes Pläne, in die Jerobeams Lebensgeschichte integriert ist, eröffnete. So sehr Gott das bevorstehende Gericht ankündigt, verheißt er zugleich Segen: Wenn Jerobeam Gott gehorsam sein wird, wird Gott bei ihm sein und dem Königshaus Zukunft geben. Und überhaupt: Die Zeit der Teilung wird begrenzt sein (V 39).

● Salomo erlebte trotz Schwierigkeiten von außen und innen den Bestand seines Königshauses bis zu seinem Tod. Seine Regierungszeit dauerte 40 Jahre (965–926 v. Chr.) – eine von Gott gesetzte Zeit. Über die *Chronik Salomos* (V 41) wissen wir nichts Näheres; der Verfasser der Königebücher wird sie sehr wahrscheinlich mit benutzt haben.

● Wie in Ps 121 hebt der Beter seine Augen auf – hier aber nun nicht zu den Bergen, sondern **zu dem, der im Himmel wohnt**.
● Die Beter (ab V 2 sind es mehrere, sie nennen sich Knechte und Mägde Gottes) erflehen und erwarten, dass der im Himmel Wohnende mit seiner Hand auf Erden eingreife und dem Spott der Stolzen ein Ende mache. Denn über jedes erträgliche Maß hinaus leiden die Beter unter der Verachtung hochmütiger und selbstsicher-elitärer Menschen.
● Warum hoffen die Beter, dass Gott zu ihren Gunsten eingreift? Weil sie ihren Gott seit dem Auszug aus Ägypten als **Sklaven-Beschützer** und nicht als Sklaven-Ausnützer kennen. So schauen sie nun mit großer Spannung wie Knechte auf die Hand ihres Herrn, wie Mägde auf die Hand ihrer Herrin, ob diese Hand ihnen befiehlt, droht oder sie gar bestraft – oder aber ihnen freundlich und gerecht Nahrung, Lohn und Anerkennung zuteilt. Die Knechte und Mägde Gottes sind sich sicher und bitten doch zugleich zweimal eindringlich darum, dass diese Hand ihnen gnädig sei. „Beides, Harren und Drängen, demütige Geduld und heilige Ungeduld in der rechten Weise miteinander zu verbinden, ist die Kunst des Glaubens" (Helmut Lamparter).
● **Was ist die Not in diesem Psalm?** Nicht Krankheit oder Verfolgung oder Todesgefahr, sondern Spott und Verachtung. Man kann fragen: Ist Verachtung so schlimm? Lässt sich das nicht ertragen? Oder kann Verachtung tatsächlich echte, schwerwiegende Not bringen?

✎ *Vergleichen Sie Jesaja 53,3!*

● Interessant ist, wie in diesem Psalm Gott mit dem Verhalten von Männern und Frauen verglichen wird. Die Bilder von Menschen beiderlei Geschlechts werden nebeneinander gestellt, um Gottes innerstes Wesen zu kennzeichnen und ihn zu bitten: ***Sei uns gnädig, HERR, sei uns gnädig!***

● Der Weg führt Jesus und seine Jünger nun immer weiter an Jerusalem heran. Aus der Gegend jenseits des Jordans (vgl. Kap. 10,1) gelangt Jesus auf die Höhen westlich des Flusses. Markus betont ausdrücklich die Geographie und deutet sie symbolisch: **Der Gang ins Leid führt *hinauf*,** nämlich ans Kreuz. Er ist also Gottes Weg und bringt Jesus zu seinem Ziel.

● Der Evangelist beschreibt eindrücklich die Stimmung der mitgehenden Menschen: **Die Passanten und Neugierigen staunen und wundern sich über Jesus** (V 32). Die Lutherübersetzung verwendet das altertümliche Wort *sie entsetzten sich* und malt damit vor Augen, dass viele Menschen über Jesus nur den Kopf schütteln konnten und über ihn dachten: „Das darf doch nicht wahr sein!" **Jesu Jünger dagegen wundern sich nicht mehr – sie *fürchten sich* nur noch.** Die Angst wird von nun an ihr ständiger Begleiter sein, bis zum Ostermorgen.

✎ *Mit seiner Wortwahl schlägt der Evangelist die Brücke zwischen der Passionsgeschichte und dem Osterevangelium. Lesen Sie Kap. 16,7.8. Dort finden Sie sowohl die Formulierung „vorangehen" als auch „sie fürchteten sich". Der Leidensweg Jesu und seine Auferstehung gehören eng zusammen. Und auch für die, die an Jesus glauben, sind Nachfolge und Leid nicht zu trennen.*

● Nach Kap. 8,31 und 9,31 lesen wir nun eine **weitere Leidensankündigung** im Mk (V 33f). Drei Mal, zeitlich ganz kurz nacheinander, kündigt Jesus seinen Jüngern an, was auf ihn wartet – und damit auch, was auf sie zukommt. Diese letzte Ankündigung ist ausführlicher als die beiden vorangehenden und nennt **Einzelheiten**: Auf Jesus warten Verspotten, Anspeien, Geißelung und die Auslieferung an die *Heiden* (die römische Besatzungsmacht). Die Jünger bekommen also eine Vorstellung davon, dass Jesu Tod ein öffentliches, grausames Spektakel sein wird und sie seiner Hinrichtung entgegengehen. Aber wirklich verstehen können sie es, trotz aller Erklärungen Jesu und trotz ihrer ahnungsvollen Furcht, immer noch nicht.

● Das Verhalten von Jakobus und Johannes ist wirklich unfassbar: Gerade hatte Jesus ihnen vorausgesagt, dass er gefoltert und hingerichtet wird – und sie haben nichts Besseres im Sinn, als sich die besten Plätze im Himmel zu sichern. Die beiden stehen symbolisch für die Menschen (auch die Christen!), die völlig in den Werten des alten Lebens gefangen sind und bei ihrem Tun (selbst in der Gemeinde!) vor allem auf Anerkennung, Ehre bzw. Belohnung aus sind. Gottes Weg verläuft aber allem menschlichen Denken entgegen. **Welche Diskrepanz** zwischen Jesus und den beiden Jüngern: **Während Jesus im Begriff ist, die Menschheit durch seinen Tod zu erlösen, sind sie nur auf ihren persönlichen Vorteil bedacht.**

● Jesus nimmt die Strafe für das Böse und alle Verbrechen der Menschen auf sich. Sie müssen nicht „die Suppe auslöffeln, die sie sich eingebrockt haben". Jesus verwendet **zwei Bilder** aus dem AT, vor allem aus den Psalmen: **das Trinken des Zornesbechers und das Ertrinken in den Fluten des Unheils** (V 38). *Taufe* ist hier wörtlich gemeint im Sinne von *untergehen*. Stellvertretend für die Menschen übernimmt also Jesus, Gottes Sohn, die Strafe. Anders als die Menschen wird er dieses Gericht überleben und den Schaden heilen. Mit V 39 spielt Jesus auf den späteren Märtyrertod der beiden Brüder an (Apg 12,2), der aber mit dem Sterben Jesu nicht vergleichbar ist.

✎ *Wenn Sie das biblische Verständnis von „Kelch" und „Untergehen" vertiefen wollen, lesen Sie Jes 51,17.22 und Ps 75,9 sowie Ps 18,5; 42,8, Lk 12,50 und Röm 6,3.*

● Jesu Verhalten hat Konsequenzen für das Verhältnis der Christen untereinander (V 41-45): Nicht Macht, Einfluss und Eigensinn sollen sie anstreben, sondern Dienstbereitschaft und Gemeinsinn. ***Dienen*** hat für den Evangelisten Markus eine umfassende Bedeutung und zielt auf ein Verhalten, das auf jede Form der Herrschaft über andere verzichtet. Jesus bekräftigt, dass für ihn andere Maßstäbe gelten als in dieser Welt. Bei ihm ist derjenige mächtig, der andere unterstützt und fördert.

● Die Jünger erweisen sich wieder einmal als unverständig. Jesus hatte ihnen doch eben erst (V 45) erklärt, dass Nachfolge *dienen* heißt und den Blick für den Nächsten öffnen soll. Sie haben diese Lektion aber sogleich wieder vergessen. So sehen sie in dem Bettler vor Jericho nur einen lästigen, abgerissenen Bittsteller, nicht aber einen hilfesuchenden Bruder. Er stört sie nur! Und so wehren sie ihn heftig ab.

● Im Gegensatz zu ihnen steht **der blinde Bartimäus**. Seine toten Augen können Jesus zwar nicht sehen. Aber sein Glaube ist lebendig und lässt sich auch von Widerständen nicht unterkriegen, weder von seiner Behinderung noch von der ablehnenden Haltung der Jesusleute. **Der Blinde erkennt, wer mit Jesus vor ihm steht und nennt ihn *Sohn Davids*** (V 47.48). Bartimäus verwendet einen damals sehr bekannten messianischen Hoheitstitel und drückt mit ihm aus: „Jesus ist für mich Gottes Gesandter, der Messias, der Christus.“ Die Jünger dagegen können zwar körperlich sehen und hatten doch auch schon mehrmals gehört, dass Jesus Gottes Sohn, der Christus, ist (vgl. Kap. 1,11; 8,29; 11,7). Aber sie haben trotzdem bisher nichts verstanden. Der blinde Bartimäus beschämt sie mit seinem **unerschütterlichen Gottvertrauen:** Er fleht unbeirrt Jesus um Hilfe an – und bekommt sie dann auch.

● Die Geschichte des Blinden aus Jericho steht symbolisch für den Weg des Christen: **Wer sich Jesus anvertraut, wer ihm glaubt, kann die Welt mit den Augen Gottes sehen**. Er wird heil, bekommt einen anderen Blick auf die Mitmenschen und erkennt, was wirklich zählt.

● Der Evangelist schlägt in den letzten Versen dieses Kapitels (V 52) sprachlich eine Brücke zum Beginn dieses Abschnitts. Markus schließt mit der Formulierung ***auf dem Wege*** wörtlich an V 32 an und verdeutlicht damit wieder seine Erkenntnis: Der Weg der Nachfolge ist ein Weg ins Leid – und zugleich ein Weg ins Heil.

✎ *Gehen Sie heute mit offenen Augen durch die Welt und sehen bewusst auf die Menschen, die Hilfe brauchen!*

● **Nun beginnt der dritte und letzte Hauptteil des Mk.** Die Reise ist fast zu Ende. Von den Orten Betanien und Betfage, östlich von Jerusalem, ist die Stadt bald zum Greifen nahe. Nur noch wenige Tage werden vergehen, bis Jesus am Kreuz stirbt und als leidender Gottessohn die Menschen erlöst.

● Der geheimnisvolle Auftrag, einen jungen Esel zu suchen und zu ihm zu bringen, ist im Lichte von Sach 9,9 und 1Mo 49,10f zu sehen. Diese Verse wurden auf das Kommen des Messias hin gedeutet. Indem Jesus auf einem Esel in die Stadt einzieht, wird sich diese **alttestamentliche Verheißung** erfüllen.

● Nie sonst, nur hier in V 3 nennt sich Jesus im Mk ***Herr,*** griechisch ***kyrios.*** Dieser Begriff ist ein besonderer Hoheitstitel für Gott und wurde in damaliger Zeit auch von den römischen Cäsaren für sich beansprucht (lat. *Dominus ac Deus*). Im Mk kommt er sonst nur in einem Zitat von Ps 110 (Kap. 12,36f) vor und als Anrede durch die heidnische Syrophönizierin (Kap. 7,28). **Jesus enthüllt mit diesem Begriff, wer er wirklich ist.** Aber er tut es zu einem Zeitpunkt, als er ohnmächtig und verspottet dem Tod entgegengeht. **Später wird die Urgemeinde mit dem ersten Glaubensbekenntnis *Jesus ist Herr!* in die Öffentlichkeit gehen** – auch eine Kampfansage an den Herrschaftsanspruch des Kaisers in Rom.

● Jesu **letzte Wegstrecke** nach Jerusalem beginnt als **Triumphzug** (V 8-10). Kleider werden vor ihm ausgebreitet wie Teppiche. Palmwedel fächern ihm Luft zu wie einem König. Die Menschen rufen ihn um Hilfe an (*Hosianna!* bedeutet *Hilf doch!*) und geben ihrer Hoffnung Ausdruck: Jetzt wird wahr, was seit Davids Zeiten erwartet wird: Gott wird Frieden schenken und seinen Messias schicken. Doch der Jubelzug spielt sich nur außerhalb der Stadtmauern ab. Am Stadttor endet er so unvermittelt, wie er begonnen hat. In die Stadt selbst geht Jesus abwartend und verhalten hinein. Jerusalem ist die Stadt des Leidens. Einen glorreichen Jesus sucht man dort vergeblich.

● Zum Übernachten geht Jesus zurück nach Betanien. Dort wohnen Freunde, dort kann er ruhig schlafen. Die heilige Stadt selbst ist kein sicherer Ort für den Gottessohn.

● V 12-14 **Ansage des Gottesgerichtes** – Der zweite Tag in Jerusalem beginnt mit der rätselhaften Begegnung Jesu mit einem Feigenbaum. Er vermutet eine Winterfeige, die ihre Früchte im Frühjahr ausreift, doch er findet keine Frucht. **Unerbittlich** ist Jesu Fluchwort. Wenn *nicht die Zeit für Feigen war* – wie in V 13b ausdrücklich vermerkt wird – warum wird der Feigenbaum dann mit einem Fluch belegt? Der Sinn dieser gleichnishaften Handlung lässt sich nicht mit letzter Klarheit herausfinden. Ist es Hinweis auf Jesu Vollmacht oder gar sein Sterben, auf Gottes Gericht über Israel, dem unfruchtbaren Feigenbaum (Jer 8,13) oder Vorbereitung auf das, was wenig später im Tempel geschieht?

✎ *Welche Deutung würden Sie bevorzugen?*

● V 15-19 **Ein heiliger Tempel?** – Der äußere Vorhof des Tempels wurde Wochen vor dem Passafest zum riesigen Marktplatz: Pilger aus aller Welt wechselten ihre Münzen; es wurden Opfertiere oft zu Wucherpreisen zum Kauf an die Pilger angeboten. Der Vorhof wurde von den Geschäftsleuten als kurzer Transportweg von der Ost- zur Weststadt genutzt (V 16). Auf vielfältige Weise wurde das Haus Gottes entwürdigt und missbraucht. Die Priester entzogen sich ihrer Verantwortung, indem sie dem geschäftigen Treiben tatenlos zusahen.

➢ **Jesus,** schon tags zuvor im Tempel, zeigt jetzt als ***der Herr*** (vgl. V 3!) seine Verfügungsgewalt. Sein zorniges Handeln begründet er mit einem Wort des Propheten Jesaja und behaftet die Verantwortlichen so bei ihrem Wissen um Gottes Willen: Ort des Rechtes und nicht *Räuberhöhle, Haus des Gebetes* und nicht Opferstätte soll der Tempel sein (Jer 7,11; Jes 56,7).

➢ **Messianischer Ausblick** – Der Tempel – *ein Bethaus für alle Völker* (V 17). Während die Heiden vom gottesdienstlichen Leben am Tempel ausgeschlossen waren, soll sich nun durch Jesus erfüllen, was schon im Alten Bund angekündigt war. Denn in Christus gilt die Gnade Gottes **allen** Menschen. Noch muss der Messias erst seinen Leidensweg zu Ende gehen. Doch der Blick geht schon über die Rettung Israels hinaus.

● V 20-21: Der dritte Tempelbesuch – die Dreizahl verweist auf wichtige Ereignisse. Der Feigenbaum, der gestern noch Blätter trug, ist heute verdorrt *bis zur Wurzel.* Jesu Urteil trifft *radikal* (lat. *radix = die Wurzel*). Petrus bringt es hier und auch später (Apg 4,20) zur Sprache: Was sie *hörten* (V 14), und *sahen* lässt sie über **die Kraft des Wortes Jesu** staunen. Es ist übrigens das einzige Wunder Jesu in Jerusalem, dazu sein einziges Fluchwunder, das von den Evangelisten überliefert wird. Dies auch ein Zeichen dafür, dass Jesus im Zentrum des religiösen Lebens in Israel keinen Glauben fand (vgl. Kap. 6,5; Lk 13,34).

● V 22-23: **Ein Glaube der alles vermag** – Im Anschluss an den nutz- bzw. fruchtlosen Feigenbaum ruft Jesus in seiner letzten Jünger-Unterweisung zum unbedingten *Glauben an Gott* auf. Mit Jesus können sie lernen, auf ihrem gewiss nicht einfachen Lebensweg alles von Gott zu erwarten. In der Bildersprache des Orient wird die Kraft des Glaubenden veranschaulicht: Wer glaubt, ist verbunden mit dem, der Unmögliches möglich macht. Das *wahrlich = Amen, ich sage euch* (V 23) bedeutet: Was ich euch jetzt sage ist von Gott her verbindlich und soll euch unverbrüchliche Gewissheit geben. Jesus ruft damit aus allen Unsicherheiten und Zweifeln heraus zu einem Glauben, der Berge versetzen kann.

✎ *Lesen Sie dazu Kap. 9,23-24 und Joh 14,1.12!*

● V 24-25: Mit dem anschließenden *Darum sage ich euch* unterstreicht Jesus noch einmal, dass solche Glaubenskraft nur erbeten werden kann. Wer betet, darf empfangen, d. h. er wird beschenkt mit dem, was er sich selbst nicht aus eigener Kraft bzw. nach eigenem Bemühen besorgen kann.

➢ **Bitten – glauben – empfangen.** Gebet setzt keinen Automatismus in Gang. *Euer Vater im Himmel* (V 25) weiß, was gut für euch ist. Gottes Antwort ist auch dann Gebetserhörung, wenn sie anders ausfällt als erwartet.

➢ **Vergeben** und sich vergeben lassen ist der Weg zu einem kraftvollen Leben, das Verhältnisse und Beziehungen zum Guten hin verändert.

● Wie ein alter Mensch auf sein Leben zurückblickt, so blickt in diesem Psalm das Volk Israel auf seine eigene Geschichte zurück: **Schwere Bedrängnis von Jugend auf!** Auf meinem Rücken haben sie geackert, immer wieder neu, ausführlich und brutal!

● Wer sind die „sie“? Israel wurde in seiner Geschichte immer wieder von Nachbarvölkern überfallen, misshandelt, ausgebeutet. Das fing an im „Sklavenhaus Ägypten“, aber auch die Philister und Babylonier und Römer und viele andere trieben ihr böses Spiel mit Gottes Volk – bis hin zum Holocaust im „Tausendjährigen Reich“.

● Alle diese Großmächte gingen unter, das kleine Israel aber bekennt staunend: ***Sie haben mich nicht überwältigt*** (V 2). Unser Gott hat uns seine Bundestreue gehalten (= er verhält sich uns gegenüber gerecht) und hat die Stricke der Frevler immer wieder zerhauen. So bekennt sich Israel mit diesem Psalm zuversichtlich zu seinem Gott.

● In der immer neuen Bedrängnis kommt aber aus seinem Herzen der Wunsch und die Bitte zu Gott, dass die Feinde, die Zion hassen, einmal überwältigt werden und ein Ende nehmen. Was diese auch ackern und andere für sich ackern lassen, sie sollen keine Ernte davon haben, keine Freude daran und keinen Segen. Wie unnützes Unkraut auf den Dächern sollen sie verdorren (V 5-8). Sind das nur üble Verwünschungen? Nein, hier wird Gott die ganze Last jahrhundertelanger Unterdrückung durch gottlose Menschen und Systeme vorgehalten und um deren Ende gebeten.

● Jesus setzt diesem Wunsch des unterdrückten Israel ein ganz **anderes Wort über das Verhalten zu den Feinden** entgegen: *Ich aber sage euch: Liebt eure Feinde und bittet für die, die euch verfolgen, damit ihr Kinder seid eures Vaters im Himmel. Denn er lässt seine Sonne aufgehen über Böse und Gute und lässt regnen über Gerechte und Ungerechte* (Mt 5,44f). So soll uns als Christen auch dieser Psalm zu einem Handeln im Geiste Jesu führen.

● V 27-28: Jesus geht lehrend von einer Zuhörergruppe zur anderen über den Tempelplatz. **Eine Abordnung des Hohen Rates** tritt ihm entgegen. Dieses insgesamt 71-köpfige Gremium war oberste richterliche Behörde der Juden, sowohl in weltlicher wie religiöser Hinsicht. Ihm gehörten die *Hohenpriester* aus den für dieses Amt wählbaren adeligen Priesterfamilien, die *Schriftgelehrten*, die als geschulte Theologen zugleich Juristen waren, und die *Ältesten*, Häupter führender Familien, an. Ihre Frage zielt auf **Jesu Vollmacht**, wobei der zweite Satz: ***Wer** hat dir …* diese Frage noch verschärft, indem sie von Jesus wissen wollen, welche Instanz ihn bevollmächtigt, ***das** zu tun* (wohl auf sein ganzes Wirken bezogen).

● V 29-32: Jesus fordert sie mit einer Gegenfrage heraus. Er will eine **Stellungnahme zu Johannes** und damit **zu sich selbst.**

➢ V 30: Vollmacht wird *vom Himmel,* also unmittelbar von Gott gegeben oder durch einen Beauftragten Gottes vermittelt. Ein Mensch kann sich aber auch rechtswidrig Vollmacht anmaßen. Auf diese Alternative spielt Jesus mit seiner Frage nach der Johannestaufe an.

➢ V 31-32: Die Situation ist für die Mitglieder des Hohen Rates **peinlich**. Johannes genoss als Prophet höchstes Ansehen beim Volk. Er taufte Jesus. Dieser erhielt seine Berufung, und die *Stimme vom Himmel* bezeugte seine Gottessohnschaft (Kap. 1,7.9-11). Jede klare Antwort könnte fatale Folgen haben: Zwar haben sie Johannes nicht als Prophet mit göttlicher Vollmacht akzeptiert. Aber wenn sie das jetzt zugeben, würden sie es sich mit dem Volk verscherzen und ihr Ansehen aufs Spiel setzen.

● V 33: Die Mitglieder des Hohen Rates drücken sich vor einer klaren Antwort. **Ihre Unentschiedenheit (*Wir wissen es nicht*) offenbart in Wirklichkeit ihren Unglauben** – nicht nur Johannes, sondern auch Jesus gegenüber. Das gibt Jesus auch das Recht, ihnen die Antwort zu verweigern.

✎ *Aus Angst, Einfluss und Ansehen zu verlieren, drücken wir uns vor klaren Entscheidungen. Kennen Sie solche Situationen aus Ihrem Leben? Wie könnten Sie es besser machen?*

● V 1-8: Jesus zitiert eingangs das **alte Weinberglied** (Jes 5,1.2), das zum Bild für das Verhältnis zwischen Gott und Israel geworden war. Dann aber dehnt er seine Gleichnisrede auf die Geschichte Israels bis in die Gegenwart hinein aus. Mit den ***Weingärtnern***, den Pächtern, sind zuallererst die Führer Israels, dann aber wohl auch das Volk Israel insgesamt gemeint. Die immer wieder neu ausgesandten **Knechte** symbolisieren die **Propheten**, die Gott als Warner und Mahner durch die Jahrhunderte hindurch zu seinem Volk geschickt hat. Mit dem ***Sohn*** schließlich spielt **Jesus** auf sein eigenes Schicksal an.

➢ V 2: **Mit viel Mühe wurde der Weinberg** vom ausländischen Besitzer **aufgebaut**, einheimischen Pächtern zur Verwaltung übergeben, wie es in Galiläa damals üblich war. Nach fünf Jahren war der Anteil der Früchte (auch Obst und Getreide) für den Besitzer laut Pachtvertrag fällig.

➢ V 3-5: **Die Gesandten** werden losgeschickt, geschlagen, getötet. Immer wieder müht sich der Herr um sein Eigentum; er scheut keine Mühe; er mahnt, fordert sein Recht ein, hofft auf eine veränderte Gesinnung – doch letztlich vergeblich.

✎ *Eigentlich ist das Verhalten des Weinbergbesitzers (= Gott) völlig unverständlich. Welcher Mensch, der über Macht und Einfluss verfügt, würde das mit sich machen lassen? Vgl. Sie dazu aber Ps 103,8-10.14.*

➢ V 6-8: **Zuletzt der *geliebte Sohn*.** Der ist rechtsfähig wie sein Vater selbst, könnte als Alleinerbe den Rechtsstreit endlich für sich entscheiden. Doch die Pächter sehen nun die Chance gekommen, durch Ermordung des Erben die Sache endgültig zu ihren Gunsten zu entscheiden. Sie töten ihn, *werfen ihn hinaus* und begehen so auch noch Leichenfrevel.

● 9-12: **Gottes Gericht** steht am Ende eines langen Weges. Anvertrautes wird weggenommen und *anderen gegeben:* Israels Verwerfung des Messias wird zum Anstoß für die Heidenmission. Den *geliebten Sohn*, von den Bauleuten verworfen, erhöht Gott zum tragenden Element (*Eckstein),* auf dem sein Reich in unserer Welt gebaut wird.

● V 13-14: Jesus soll mit einem **Problem der Bürger** in eine Falle gelockt werden. Diesmal schickt der Hohe Rat Leute gegensätzlicher Parteien: Pharisäer sind römerkritisch, die *Anhänger des Herodes* eher römerfreundlich.

➢ V 14a: Sie schmeicheln Jesus, nennen ihn *Meister, wahrhaftig,* ein Lehrer *des Weges* jüdischer Weisheit.

➢ V 14b: Die den Pharisäern nahestehenden Leute hatten sich mit der **Steuerabgabe** abgefunden, die jeder Bewohner der römischen Provinz an Rom zu zahlen hatte. Viele jedoch waren auf der Seite der Zeloten, einer jüdischen Gruppe, die Steuerzahlungen verweigerte und sich z. T. mit Gewalt gegen die verhasste Besatzungsmacht auflehnte. Wenn Jesus daher die Steuerzahlung ablehnt, würde ihn das dem Verdacht aussetzen, mit den Zeloten unter einer Decke zu stecken und ihm womöglich eine römische Anklage bescheren. Ein Ja hingegen könnte ihn dem Zorn der Volksmasse ausliefern.

● V 15-17: **Jesus** durchschaut die Absicht der Fragenden. Er handelt gelassen und **bringt sie mit sichtbaren Beweisen** zu einer **erstaunlich klaren Einsicht**.

➢ Jesus fordert einen Silber-Denar, den er selbst offenbar nicht besitzt. Die Prägung zeigt das Brustbild des Kaisers Tiberius und die Inschrift: „Tiberias, Caesar, Sohn des göttlichen Augustus". Die Jesus zu Fall bringen wollen, tragen die Münze des Kaisers bei sich und bekunden schon durch den **Gebrauch dieser Währung** die Anerkennung der Herrschaft der Römer.

➢ Sie hatten gefragt: *Sollen wir zahlen …?* Jesus antwortet: Ihr sollt **zurückgeben** (so wörtlich), was euch nicht gehört **und *Gott geben*** … Der Kaiser kann Steuern erwarten. Das ist Teil der realen politischen Verhältnisse, in die wir hineingestellt sind. **Mit unserm ganzen Leben gehören wir aber zu Gott**. An diesem Eigentumsanspruch muss daher unsere Loyalität dem Staat gegenüber ihre Grenze finden (vgl. Apg 5,29).

✎ *Der Glaube fordert uns zu aktiver Mitgestaltung unseres Gemeinwesens heraus. Wo sehen Sie für sich die Grenze Ihrer Loyalität dem Staat gegenüber?*

● V 18-23: Jesus wird zur Frage des **zentralen biblischen Themas der Auferstehung der Toten** herausgefordert. Die Religionspartei der *Sadduzäer* hält sich streng an die Tradition der Mosebücher und lehnt alle darüber hinausgehenden Lehren und Satzungen ab. Der Tod ist verschuldetes Verhängnis gegen die Schöpferordnung. Er trennt von Gott (1Mo 3,22ff; Jes 38,10ff). Eine Auferstehung der Toten gibt es daher in ihren Augen nicht. Die Pharisäer hingegen lehren die Auferstehung als Fortsetzung des irdischen Lebens bei Gott. Tatsächlich ringt Israel in seiner Geschichte um eine Antwort aus dem Todesdunkel, um Gottes Treue über den Tod hinaus.

✎ *Lesen Sie, welche Texte schon im AT eine Auferweckung erahnen lassen: Ps 73,23ff; 88,11; Jes 26,19; 53,10.*

➢ V 19-22: Die Sadduzäer benutzen die Sicht der Pharisäer von der Auferstehung für ihre Fangfrage. Ihr Aufhänger ist ein konstruierter Fall, dem das **Gebot der Schwagerehe** (5Mo 25,5.6) zum Zweck der Erhaltung des Eigentums und des Geschlechtes zugrunde liegt.

➢ V 23: Die Frage **verhöhnt** die Auferstehung und soll die daran Glaubenden **lächerlich machen**.

● V 24-27: Jesus spricht über seine Fragesteller ein **dreifaches Urteil** (*ihr irrt* wegen Unkenntnis der *Schrift* und *Kraft Gottes).*

● V 24: Jesus spricht von der ***Kraft Gottes***, der nichts unmöglich ist und Zeitliches in Ewiges verwandeln kann.

➢ V 25: Jesus weist die Auferstehungsvorstellung der Pharisäer, die der an ihn gestellten Frage zugrunde lag, zurück. **Das zukünftige Leben bei Gott wird keine Fortsetzung unseres irdischen Lebens** mit seiner Geschlechterordnung sein.

➢ V 26f: Jesus begründet die Auferstehung der Toten überraschend mit der Offenbarung Gottes bei der Berufung des Mose (2Mo 3,6). Wenn Gott sich dabei als Gott der Väter vorstellt, dann kann es gar nicht anders sein, als dass diese Väter auch leben (Mt 8,11, Lk 16,22ff). Allerdings haben wir erst mit der Auferstehung Jesu einen verlässlichen Grund für unsere Hoffnung auf das ewige Leben.

● Welches der 613 Gebote, in die sich das jüdische Gesetz bis ins Detail aufgefächert hatte, ist das wichtigste? Mit dieser Frage kommt ein Gesetzeslehrer zu Jesus. Der greift gewissermaßen in den großen Korb mit den vielen Vorschriften und bringt absolut treffsicher *eine* Aussage zum Vorschein: **Das Doppelgebot der Liebe – das ist das höchste Gebot.** Jesus beantwortet diese Frage knapp, einfach und eindeutig:

● **Die grundlegende Weisung – einfach!**

➤ Das Doppelgebot bildet den Dreh- und Angelpunkt für alle Anweisungen, die Gott gibt. Es stellt das Vorzeichen vor der Klammer unseres gesamten Lebens dar.

➤ *Liebe deinen Nächsten*: Das bedeutet nicht, Pflichten abzuarbeiten und Gute-Taten-Listen abzuhaken. Ich bin vielmehr gefordert, vom andern her zu denken: Was braucht er jetzt? Wie wird meine Liebe für ihn konkret erfahrbar?

● **Das wahre Leben – eindeutig!**

➤ Gottesliebe und Nächstenliebe dürfen nicht auseinander fallen. Vor aller meiner schwachen Liebe steht Gottes umfassende Liebe – zu meinem Nächsten genauso wie zu mir. Die erfahrene Gottesliebe befähigt mich zur Nächstenliebe. Ohne diese Quelle bin ich sehr schnell ausgedörrt.

➤ Die Liebe zu Gott soll ganz, ungeteilt, eindeutig sein. Welche Rolle spielt Gott in meinem Leben? All mein Denken, Arbeiten, Wünschen, Leiden soll auf ihn bezogen sein. Ihm allein gebührt solche umfassende, zur Hingabe bereite Liebe.

➤ ... *wie dich selbst*: So selbstverständlich, wie wir uns selbst lieben, soll auch die Zuwendung zu unserem Mitmenschen sein. Er soll ebenso fraglos unsere Wertschätzung erfahren.

● **Der lebendige Gott – einer!**

➤ Aus uns heraus können wir solche Liebe nicht produzieren. Alles Gewicht liegt daher auf der Einleitung: *Der Herr, unser Gott, ist der Herr* ***allein*** (V 29)! Vor allem, was wir selbst tun, steht das, was Gott tut, ja was er für uns *ist*: Er ist der *eine* Gott, der sich in ganzer Liebe seinem Volk gegeben hat. Die Liebe, mit der Gott uns überschüttet, drängt zu Lob, Dank und Bitte. Sie treibt dazu, solche Liebe an andere weiterzugeben.

● Nach den verschiedenen Fragen, die an Jesus gerichtet wurden, stellt er nun selbst eine Frage an seine Zuhörer: **Ist der Christus, der Messias, nun Davids Sohn oder Davids Herr?** Mit dieser Frage werden die Diskussionen mit den Vertretern des Judentums abgeschlossen und erreichen zugleich ihren Höhepunkt.

● **Davids Sohn**

➤ Die Hoffnung auf einen Nachkommen Davids, der das Reich seines Stammvaters wieder in Israel aufrichten soll, wird durch viele Verheißungen im AT begründet.

✎ *Schlagen Sie einige der Bibelstellen auf, die diese Erwartung begründen: 2Sam 7,13ff; Jes 9,1ff; 11,1ff; Jer 23,5f; 33,14ff; Hes 34,23f; 37,24; Ps 89,20ff; 132.*

Der erwartete Messias ist ein Nachkomme aus Davids Stamm. Genau das aber trifft auf Jesus zu. Darum wird z. B. in Röm 1,3 festgehalten: *Jesus Christus, der geboren ist aus dem Geschlecht Davids nach dem Fleisch* (vgl. dazu auch die Auslegung zum 1. Weihnachtstag).

● **Davids Herr**

Gleichzeitig aber wird in Ps 110 – übrigens die im NT am häufigsten zitierte Bibelstelle – vom *Herrn Davids* gesprochen. Den Psalmen kommt prophetischer Charakter zu. David spricht somit durch den Heiligen Geist, ohne dass er den letzten Sinn seiner Worte selbst kennt. *Herr Davids* wurde nun ebenfalls auf den kommenden Messias bezogen. Genau diese Erwartung aber hat sich in der Auferstehung von Jesus erfüllt: Er ist der Herr, dem sich alle Knie beugen werden (Phil 2,9f); er ist der Herr aller Herren und König aller Könige (Offb 17,14).

● **Davids Sohn und Herr**

Wer ist der? Diese Frage zieht sich durch das gesamte Evangelium hindurch (vgl. Kap. 4,41). Es erscheint ausgeschlossen, dass der einfache Zimmermann aus Nazareth zugleich der Weltenrichter zur Rechten Gottes sein kann. Aber genau so wollte es Gott: *Wer will verdammen? Christus Jesus ist hier, der gestorben ist, ja vielmehr, der auch auferstanden ist, der zur Rechten Gottes ist und uns vertritt* (Röm 8,34).

● Dieses Wallfahrtslied ist ein Bittgebet, mit dem Gott daran erinnert wird, dass er sowohl den Zion als auch die Dynastie Davids zu Lebzeiten dieses Königs erwählt hat. Also nicht auf die Vorzüge der Davididen und nicht auf einen uralten Mythos vom Zion beruft sich das Bittgebet, sondern auf die **freie Erwählungstat Jahwes**, des Gottes Israels, im hellen Licht der Geschichte (um 1.000 v. Chr.).

● Dazu werden zwei **Schwüre**, teilweise im Wortlaut, zitiert: Ein Schwur Davids (V 2-5), mit dem er seinen ganzen Einsatz für das Einbringen der alten Bundeslade nach Jerusalem gelobt. Und dann ein Schwur Gottes (V 11f), gesprochen durch den Propheten Nathan (2Sam 7,11-16), dass auf dem Thron Davids für immer einer seiner Nachkommen sitzen soll (vgl. *mächtiger Spross* in V 17).

● Der Psalm verknüpft die Erwählung des Ortes (Zion) und der Person (Nachkomme Davids, Spross), wo Gott in seinem Volk gegenwärtig sein und sich finden lassen will. Und wir Christen glauben und bekennen: Nicht überall ist Gott zu finden, nur in dem **Davidssohn Jesus Christus**, der – vom himmlischen Zion (Hebr 12,22) aus – in seinem Volk gegenwärtig ist. Ihm gilt die Verheißung, dass seine Herrschaft kein Ende nimmt. Ihn wollen wir auch mit den Worten dieses Psalms anbeten.

● Interessant ist das Bild, das V 13-16 von der **Tempelgemeinde auf dem Zion** zeichnen. Hier ist keine Rede von hierarchischer Herrschaft der Hohenpriester, auch von Opfern oder Geldwechslern wird nichts berichtet. Aber eine fröhliche Gemeinschaft wird gezeichnet: Arme, die genug Brot bekommen und deren Speise gesegnet ist, Priester, die in Heil und Gerechtigkeit gekleidet sind, Fromme, die fröhlich jubeln und jauchzen. Und Gott verspricht: „Hier will ich wohnen. Das gefällt mir. Hier will ich euch segnen." Da muss es doch auch heute eine Lust sein, zum Volk Gottes zu gehören!

Jesus scheut sich nicht, im Rahmen seiner Lehrtätigkeit das Verhalten der Schriftgelehrten bloßzustellen und seine Zuhörer vor ihnen zu warnen.

● **Der Drang nach Anerkennung durch Menschen**

➢ Die langen Talare: Die Schriftgelehrten/Pharisäer wollen sich bereits durch ihre Kleidung als besonders zu behandelnde Menschen von ihrer Umgebung absetzen. Jeder soll sehen: Hier ist jemand unter uns, der seine Zeit für das Studium des göttlichen Gesetzes einsetzt und dem deshalb besondere Ehre zukommt.

➢ Der erste Gruß und der vorderste Platz: Ihre hervorragende Würde und Stellung soll dadurch hervorgehoben werden, dass sie von den gewöhnlichen Menschen zuerst gegrüßt werden und wie selbstverständlich den Ehrenplatz in Gemeinde und Gesellschaft einnehmen.

✎ *In Lk 14,7ff wird berichtet, wie Jesus bei einer Einladung selbst erlebt hat, was er hier anspricht. Die Folgerung, die er daraus ableitet, findet sich in Lk 14,11.*

● **Das doppelte Spiel**

➢ Habgier gegenüber den sozial Schwachen: Als geistlichen Begleitern wird den Schriftgelehrten spezielles Vertrauen entgegengebracht. Dieses missbrauchen sie offenbar zu Geschäften, bei denen sie den Witwen ihren Besitz abluchsen. Angesichts der schon von den alttestamentlichen Propheten erhobenen Anklagen (Jes 10,2; Jer 7,6 u. ö.), die den Schriftkundigen wohl vertraut sein mussten, ist dies besonders verwerflich.

➢ Gebet als Deckmantel: Das böse Tun wird durch den frommen Schein verdeckt. Lange Gebete sollen den Eindruck bewundernswerter Frömmigkeit erwecken (vgl. Mt 6,5). Doch Gott kennt das Herz und verurteilt diesen Missbrauch geistlicher Formen scharf.

● Indem Jesus seine Zuhörer über diese Zusammenhänge belehrt, zeigt er: **Ehrsucht, Ehrgeiz, Habgier, Heuchelei sind keineswegs Probleme vergangener Zeiten.** Sie stellen eine Versuchung für alle dar, die mit Ernst Jesus nachfolgen wollen.

Eine an und für sich bedeutungslose Begebenheit im Tempel nimmt Jesus zum Anlass, um seinen Jüngern Grundlinien des Reiches Gottes nahezubringen:

● Gott hat andere Maßstäbe

➢ Die Spendenbereitschaft der Reichen ist vorbildlich: Viele von ihnen geben viel. Dadurch können viele Arme unterstützt und ermutigt werden. „Wer viel gibt, hilft viel." Ist das nicht letztlich entscheidend?

➢ Der Betrag, den die arme Witwe einlegt, ist nicht der Rede wert: *Zwei Scherflein* entsprechen in unserer Währung kaum einem Cent. Trotzdem hätte die Witwe von dieser bescheidenen Summe ja auch ein *Scherflein* zurückbehalten können.

➢ Diese Mini-Summe ist jedoch *ihre ganze Habe*: So gibt die Witwe damit ihr ganzes Leben hin – und auf dieses Opfer kommt es in Gottes Augen an. Deshalb macht Jesus mit einem nachdrücklichen *wahrlich* auf dieses Geschehen aufmerksam.

● Wer Gott vertraut, gibt alles

➢ Die Witwe illustriert durch ihr Verhalten, was das erste Gebot meint: *Gott lieben von ganzem Herzen, von ganzer Seele und von allen Kräften.* Das heißt *glauben*: sich Gott mit allem anvertrauen, was wir sind und haben. Damit tun wir nichts anderes, als auf das zu antworten, was Jesus für uns getan hat: Er hat sich und das Seine für uns hingegeben.

✎ *Hierin besteht der Unterschied zum „reichen Jüngling" in Kap. 10,17-27: Die Aufforderung von Jesus: „Verkaufe alles, was du hast!" enthüllt, dass das Herz des jungen Mannes nicht an Gott, sondern am Geld hängt. Damit aber missachtet er schon das erste Gebot.*

● Wer Gott vertraut, hofft alles

➢ Wer sein Leben in den *Gotteskasten* wirft, erwartet von diesem Gott alles für sein Leben. An die Stelle ängstlicher Sorge tritt die Gewissheit: Auf Gott ist Verlass. Er sorgt für mich.

➢ Damit werden sorgfältige Planung und Vorsorge nicht ausgeschlossen, wohl aber die quälende Sorge und die Angst zu kurz zu kommen. Denn Gott lässt keinen aus den Augen.

Jesus unterrichtet seine Jünger über die Zukunft und blickt dabei auf zeitlich weit auseinanderliegende Ereignisse.

Die Ankündigung: Zerstörung des prächtigen Tempels

➢ Der von Herodes in jahrzehntelanger Bauzeit prächtig restaurierte und erweiterte Tempel stellte eines der bedeutendsten Bauwerke seiner Zeit dar: „Wer den Tempel nach seiner Vollendung nicht gesehen hat, der hat seiner Lebtage kein großartiges Gebäude gesehen", äußerte ein Zeitgenosse.

➢ Trotz seiner scharfen Kritik am Missbrauch des Tempels (Kap. 11,15ff) nahm Jesus mit seinen Jüngern, wie später die Urgemeinde (Apg 2,46; 3,1) am Tempelgottesdienst teil.

➢ Angesichts von äußerem Glanz und innerer Verbundenheit musste diese Ankündigung die Hörer schockieren.

Die Anzeichen: Verführung, Krieg, Unglück

➢ Wann geschieht das? Die Frage nach dem Zeitpunkt bleibt unbeantwortet (vgl. V 32; Apg 1,7). Vor die Vorzeichen stellt Jesus die Mahnung vor der Verführung (vgl. V 22f) und zur Wachsamkeit (vgl. V 33.37).

➢ An Hinweisen nennt er: Menschen, die den Namen Christi für ihre eigenen Zwecke missbrauchen. Sodann: Kriege, Erdbeben, Hungersnöte. Sie stellen den *Anfang der Wehen* dar, die „Begleitmusik" zur sichtbaren Aufrichtung des Reiches Gottes. Wichtig: Jesus wehrt aller Panik. Inmitten von beängstigenden Ereignissen ruft er dazu auf: Habt keine Angst! Gott selbst hält die Zügel in der Hand. „Alles was geschieht, *muss zuvor* an Gott vorüber" (P. Deitenbeck).

Der Angriff auf die Gemeinde: Verfolgung und Verrat

Von der Welt im Großen richtet Jesus den Blick auf seine Gemeinde: Seine Jünger kommen wegen Denunziation vor weltliche und geistliche Gerichte (*Synagogen*). Sie erleiden massives Unrecht (*gegeißelt*), nur weil sie an Jesus als ihrem Herrn festhalten (vgl. Mt 10,32.39). Besonders schmerzlich: Dieser Hass reicht bis in die engste Familie und in die Gemeinde hinein. Dennoch kann selbst die Verfolgung die Ausbreitung des Evangeliums *unter allen Völkern* nicht hindern. „Das Blut der Märtyrer ist der Samen der Kirche" (Kirchenvater Tertullian).

● Die Katastrophe über Israel

➢ Vom Ende der Welt (V 13) lenkt Jesus unvermittelt zum Ende Israels hinüber. Was Jesus hier ankündigt, ist wenige Jahrzehnte später im jüdisch-römischen Krieg (66–73 n. Chr.) Wirklichkeit geworden.

➢ Judäa und Jerusalem wurden erobert und zerstört und der Tempel entheiligt, indem die Römer dort im Jahr 70 n. Chr. ihren Legionsadlern opferten. *Das Gräuelbild der Verwüstung* ist bekannt aus Dan 9,27; 11,31 und 12,11.

➢ Rasche Flucht macht das Zurücklassen des Nötigsten erforderlich. Die Bedrängnis erreicht ungekannte Ausmaße. In einer solchen Situation würde kein Mensch standhalten können. Doch auch hier bleibt Gott als Herr im Regiment: Er verkürzt diese Zeit – aus Liebe zu seinen Kindern, die er auserwählt hat.

> ✎ *Denn Gott kennt die Seinen (Joh 10,14), hat sie erwählt (Röm 8,33; 1Kor 1,27f), führt sie zusammen (V 27); er ist treu (1Kor 10,13) und vollendet sein angefangenes Werk (Phil 1,6).*

● Nochmals: Verführung

Jesus schärft erneut die Warnung vor der Verführung ein: Widerstand (*glaubt nicht!*) ist erforderlich, wenn behauptet wird,

➢ ... der Messias sei an einem besonderen Ort gegenwärtig;

➢ ... wenn Menschen sich selbst als Messias ausgeben;

➢ ... wenn falsche Propheten Wunder vollbringen.

Der Faszination durch das Übernatürliche, das Wunderbare, das Aufsehen-Erregende kann man sich schwer entziehen. Doch außergewöhnliche Erfahrungen sagen noch nichts über ihre Herkunft. Wer sich lediglich am Sichtbaren orientiert, sitzt leicht einem falschen Propheten auf.

Wenn von einem vorgeblichen Messias gesagt wird: *Hier ist der Christus!* so ist damit klar, dass er ein falscher Messias ist. Denn wenn Christus selbst kommt, so wird dies jeder unzweideutig erkennen: Er *leuchtet wie der Blitz* über alles hinweg (Mt 24,27) und mit ihm bricht endgültig Gottes neue Welt an.

● Orientierung gibt Jesus in seinem Wort. Auf dieses Wort ist auch in äußersten Verfolgungszeiten Verlass.

Die Ankunft des Menschensohns

➤ Wenn Gottes neue Welt kommen soll, dann muss zuvor die alte Welt vergehen. Sie ist gerade nicht ewig und in stetem Fortschritt auf ihre Perfektion hin begriffen, sondern vielmehr vergänglich mit einem Gefälle zu immer größerer Bosheit hin. Gottes Gericht setzt daher der gegenwärtigen Welt ihr Ende.

➤ Erkennbar wird dies daran, dass Sonne, Mond, Sterne, Himmelskräfte ins Wanken geraten.

➤ Zugleich enthüllt sich **die Herrlichkeit des kommenden Herrn** gegenüber allen Menschen in sichtbarer Weise. *Herrlichkeit* (griech. *doxa*) meint das Schwergewicht der göttlichen Majestät, der Lichtglanz, in dem er wohnt, wie ihn etwa Jesaja bei seiner Berufung zum Prophet erlebt hat (Jes 6).

> ✎ *Schlagen Sie Dan 7,13 auf! Diese Ankündigung steht hinter den Worten Jesu vom Kommen des Menschensohns. Während er damals in Niedrigkeit und Schwachheit kam, wird sein zweites Kommen nicht zu übersehen sein.*

➤ **Der kommende Messias versammelt seine Gemeinde um sich.** Das hatten die Propheten für die Verbannten Israels angekündigt; sie sollen in Jerusalem versammelt werden: Jes 52,7ff; 60,4ff. Doch zur Schar der *Auserwählten* gehören bei der Wiederkunft Jesu Menschen aus allen Völkern. Diese Erwartung ist schon bei den ersten Christen erfüllt: *Ihr seid nicht mehr Gäste und Fremdlinge, sondern Mitbürger der Heiligen und Gottes Hausgenossen* (Eph 2,19). Von überall her (*vom Ende der Erde bis zum Ende des Himmels!*) führen die Boten des Christus daher seine Glaubenden zu seiner Wiederkunft zusammen (dazu werden dann auch die in der Zwischenzeit gestorbenen Christen gehören: 1Thes 4,17).

➤ **Das Ziel dieser einzigartigen Gemeinschaft ist: ihn *sehen*** (V 26)! Bisher war Christus unsichtbar gegenwärtig und hat in dem verkündigten Wort zu den Seinen geredet. Auf sein Wort hin haben die Glaubenden ihm vertraut. Jetzt aber ist die Hoffnung erfüllt; der Glaube vollendet sich im Schauen, und die Gemeinde ist für immer mit ihrem Herrn verbunden.

Die Ansage: Der Zeitpunkt des Endes

➢ Der treibende Feigenbaum ist untrügliches Kennzeichen des herannahenden Sommers. In gleicher Weise signalisieren die von Jesus erwähnten Vorboten des Endes, dass mit diesem Ende zugleich seine machtvolle Wiederkunft naht.

➢ Erneut lehnt Jesus jede Berechnung eines genauen Zeitpunkts kategorisch ab: Wenn selbst die Engel und auch er als Sohn den Termin nicht kennen, wie sollte es ein Mensch wagen, ihn vorhersagen zu wollen (V 32)?!

➢ Die Gemeinde des Christus hat sowohl das *Jetzt* seiner unmittelbaren Nähe als auch das *Weiß niemand* seiner Unverfügbarkeit zu hören.

➢ Mit *diesem Geschlecht* (V 30) muss nicht die damals lebende Generation gemeint sein. Wäre es so, dann hätte Jesus offensichtlich mit seiner baldigen Wiederkunft gerechnet (vgl. Kap. 9,1). Denkbar ist auch die Deutung auf das Geschlecht der Juden insgesamt: Sie werden fortbestehen bis zum Ende.

➢ Genau an dieser Stelle – zwischen dem bekräftigenden *wahrlich* und dem warnenden *niemand* – findet sich die Aussage der absoluten Zuverlässigkeit von Jesu Worten. Während die Kräfte des Himmels (und erst recht der Erde!) wanken, bleibt sein Wort unverändert bestehen. Angesichts der umstürzenden Ereignisse ist diese Zusage für die Gemeinde von lebensnotwendiger Bedeutung.

Der Aufruf: *Wachet!*

➢ Weder ängstliche Sorge noch spitzfindige Berechnungen über das Weltende will Jesus mit seiner Endzeitrede fördern, sondern die Wachsamkeit. Gleich viermal spricht er davon.

➢ Es gilt also, sein Wort genau zu beachten (*er gebot*: V 34). Auch über einschläfernd lange Zeiträume hinweg (V 35) ist Treue gefragt und soll die tägliche Arbeit zuversichtlich angepackt werden (V 34): Nüchtern – nicht spekulierend; erwartungsvoll – nicht resignierend; wachsam – nicht weltverloren.

✎ *„Ein Christ rechnet entweder mit der nahen Wiederkunft Jesu – oder er rechnet gar nicht damit." – Wie stehen Sie dazu?*

● Der Psalm gliedert sich in **drei Hauptteile**:

➢ In V 2-12 wendet sich ein sprechendes Ich aus großem Elend in einem Klage- und Bittgebet an den HERRN.

➢ In V 13-23 geht es um den „Zion": es sind Bitten angesichts von Zionsnot und Äußerungen der Zuversicht als Zionshoffnung.

➢ Im kürzeren Schlussteil V 24-29 kommen Züge aus den ersten beiden Teilen nochmals zur Sprache und werden miteinander verbunden.

● An Ps 102 wird ein **Vierfaches** deutlich:

➢ Die **Gebetsdynamik**, die solch große Spannungen zwischen Elend und Klage einerseits (V 4ff) und Gottes-Hilfe und -Lob andererseits (V 17ff) auszuhalten und in Worte zu fassen vermag. Ein „Lehrstück", auch in notvollen Situationen am HERRN festzuhalten!

➢ Beten zu Gott (V 2ff) *und* die **seelsorgliche Ermutigung** der Gottesgemeinde (V 17ff) verbinden sich in einem Psalm.

➢ Der Zusammenhang von **Einzelergehen und gemeinschaftlichem Schicksal** *(Zion).* Als Ursprungssituation des Psalms denkt man an die Zeit, wo Jerusalem noch zerstört in Trümmern lag. Mit dem Reformator Johannes Calvin können wir Ps 102 als exemplarisches Gebet *der* oder *für die* leidende(n) und verfolgte(n) Kirche verstehen und verwenden.

➢ Als „Scharnier", das beide Aspekte miteinander verbindet, dienen die für diesen Psalm typischen **„Zeit"-Aussagen**.

✎ *Markieren Sie im Psalm alle „Zeit"-Aussagen (wie V 4: „Tage", „vergangen" etc.) und bedenken Sie, was uns diese über „Vergänglichkeit" und „Unvergänglichkeit" lehren! Lesen Sie zum Schluss Hebr 1,5–2,1 und beachten Sie wie in V 10-12 Worte aus Ps 102 aufgenommen werden!*

Ich weiß keinen Weg, doch Gott kennt ihn wohl.
Ich weiß keinen Rat, doch Gott hat ihn schon.
Ich weiß keinen Trost, doch Gott gibt ihn mir.
Mein Vater, mein Herze vertrauet DIR.
(Basilea Schlink, 1904–2001)

● Der Text bildet die **dreigeteilte Einführung in die Passionsgeschichte**, auf die das ganze Mk wie auch die anderen Evangelien als Höhepunkt zustrebt. Den Theologen Martin Kähler hat dies zu der Bemerkung veranlasst, die Evangelien seien im Grunde die „Passionsgeschichte mit ausführlicher Einleitung". Während Jesu Gegner versuchen, ihn zu töten (V 1.2) und Judas Jesus untreu wird (V 10.11), salbt eine unbekannte Frau Jesus in Bethanien (V 3-9) – und fällt positiv auf.

● V 1.2: Jesu Gegner, die Hohenpriester und ihre Rechtsexperten versuchen Jesus zu fassen und zu töten. Da sie nichts Belastendes haben, das ein Todesurteil rechtfertigen würde, arbeiten sie mit Raffinesse und List. Diese begründen sie mit der Angst vor einem Volksaufstand während des Festes.

● V 3-9: Als Jesus und seine Jünger zu Gast bei Simon sind und auf Polstern liegend essen, tritt überraschend eine namenlose Frau zu den Männern. Sie zerbricht ein an sich schon teures Alabasterfläschchen und gießt Nardenöl über den Kopf Jesu, um ihn zu salben. Da Nardenöl aus Indien importiert werden musste, war es sehr teuer und wertvoll.

➤ Das verstehen einige nicht und kritisieren diese Verschwendung. 300 Denare – das Jahreseinkommen eines Landarbeiters – hätte sie ja auch den Armen geben können.

➤ **Jesus hingegen würdigt ihre Tat als Liebesdienst**: Armenfürsorge (vgl. 5Mo 15,11) ist immer geboten, die Frau aber hat die einmalige Gelegenheit wahrgenommen und Jesus *für sein Begräbnis gesalbt.*

➤ Durch diese **prophetische Zeichenhandlung** wird klar: **Der leidende Jesus ist also der Gesalbte Gottes**. Als Christus erkennt und verehrt ihn diese Frau. So gehört sie in die Verkündigung Jesu Christi und seiner Leidensgeschichte hinein.

● V 10.11: Im Gegensatz dazu hintergeht einer der zwölf Jünger Jesus und wechselt die Seiten. Judas Iskariot möchte Jesus den Hohepriestern ausliefern. Über seine Motive verrät uns das NT nichts. War es bloße Geldgier – oder wollte er Jesus durch seinen Verrat provozieren, endlich seine Messianität machtvoll unter Beweis zu stellen? Wir wissen es nicht.

● Das Passa konnte nur in Jerusalem gefeiert werden. Man brauchte dafür einen passenden Raum. Außerdem musste das Passamahl mit Lamm, ungesäuertem Brot und weiteren Speisen vorbereitet werden. Dieser Aufgabe möchten sich die Jünger widmen und fragen Jesus, wo das geschehen soll. Die Anrede: ***Wo willst du …*** (V 12) statt eines *wir* unterstreicht, dass Jesus weiter das Heft des Handelns in der Hand behält. Bis in sein Leiden und Sterben hinein bleibt er der souveräne Herr.

● Daraufhin beauftragt Jesus zwei der Jünger mit der Vorbereitung des Mahls. Dieser Auftrag ist gekennzeichnet davon, dass Jesus detailliert vorhersagt, wie die Jünger den Raum finden.

✎ *Eine ähnliche Verknüpfung von Auftrag und Vorhersage finden Sie in Kap. 11,1-6. Vergleichen Sie die beiden Bibelstellen. Welche Gemeinsamkeiten und Unterschiede bzgl. Auftrag und Vorhersage entdecken Sie?*

● Jesus schickt die Jünger nach Jerusalem. Dort, so weiß er, wird ihnen ein Mensch begegnen, der einen Krug Wasser trägt, dem sie folgen sollen. Er führt sie zum Hausherrn.

● Dieser wird sie als Boten des *Lehrers* anerkennen. Darauf verweisen ihre ersten Worte: ***Der Meister sagt*** … Das hier im Urtext stehende Wort *didaskalos* entspricht dem jüdischen *Rabbi.* Der bestimmte Artikel unterstreicht seine herausragende Stellung. Außerdem sollen die Jünger nicht nur fragen, ob es irgendeinen Raum für sie gibt – wie es gewöhnliche Festpilger taten. Jesus beansprucht vielmehr einen Raum in einem offensichtlich vornehmeren Haus, denn nur solche verfügten über ein *mit Polstern belegtes Obergemach* (so wörtlich V 15).

● Jesus weiß, dass der Hausherr diesen Raum zur Verfügung stellen wird und die Jünger daraufhin mit den Vorbereitungen für das Passamahl beginnen können. – Die Jünger folgen Jesu Auftrag und finden alles so vor, wie er es ihnen vorausgesagt hat. Seine Vorhersage bestätigt sich.

Jesus kennt die Ereignisse schon im Voraus. Er geht also seinem Leiden nicht blind entgegen, sondern weiß, was passieren wird, und er ist bereit dafür (vgl. Kap. 16,7).

● V 17-21: Während seines Abschiedsmahls, konfrontiert Jesus seine Jünger damit, dass einer von ihnen ihn in Kürze verraten wird. Das *Amen*-Wort (Luther: *wahrlich*) bekräftigt diese Tatsache als endgültig. Die Vorhersage macht die Jünger traurig, und sie alle stellen beunruhigt die Frage: ***„Doch nicht etwa ich?!“*** Dass in diesem Moment keiner der Jünger für sich den Verrat empört zurückweist, zeigt, dass sie bis zuletzt unverständige „Wackelkandidaten“ sind. Daran ändert kurz darauf auch der Treueschwur von Petrus nichts (V 29). Jesus bekräftigt seine Ankündigung und schließt mit einem prophetischen *Wehe*-Wort ab: Einerseits ist die Auslieferung Jesu, *des Menschensohnes,* gemäß der Schrift und damit Gottes Wille. Andererseits wird der Verräter, *dieser Mensch,* für seine schwerwiegende Tat verantwortlich gemacht.

● V 22-25: Bei der anschließenden Mahlfeier hält sich Jesus als Gastgeber ganz an den dafür vorgegebenen Ritus, doch gibt **er den Gaben von Brot und Wein eine völlig neue Deutung:**

➢ Mit dem Zeichen des Brotes gibt Jesus seinen Leib für die Jünger hin. Mit dem Leib ist das Ich des Menschen, seine ganze Person gemeint. **Jesus gibt also sich selbst ganz in den Tod. Das tut er für seine Jünger – auch für Judas!**

➢ Im Zeichen des Weines können die Jünger an Gottes neuem Bund teilhaben. Da Blut als Sitz des Lebens angesehen wurde, zeigt das vergossene Blut, dass Jesus sein Leben *für viele* (vgl. Jes 53,11f) opfert. Er selbst ist Opfernder und Opfer zugleich. **Indem er am Kreuz sein Blut vergießt, stiftet er den neuen Bund, an dem alle Völker teilhaben.**

✎ *Lesen Sie Ex 24,5-8. Wie unterscheidet sich der neue Bund Gottes in Jesus von dem alten Bund?*

➢ Das Abendmahl wird durch ein prophetisches Wort Jesu beendet. Er wird von nun an keinen Wein mehr auf der Erde trinken – bald wird er sterben. Doch so sicher sein Tod ist, so gewiss ist auch das Kommen des Reiches Gottes. Dort wird er beim himmlischen Festmahl neu *vom Gewächs des Weinstocks* trinken – zusammen mit der Gemeinde der Erlösten.

● Nachdem Jesus und die Jünger das Essen mit dem Singen von Psalmen beendet haben, gehen sie in die Nacht hinaus zum Ölberg. Auf dem Weg macht Jesus **drei Vorhersagen**, auf die Petrus antwortet.

➤ **Jesus kündigt den Jüngern an, dass sie sich an ihm ärgern und von ihm weglaufen werden**. Das begründet er mit Sach 13,7: Gott selbst lässt den Hirten töten, sodass die Schafe schutz- und führungslos auseinanderlaufen.

➤ **Nach seiner Auferstehung, so sagt Jesus, wird er ihnen aber ähnlich wie ein Hirte nach Galiläa vorausgehen** (vgl. Kap. 16,7). Der Auferstandene lässt seine Nachfolger nicht im Stich. Obwohl die Jünger straucheln und fallen, gibt ihnen Jesus eine neue Chance, auch wenn er ihr Scheitern voraussieht. Ihre Gemeinschaft mit Jesus hängt nicht von ihrem Bekennermut und Standfestigkeit ab, sondern allein von seiner Treue.

➤ Petrus scheint genau diese Tatsache überhört zu haben, denn er bezieht sich lediglich auf die erste Ankündigung Jesu. Er beteuert selbstsicher, dass er zu Jesus halten wird – egal, was die anderen tun werden. Er ist sich seines Glaubens aus eigener Kraft sicher – und überschätzt sich damit völlig.

➤ **In seiner dritten Ankündigung versichert Jesus Petrus ausdrücklich, dass Petrus sich von ihm distanzieren wird**. Noch in dieser Nacht, vor dem zweiten Hahnenschrei, der den Tagesanbruch ankündigt, wird er Jesus dreimal verleugnen.
Dieser Vorhersage widerspricht Petrus ganz vehement. Er hält es für ausgeschlossen, Jesus zu verleugnen. Selbst wenn er mit Jesus sterben muss, so wird er an ihm festhalten und ihm auf keinen Fall abschwören. Durch das Vorpreschen des Petrus animiert, beeilen sich nun auch die anderen Jünger, Jesus Treue bis in den Tod zu schwören. Vergessen ist ihre spontane Reaktion, mit der sie kurz vorher noch in hellsichtiger Selbsteinschätzung den Verrat an Jesus für sich nicht ausgeschlossen hatten (*Bin ich's?* V 19).

✎ *Welche Schlussfolgerungen ziehen Sie aus dieser Szene für Ihren eigenen Glauben? Worauf gründet sich Ihr Glaube?*

Im Garten-Grundstück Gethsemane am Ölberg zeigt sich Jesu ganze Verlassenheit: Während er im Gebet mit seinem himmlischen Vater ringt, schlafen die Jünger einfach ein.

● Jesus möchte alleine beten und lässt den Großteil seiner Jünger wartend zurück. Drei seiner engsten Vertrauten nimmt er aber mit und zeigt sich ihnen – nicht als herrlicher Sohn Gottes wie bei seiner Verklärung: Kap. 9,2ff –, sondern als Mensch in tiefster Bestürzung und Angst. In seiner Verzagtheit bittet er sie, ihn nicht im Stich zu lassen und wach zu bleiben.

● Jesus wirft sich dann zu Boden und betet. Während der Jude normalerweise stehend mit zum Himmel erhobenen Händen betet, zeigt diese Haltung **seine Erschütterung und zugleich seine Ergebenheit gegenüber Gott**. Voller Vertrauen Gott als *Abba, lieber Vater,* anredend bittet er, ihm den bitteren Tod zu ersparen. Er vertraut der Allmacht seines himmlischen Vaters. Gott kann sein Schicksal noch wenden, sodass er den Leidensbecher nicht nehmen muss. Doch er ordnet seine Bitte dem Willen Gottes unter und ist **zum Gehorsam bereit**.

● Als er zu den Jüngern zurückkehrt, findet er sie schlafend vor. Er spricht Petrus mit seinem eigentlichen Namen auf sein Versagen an. Nein, dieser *Simon* ist in diesem Moment alles andere als ein *Fels* (griech. *petros*).

● Abermals fordert Jesus seine Jünger auf, zu wachen und zu beten, um in den Prüfungen zu bestehen. Auch wenn sie von Natur aus zu schwach dazu sind und ein Glaube aus eigener Kraft dafür nicht ausreicht, kann Gott ihnen einen ***willigen Geist*** und ein gehorsames Herz schenken (Ps 51,12-14).

● Noch zweimal zeigt sich das ***schwache Fleisch*** der Jünger, indem ihnen die Augen zufallen und sie schlafen. In ihrer Verlegenheit fehlen ihnen nun auch die Worte für ihr Verhalten. Beim dritten Mal allerdings sagt Jesus, dass der Augenblick des Verrats gekommen ist und sie nun aufbrechen sollen.

✎ *Jesus zeigt sich in dieser Szene angefochten, ja zutiefst seelsorgebedürftig (vgl. Hebr 5,7). Wie viel mehr werden wir als Christen zeitlebens auf Seelsorge angewiesen sein!?*

Nun ist es so weit: Jesus wird gefangen genommen. Während seiner Festnahme erfüllen sich viele seiner Vorhersagen.

✎ *Erinnern Sie sich an die Vorhersagen Jesu in Kap. 14. Lesen Sie den heutigen Text im Licht dieser Ankündigungen. Welche Vorhersagen erfüllen sich auf welche Weise?*

● Noch während er mit den schlaftrunkenen Jüngern redet, erscheint Judas mit einigen bewaffneten Männern der Tempelwache. Sie werden vom gesamten Hohen Rat geschickt, um Jesus zu ergreifen. Wie damals üblich, küsst der Schüler Judas seinen Lehrer zur Begrüßung. Auf dieses vereinbarte Zeichen hin wird Jesus ausgeliefert und festgenommen.

● Dabei kommt es zu einem **Zwischenfall**. Ein Ungenannter – nach Joh 18,10 handelt es sich um Petrus – greift zu seinem Kurzschwert, das zur Kleidung jedes freien Mannes gehört, und schlägt dem Sklaven des Hohepriesters das Ohr ab. Will der Jünger in diesem Moment in bester Absicht Jesus beistehen, um so sein Treueversprechen einzulösen?

● Dazu sagt Jesus nichts. **Allerdings stellt er Zeitpunkt und Umstände seiner Festnahme als lächerlich bloß:** Welcher militärischer Aufwand gegenüber einem Unbewaffneten, den sie doch tagsüber jederzeit als Lehrer auf dem Tempelplatz hätten festnehmen können! Nun kommen sie heimlich im Schutz der Dunkelheit und schwer bewaffnet, als ginge es darum, einen gefährlichen Verbrecher dingfest zu machen! **Doch seine Behandlung als *Räuber* geschieht nach Gottes Heilswillen**: *So muss die Schrift erfüllt werden* (V 49).

● Daraufhin fliehen alle Jünger und zerstreuen sich. Ihnen geht es nicht mehr darum Jesus treu zu bleiben, sondern ihr Leben zu retten. Einem jungen Mann wird sein Leinenkleid in dem Handgemenge vom Leib gerissen, als man versucht ihn zu packen. Er entkommt und rettet sein „nacktes Leben". Die Identität des jungen Mannes bleibt ungeklärt. Vielleicht ist es der Evangelist Markus selbst, der aus Jerusalem stammt (Apg 12,12.25; 15,37.39) und der Jesus wie die anderen Jünger in einer **Atmosphäre des „Rette sich, wer kann"** im Stich lässt.

● Heute ist Palmsonntag. Ps 88 ruft aber nicht „Hosianna“, sondern führt hinein in die Karwoche. Er ist der **dunkelste aller biblischer Psalmen**; lediglich am Anfang (V 2: *HERR, Gott, mein Heiland …*) zeigen sich „Reste“ von Zuversicht, dass da einer um mich weiß, *mein Heiland* (= Retter!) ist und mein Flehen hört.

● Die **Gliederung** besteht nach der ausführlichen Überschrift (V 1) aus vier Teilen, die wechselseitig aufeinander bezogen sind (nach dem Schema AB - A'B'):

➤ V 2-6 (A): Schilderung des eigenen Elends (Ich-Worte).
➤ V 7-10a (B): Behaftung Gottes für das Ergehen (Du-Worte).
➤ V 10b-15 (A'): Von (noch) unerhörten Gebeten (Ich-Worte).
➤ V 16-19 (B'): Zorn Gottes und Entfremdung von Menschen (Du-Worte).

● Das Gespräch mit Gott abbrechen und schweigen … nein, das tut der Betende nicht. Vielmehr schreit, seufzt und ringt er mit „seinem“ Gott, den er als „gegen sich“ erlebt. Wenn wir vor Gott nicht (an)klagen, wo sonst? **Ein „Schicksal“ ist kein Gegenüber**, das Antwort zu geben vermag!

„Meine Theologie wird immer einfacher: Sie besteht aus vier Worten: Jesus starb für mich.“ Charles Haddon Spurgeon

● Ps 88 ist kein „Jedermanns-“ und „Jederzeitgebet“; seine **Worte steigen hinab** in dunkelste Erfahrungen von Ungerechtigkeit und Leid. Sie bieten Menschen Worte zum Mitbeten an.

● Mit einem anderen Psalm auf den Lippen hat **der Schmerzensmann auf Golgatha** (Karfreitag) die totale Verlassenheit und den (= unseren!) nahen Gerichtstod zu Gott geschrien: *Mein Gott, mein Gott, warum hast du mich verlassen …?* (Ps 22,2). Jesus trägt Elend und Sündennot durchs Gericht hindurch zur Erlösung. Wer sich ihm anvertraut, erfährt Befreiung und Leben.

● Noch in der Nacht vor dem Passafest wird mit Jesus im hohepriesterlichen Palast – und nicht wie sonst üblich in der Gerichtshalle – kurzer Prozess gemacht. Das gesamte oberste Gericht, der Hohe Rat mit seinen drei Ratsfraktionen, tritt geschlossen gegen Jesus auf. Währenddessen wartet Petrus mutig im Hof des Palastes.

● **Der Prozess wird zur juristischen Farce**: Zeugen werden aufgeboten, aufgrund derer Jesus zum Tode verurteilt werden soll. Es treten falsche Zeugen gegen ihn auf, die in ihren Aussagen aber nicht übereinstimmen und daher für ein Todesurteil nicht verwertbar sind. Jesu Aussage über das Ende des Tempels wird dabei nicht nur völlig missverstanden, sondern auch noch falsch wiedergegeben (V 58 vgl. mit Joh 2,19-21).

● So ergreift der vorsitzende Hohepriester die Initiative und verhört Jesus. Jesus verteidigt sich nicht gegen die falschen Beschuldigungen und erduldet diese schweigend (vgl. Jes 53,7). Nun spitzt sich die Situation zu, indem der Hohepriester Jesus geradeheraus fragt, ob er der *Messias* (griech. *Christus*), *der Sohn des Hochgelobten*, ist. Der Hohepriester wie auch Jesus nehmen den Namen Gottes nicht in den Mund. Das wäre gotteslästerlich. **Jesu knappe Antwort *Ich bin's* erinnert an die Selbstvorstellung Gottes gegenüber Mose** (vgl. 2Mo 3,14). Zugleich bekennt sich Jesus dazu, der schon von Daniel verheißene ***Menschensohn*** zu sein, der nach seiner triumphalen Wiederkehr die Welt im Auftrag Gottes richten wird (Dan 7,13).

● Darauf reagiert der Hohepriester, indem er seine Amtsrobe zerreißt. Diese Geste soll seine Empörung über Jesu Worte zeigen. Dann spricht er das **Urteil über Jesus**: Jesus hat Gott gelästert, indem er sich selbst göttliche Autorität anmaßt. Auf Gotteslästerung steht nach 3Mo 24,16 **der Tod**. Dieses Urteil wird nun einstimmig gefällt.

● Mit diesem Urteil ist **Jesus nun vogelfrei**. Daher vergessen sich einige aus dem Gremium und spielen nun auf grausame Weise „blinde Kuh" mit Jesus, um ihn so zum Gespött aller zu machen. Doch Jesus erträgt den Spott, die Schläge und das Bespucken geduldig (vgl. Jes 50,6).

✎ Blättern Sie doch noch einmal das Mk durch. Was erfahren Sie dort über Petrus? Welche besonderen Erfahrungen hat er unterwegs mit Jesus gemacht? Dieser Mensch soll nun Jesus tatsächlich verleugnen?! Wie kann das sein?

● Wie von Jesus prophezeit, verleugnet Petrus seinen Herrn dreimal. Dabei war er bisher doch als einziger Jünger Jesus bis zum Ort der Gerichtsverhandlung gefolgt. Im Hof des Palasts wärmt er sich in der kühlen Frühlingsnacht. Eine Magd entdeckt ihn und erkennt ihn als Jünger Jesu. Petrus stellt sich dumm. Er redet sich darauf hinaus, dass er nicht weiß, wovon die Frau redet. Petrus distanziert sich so innerlich – und auch äußerlich von Jesus, indem er in die Vorhalle verschwindet. Den ersten warnenden Hahnenschrei überhört er.

● Doch das Dienstmädchen lässt nicht locker und erzählt jetzt auch den Umstehenden, dass dieser Mann zu den Gefolgsleuten Jesu gehöre. Obwohl Petrus nicht selbst angesprochen ist, streitet er es erneut ab, zu Jesus zu gehören.

● Vergeblich. Die Leute bekräftigen die Aussagen der Magd, dass Petrus zu Jesus gehört. Denn Petrus ist ein Galiläer, wie man an seinem Dialekt hören kann. Petrus bekommt es mit der Angst zu tun. Weil er auf gar keinen Fall mit Jesus in Verbindung gebracht werden möchte, fängt er an, sich zu verfluchen und schwört so kräftig wie möglich Jesus ab: *Ich kenne den Menschen nicht!* – **Erst dumm stellen, dann abstreiten – und schließlich noch fluchen und ein falscher Schwur: Immer tiefer verstrickt sich Petrus in seine Schuld.**

● Und trotzdem: Er kommt nicht von Jesus los. Der Hahn kräht zum zweiten Mal und erinnert ihn an Jesu Vorhersage, die wortwörtlich zitiert wird (vgl. V 30). Jesu Wort scheint in Petrus nachzuwirken. Er beginnt zu weinen. Es sind bittere Tränen der Reue und der Scham über seine Schuld.

● Trotz seines Versagens hält Jesus an ihm fest. Lukas erzählt, dass Jesus ihn selbst im Moment der Verleugnung nicht aus den Augen gelassen hat (Lk 22,61). Nach der Auferstehung wird er seinen Auftrag an Petrus erneuern (Joh 21,15ff).

● Für den Hohen Rat in Jerusalem steht das Todesurteil fest (Kap. 14,64). In der abschließenden Sitzung am Morgen (V 1) wird der Entschluss gefasst, Jesus an den römischen Statthalter Pilatus auszuliefern. **Damit erfüllt sich, was Jesus in seiner 3. Leidensankündigung den Jüngern genau vorhergesagt hatte** (Kap. 10,33). Der Hohe Rat hatte sein Urteil mit dem Vorwurf der Gotteslästerung religiös begründet. Weil das für die römische Besatzungsmacht kein hinreichender Grund für ein Todesurteil gewesen wäre, wird die Anklage gegenüber Pilatus politisch formuliert (vgl. Lk 23,2). Bei Markus klingt die Anklage indirekt in der Frage des Pilatus mit: *Bist du der König der Juden* (V 2)? – *Du sagst es!* antwortet Jesus kurz und knapp. Nun räumt Pilatus Jesus zunächst die Möglichkeit ein, sich zu verteidigen (V 4), doch Jesus schweigt. Dann wählt er aus den vielen Gefangenen den Mörder Barabbas als Gegenkandidat zu Jesus für die Amnestie, die die Bevölkerung Jerusalems per Zuruf fordern konnte. Schließlich fragt er die versammelte Menschenmenge – nicht etwa den Hohen Rat –, was mit Jesus geschehen soll. Und sie rufen: *Kreuzige ihn!* Noch einmal versucht es Pilatus, Jesus freizugeben: Doch die Menge fordert fanatisch und böse: *Kreuzige ihn!* Obwohl der römische Gouverneur von der Unschuld überzeugt ist und keine Beweise für die Anklage vorgebracht werden können, spricht er das Todesurteil und lässt Jesus vor der Kreuzigung foltern.

● Die **Verurteilung Jesu** ist ein anschauliches Beispiel dafür, wie religiöser Hochmut bzw. ideologische Verblendung (auf Seiten des Hohen Rates) gepaart mit der Manipulation und Fanatisierung von Volksmassen und dem Populismus rückgratloser Politiker (Pilatus) unweigerlich in die Katastrophe führt.

✎ *Kennen Sie Beispiele aus der aktuellen Geschichte, in der sich ähnliche Konstellationen verhängnisvoll auswirken?*

● Doch **der eigentliche Grund für die Kreuzigung Jesu** liegt auf einer ganz anderen Ebene. Was vordergründig der brutale Willkürakt von Menschen ist, das hat Gott dazu bestimmt, **eine ganze Menschheit aus der Verlorenheit zu retten**.

● Nachdem das Volk Jesus ans Kreuz geschrien hat, steigert sich menschliche Bosheit ins Widerwärtige: In sadistischem Spaß foltern und verspotten die römischen Soldaten Jesus. Gibt es einen deutlicheren Beweis, wozu Menschen in ihrer Boshaftigkeit fähig sind? **Zeigt nicht diese abscheuliche Quälerei, wie nötig der Kreuzestod von Jesus ist, damit Menschen von solcher Macht des Bösen befreit werden?!**

● Dann wird der Sohn Gottes wie ein Schwerverbrecher zum Hinrichtungsplatz abgeführt. Ermüdet durch die nächtlichen Verhöre und geschwächt durch die grausame Folter bricht Jesus unter der Last des Kreuzes, das er selbst tragen muss, zusammen. **Jesus kann nicht mehr**. Deshalb zwingen die Soldaten einen Passanten zum Frondienst und laden ihm kurzerhand das Kreuz auf die Schulter.

● Es ist ***Simon***, ein Jude aus der nordafrikanischen Stadt Kyrene, der entweder seinen Lebensabend in Jerusalem verbringt oder als Festpilger zum Passafest angereist ist. Seine beiden Söhne Alexander und Rufus sind den ersten Lesern des Mk bekannt. Möglicherweise gehören sie zur Gemeinde in Rom (vgl. Röm 16,13), wo das Mk vermutlich abgefasst wurde.

● Während keiner der Jünger Jesu den schweren Weg nach Golgatha mitgeht, wird Simon von Kyrene zu einem der **Hauptzeugen der Geschehnisse**, die Jesus in seinen letzten Lebensstunden ertragen muss. Er sieht, wie Jesus das eigenartige Mischgetränk aus Myrrhe und Wein, das durch seine leicht betäubende Wirkung die Schmerzen der Kreuzigung lindern soll, verweigert. Er erlebt, wie der Sohn Gottes im vollen Bewusstsein die seelischen, geistlichen und körperlichen Qualen erleidet. Er wird darüber staunen, wie Jesus für die Peiniger betet (Lk 23,34), für seine Mutter sorgt (Joh 19,26f) und einem Schwerverbrecher den Himmel verspricht (Lk 23,43). Er wird erschrecken, wie Jesus seine Gottverlassenheit hinausschreit.

✎ *Goethe soll einmal geäußert haben, ihm sei keine menschliche Gemeinheit bekannt, zu der er unter bestimmten Umständen nicht auch fähig gewesen wäre. – Wie sehen Sie das?*

● *Und sie kreuzigten ihn.* Das heißt: Jesus wurde mit ausgestreckten Armen an den Querbalken des Kreuzes genagelt. Die Nägel wurden durch die Handwurzel getrieben. Das qualvolle Sterben dauerte von 9.00 Uhr morgens (*dritte Stunde*) bis 15.00 Uhr am frühen Nachmittag (*neunte Stunde*). Während Jesus stirbt und die Sündenlast der Menschen aller Zeiten trägt, geht das Leben weiter: Vier Soldaten würfeln um die Kleidung Jesu. Obwohl Jesus geschwächt, hilflos und von unerträglichen Schmerzen gepeinigt am Kreuz hängt, verstummt der Spott der Menschen nicht. **Mit prophetischer Präzision erfüllen sich die Gebetsklagen des 22. Psalms:** *Alle, die mich sehen, verspotten mich, sperren das Maul auf und schütteln den Kopf* (V 8). *Sie haben meine Hände und Füße durchgraben* (V 17b). *Sie teilen meine Kleider unter sich und werfen das Los um mein Gewand* (V 19). In dieser unheimlichen Erfüllung der im Ps 22 geklagten Gewalt gegen den Beter, sucht Jesus gerade in den Worten dieses Klagepsalms Halt und Trost. *Mein Gott, mein Gott, warum hast du mich verlassen?* (V 2) ruft er seinem Vater im Himmel entgegen.

● Obwohl Jesus die Gottverlassenheit durchleidet, stellt sich der Vater bereits im Sterben seines Sohnes an die Seite Jesu und bekennt sich zu ihm: Die dreistündige Finsternis mag noch als „Abwendung Gottes" gedeutet werden, obwohl sie auch als ein Zeichen der Gegenwart (Theophanie) Gottes interpretiert werden könnte. Das **Zerreißen des Vorhangs im Tempel** ist dagegen eindeutig: **Nun trennt die Menschen nichts mehr von der versöhnten Gemeinschaft mit Gott.**

● Der Erste, der in dem Gekreuzigten Gottes Sohn erkennt und bekennt, ist ausgerechnet ein heidnischer Offizier. Erneut unterstreicht Markus, dass es oft gerade von den Juden verachtete Heiden sind, die Jesus vertrauen und ihn als Gottes Sohn anerkennen (vgl. Kap. 5,20; 7,28).

✎ *Bedenken Sie an diesem Tag das Sterben Jesu anhand des bekannten Passionsliedes von P. Gerhardt: „O Haupt voll Blut und Wunden" (Evangelisches Gesangbuch Nr. 85).*

● Im Glaubensbekenntnis bekennen Christen in jedem Gottesdienst, dass Jesus *begraben* wurde. Diese zunächst unwichtig erscheinende Glaubensaussage wendet sich gegen mögliche Scheintodtheorien, die schon früh das Wunder der Auferstehung wegerklären wollten und sich bis in die Gegenwart in pseudowissenschaftlichen Publikationen finden. **Doch Jesus starb am Kreuz und wurde anschließend begraben.**

● **Josef aus Arimathäa** übernimmt die Bestattung. Er bittet Pilatus um den Leichnam, kauft ein Leinentuch, bettet den Verstorbenen in ein frisch in den Fels gehauenes Grab, das für ihn und seine Familie vorgesehen war (vgl. Mt 27,60) und verschließt die Öffnung der Grabkammer mit einem großen Stein.

● Dieser Josef gehörte zum Hohen Rat. Er war ein geachteter Mann und ein heimlicher Jünger Jesu (Joh 19,38). Wie viele andere hochstehende Juden traute er sich lange Zeit nicht, sich öffentlich zu Jesus zu bekennen (vgl. Joh 12,42). Doch Josef von Arimathäa ist nicht allein. **Nikodemus**, ein weiteres Mitglied des Hohen Rates und herausragender Schriftgelehrter seiner Zeit, hilft Josef bei der Herrichtung des Leichnams für die Bestattung (Joh 19,39f). Beide Männer müssen vom Kreuzestod Jesu sehr bewegt gewesen sein. Jetzt scheuen sie sich nicht mehr, ihre Liebe zu Jesus zu zeigen. Sie übernehmen den Dienst, den eigentlich die Jünger Jesu oder sogar seine Familie hätten übernehmen müssen. Aber von ihnen ist niemand anwesend, als Jesus zu bestatten ist.

● Nur **zwei Frauen, Maria von Magdala und Maria, die Mutter des Jakobus,** trauen sich noch in die Nähe des gekreuzigten Jesus und bekommen mit, in welches Grab man Jesus legt.
Über Josef von Arimathäa sagt Markus (V 43), dass er *auf das Reich Gottes wartete.* Allerdings ahnt Josef, der Jesus bis in den Tod hinein die Treue hält, noch nicht, wie gewaltig dieses Reich Gottes durch die Auferstehung Jesu anbrechen wird.

✎ *Es gibt bis heute Jesus-Sympathisanten wie Josef von Arimathäa, die mit ihrem Verhalten manche gestandenen Christen beschämen. – Kennen Sie solche heimlichen Jesusanhänger?*

● Nach allgemeiner Überzeugung der Historiker schreiben wir das Jahr 30 nach Christi Geburt. Es ist der erste Tag der Woche nach dem Passafest. **Dieser Tag ist der bedeutendste Tag der Weltgeschichte.** Der Vater im Himmel erweckt seinen Sohn von den Toten. An diesem Tag erfüllen sich die gewaltigsten Verheißungen des AT (vgl. Jes 25,8 und Hos 13,14). Die Macht des Todes ist nun ein für alle Mal gebrochen.

● Die Auferweckung von Jesus hat allerdings noch eine tiefgreifendere Bedeutung. Wenn der Vater den Sohn erweckt, dann widerlegt er damit auf unüberbietbare Weise die Überzeugung der frommen Juden, dass Jesus ein Gotteslästerer und als *Aufgehängter* von Gott verflucht sein müsse (vgl. 5Mo 21,22f).

● In seiner Auferweckung wird die Gottessohnschaft Jesu einzigartig bestätigt. Sein Tod kann nun nicht mehr als Scheitern gedeutet werden. Mit seinem Tod bringt Jesus das unvermeidliche Opfer für die Schuld und Sünde aller Menschen. **Durch die Auferweckung wird Jesus vom Vater eingesetzt als *Sohn Gottes in Kraft*** (vgl. Röm 1,4).

● Die drei Frauen, die am Ostermorgen das Grab besuchen, um aus Pietät und als letzten Freundschaftsdienst den Leichnam Jesu zu salben, ahnen nichts von dem umstürzenden Ereignis. Was sie erleben, führt zunächst nicht zur jubelnden Osterfreude, sondern zu **Furcht, Entsetzen und Schweigen**. Der Stein ist weggewälzt. Ein junger Mann – ein Bote Gottes – gekleidet mit einem weißen Gewand, erklärt den Frauen das Geschehen und gibt ihnen den Auftrag, die Botschaft von der Auferweckung Jesu den Jüngern weiterzusagen. Er erinnert die Frauen an das, was Jesus zuvor dreimal angekündigt hatte (vgl. Kap. 8,31; 9,31; 10,34) und bereitet sie auf die Begegnung mit dem Auferstandenen in Galiläa vor (V 7).

● Die Furcht und der Schrecken der Frauen überraschen nicht. Immer wieder berichtet die Bibel: Wenn Menschen Boten Gottes begegnen oder das Handeln Gottes unmittelbar erfahren, werden sie erst einmal von Furcht und Schrecken erfasst.

✎ *Kennen Sie solches „heilige Erschrecken" aus Ihrem Leben?*

● In den ältesten Textzeugen fehlen diese Verse. Ob es einen anderen verloren gegangenen Abschluss des Evangeliums gab und wer diese letzten Verse zusammengestellt und angehängt hat, lässt sich nicht mehr klären. Der Schluss des Mk, wie er uns heute vorliegt, bietet eine Kurzfassung von Ereignissen nach der Auferstehung von Jesus Christus: Jesus begegnet danach zuerst Maria von Magdala. Sie ist die erste Zeugin des Auferstandenen und deshalb auch die Erste, die die Osterbotschaft verkündigt. Doch niemand glaubt ihr! Die Männer und Frauen, die zu Jesus gehören, sind in ihrer Verzweiflung und Trauer gefangen. Alle ihre Hoffnungen sind mit der Hinrichtung Jesu und seiner Bestattung mitbegraben worden. Die zweimalige Bemerkung *sie glaubten es nicht* (V 11.13) unterstreicht zugleich, dass nicht einmal die engsten Anhänger Jesu mit seiner Auferstehung gerechnet haben. **Jesus muss ihnen erst persönlich begegnen, damit sie glauben können, dass er den Tod besiegt hat.**

● V 12 enthält eine hoch interessante Aussage: *Danach offenbarte er sich in anderer Gestalt …* **Jesus ist nicht in irdischer Leiblichkeit auferstanden**. Dann hätte er früher oder später doch wieder sterben müssen wie Lazarus. **Er hat einen neuen Leib, der sich wandeln kann**. Einmal hält man ihn für einen *Gärtner* (Joh 20,15); ein anderes Mal für einen *Geist* (Lk 24,37) und ein drittes Mal für einen *fremden* Pilger (Lk 24,18). – Paulus bezeichnet diesen Auferstehungsleib als *geistlich* und *himmlisch* (vgl. die Auslegung zu 1Kor 15,35-49 am 12. Juni).

● Wie das Mt schließt das Mk mit dem **Missionsbefehl.** Er ist das **Vermächtnis Jesu an seine Jünger**, bevor er zu seinem Vater zurückkehrt. Alle Menschen sollen die Frohe Botschaft hören, zum Glauben eingeladen werden und sich taufen lassen, damit sie für immer gerettet werden. Jesus verheißt **Zeichen und Wunder**, die denen folgen, die an ihn glauben. Und dann geschehen diese Wunder tatsächlich. Es erfüllt sich, was Jesus schon an anderer Stelle eindrucksvoll versprochen hatte: *Wer an mich glaubt, der wird die Werke auch tun, die ich tue, und er wird noch größere als diese tun …* (Joh 14,12).

Dienstag, 10. April — 1. Petrus 1,1-12

Simon Petrus, der einst Jesus verleugnet hatte, wurde nach Pfingsten zu einer der führenden Persönlichkeiten in der Jerusalemer Urgemeinde. Er war nicht nur ein bekannter Prediger, sondern auch Autor verschiedener Briefe und Schriftstücke. Den 1Petr schrieb er wahrscheinlich um etwa 64 n. Chr. zu Beginn der Verfolgung unter Kaiser Nero. Diese Verfolgung sollte sich in den folgenden Jahren dramatisch verschärfen und vielen Gläubigen der noch jungen Gemeinde das Leben kosten. Als Empfänger seines Briefes werden Christen im Gebiet der heutigen Türkei genannt, die Petrus als ***Fremdlinge in der Diaspora*** (so wörtlich V 1) bezeichnet. Damit macht er darauf aufmerksam, dass Christen hier auf Erden nur auf der Durchreise sind, denn ihre Heimat ist im Himmel.

● **Der 1Petr ist ein Trostbrief für Gläubige, die sich in der Verfolgungssituation befinden.** Gleich in den ersten Versen stellt er den Lesern die große Hoffnung vor Augen, die Christen durch die Auferstehung Christi haben: ewiges Leben im Himmel (V 4). Petrus macht deutlich, dass die Gläubigen zwar durch Nöte und Leiden gehen müssen, aber dass Gott sie darin *bewahrt* und das Ziel ihres Glaubens erreichen lässt. **Die Nöte – Petrus schreibt von *Anfechtungen* – sind eine Art Feuerprobe für den Glauben; in ihnen soll sich der Glaube als *echt* bewähren.** Freilich ist es nicht leicht, in dem gegenwärtigen Leid Gott die Treue zu halten. Mancher Christ steht dabei in der Versuchung, den Glauben fahren zu lassen, wenn die Not übermächtig erscheint und er sich von Gott verlassen fühlt. Doch Petrus möchte hier Trost spenden, indem er auf die künftige Herrlichkeit des ewigen Lebens hinweist, wo kein Leid mehr sein wird (vgl. Röm 8,18). Er möchte den Empfängern seines Briefes die Perspektiven für ihr Leben zurechtrücken: „Ewigkeit in die Zeit leuchte hell herein, dass uns werde klein das Kleine und das Große groß erscheine, selge Ewigkeit" (M. Schmalenbach).

> ✎ *Bin ich mir noch dessen bewusst, dass ich hier im Transitland bin und meine eigentliche Heimat der Himmel ist?*

Mittwoch, 11. April 1. Petrus 1,13-16

● Im Altertum trugen auch die Männer weite Gewänder. Wenn man es eilig hatte und schnell vorwärts kommen wollte, raffte man sein Gewand zusammen und fixierte es an der Hüfte. Dieses Bild verwendet Petrus, um seinen Lesern deutlich zu machen, dass sie ihr ***Denken*** (so exakter; Luther übersetzt das griech. *dianoia* mit *Gemüt*) **im Griff haben** sollen. Gedanken sind eine Macht. Sie verleiten den Menschen zur Sünde, wie Jesus bereits eindrücklich festgestellt hat (Mt 15,19). Die Gedankenwelt des Christen soll sich am Willen Gottes orientieren und alles zurückweisen, was diesem Willen entgegensteht.

● Weiterhin sollen sich die Gläubigen durch **Nüchternheit** auszeichnen. Dieses Wort wird im NT meist bildlich verwendet. Es beschreibt einen **Zustand, der frei ist von religiöser Überspanntheit und Schwärmerei.** Gläubige sollen sich am Wort Gottes orientieren. Zu dieser Nüchternheit gehört auch das Festhalten an der christlichen Hoffnung. Christen erwarten den wiederkommenden Herrn Jesus. Bei ihrer Bekehrung haben sie bereits die Gnade Christi erfahren dürfen; bei der Wiederkunft Jesu wird diese Gnade ihre Vollendung finden.

● **Christen sind Menschen, die zwar in der Welt leben, aber nicht von der Welt sind.** Schon Jesus hat den Vater darum gebeten, die Christen vor dem Bösen zu bewahren (Joh 17,15f). In ähnlicher Weise ermahnt Petrus seine Leser, sich bewusst vom Bösen fernzuhalten. Gläubige Menschen sollen *heilig* leben, denn Gott selbst ist heilig. Heilig leben heißt, mit seinem Leben das Wesen Gottes widerspiegeln und daher die Sünde meiden. Vor ihrer Bekehrung haben sich die Christen in der Diaspora gedankenlos ihren sündigen Begierden wie Geiz, Unzucht oder Trunkenheit hingegeben. Doch dann riss Gott sie aus alledem heraus und wirkte die Wiedergeburt in ihnen. Nun sollen sie sich in ihrem Leben an dem orientieren, der sie berufen hat: Jesus. Dabei gilt: **Christen leben nicht heilig, um gerettet zu werden; sondern weil sie gerettet sind, leben sie heilig.** Jesus selbst gibt ihnen die Kraft zu diesem Leben. Denn mit seinem Tod am Kreuz hat er nicht nur die Sünden vergeben, sondern auch die Macht der Sünde gebrochen.

Donnerstag, 12. April 1. Petrus 1,17-21

● Als Christen haben wir das Vorrecht, den Schöpfer Himmels und der Erden *Vater* nennen zu dürfen. Doch das Vater-Kind-Verhältnis darf uns nicht dazu verführen, Gott als einen Kumpel zu betrachten. Er bleibt der heilige und gerechte Gott, dem auch wir mit *Ehrfurcht* zu begegnen haben. Denn obwohl er durch Jesus unser Vater ist und uns ewiges Leben geschenkt hat, wird er dennoch auch unser Richter sein. In diesem Gericht wird es nicht um die endgültige Rettung oder Verdammnis gehen, sondern um Lohn oder Tadel. Paulus informiert darüber sowohl in 1Kor 3,12ff als auch in 2Kor 5,10. Bibelausleger sprechen hier vom sogenannten **„Preisgericht"**. Gott wird „Preise", also Belohnungen, austeilen für die, die als Christen Gutes getan haben; er wird aber auch die tadeln, die es versäumt haben, Gutes zu tun. Dieser Gedanke soll laut Gal 6,9 ein Ansporn sein, Gutes an allen Menschen zu tun (vgl. auch die Auslegungen am 17. Januar und 27. Oktober).

● Der hohe Preis der Errettung besteht im Opfer des Lebens Jesu Christi. Wie Sklaven im Altertum durch ein Lösegeld freigekauft werden konnten, so hat Christus uns durch sein Sterben und Auferstehen freigekauft. Dabei hat er als der Sündlose stellvertretend die Strafe für unsere Sünden auf sich genommen, damit wir straffrei ausgehen können. Aus dem AT kennen wir bereits das stellvertretende Tieropfer. Musste dieses Opfer jedoch regelmäßig wiederholt werden, um wirksam zu sein, so ist Jesus ein für alle Mal für die Sünden der ganzen Menschheit gestorben (Hebr 9,28; 10,14) und hat dadurch Sühne für sie erwirkt.

● Seinen **Erlösungsplan** hatte Gott schon vor Grundlegung der Welt parat. Er wusste um das sündige Wesen des Menschen und sah von Anfang an die Notwendigkeit, Jesus als Retter in die Welt zu schicken. Aber es brauchte lange, *bis die Zeit* für das Kommen des Erlösers *erfüllt war* (Gal 4,4), ohne dass irgendein Mensch diesen Zeitpunkt gekannt hätte (V 10f).

✎ *Der hohe Preis der Erlösung soll für jeden Christen ein Ansporn zu einem geheiligten Leben in Ehrfurcht vor Gott sein.*

● Schon in V 3 hat Petrus über die ***Wiedergeburt*** gesprochen. Nun erwähnt er sie erneut und deutet damit ihren hohen Stellenwert an. Die Wiedergeburt ist die größte Erfahrung, die ein Mensch im irdischen Leben machen kann. Denken und Handeln werden in einer nicht für möglich gehaltenen Weise verändert. Als Folge der Wiedergeburt wird der Mensch zu authentischer Liebe fähig; an dieser Stelle geht es Petrus vor allem um die *Bruderliebe*, also die Liebe unter Christen (griech. *philadelphia*). Von Natur aus ist der Mensch ein Egoist. **Doch die Wiedergeburt schafft den Ermöglichungsgrund für ungeheuchelte selbstlose Liebe** (im Griechischen *agape* im Unterschied zu *eros = Zuneigung* und *philia = Freundschaft*). Diese selbstlose Liebe hat ihr Urbild in Jesus, der nicht den eigenen Vorteil sucht, sondern bereit ist, sein Leben für andere hinzugeben. Das ist der Kern der Liebe, wie sie auch in 1Kor 13,5 beschrieben wird: *Die Liebe sucht nicht das Ihre.* Doch Petrus weiß, dass solche selbstlose Liebe eingeübt werden muss. Deshalb müssen die Gläubigen an ihr neues Sein erinnert und immer wieder zur Liebe ermahnt werden.

● Die Wiedergeburt ist ein Werk des Heiligen Geistes, der durch das Wort Gottes diese grundlegende Erneuerung eines Menschen bewirkt. Die in der Bibel aufgezeichneten Worte Gottes besitzen – im Zusammenwirken mit dem Geist Gottes – eine geheimnisvolle Kraft, die immer wieder Menschen total umkrempelt. So wurde aus dem Christenverfolger Saulus der Missionar Paulus. Bis heute entfaltet das Evangelium von Jesus diese Dynamik; es verändert Menschen und befreit sie zu einem neuen Lebensstil. – **Petrus hebt im Kontrast zur Vergänglichkeit allen menschlichen Lebens die bleibende Gültigkeit von Gottes Wort hervor**. Jesus selbst hatte dies bekräftigt, indem er sagte: *Himmel und Erde werden vergehen, aber meine Worte werden nicht vergehen* (Mt 24,35).

✎ *Was bedeutet Ihnen die bleibende Gültigkeit und Verlässlichkeit des Wortes Gottes angesichts einer Flut an Publikationen, deren Halbzeitwert meist sehr gering ist?*

● Als Menschen, die durch die Wiedergeburt zu Söhnen und Töchtern Gottes geworden sind, sollen Christen nach Gottes Willen leben (V 1). Praktisch bedeutet dies, dass sie das Böse meiden und das Gute tun sollen. Das häufig gehörte Zitat: „Christen sind nicht besser, sie haben es nur besser", ist biblisch gesehen nicht korrekt. Zwar geht es nicht um eine Demonstration moralischer Überlegenheit, die häufig zu Heuchelei und Selbstgerechtigkeit entarten. **Aber Christen sollen als erneuerte Menschen ein ethisch vorbildliches Leben führen, durch das Ungläubige ins Staunen kommen** (V 12).

● Überlebenswichtig ist für Christen das Wort Gottes. Geistliches Wachstum und Verwandlung in das Bild Christi sind ohne Bibelstudium unmöglich. Diese geistliche Speise ist für Gläubige genauso wichtig wie für Kinder die tägliche Milch. **Christen, die durch Gebet und Bibellesen in inniger Beziehung mit Jesus leben, sind *Priester*.** Sie bringen – im Unterschied zu den alttestamentlichen Priestern – keine Tieropfer, sondern ***geistliche Opfer*** dar. Solche Opfer bestehen darin, Gott zu loben, sich zu ihm zu bekennen, das Gute zu tun, sich der Bedürftigen anzunehmen (Hebr 13,15f) und sein Leben Gott hinzugeben (Röm 12,1f; vgl. dazu bereits Hos 6,6).

● In V 9f stellt Petrus die neutestamentliche Gemeinde aus Juden und Heiden dem irdischen Volk Israel gegenüber. Einst hatte Mose am Sinai dem jüdischen Volk im Auftrag Gottes zugerufen: *Ihr sollt mir ein Königreich von Priestern und ein heiliges Volk sein* (2Mo 19,6). Israel kam dieser hohen Berufung nicht nach und so ging dieser Auftrag im neuen Bund auf die Gemeinde Jesu über. **Die Jesusnachfolger sind nun jene, die auserwählt sind, um *die Wohltaten Gottes zu verkündigen.*** Sie sollen so leben, dass das Wesen Gottes in ihrer Lebensführung zum Ausdruck kommt.

✎ *Viele Zeitgenossen lesen keine Bibel mehr und stehen dem Glauben weitgehend ablehnend gegenüber. Wir Christen sind daher die erste und oft einzige Bibel, die von ihnen noch gelesen wird (vgl. die Auslegung zu 2Kor 3,1-11 am 22. Oktober).*

● Der Sonntag nach Ostern heißt „Quasimodogeniti“: „Wie die neu geborenen Kindlein“. Er erinnert uns, dass Christsein als „Wiedergeburt“ aus der Auferstehung Jesu empfangen wird (Joh 3,3ff; 1Petr 1,3). Um **Kinder** geht es auch in Ps 128, allerdings um solche, die geschöpflich (neu)geboren wurden.
● Der kurze Psalm gehört seiner Überschrift nach (V 1a) in die Reihe der „**Wallfahrtslieder**“ (Ps 120–134), die man im Zusammenhang mit dem Pilgern zu den großen Festgottesdiensten vortrug. Ps 128 richtet sich an einen Mann und Familienvater. Es ist ein **Haus- und Familiensegen**, der sich in **drei Teile** gliedert: Der Wandel auf Gottes Wegen …
➢ lässt Nahrung und Nötiges zukommen (V 1b-2).
➢ lässt Familie werden und schenkt darin Segen (V 3f).
➢ kommt zurück als Gottessegen und anhaltendes Lebensglück. Es wird sichtbar in der Gemeinde und an den Enkelkindern. Zuletzt: *Friede sei über Israel!* (V 5f).
● Im „Herzen“ des Psalms (und der Familie) stehen **Frau und Kinder** (V 3). Als Vergleich dienen zwei Fruchtpflanzen: Der *Weinstock* lässt an Festfreude und Fruchtbarkeit denken. Die *jungen Ölbäume* sind Schösslinge, die rund um den Ölbaumstock aufwachsen. Das Bild wird übertragen auf die runde Tischmatte im altisraelitischen Haus, um die sich die Familie sammelt und sättigt.
● Gott „sieht an“ den **Mann**, der nach seinem Herzen lebt, und dies verschafft ihm „Ansehen“. Und: Kinder sind Lust und Segen (gerade auch des Vaters!) und nicht Last und Frust.
● Es gibt einen inneren **Zusammenhang zwischen Zionssegen und Familiensegen** (V 5f). Das Wohlergehen Jerusalems (übertragen: der Gemeinde Jesu) und das Familienglück des in Ehrfurcht vor Gott lebenden Mannes gehören zusammen.

✎ *Oft wird das Glück allein oder zu zweit demjenigen der Gemeinschaft übergeordnet. Denken Sie anhand dieses Psalms über den tiefen Zusammenhang von Familiengemeinschaft und Gottes(dienst)gemeinschaft nach!*

● ***Euer Leben mitten unter den Menschen, die Gott nicht kennen, muss einwandfrei sein.*** So übersetzt die „Gute Nachricht Bibel" den V 12. Die Leser des Briefes sind beides – Geliebte Gottes und zugleich Gäste und Fremde in der Welt. Darum müssen sie fragen: Wie verträgt sich das, was unser Herr von uns verlangt mit dem, was in unserer heidnischen Umgebung üblich ist? Vor dieser Frage sehen sich Christen in jeder Zeit gestellt.

● Anfeindungen und üble Nachrede, die sie treffen, sollen unbegründet sein. In V 11 wird gewarnt vor allem, was mit Unbeherrschtheit und Ausschweifungen zu tun hat und Nichtchristen zu der Feststellung veranlassen könnte: „Die Christen leben ja auch nicht anders als wir!"

● Die Andersartigkeit der von Gott Geliebten hat nichts zu tun mit Überheblichkeit und Selbstgerechtigkeit. Petrus rechnet mit einer ganz anderen Wirkung: Vorbildcharakter, Anreiz zur Nachahmung und zur Hinwendung zu Gott sowie Anstiftung zum Gotteslob.

● Christen leben auch in einer staatlichen Ordnung, in der bestimmte Gesetze gelten. Das kann so lange gut gehen, wie diese Gesetze dazu dienen, dass Unrecht bestraft und das Tun des Rechten belohnt wird (V 14). Petrus geht offensichtlich davon aus, dass im damaligen Römischen Weltreich eine solche Rechtsordnung herrscht. Das überrascht, wenn man bedenkt, dass zu seiner Zeit rechtschaffene Bürger nur um ihres Glaubens willen staatlicher Willkür ausgesetzt waren. Seine **Aufforderung zum Gehorsam** gegenüber der *menschlichen Ordnung* in V 13 kann daher nicht das einzige bzw. letzte Wort in dieser Sache sein. Es ist ihm auf jeden Fall das andere Wort von Petrus aus Apg 5,29 an die Seite zu stellen.

✎ *In einer besonders schlimmen und gottlosen Zeit schrieb Dietrich Bonhoeffer: „Wenn die Kirche den Staat ein Zuviel oder ein Zuwenig an Ordnung und Recht ausüben sieht, kommt sie in die Lage, nicht nur die Opfer unter dem Rad zu verbinden, sondern dem Rad selbst in die Speichen zu fallen". Bedenken Sie dazu bitte Apg 5,29!*

● Dieser und der folgende Abschnitt in 1Petr erinnern an die sogenannten Haustafeln, die sich, wesentlich ausführlicher, bei Paulus finden. **Petrus wendet sich zunächst an die Sklaven**. Er setzt bei ihnen voraus, dass sie nicht gegen ihren Stand protestieren, sondern sich darein fügen. Zwar werden im NT die gesellschaftlichen Klassenunterschiede zwischen Sklaven und Freien noch nicht grundsätzlich infrage gestellt, doch werden sie durch den Glauben bereits relativiert, indem Sklaven wie ihre Herren durch Jesus zu *Brüdern* werden (vgl. die Auslegung am 19. November zu Phlm 16).

● Petrus spricht die Sklaven auf ihre Zugehörigkeit zu Jesus an. Deshalb erwartet er von ihnen, dass sie sich nicht nur den guten und freundlichen, sondern auch den launischen Herren unterordnen; denen also, die ihnen Unrecht tun und sie willkürlich leiden lassen. Er begründet diese Zumutung so: Wer etwas Böses tut und seine Strafe dafür erträgt, tut nichts Besonderes. Wer aber Unrecht um guter Taten willen erleidet und grundlos bestraft wird: Das ist *Gnade bei Gott* (V 20).

✎ *Viele Christen werden über eine solche Aussage innerlich den Kopf schütteln. Ob es daran liegt, dass wir es uns lieber auf dem Ruhekissen einer „billigen Gnade" bequem machen?*

● Unrecht leiden ist deshalb Gnade, weil es die Jünger in die Nähe ihres Herrn rückt. Es verbindet sie mit ihm, der um unsertwillen Leiden und Schmach auf sich genommen hat. Die V 22-25 enthalten Anklänge an das Lied vom leidenden Gottesknecht (Jes 53), das bereits auf Jesus Christus hinweist und sich in ihm erfüllt. Der zu Unrecht gefolterte und hingerichtete Christus ist für die Glaubenden ein Vorbild, in dessen Spuren sie zu gehen haben.

● Der heutige Abschnitt wird als Schlüsseltext des ganzen Briefes verstanden: „Er enthält die Theologie aller christlichen Existenz unter ungerechtem Leiden" (Norbert Brox). Darum ist er nicht nur für die *auserwählten Fremdlinge* (Kap. 1,1) wichtig, sondern für alle, die die Gottlosigkeit dieser Welt am eigenen Leib zu spüren bekommen.

● Der Abschnitt beginnt mit dem Wort *desgleichen = genauso.* Ein bereits begonnener Gedankengang wird damit fortgesetzt; der folgende Abschnitt will im Zusammenhang des ganzen Briefes betrachtet und verstanden werden: Wie verhalten sich Christen, die in einer nichtchristlichen Gesellschaft leben, den geltenden Ordnungen gegenüber? Wie verhalten sich die Frauen – und wie die Eheleute zueinander?

● **Immer wieder erscheint in 1Petr der Begriff *unterordnen, untergeben sein*** (Kap. 2,13.18; 3,1.5; 3,22; 5,5). Den verfolgten und unterdrückten Christen wird zugemutet, nicht gegen die Verhältnisse, in denen sie leben, aufzubegehren und anzukämpfen. Sie sollen sich herausfordern lassen zur Bewährung im Leid und sich so als Nachfolger Jesu erweisen.

● Die Frauen, an die sich der Brief wendet, sind möglicherweise mit nichtchristlichen Männern verheiratet. Die sollen für den Glauben an Jesus gewonnen werden – *ohne Worte*! Das konnte nur geschehen, wenn sich die Frau, wie zu ihrer Zeit üblich, dem Mann *unterwarf*, ohne dabei ihre Würde zu verlieren.

● Nicht durch die Betonung ihres Äußeren wie Frisur, Kleidung oder Schmuck sollen Frauen Gott zu gefallen suchen, sondern durch ihre **Herzenseinstellung** (V 3f). Damit wird nichts gegen eine gepflegte äußere Erscheinung gesagt; die ist eine Frau ihrer Selbstachtung schuldig. Nachhaltiger aber ist die Wirkung der inneren Schönheit.

● Aber auch die Männer werden angesprochen: sie waren die Privilegierten und führten sich oft genug wie die Paschas gegenüber ihren Frauen auf. Aber in V 7 erwartet Petrus von ihnen, dass ihr Zusammenleben von *Einsicht* (so wörtlich) geprägt ist und sie ihren Frauen mit **Achtung und Respekt** begegnen. Schließlich sind auch die Frauen *Miterben der Gnade* und treten im Gebet gemeinsam mit ihren Männern vor Gott.

✎ *Bitte überlegen Sie, wenn möglich mit Ihrem Ehepartner, wie der Begriff „schwächeres Geschlecht" (V 7) gemeint sein kann. Bedenken Sie bitte Spr 31,10-12.28f unter der Frage, ob diese Aussagen angemessen Ihre eheliche Beziehung widerspiegeln.*

● Die Worte an Staatsbürger, Sklaven und Eheleute werden (*schließlich, endlich*) zusammengefasst durch **Ermahnungen an alle**. Sie beginnen in V 8 mit einem herausfordernden **„Tugendkatalog sozialer Verhaltensweisen"**. Das soll die Grundhaltung sein, in der Christen ihren Nächsten begegnen. Sie ist alles andere als weichlich und unterwürfig, sondern setzt innere Stärke und Souveränität voraus.

● Daraus ergibt sich als Forderung, dass der Grundsatz „Wie du mir, so ich dir!" für Christen keine Gültigkeit mehr haben soll (V 9). Verzichtet auf Revanche und durchbrecht den Teufelskreis des Bösen: ihr habt die Voraussetzungen dazu! **Christen sind dazu berufen, „zugefügte Bosheit mit Segen statt wieder mit Bosheit zu beantworten"** (Norbert Brox). Wer den Kreislauf von Rache und Feindschaft unterbricht, wird zum Segen für andere und ererbt selbst den Segen.

✎ *Lesen Sie bitte die Jesusworte in Lk 6,27f und bedenken Sie den folgenden Satz: „Das Verhalten Gottes zum Menschen wird dem des Menschen zu anderen Menschen entsprechen".*

● Es folgt in V 10-12 ein umfangreiches Zitat aus Ps 34. *Das Leben lieben und gute Tage sehen* möchte wohl jeder und hat dabei eigene Vorstellungen davon, was dazu nötig ist. **Dabei lassen viele gern außer Acht, dass das Erleben *guter Tage* zuvor Anstrengung und Mühe kosten.** Petrus zeigt auf, was Gott dabei für wichtig hält und welchen Weg er zu einem guten Leben weist: Die V 10b.11 machen deutlich, dass dazu Selbstdisziplin und die bewusste Abkehr vom Bösen gehören. Nur dann kann man *dem Guten nacheifern* und dem *Frieden nachjagen*. Christen sollen in diesem Bemühen weder Leiden scheuen, noch sich von andern einschüchtern lassen (V 14).

● Schritte auf dem Weg zum Frieden zeigt Schalom ben Chorin, dem die Aussöhnung zwischen Juden und Christen wichtig war: „Wer Frieden sucht, wird den anderen suchen; wird das Vergeben üben und das Verdammen aufgeben; wird zu seiner eigenen Schuld stehen und selber vom Frieden Gottes leben" (gekürzt).

Freitag, 20. April 1. Petrus 3,13-17

● „Ist Gott für mich, so trete gleich alles wider mich … Hab ich das Haupt zum Freunde und bin geliebt bei Gott, was kann mir tun der Feinde und Widersacher Rott'?" so dichtete Paul Gerhardt. **Ja, wer kann den Glaubenden schaden, wenn Gott auf ihrer Seite ist und sie eifrig um das Gute bemüht sind?**
● Das steht als ein ermutigendes Vorzeichen über diesem Abschnitt mit seinen wichtigen Aussagen, die allerdings quer zu einem heute weithin angepassten Christsein liegen:
➢ Petrus nennt die *glückselig*, die um der Gerechtigkeit willen leiden – so wie schon Jesus in der Bergpredigt (V 14; Mt 5,10).
➢ Christen sollen jederzeit bereit sein, ihre Hoffnung bzw. ihren Glauben gegenüber Fragestellern zu verantworten (V 15).
➢ Sie sollen durch ihr Verhalten niemandem einen Anlass geben, sie in ein schlechtes Licht zu rücken (V 16).
➢ Es ist allemal besser um *guter Taten willen zu leiden*, weil Gott es so vorgesehen hat, als sich durch schuldhaftes Verhalten das Leiden selbst einzubrocken (V 17).
Mit diesen tröstenden, aber auch herausfordernden Worten will Petrus die Christen vor der Resignation bewahren.

✎ *Lesen Sie bitte zu V 14 das Wort Jesu in Mt 10,28!*

● Gegen Verstecken und ängstliches Schweigen hilft das Festhalten an Jesus Christus und die Gewissheit, dass er mich nicht im Stich lassen wird. Darum kann ich un-verschämt glauben (Röm 1,16) und auch gegenüber Nichtchristen ohne Scheu und Scham von meinem Glauben reden.
● Petrus sagt aber auch etwas zu dem Stil, in dem wir unsern Glauben bezeugen sollen: V 16a! Die französische Christin Madeleine Delbrel hilft uns zu verstehen, was mit *Sanftmut und Gottesfurcht* gemeint sein kann: **„Wir kommen nicht als Gerechte unter Sündern, als Leute, die ein Diplom erlangt haben unter Ungebildeten; wir kommen, um von einem gemeinsamen Vater zu reden, den die einen kennen, die anderen nicht …".**
● *Habt ein gutes Gewissen* (V 16): Worte und Taten müssen einander entsprechen. Nur so sind wir glaubwürdig für andere.

● Noch einmal, wie in Kap. 2,21ff wird auf den leidenden Christus hingewiesen: *Auch Christus hat gelitten!* Das ist Trost für alle, die als seine Nachfolger um seines Namens willen ebenfalls leiden müssen. Das ist aber auch die Erklärung für ihr Leiden: **Es geht dem Jünger nicht anders als dem Meister** (Mt 10,24)! Zwischen dem Leiden der Christen und dem des Christus gibt es jedoch einen großen Unterschied: *Er hat als Gerechter für die Ungerechten gelitten, um sie zu Gott zu führen* (V 18). Nur Jesus war zu diesem priesterlichen Handeln mit seiner umfassenden Sühnewirkung in der Lage. Am Ende seines Lebens steht darum nicht der endgültige Tod, sondern die Auferweckung zu einem neuen Leben.

● Im Glaubensbekenntnis bekennen wir Christen: gekreuzigt, gestorben, begraben, **hinabgestiegen in das Reich des Todes**, am dritten Tage auferstanden von den Toten. Nur wenige Bibelstellen erwähnen das *hinabgestiegen.*

✎ *Lesen Sie bitte dazu Eph 4,9f und Mt 12,40!*

● Einmalig im NT ist die Aussage von V 19. Diese knappe Andeutung gibt Anlass zu manchen Auslegungsversuchen. So könnten mit den *Geistern im Gefängnis* die Zeitgenossen Noahs gemeint sein, deren Bosheit groß war und die durch die Sintflut bestraft wurden. Am Ende wurden nur *acht Seelen gerettet durchs Wasser hindurch* (V 20). Vielleicht kann dieser Vers im Zusammenhang mit Kap. 4,6 aber auch so verstanden werden, dass Jesus allen Generationen vor ihm gepredigt hat, um ihnen so die Chance ihrer ewigen Errettung zu geben.

● Die Rettung Noahs und seiner Familie wird in V 21 als ein Hinweis (wörtlich *antitypon = Abbild*) auf die **Taufe** verstanden: Ihrer Rettung entspricht die Taufe, die jetzt euch rettet. Sie … *ist eine Bitte an Gott um ein reines Gewissen aufgrund der Auferstehung Jesu Christi* (so die Einheitsübersetzung).

● Am Ende dieses Kapitels, begegnen wir noch einmal einer Aussage des Glaubensbekenntnisses: *Er sitzt zur Rechten Gottes,* der ihn zum Herrn über alles gemacht hat und dem sich *alle Knie beugen* werden (Phil 2,10).

● Dieser Psalm heißt in der jüdischen Tradition das **„Große Hallel“**, was soviel heißt wie der „Große Lobpreis“. Er zeichnet sich dadurch aus, dass die Zweitzeile jedes der 26 Verse identisch ist. Sie lautet: *... **denn seine Güte währet ewiglich.*** Mit diesem Refrain wird begründet („denn“) und vergewissert, was in der jeweiligen Erstzeile ausgesagt wird.

„Das Reifwerden eines Christen ist im tiefsten Grunde ein Dankbarwerden.“
Friedrich von Bodelschwingh

● Der Psalm hat seinen **Ort im (Fest-)Gottesdienst**. Wahrscheinlich ist er singend mit **Responsorium** vorgetragen worden: Ein Vorsänger oder eine Gruppe hat die jeweilige Erstzeile angestimmt; daraufhin hat die ganze Gottesdienstgemeinde mit der Zweitzeile geantwortet (= respondiert).

✎ *Suchen Sie eine Gelegenheit, diesen Psalm in Gemeinschaft mit anderen so zu sprechen, beten oder singen. Jemand oder eine Gruppe übernimmt die Erst-, die anderen die Zweitzeile.*

● Ps 136 besteht aus drei Hauptteilen und einem Rahmen:
➢ Der Lobpreis Gottes angesichts der Schöpfung (V 4-9).
➢ Der Lobpreis Gottes angesichts der Befreiung aus Ägypten (V 10-16).
➢ Der Lobpreis Gottes angesichts der Gabe des verheißenen Landes (V 17-22).
Im Rahmen wird am Anfang der HERR als der Unvergleichliche (V 1-3) und am Ende seine Fürsorge (V 23-26) gepriesen.

✎ *Überlegen Sie: Für welche Taten Gottes möchten Sie Gott danken? Schreiben Sie diese auf und machen Sie sie zu einem Lobpreis! Und gibt es in Ihrem Leben so etwas wie einen „Refrain“, also ein immer wiederkehrenden Grund des Dankens? Wie würden Sie diesen Leitsatz formulieren?*

● Verkehrte Welt

Die Mächte sind Jesus untertan – so hatte Petrus zuletzt festgestellt (Kap. 3,22). Heißt dies, dass dem Christ Unannehmlichkeit und Leid erspart bleiben, weil Gott alle denkbaren Hindernisse aus dem Weg räumt? Nein! Petrus greift erneut das Thema „Leiden" auf, und er dreht unsere Logik um (V 1-3).

● Hilfreiches Leiden

Eigentlich gehen wir Menschen dem Leiden am liebsten aus dem Weg. Wer will schon gerne leiden? Petrus aber sieht im Leiden nicht nur Belastungen, die man sich möglichst ersparen sollte. Er kann dem Leid auch etwas Hilfreiches abgewinnen. Er hat in seinem Leben erfahren, dass Leiden ihn noch mehr zu Jesus Christus hin und von der Sünde weggezogen hat. Kennen wir das nicht auch aus eigenem Erleben? Leiden führt in eine besondere Jesusbeziehung; man betet intensiver, man erwartet Gottes sichtbares Eingreifen. So kann sich Leiden im Nachhinein als ein Segen herausstellen – das schildern uns gerade Christen, die unter Verfolgung gelitten haben.

● Auffallendes Anderssein

Die meisten Menschen wollen unauffällig leben. Doch Christen leben auffällig. Sie machen nicht bei allem mit und ecken daher an. Christen werden manchmal „pikiert" angeschaut. Ihr Verhalten wird als altmodisch, weltfremd oder fundamentalistisch hingestellt, weil sie sich nicht dem Zeitgeist anpassen (V 4). Das ist nicht immer einfach. Gerade für jüngere Christen. Petrus nennt unsittliche Verhaltensweisen als Beispiele, die in der damaligen Gesellschaft gang und gäbe waren. Aber es muss gewarnt werden: Nicht jede Kritik an Christen hat etwas mit dem Glauben zu tun. Manchmal benehmen sich Christen einfach objektiv daneben und werden deshalb mit Recht kritisiert.

● Liebevoller Lebensstil

Christen werden von anderen beobachtet. Was an ihnen auffallen sollte, ist die Liebe (V 8). Sie sollte die Leitlinie allen christlichen Handelns sein: In Gastfreundschaft, im Umgang mit der Schuld des anderen, in wechselseitiger Dienstbereitschaft wie auch beim Ermahnen oder Predigen (V 9-11).

Erste Hilfe im Leiden

Die Christen, denen Petrus schreibt, stehen mitten im Leiden. Ein letztes Mal in seinem Brief geht er darauf ein und gibt ihnen Hilfestellung, das widerfahrene Leiden getrost zu tragen.

Du bist nicht allein

Das Wort *befremden* taucht hier wieder auf (V 12, vgl. V 4). Verwundert fragen sich die Christen, weshalb ihnen Leid zustößt. Petrus aber dreht die Sorge in Freude: Ihr seid nicht allein: *Gottes Geist ruht auf euch* (V 14). Wir sagen oft salopp: „Geteiltes Leid ist halbes Leid". Eben dies meint Petrus nicht. Er macht klar, dass Christus, dem alles untertan ist (Kap. 3,22), auch mitten im Leid da ist. Christen müssen das Leid nicht allein ertragen, weil sie gehalten sind in Gottes Hand.

Du leidest um Jesu Willen

Eine Seligpreisung leitet diesen Gedanken ein (V 14a, vgl. mit Kap. 3,14). Ihr leidet doch (hoffentlich!) nicht wegen eurer Schuld als Mörder, Diebe oder Übeltäter, sondern allein um Jesu willen! – Für den Herren aller Herrn zu leiden, soll Christen in dem großartigen Ziel vergewissern: Jesus wird am Ende die Macht behalten, und ich gehöre auf die Seite der Sieger. In seiner *Herrlichkeit* werde ich einmal ungetrübte *Freude und Wonne* haben (V 13). Es ist wie bei einer Geburt: Wie schnell hat die Mutter die Geburtsschmerzen vergessen, wenn sie erst ein gesundes Kind in ihren Armen hält. Der Ausblick auf das neue Leben in Gottes Herrlichkeit schenkt Kraft, gegenwärtige Leiden und Schmerzen um Jesu willen zu ertragen.

Du lebst von der Ewigkeit her

Und wenn ich trotzdem mit meiner Kraft und Geduld am Ende bin? Wenn die Zweifel am Sinn meines Lebens immer stärker werden? Wenn gar mein Leben an sein Ende kommt? Dann helfen keine Durchhalte-Appelle weiter, sondern allein der Aufblick auf Jesus, der uns als Einziger neues Leben über den Tod hinaus schenkt. Ist das billige Jenseits-Vertröstung? Nein! Es ist der größte Trost, den einer dem andern überhaupt geben kann: Am Grabstein ist nicht alles zu Ende, sondern: ***Das Schönste kommt noch!***

Petrus kennt die Probleme einer Gemeinde. Zum Schluss seines Briefes greift er in seinen Ermahnungen einige Problemfelder aus dem gemeindeinternen Zusammenleben auf.

● **Werde echter Hirte!**

Petrus stellt sich als *Mitältester* auf eine Ebene mit den *Ältesten*, an die sich seine Ermahnung als erste richtet. Sie haben wie er Anteil an dem Auftrag Jesu, die Gemeinde zu *weiden* (Joh 21,15ff) Er weiß um die Gefahren, die damit verbunden sind. So nennt er Kriterien für „gutes Weiden" (V 2f):

➢ Achte auf die dir Anbefohlenen! Du bist für sie verantwortlich. Gott wird Dich einmal nach ihnen fragen (vgl. Hes 34,10).

➢ Weide aus Überzeugung und nicht aus saurer Pflichterfüllung! Manchmal übernehmen Menschen in der Gemeinde nur „gezwungenermaßen" eine Aufgabe. Wer im Auftrage Jesu leitet, der soll es im Gehorsam gegen Gottes Willen gerne tun.

➢ Sei nicht auf deinen eigenen Vorteil bedacht und frage nicht: „Was habe ich davon?" Übernimm die Aufgabe von *Herzensgrund*, ohne nach Lohn oder Anerkennung zu schielen.

➢ Sei Vorbild, nicht Chef! Auch wenn zum Leiten gehört, Position zu beziehen und klare Entscheidungen zu treffen, so bleibt der Hirte doch immer auch Diener, der andern in der Gemeinde mit seinem Leben ein positives Beispiel gibt.

● **Haltet aneinander fest!**

Gleich danach spricht Petrus die *Jüngeren* an (V 5). Oft kommt es in Gemeinden zu Auseinandersetzungen zwischen den Generationen – gerade weil die Alten den Chef herauskehren und die Jungen ihnen nicht mehr zuhören wollen. Doch man braucht beide: Die Alten, die bewahren, was sich bewährt hat und die Jungen, die Neues wagen, um Zukunft mitzugestalten. Dazu bedürfen beide Seiten der *Demut* (V 5b.6): den Mut, sich selbst nicht so wichtig zu nehmen und stattdessen Jesus Christus als Herrn in den Mittelpunkt zu stellen.

● **Kenne Deine Klagemauer!**

Unmöglich, was Petrus hier vorschlägt? Nur dann nicht, wenn man seine *Sorgen* bei Jesus Christus abladen kann – wie bei einer persönlichen Klagemauer (V 7).

Donnerstag, 26. April 1. Petrus 5,8-14

Was trägt durch alle Not? Petrus schildert das Leben der Christen als Kampf gegen einen mächtigen Gegner: den *Teufel*. Ihn sieht er als *Widersacher*, der als Einziger die Macht hat, den Christen gefährlich zu werden. Er setzt alles daran, Menschen von Jesus wegzuziehen. Wie können Christen seinen Angriffen *widerstehen* (V 9)?

● **Christen stehen unter Gottes Gnade**

Christen stehen nicht allein. Weil Christus sie berufen hat, dürfen sie sich unter Gottes Schutz sicher geborgen wissen. *Aufrichten* (V 10; wörtlich: *in Ordnung bringen, einrenken, wiederherstellen*) meint, dass Christen durch das ihnen widerfahrene Leid nicht aus der Bahn geworfen werden, sondern durch Gottes Gnade zurechtgebracht werden und so auf klarem Kurs bleiben. Jesus Christus wird sich siegreich in ihrem Leben durchsetzen, weil er die Macht über den Teufel besitzt. „Jesus Christus ist der Sieger über Hölle, Tod und Teufel, darum wähl ich ihn!" heißt es in einem Lied unserer Tage.

Es gibt noch etwas Zweites:

● **Christen stehen nicht allein**

Ist die Gnade Gottes das wirksamste Gegenmittel gegen die Angriffe des Teufels, so ist ein anderes die Gemeinschaft der Christen untereinander. Petrus hebt selbst zwei Mitarbeiter besonders hervor, die auch schon mit Paulus zusammen gearbeitet hatten: *Silvanus* (bzw. *Silas*; Apg 15,40) und *Markus* (Apg 12,12). Sie stehen ihm gegenwärtig hilfreich zur Seite (V 12f). Die Gemeinde, in der sich Petrus gerade aufhält (wahrscheinlich ist *Babylon* eine Chiffre für *Rom*) lässt den Empfängern des Briefes ebenfalls Grüße ausrichten. Auch gegenseitig sollen sie sich *mit dem Kuss der Liebe* grüßen (V 14) und so jeden Einzelnen in die Gemeinschaft mit hineinnehmen. Dabei ist solcher Gruß mehr als ein Wort. Es geht um Gottes Segen, der dabei über einem ausgesprochen wird. Es geht um den Zuspruch des *Friedens* für alle, die zu Jesus gehören.

✎ *Wo finden Sie die Gemeinschaft, die Sie besonders in schwierigen Zeiten auffängt und Ihnen neue Zuversicht gibt?*

● Die Timotheusbriefe gehören wie der Titusbrief zu den sog. Pastoral- oder auch Hirtenbriefen. Der ältere Hirte Paulus schreibt am Ende seines Lebens an seine jungen Mitarbeiter, die nun an den Orten Dienst tun, wo er nicht mehr sein kann. Timotheus arbeitet jetzt verantwortlich in den Gemeinden von Ephesus und Umgebung. Paulus hingegen hinterlässt in diesen letzten Briefen sein Vermächtnis, bevor er – vermutlich – den Märtyrertod unter Kaiser Nero erleidet.

● Die Pastoralbriefe haben auch an uns heute eine wichtige Botschaft. Sie gilt allen, die in der Gemeinde aktiv sind, sich für andere Gemeindeglieder verantwortlich wissen. Es werden ganz praktische Fragen erörtert und Paulus spart nicht mit Ratschlägen aus seinem reichen Erfahrungsschatz. Er sieht sich dabei *als Apostel Christi* (V 1), der von Gott bevollmächtigt ist. Was er redet, sagt er darum mit geistlicher Autorität.

● **Allen Mahnungen und Ratschlägen an Timotheus voraus geht der Zuspruch der Gnade, Barmherzigkeit und der Friede des Vaters Jesu Christi** (V 2). Das ist die Basis, von der her Christen leben. Wenn es auch in diesem Brief konkret um Kritik, Korrektur und Abgrenzungen geht, so geschieht dies alles doch im Licht der Gnade und Liebe Gottes.

● Im Zentrum *aller Unterweisung,* das zu einem gottgefälligen Leben führt, steht *die Liebe* (V 5). Diese Liebe gilt es weiterzugeben, und nicht etwa *Fabeln* (griech. *mythoi*) und *Geschlechtsregister* (griech. *genealogiai*; V 4), die nur neue Fragen aufwerfen statt zur Klarheit im Glauben beizutragen. Nach Joachim Jeremias handelt es sich dabei wohl um „allegorische Spekulationen an Hand der Urgeschichte des AT". Mit scharfen Worten geißelt Paulus solche Spekulationen als *unnützes Geschwätz* (V 6), das nur wieder in die alte Gesetzlichkeit zurückführt. *Heilsame Lehre* (V 10) dagegen hat das Evangelium von Jesus zum Zentrum. Falsche Lehre führt von ihm weg auf Nebenschauplätze. Dem soll Timotheus mutig entgegentreten.

✎ *Treibt mich die Liebe zu Jesus auch dazu, unbequeme Wahrheiten auszusprechen?*

Samstag, 28. April 1. Timotheus 1,12-20

● Auch am Ende seines Lebens staunt Paulus noch über die Gnade Gottes, durch die er einst zum Apostel berufen wurde. Ihm, der *früher ein Lästerer und ein Verfolger* der christlichen Gemeinden war (V 13), ist auf beglückende Weise *Barmherzigkeit widerfahren* (V 13.16) Auf diesem Hintergrund sind für Paulus alle gesetzlichen Haarspaltereien (V 4-7) deplatziert. Sie erhöhen nur die fromme Selbstbespiegelung der Christen und verdunkeln damit die Gnade Gottes.

● Jesus war sein Herr geworden. Er hatte seine Sünden vergeben und ihn sogar dazu befähigt, ***Vorbild*** für Menschen zu werden, die durch sein Zeugnis zum christlichen Glauben kommen sollten (V 16). Das ist Grund zum Staunen, zum Danken, zum Loben. **Was bedeutet das für mich?**

➢ Der Dank für das Geschenk des Glaubens, das Staunen über die täglich erfahrene Güte Gottes soll im Zentrum meiner Gottesbeziehung stehen. Dies hält meinen Glauben frisch und befreit mich davon, mich ständig um die eigene Achse zu drehen. Ich muss nicht angesichts eigener Grenzen und Unvermögens kapitulieren, sondern kann mit Gottes Möglichkeiten rechnen. Er macht es möglich, dass auch ich glauben kann.

➢ Mein Versagen ist kein Hinderungsgrund für Gottes Handeln in meinem Leben. Wenn Gott selbst einen Lästerer und Verfolger wie Paulus zum Vorbild setzt, dann können ihn wohl auch meine Schwächen und mein Versagen nicht hindern, durch mich in der Gemeinde zu wirken. Er kann und will mit fehlerhaften Menschen, wie ich es bin, sein Reich bauen.

➢ Angesichts der an mir wirksamen Gnade Gottes gewinne ich den Mut, auch über die eigenen Fehler zu reden. Ich muss mein Scheitern und meine Grenzen nicht mehr ängstlich vor andern verstecken.

● Diese Botschaft, nämlich dass Jesus Sünder selig macht, vertraut Paulus Timotheus an und ermuntert ihn – und damit auch uns – dazu, einen *guten Kampf zu kämpfen* (V 18).

✎ *Was kann uns davor bewahren, Schiffbruch im Glauben zu erleiden (vgl. V 19)?*

● Wer den Psalter durchliest und -betet, erkennt, dass darin ein „**(Gebets-)Weg**" von der Not zur Freude, vom Klage- und Bittgebet zum Lobpreis beschritten wird. Gegen Ende des Psalters schwillt das Lob immer stärker an, bis es in Ps 150 alle einschließen will.

● Die Gruppe Ps 146–150 bildet das „**Kleine Hallel**", den abschließenden Lobpreis. Die beiden Psalmen aus dieser Gruppe für heute und den kommenden Sonntag (Ps 149) fügen sich zum Kirchenjahr. Die Gemeinde preist Gott, der den gekreuzigten Heiland aus dem Tod erweckt hat. Aus seinem Leben leben wir, und das ist Anlass zum Lob. Entsprechend heißen die Sonntage „Jubilate" (Lobet!) und „Kantate" (Singet!). Dazu leiten uns Ps 148 und 149 an.

● Ps 148, das **Schöpferlob der Kreaturen**, besteht aus einer Serie von Aufrufen. Diese richten sich an wechselnde Adressaten. Die Aufzählung, meist in Paaren angeordnet, orientiert sich am Schöpfungsbericht 1Mo 1,1–2,4. Angesprochen sind Himmelswelt und Himmelszelt, Wasser und Wetter, Vegetation und Tierwelt. Den Schluss macht die Menschenwelt: die Mächtigen, unterschiedliche Generationen, die beiden Geschlechter und am Ende das Gottesvolk.

✎ *Lesen Sie 1Mo 1,1–2,4 und vergleichen Sie den Schöpfungsbericht mit diesem Psalm! Beachten Sie, wie das dort Geschaffene nun zum Lob des Schöpfergottes aufgerufen wird!*

● Viermal erscheint der **Gottesname (HERR)** in Verbindung mit Aufrufen. Er verdient das Lob.

➢ Mit V 1 wird der Bereich des „Himmels", mit V 7 derjenige der „Erde" eingeführt.

➢ In V 5 und V 13 wird das Gotteslob bestätigt und verstärkt.

● In diesem Psalm wird mit Zahlenmustern kunstvoll die **Ganzheit des Lobpreises** ausgedrückt. Dies geschieht zum Beispiel mit der Zehnzahl für das kleine Wörtlein „alle". In der deutschen Übersetzung findet sich sogar ein elftes „alle" in V 4 („Himmel *aller* Himmel", wörtlich: „Himmel der Himmel").

Montag, 30. April 1. Timotheus 2,1-7

● *So ermahne ich nun ...* (V 1) Eben weil die Auseinandersetzungen mit Schwätzern und Spekulanten innerhalb der Gemeinde kein Honigschlecken für Timotheus ist, müssen die Bedingungen geklärt werden, wie man in diesem Kampf bestehen kann. **Paulus macht deutlich, dass ohne Gebet nichts geht!** Wir wollen oft zu schnell die Ärmel hochkrempeln und uns in Aktivitäten stürzen, aber das ist in der Regel ein Fehler. Was Bestand haben soll, muss wie bei einem Baum durch die starken Wurzeln des Gebets genährt sein. *Bittet, so wird euch gegeben,* so ermuntert schon Jesus seine Jünger (Mt 7,7).

● **Es gibt tatsächlich ein richtiges und ein falsches Beten**. Letzteres erkennt man daran, dass es vor allem um mich, d. h. um die eigenen Anliegen und Wünsche kreist: „Schenke mir dies, hilf mir dort". Rechtes Gebet darf zwar mit den persönlichen Anliegen, also allem, was mich betrifft, beginnen ***(Bitte);*** es setzt sich fort im zweckfreien Reden des Herzens mit Gott: einem vertieften Gebetsumgang mit dem himmlischen Vater, der Lobpreis und Anbetung einschließt ***(Gebet).*** Daran schließt sich die ***Fürbitte*** im Sinne einer Audienz an, bei der ich dem Herrn der Welt meine Anliegen im Blick auf die Gemeinde und die Welt ans Herz legen darf. Schließlich mündet es in die ***Danksagung,*** indem ich Gottes wunderbares Wirken dankbar anerkenne. Solcher Dank durchwirkt mein Gebet wie der Faden einen Teppich.

● Mit allem, was uns freut und Sorge macht, gehen wir zu Gott, der uns in Jesus täglich liebevoll begegnet und das Heil und die Rettung *aller Menschen* möchte (V 4 : Wo Luther ... *geholfen werde* übersetzt, steht im griech. Text *sothenai = gerettet werden*). Gerade an Ostern wird dieses Rettungshandeln Gottes wieder neu deutlich, indem er durch die Auferweckung Jesu die Macht des Todes für alle Menschen endgültig überwunden hat.

> ✎ *Nehmen Sie sich heute doch eine halbe Stunde Zeit und beten für Anliegen, die Ihnen im Blick auf Ihre Familie, Ihre Gemeinde, Ihre Stadt, unser Land und diese Welt auf dem Herzen liegen. Vergessen Sie dabei den Dank nicht.*

● In einem der wohl umstrittensten Texte aus der Feder des Paulus geht es um **die Rolle von Männern und Frauen in der Gemeinde** und um die angemessene Weise, Gottesdienst zu feiern. Paulus macht klar: Beten ist vor allem ein priesterlicher Dienst, der sich zu damaliger Zeit natürlich nur an die Männer richtet (V 8). Heute haben wir in der Kirche oft ein gegenteiliges Bild. Nur wenige Männer sind aktiv, die Frauen sind deutlich in der Mehrzahl. So sehr wir uns über aktive Frauen freuen, so wichtig ist auch die Mitarbeit der Männer. Den zeitgeschichtlichen Hintergrund, wonach öffentliches bzw. gottesdienstliches Gebet allein den Männern vorbehalten war, kann man nicht 1:1 in den heutigen Kontext übertragen.

● Dasselbe gilt für die **Kleiderordnung im Gottesdienst** (V 9). Aus meiner Missionszeit in Afrika weiß ich, dass Gottesdienste zu Modeschauen verkommen können. Das lenkt ab und ist schädlich. V 8 setzt dazu den richtigen Schwerpunkt:

➤ *An allen Orten* können wir beten und dies in einer **Erwartungshaltung** tun, wie es die offenen, zum Himmel *emporgehobenen Hände* deutlich machen. Die traditionelle jüdische Gebetshaltung drückt aus: Ich stehe mit leeren Händen vor Gott und erwarte, dass er sie mir füllt.

➤ Zum rechten Gebet gehört auch, dass es *ohne Zorn und Zweifel* geschieht. **Die innere Einstellung ist entscheidend beim Gebet!** Wer auf andere oder gar auf Gott zornig ist, braucht sich nicht wundern, wenn sein Gebet unerhört bleibt. Wer voller Zweifel ist, ob Gott ihn wirklich (er)hört, kann sich sein Gebet auch gleich sparen.

● Geschlechterrollen haben sich längst geändert. Heute können Frauen Pastorinnen werden. Daran nehmen immer weniger Christen Anstoß. Die Zurechtweisung des Paulus ist wohl aus der Sorge heraus zu verstehen, dass Frauen ihre im Glauben gewonnene Freiheit missbrauchen und so die Gemeinde in ihrer heidnischen Umwelt in Misskredit bringen könnten.

✎ *Vgl. Sie dazu die Auslegungen vom 8. Februar und 6. Juni.*

● **Paulus legt Timotheus eine umfassende „Spielregel" für Menschen vor, die in der Gemeinde ein Leitungsamt bekleiden.** Ein Gemeindeleiter (griech. *episkopos = Aufseher, Beschützer, Bischof)* soll ein Vorbild sein, an dem sich die ganze Gemeinde orientieren kann. Sein ganzer Lebenswandel soll seinem Amt gerecht werden und entsprechen. Was soll ihn – wie in ähnlicher Weise auch die *Diakone* (griech. *diakonos = Diener, Gehilfe, Diakon;* V 8-13) – im Einzelnen auszeichnen?

➢ Sein Eheleben soll sich nicht am gesellschaftlichen Umfeld (Vielehe, Mägde als Nebenfrauen, häufige Ehescheidungen) orientieren, sondern an der biblischen Schöpfungsordnung. Hier gilt prinzipiell die Exklusivität und Unauflöslichkeit der ehelichen Beziehung von Mann und Frau.

➢ **Gemeindeleiter müssen zwar nicht perfekte, sollen aber reife Christen sein.** Man spürt ihnen ab, dass Gott ihren Charakter geprägt hat: Sie sind *nicht schwärmerisch* (*nüchtern*), *maßvoll* in ihrem Urteil, *gastfrei, begabt zu lehren* etc. (V 2). So werden sie zum Vorbild, an dem sich in der Gemeinde andere, vor allem schwache oder frisch bekehrte Christen orientieren können. Zugleich zeigen sie Außenstehenden, dass Christen durchaus *Salz der Erde und Licht der Welt* sind (Mt 5,13.14). Der oft zitierte Satz „Wir Christen sind auch nicht besser als andere Menschen, sondern nur besser dran!" ist im Licht dieses Textes deshalb durchaus fragwürdig.

● Auch wer heute in der Gemeinde Verantwortung trägt, übt einen Einfluss auf andere aus – sei es positiv oder auch negativ. **Für das Wachstum der Gemeinde sind geistliche Persönlichkeiten deshalb unverzichtbar.** Man darf etwas von ihnen verlangen! Aber es wird ihnen auch etwas zurückgegeben (V 13): Vorbildliche Mitarbeiter sind gesegnete Menschen, die Frucht bringen, die von Gott gesehen wird. Das *gute Ansehen*, das sie bei anderen Christen genießen, stärkt die eigene *Zuversicht im Glauben.*

✎ *„Das Leben der Christen ist die Bibel der Welt" (Pestalozzi). Lesen Sie dazu 2Kor 3,2.3!*

● Paulus hofft, Timotheus noch einmal zu sehen. Für die Zwischenzeit gilt: **Handle nach den Grundsätzen, die ich dir weitergegeben habe** (V 15). Dahinter steht die Großzügigkeit des Paulus, der Timotheus nicht bis ins kleinste Detail vorschreiben möchte, was er zu tun hat. Das überlässt er ganz seinem jungen Mitarbeiter, der nach den bekannten Kriterien geistlich vorgehen soll. So prägt man Mitarbeiter, so wachsen sie in Eigenverantwortung hinein.

● In dem folgenden Satz fasst Paulus in einem **Christushymnus** zusammen, was das ***Geheimnis des Glaubens*** ausmacht (V 16). Dieses Geheimnis ist nicht ein „es", nicht eine Sache, eine Lehre oder ein Bekenntnis, sondern eine lebendige Person: der auferstandene und erhöhte Christus. In seinem Werdegang zeigt sich Gottes Handeln in der Welt in einzigartiger Weise:

➢ Er kam in die Welt als Mensch (*im Fleisch*). In ihm erscheint die Güte Gottes leibhaftig und wird erfahrbar für alle Menschen.

➢ Seine Bestätigung besteht darin, dass – wie er zuvor verheißen hat – nach seinem Tod die Gemeinde den Geist empfängt. Gott hat Jesus *ins Recht gesetzt* (*gerechtfertigt*), indem er durch die Kraft des Heiligen Geistes in dieser Welt weiterwirkt.

➢ Die Erhöhung Jesu in die himmlische Herrlichkeit ist für die Menschen nicht mehr sichtbar, für die *Engel* dagegen schon. Sie umgeben seinen Thron und beten ihn an.

➢ Seit seiner Erhöhung wird sein Name in aller Welt verkündigt, und schon die Apostelgeschichte bezeugt die Ausbreitung des Evangeliums auf eindrückliche Weise. Im ganzen Römischen Weltreich kommen Menschen zum Glauben; die Welt verwandelt sich: *Er wird geglaubt in der Welt.*

● Das *Geheimnis des Glaubens* liegt in der Tatsache, dass der kleine Same, den Jesus in den etwa drei Jahren seiner irdischen Wirksamkeit ausgestreut hat, zu einer die Welt verwandelnden und prägenden Kraft geworden ist. Paulus konnte das nur in Ansätzen erkennen. Wir sehen Gottes weltweites Wirken heute viel deutlicher. Das führt uns in das Lob und die Anbetung Gottes, der uns dieses Geheimnis aufgeschlüsselt hat.

● Paulus spricht hier vom ***Geist* Gottes**, vom Heiligen Geist, der voraussagt, dass *am Ende der Zeit* (oder: *dass in künftigen Zeiten*) manche vom Glauben abfallen werden (Mt 24,24). Es handelt sich hier um einen massiven **satanischen Angriff**, um irreführende Geister und Lehren, die von dämonischen Mächten ausgehen – und von scheinheiligen (heuchlerischen) Lügnern im Widerspruch zur gesunden Lehre der Apostel propagiert werden. Diese Leute rühmen sich ihrer besonderen „Geistlichkeit", indem sie das Heiraten (die Ehe) verbieten und den Verzicht auf bestimmte Speisen fordern (Kol 2,20ff). Wer auf sie hört, wendet sich von der Wahrheit ab (2Tim 4,3.4) und lässt sich von Teufelslehren bestimmen. Der Widersacher Gottes, der Satan, hat sich im Laufe der Kirchengeschichte häufig in einen „Engel des Lichts" verkleidet – und seine Boten verstellen sich ebenso listig als *Apostel Christi* (2Kor 11,13ff). Darum mahnt Gottes Wort, im Glauben nüchtern und wachsam zu sein – und dem Teufel in Glaubensfestigkeit zu widerstehen, d. h. unbeirrt an der gesunden biblischen Lehre festzuhalten (1Petr 5,8f).

● Die Bibel bezeugt eindeutig: **Gottes gesamte Schöpfung ist gut** (1Mo 1,31) – und es gibt nichts, was von Natur aus unrein wäre (Röm 14,14). Christen brauchen sich also von niemandem ein schlechtes Gewissen oder Vorhaltungen machen lassen wegen dem, was sie essen oder trinken (Kol 2,16). Das Evangelium befreit umfassend und kennt nur eine Bindung, nämlich die an Christus (Gal 5,1; Röm 14,6ff). Alles andere, jede nichtbiblische Frömmigkeit, gibt sich zwar gerne den Anschein von besonderer Gottesfurcht und Weisheit; sie ist und bleibt aber nichts anderes als eine religiöse Praxis, die nur der eigenen Selbstbestätigung dient. Gott gegenüber hat sie nicht den geringsten Wert (Kol 2,23).

✎ *Fragen Sie sich: Welche Hilfen gibt uns Gottes Wort, um im Glauben nüchtern und gesund zu bleiben – und nicht einer falschen Lehre oder einer Irrlehre auf den Leim zu gehen? Woran haben sich die ersten Christen gehalten?*

● Immer wieder ist im NT die Rede von der ***gesunden* bzw. *guten Lehre*.** Sie ist nur dann gut und förderlich für den Glauben, wenn sie sich an *die heilsamen Worte unseres Herrn Jesus Christus*, und an die Lehre der Apostel hält, wie sie in allen Briefen des NT entfaltet wird (1Tim 6,3; 2Tim 1,13). Was im Widerspruch dazu steht, nennt Paulus *ungeistliche Altweiberfabeln* (für *Fabeln* steht im griech. Urtext in V 7 das Wort *mythoi = Mythen*) oder *unnützes Geschwätz* (1Tim 1,6).

● Luther übersetzt hier das griechische Wort ***Gottesfurcht*** mit *Frömmigkeit*. Es geht darum, so zu leben, dass Gott geehrt wird. Sich darin beständig zu *üben* (griech. *gymnazein* = vgl. Gymnastik), lässt uns im Glauben stark werden. Sich in der Ehrfurcht vor Gott zu üben ist in jeder Hinsicht nützlicher als nur den Körper zu trainieren. Denn dem, der Gott ehrt, gelten seine Versprechen nicht nur für das irdische Leben.

● Jeder Gläubige soll anderen ein ***Vorbild* im Glauben** sein, so lehrt es Jesus schon in der Bergpredigt seine Jünger (Mt 5,13ff). Insbesondere aber haben Gläubige mit einer Leitungsaufgabe (auch in einem jugendlichen Alter wie z. B. Timotheus) in der Gemeinde eine Vorbildfunktion. Für *Vorbild* verwendet Paulus im Griechischen den Begriff *typos,* der ursprünglich *Eindruck, Gepräge* oder *Form* bedeutet. Im übertragenen Sinn ist *typos* jemand, der andere prägt, einen bleibenden Eindruck bei ihnen hinterlässt. Es geht darum, hinsichtlich Lehre und Leben glaubwürdig und authentisch für andere zu sein (V 16).

● Das **Vorlesen der Heiligen Schrift** (des AT) und der Briefe der Apostel war in den Gemeinden der ersten Jahrhunderte n. Chr. üblich (Kol 4,16). Es gab ja noch keine „Bibel" als Buchdruck wie seit der Reformation Luthers. Abschriften waren äußerst kostspielig und zeitaufwendig. So wurden die Apostelbriefe in den Gemeinden herumgereicht, wodurch die Christen Belehrung und Ermahnung empfingen.

✎ *In 1Kor 14 beschreibt Paulus den Ablauf eines urchristlichen Gottesdienstes. Vergleichen Sie das einmal mit dem Gottesdienst Ihrer Gemeinde (siehe dazu die Auslegung vom 6. Juni).*

● Richtete sich in Ps 148 am letzten Sonntag das Augenmerk auf die Vielzahl der Schöpfungswerke und ihr Lob, so ist mit Ps 149 die ***Gemeinde der Heiligen*** (V 1) im Blick.

● Das erlöste Gottesvolk soll **ein neues Lied** anstimmen. Damit ist auf das „Urlied“ der Befreiung des Gottesvolkes Bezug genommen: 2Mo 15,1-21. Dort wie hier wird der HERR als König bejubelt, und an beiden Orten verbinden sich Wort, Musik und Tanz zum Lobpreis. Damit ist angedeutet, dass Ps 149 in die ewige Herrlichkeit mündet, wo alle Not ein Ende hat und das Gotteslob allein bleibt.

● Der Psalm ist **dreiteilig gebaut** (V 1-3; 4-6; 7-9). Der mittlere Teil ist das „Scharnier“, das den ersten (Stichwort *Israel*) mit dem dritten (Stichwort *Völker*) verbindet. **V 5 liegt im Zentrum des Psalms** und ist damit betont: *Die Heiligen sollen fröhlich sein und preisen / und rühmen auf ihren Lagern.*

● Eine **Schwierigkeit** bildet V 6. Darin werden Lobpreis *(Gott erheben)* mit Gericht *(scharfe Schwerter)* verbunden, und *beides* soll vom erlösten Gottesvolk durchgeführt werden. Der Vers legitimiert keinen „gerechten Krieg“, sondern weist darauf hin, dass im endzeitlichen Gericht die Getreuen des HERRN von ihm zur Mitbeteiligung gerufen werden.

● Der Psalter ist als Sammlung sorgfältig gestaltet worden. Dies zeigt sich auch hier am Ende durch den **Rückbezug auf den Anfang**: Werden in Ps 2 den rebellischen Völkern und Königen eine Zeit der Einsicht und Umkehr zum Gottessohn eingeräumt, so ist in Ps 149 die Zeit für das Gericht reif. Gott erweist sich als mächtig, den *Elenden herrlich* zu helfen (V 4) und die Gottlosen zu bestrafen.

✎ *Lesen Sie Ps 2, und beachten Sie die Bezüge zwischen Ps 2 (V 1-2; 9-12) und Ps 149 (V 7-9).*

Gott ist ein mächtiger König und zugleich gnädig und barmherzig wie auch heilig und gerecht. Der stellvertretende Gerichtstod Jesu am Kreuz macht für uns den Weg frei für seine Gnade.

● Zur Zeit des NT waren **kinderlose Witwen**, wenn sie über keine Vermögenswerte verfügten, hinsichtlich ihres Lebensunterhalts auf Almosen angewiesen. Sie lebten praktisch von der Hand in den Mund (Mk 12,42ff). Es gab damals weder eine Rentenversicherung, noch irgendein soziales oder staatliches Sicherungssystem. Es oblag der Gemeinde, solche Witwen in ihrer Mitte zu unterstützen und für sie zu sorgen (Apg 6,1ff).

● Solche alleinstehenden, hilfsbedürftigen Witwen wurden in ein **Witwenverzeichnis** aufgenommen – und mussten bestimmte Voraussetzungen erfüllen, wie sie in V 9.10 beschrieben werden. Diese Eintragung in das Witwenverzeichnis, die den Witwen die Versorgung durch die Gemeinde zusicherte, war mit einer Verpflichtung zur Mitarbeit in der Gemeinde verbunden. Ihr Dienst bestand überwiegend in der Seelsorge an Frauen und Mädchen, sowie in der Pflege und Handreichung erkrankter Mitglieder der Gemeinde.

● Die Bedingung: ***eines Mannes Frau*** (so der griech. Urtext in V 9) wird von Auslegern unterschiedlich interpretiert:

➢ Sie darf nur einmal verheiratet gewesen sein.

➢ Sie muss ihrem jeweiligen Mann treu gewesen sein.

Alleinstehende Witwen unter 60 Jahren (Mindestalter, um in das Verzeichnis aufgenommen zu werden) sollten sich entweder durch eigene Arbeit ihren Lebensunterhalt verdienen, oder sie sollten wieder heiraten, um als Ehefrau versorgt zu sein (V 14). Vgl. hierzu auch die Aussagen des Apostels in 1Kor 7,8-9 und 39-40, wo er als persönliche Meinung vertritt, dass Witwen am besten nicht erneut heiraten sollten.

● In V 8 wird die ***Verantwortung der Männer*** angesprochen, die sie für ihre Angehörigen haben (das griech. *oikeioi = Hausgenossen* geht noch über den Kreis der engsten Familie hinaus). Das griech. Wort *pronoein = vorher bedenken, voraus denken* bedeutet hier: *für jemand vorsorgen*, und dies nicht dem Zufall überlassen.

✎ *Der schönste und reinste Gottesdienst für Gott besteht darin, dass man Witwen und Waisen in ihrer Not beisteht.*

● Personen, die eine Ortsgemeinde leiten, werden im NT als *Älteste* (griech. *presbyteroi)* bezeichnet (Apg 14,23; 20,17). Gemeinsam leiten sie in der frühen Zeit als Vorsteherkollegium die Gemeinde, während sich der *Bischof* (griech. *episkopos*) erst langsam zur entscheidenden Leitergestalt in den Gemeinden entwickelt. Wenn die Ältesten in der Gemeinde dazu noch eine Verkündigungs- und Lehrtätigkeit ausüben, *halte man sie zwiefacher Ehre wert* (V 17). Sie haben also nicht nur Anerkennung verdient, sondern auch einen entsprechenden Lohn.

● Interessant ist, dass das Wort Jesu: *Der Arbeiter ist seines Lohnes wert* (Lk 10,7) von Paulus bereits als Bestandteil der Heiligen Schrift zitiert wird (V 18), obwohl es zur Zeit der Abfassung des 1Tim noch keinen neutestamentlichen Kanon (kein NT) gab. Mit der Formulierung ... *denn die Schrift sagt* ... stellt er das Wort Jesu gleichrangig neben ein Zitat aus dem AT.

● Weil die Gefahr besteht, dass Älteste in ihrer Leitungsfunktion auch **ungerechtfertigter und unfairer Kritik** ausgesetzt sind, sind sie gegenüber Anschuldigungen in Schutz zu nehmen. *Zwei oder drei Zeugen* haben die Richtigkeit einer Anklage zu bestätigen (V 19). Doch wenn sich Älteste tatsächlich etwas zuschulden haben kommen lassen, dann sollen sie ohne Ansehen der Person *zurechtgewiesen werden* (V 20f).

● **Jemandem *die Hände auflegen*** (V 22) wird im NT als eine **besondere Segensvermittlung** verstanden, insbesondere dann, wenn es um die Einsetzung in einen Gemeinde-Dienst oder -Amt geht (Kap. 4,14; Apg 13,2f). Auch wurde und wird die Handauflegung im Zusammenhang mit der Salbung von Kranken und der **Absolution** (Zuspruch der Vergebung) praktiziert (Jak 5,14ff). Es lässt sich aber nicht mit letzter Klarheit sagen, welche Handauflegung der Apostel hier meint. Der weitere Textzusammenhang (V 22b.24) tendiert allerdings mehr zur Handauflegung bei der Erteilung der Absolution.

✎ *In Kap. 3,1-7 sowie in Tit 1,5-9 werden die Voraussetzungen genannt, um Ältester bzw. Bischof einer Gemeinde zu sein. Wie dieser Dienst aber auszuüben ist, finden wir in 1Petr 5,1-7.*

● Die Gesellschaft der antiken Welt bestand aus Freien und **Sklaven**. Auch im Volk Gottes des AT, in Israel, gab es Sklaven (2Mo 21,2ff), wenn auch mit der Einschränkung, dass niemand aus dem eigenen Volk einem Israeliten als Sklaven dienen dürfe (3Mo 25,44ff). Ausgehend von der damals bestehenden Gesellschaftsordnung sind diese und andere Hinweise des Apostels an die Sklaven und ihre Herren zu bewerten (Kol 3,22ff; Eph 6,5ff). Dabei sah sich Paulus ja durchaus auch als *Sklave*, nämlich als *Sklave Jesu Christi* (z. B. Röm 1,1), wobei Luther das griech. Wort *doulos* meist mit *Knecht* übersetzt. Entscheidender als die gesellschaftliche Kluft ist jedoch die Tatsache zu werten, dass Sklaven und Herren durch den Glauben an Jesus zu *Brüdern* (V 2) geworden sind.

● Wer sich nicht an ***die dem Glauben gemäße Lehre*** hält, sondern eine krankhafte Vorliebe für Streitfragen und Wortgefechte entwickelt, der erweist sich als unbelehrbar und nicht bereit, auf die Wahrheit Gottes zu hören. Gegenüber einem solchen Menschen gilt der Grundsatz: *Fliehe das* (V 11)!

● Der Apostel benennt als ***Wurzel aller Übel*** dieser Welt *die Geldgier.* Es geht dabei um Habgier, um Habsucht, um das unstillbare Verlangen, immer mehr haben zu wollen. Diese unersättliche Gier des Herzens hat böse und verderbliche Folgen – nicht zuletzt für den Glauben (V 9ff).

● Der wirklich reiche Schatz des Lebens liegt in der *Gottesfurcht* (V 6; Luther übersetzt wieder mit *Frömmigkeit* wie schon Kap. 4,7.8). Ein Leben in der **Ehrfurcht vor Gott** bringt tatsächlich großen Gewinn, vorausgesetzt, man übt sich in materieller Hinsicht in Selbstgenügsamkeit. Nahrung, Kleidung und ein Zuhause ist das, was ein Mensch zum Leben braucht – und das wird ihm von Gott geschenkt (Mt 6,31ff). Wer sich immer wieder neu bewusst macht, dass das letzte Hemd keine Taschen hat (V 7), der ist gut gewappnet, der bösen Versuchung der *Geldgier* nicht zu erliegen.

✎ *Bedenken Sie: Arm ist der, der nur für sich selbst Reichtümer sammelt und nicht reich ist im Hinblick auf Gott (Lk 12,15-21).*

Donnerstag, 10. Mai 1. Timotheus 6,11-16

● Jeder Jünger Jesu ist gerufen, den Versuchungen seines Herzens zu widerstehen und ihnen nicht zu erliegen: Du ***Mensch Gottes***, der du Gott gehörst und in seinem Dienst stehst, ***fliehe das!*** Die Spur seines Lebens hat eine andere Ausrichtung: ***Jage aber nach der Gerechtigkeit*** ... (vgl. Mt 6,33). Christen sind berufen, in dieser **Doppelbewegung des Glaubens von *Fliehen* und *Nachjagen*** etwas von Gottes Reich widerzuspiegeln (V 11): *Gerechtigkeit, Glauben, Liebe, Geduld* (oder *Standhaftigkeit*) und *Sanftmut* (oder *Milde, Freundlichkeit*). Zu diesem *guten Kampf des Glaubens* sind Christen durch die Kraft des Heiligen Geistes befähigt (V 12).

● Das **Wort der Apostel**, wie es uns in ihren Briefen im NT vorliegt, ist zusammen mit den vier Evangelien und der Apostelgeschichte der gute, gesunde, allein gültige Maßstab für ein Leben in der Nachfolge Jesu. Aufgabe aller Hirten und Verkündiger des Wortes Gottes ist es darum, die ganze Heilige Schrift bis zur Wiederkunft des Herrn rein und unverfälscht zu bewahren und zu verkündigen (2Tim 3,16f; 4,2ff).

● In vielen Büchern der Heiligen Schrift finden wir zahlreiche Aussagen über **Gottes Gottheit**, sein göttliches Wesen und seine ewige Macht. So auch hier in den V 15-16:

➢ Er allein hat alle Macht in seinen Händen (Offb 1,8), und von ihm geht auch alle irdische Macht aus (Röm 13,1ff; Joh 19,11).

➢ Er allein besitzt Unsterblichkeit, ist von Ewigkeit zu Ewigkeit. Alles, außer ihm, ist vergänglich und dem Tod unweigerlich ausgeliefert (Röm 8,20; Hebr 9,27).

➢ Er ist und bleibt für uns Menschen der Unsichtbare (V 16) – bis wir ihn dereinst in der Herrlichkeit von Angesicht sehen dürfen (Offb 22,4). Doch schon jetzt ist der unsichtbare Gott in Jesus sichtbar und erfahrbar geworden (Joh 14,9).

➢ Er ist Licht (1Joh 1,5) und wohnt in einem unzugänglichen Licht. Er ist der Unnahbare und Heilige (Jes 6,3ff).

✎ *Wer und wie ist Gott? Heilig, heilig, heilig ist Gott der Herr, der Allmächtige, der da war und der da ist und der da kommt!*

Freitag, 11. Mai 1. Timotheus 6,17-21

● Es gibt im NT viele **Aussagen, Mahnungen und Warnungen**, die direkt und unmittelbar **an Reiche** gerichtet sind – so auch hier (vgl. V 9f; Jak 5,1-6; Mt 19,23ff). Die Bibel verurteilt Reichtum nicht – es sei denn, er wird nur egoistisch genossen und nicht auch zum Wohle anderer eingesetzt. Da aber das Herz des Menschen von Natur aus ich-, ja habsüchtig ist, verbindet sich materieller Reichtum stets mit der Gefährdung, ihn nur für sich zu genießen und zu horten (Lk 12,15ff) – und ihn nicht mehr mit Armen und Bedürftigen zu teilen (Lk 16,19ff).

● **Reichtum** kann hochnäsig machen. Er fördert Hochmut und Überheblichkeit. Man fängt an, Erfolg und Wohlstand sich selbst und seiner eigenen Tüchtigkeit zuzuschreiben (5Mo 8,12ff) statt Gott dafür dankbar zu sein. Wer reich wird, steht in der Gefahr, Geld und Besitz zu seinem Gott zu machen (Mt 6,24). Er braucht den einzig wahren Gott nicht mehr. Stattdessen setzt er seine Hoffnung auf seinen Reichtum. Diese Haltung Gott gegenüber nennt die Bibel „Hochmut" (V 17).

● **Wer über viel Geld und Besitz verfügt**, kann damit aber auch viel Gutes tun, indem er Not lindert, wohltut, freigiebig ist und seinen Besitz mit anderen teilt. Wenn der Reichtum einen Menschen dazu anstiftet, so ist das im Hinblick auf seine Zukunft die beste himmlische Kapitalanlage (Mt 19,21).

● **Die *Gnosis*** (Paulus schreibt von *der fälschlich sogenannten* ***Erkenntnis*** V 20) ist zur Bezeichnung einer Irrlehre geworden, die die frühe Christenheit stark bedrohte. Danach wurde der Mensch nicht durch den schlichten Glauben an Jesus erlöst, sondern durch das Eindringen in tiefere Erkenntnisse über die vermeintlich wahren Zusammenhänge von Herkunft und Bestimmung des Menschen, die ihm dank des in ihm wohnenden göttlichen Lichtfunkens zuteil wurden. Auch leugneten die Gnostiker die künftige leibliche Auferstehung von den Toten.

✎ *Im Verhältnis zu vielen anderen Teilen der Welt ist die Mehrheit der Bürger unseres Landes „reich". Wie reich muss jemand sein, um seinen Reichtum freigiebig mit anderen zu teilen?*

Der 2Tim ist der letzte uns erhaltene Brief des Paulus – ein Brief an einen vertrauten Mitarbeiter, der sich wohl in Ephesus aufhält. Nach den in Apg 28 geschilderten Ereignissen ist Paulus aus der Haft entlassen worden, hat vielleicht Spanien und noch einmal den östlichen Mittelmeerraum besucht, ist dann aber (vermutlich im Zuge der Christenverfolgung unter Nero) erneut verhaftet worden. Nun stehen die Chancen für ihn schlecht. Er weiß das. Wer Christ ist, steht um seines Glaubens und Zeugnisses willen unter Anklage und muss mit dem Martyrium rechnen.

● Kein Wunder: **Erinnerungen kommen hoch** (V 3-5). Noch einmal kehrt der etwa 60-jährige, nun in seinem missionarischen Wirken eingeschränkte Apostel in Gedanken zurück in die Hoch-Zeit seiner Arbeit, als er Timotheus kennenlernte und zu seinem Mitarbeiter machte. Er soll sein Werk nun fortführen.

✎ *Lesen Sie Apg 15,36–16,5! Was erfahren wir dort über Timotheus? Wie ergänzen V 4-6 das Bild?*

● Ein Wunder: Paulus versinkt angesichts des bevorstehenden Sterbens *nicht* in Depressionen. **Er ist zuversichtlich** (Phil 1,20ff; Röm 14,7-9). Er betet und dankt Gott für das, was gewesen ist, aber er hadert nicht wegen dem, was noch hätte sein können. Gelassen und mit Zuversicht sterben kann nur, wer sich in allem in Gottes Händen geborgen weiß.

Diese Überzeugung hat für Paulus zwei Folgen:

➢ V 8: ***Schäme dich nicht!*** Das ist zunächst nicht psychologisch gemeint im Sinne: „Es soll dir nicht peinlich sein". Vielmehr objektiv: Wer mit dem Evangelium unterwegs ist, wird damit nicht zuschanden, jedenfalls nicht vor Gott.

➢ V 9f: Gottes Heilsgeschichte, die längst begonnen hat, kommt durch die Auferstehung Jesu zu einem vorläufigen Ziel. An Ostern hat Gott beispielhaft vorexerziert, wie er mit der Macht des Todes umgehen kann und wird – auch für uns. Wer im Windschatten Jesu lebt, wird im Windschatten Jesu auch vom Tod ins ewige Leben gehen (Röm 6,3f; 1Kor 15,19-24). **Ostern ist das Veto Gottes gegen die Macht des Todes.**

● Jeder neue Morgen, so freut sich der Psalmbeter, ist ein **Geschenk Gottes**, der in seiner Güte und Gnade über dem Schlaf gewacht und seinem Leben einen neuen Tag hinzugegeben hat. Dabei kommt dem Tagesbeginn am Sabbat (V 1) – für uns Heutige am Sonntag – eine besondere, zusätzliche Bedeutung zu. Es ist der Tag, an dem die normalen irdischen Pflichten entfallen, der Tag, sich in der Gemeinschaft der Glaubenden dem Lob und auch der Anbetung des gnädigen, bewahrenden und segnenden Gottes dankbar hinzugeben.

● Aber dieses Feiern ist von einer leider **unabweisbaren Spannung** begleitet. Ungesucht und ungewollt ist auf einmal die bedrängende, ja verbitternde Frage da, warum denen, die nicht nach Gottes Ordnungen und Weisungen leben, reden und handeln, in ihrem Tun und Ergehen so viel Erfolg beschieden ist (V 7-8). Warum geht es ihnen oft sogar besser als den Frommen, die von Herzen nach Gottes Geboten fragen und sie zu erfüllen trachten?

● Auf diese bedrängende Frage hat der sonntägliche Beter, der mit Dankbarkeit und Freude in die vor Gott versammelte Gemeinde gekommen ist, um ihn zu loben und zu preisen, keine Antwort. Zunächst jedenfalls nicht! Das macht ihm zu schaffen. Aber dann wird ihm von Gott her inmitten der versammelten Gemeinde eine tröstliche Einsicht vermittelt: **Gott handelt als ewiger Gott in völlig anderen zeitlichen Dimensionen** (V 9). Zu seiner Zeit wird Gott Gericht halten und sein Urteil sprechen. Bis dahin ist für jeden sündigen Menschen die Gelegenheit zur Umkehr offen. Diese Einsicht löst die innere Spannung des Frommen. Er kann also die Lösung getrost seinem Gott überlassen. Das lässt ihn den Spott und auch das, was ihm von den Gottlosen zugefügt worden ist, annehmen und darum den Lobgesang nicht aus seinem Herzen und Mund vergehen. Er kann darauf vertrauen, dass Gott sein Leben fruchtbar und gesegnet machen wird, und das bis ins hohe Alter (V 15). Somit wird er ein lebendiger Beweis für den gerechten Gott, der denen, die sich auf ihn verlassen, ein unzerstörbares Fundament ist.

Wie oft bei älter werdenden Menschen steht auch für den etwa 60-jährigen Apostel die Sicherung seines Lebenswerkes auf der Tagesordnung – nicht zu seinem Ruhm, sondern zur Förderung der von ihm gegründeten Gemeinden. Sachlich-theologische Aussagen und persönliche Erinnerungen vermischen sich. Wir finden im 2Tim so viele Namen wie in keinem anderen Paulusbrief sonst. Unter den Themen, die mehrmals vorkommen, stehen „Endzeit" und „Leiden" an der Spitze.

● Selbstbewusst und sendungsbewusst versteht Paulus sich als **Vorbild seiner Gemeinden** (Phil 3,17; 2Thes 3,9). Aber ebenso sollen auch Gemeinden bzw. Mitarbeiter des Paulus für andere ein Vorbild sein (1Thes 1,7; 1Tim 4,12). Hier dienen nun die von Paulus verkündeten *heilsamen Worte* als „Muster", an dem sich Timotheus orientieren soll (V 13).

● Nicht zufällig stellt er die V 13f dem Bericht über sein Leiden voran. Auch Niederlagen, Zerwürfnisse und Enttäuschungen trägt man am besten, indem Glaube und Liebe bewusst bewahrt bzw. beherzigt werden.

➤ Der tränenreiche Abschied von Gemeinden der *Provinz Asien* (Apg 20,37f) steht Paulus sicher vor Augen. Was er damals an Verführungen und Abspaltungen voraussah (Apg 20,29f), ist nun zu seinem großen Leidwesen durch die Abkehr ihm nahestehender Menschen Wirklichkeit geworden (V 15 sowie Kap. 2,17f; 4,10).

➤ Warum es zu den Trennungen kam, bleibt offen. Hielten manche den alten Apostel im Gefängnis für ein „Auslaufmodell" und wandten sich strahlenden Gestalten, vielleicht Anhängern der sog. „Gnosis", zu (vgl. Auslegung zum 11. Mai)? Sahen sie eine Chance, sich selbst jetzt besser zu positionieren? *Onesiphorus* und seine Großfamilie dagegen wird ausdrücklich mit wertschätzenden Worten bedacht (V 16ff). Offensichtlich gehört er zu den wenigen, die dem Apostel die Treue gehalten haben.

✎ *Machen Sie sich eine Liste von Namen der Mitarbeiter des Apostels, die Ihnen einfallen! Wie ist er mit ihnen umgegangen? Wovon können wir für unsere Leitungsaufgaben lernen?*

● **Konzentration auf die Verkündigung des Evangeliums** (V 1-9): Paulus nimmt seinen jungen Mitarbeiter für die Weitergabe des Evangeliums in die Pflicht und sorgt dafür, dass das Evangelium mit ihm nicht „ausstirbt". Dazu gehört ...

➢ ... zu wissen, dass unsere Kraft, auch unsere Überzeugungskraft, nicht aus uns selbst kommt. Es sind auch nicht zuerst unsere Methoden, die für Erfolg sorgen oder am Misserfolg schuld sind. *Durch die Gnade in Christus Jesus* (V 1), also unverdient und letztlich unbeeinflussbar, wirkt das Evangelium. Das bedeutet nicht, dass Methoden unwichtig wären und unsere Bemühungen überflüssig würden.

➢ ... zum Leiden bereit zu sein (V 3). Darin war Paulus Experte, nicht erst seit seiner Haft in Rom. Entscheidend ist zu wissen, wofür es sich zu leiden lohnt: für fromme Eigenarten oder Traditionen, die vom Wort Gottes her auch verändert werden können? Oder für die Wahrheit des Evangeliums, mit dem der Glaube steht und fällt?

➢ ... in der Lage zu sein, Wichtiges von Unwichtigem zu unterscheiden (V 4-7). Hier hatte Paulus leichter reden als viele von uns, die eben auch für eine Familie Verantwortung tragen.

● **Konzentration auf die Zukunft** (V 10-13) prägt Paulus seinem Schüler ein. Er blickt mit Zuversicht in die Zukunft, traut Timotheus aber auch viel zu (V 7). Die Nachfolgefrage wird nicht zu einer zusätzlichen Belastung für ihn. Er kann auch das Gott anvertrauen und – zuversichtlich abtreten.

➢ Am Ende seines Lebens geht der Blick auf den Anfang der christlichen Gemeinde: die Auferstehung Jesu und die Hoffnung auf unsere *Seligkeit*, die wir darauf gründen.

➢ Ein Fünfzeiler (V 11b-13; vielleicht ein urchristliches Ermutigungslied, mit dem Christen in Rom in die Arena gingen?) steht am Ende. Das *Verleugnen* hatte sehr konkrete Bedeutung: Jesus als Gott absagen und stattdessen dem römischen Kaiser ein Opfer darbringen. Viele haben es getan, um ihr Leben zu retten, viele aber auch nicht.

✎ *Der letzte Satz ist besonders tröstlich. Warum?*

Es ist tröstend für unsern Gemeindealltag mit seinen Spannungen und Konflikten, dass es auch **schon in den urchristlichen Gemeinden jede Menge Streit** gab. Paulus, der selbst keinem Streit aus dem Wege ging, mahnt nun zum Frieden.

● *Nicht um Worte streiten* (V 14) – ist das ein Wort an die Theologen seiner Zeit? Um einen biblischen Text richtig zu verstehen, ist es nötig genau hinzusehen und den Sinn einzelner Worte, ja manchmal einzelner Buchstaben präzise zu erfassen. Experten mag das wichtig erscheinen; für jene, die ihnen zuhören kann es eine *Katastrophe* sein (so wörtlich im Griechischen in V 14, wo Luther *verwirren* übersetzt).

> ✎ *Wo haben in der Gemeinde Diskussionen ihren Platz? Bei welchen Gelegenheiten sollten sie besser unterbleiben?*

● Kein brillanter Redner soll Timotheus sein, sondern ein *Arbeiter,* dem man nichts vorwerfen kann und *der das Wort der Wahrheit recht austeilt* (V 15). Das schließt ein, dass er das Evangelium verständlich und klar entfaltet und keinen überfordert.

➢ Auch hier weiß Paulus unrühmliche Beispiele zu nennen (V 16-18). *Hymenäus und Philetus* stiften Verwirrung mit der Lehre, die künftige Auferstehung der Toten sei schon geschehen; ein typisches Merkmal gnostischer Irrlehre.

> ✎ *Sammeln Sie Argumente dafür, dass die Hoffnung auf Auferstehung zum Kern unseres Glaubens gehört!*

➢ Ganz nüchtern kann Paulus damit leben, dass es in einer „Großorganisation" unterschiedliche Geister geben kann (V 20). Entscheidend ist, dass Jesus den Menschen ins Herz sieht und sie beurteilt. Auf der anderen Seite soll der Christ durch sein Verhalten zeigen, wohin er gehört (V 19). Dabei ist die Trennung von jeder Form von *Ungerechtigkeit* entscheidend.

● Dass es nicht um „Harmonie um jeden Preis" geht, zeigt V 21. **Trennungen können nötig werden**, wenn die Gefahr besteht, dass Gemeindeglieder mit ihren falschen Lehren andere vom Glauben abbringen.

Paulus zitiert hier wahrscheinlich ein Lied, das in der ersten Gemeinde entstanden war. Der **Christus-Hymnus** besingt den Heilsweg, den Jesus vom Vater auf die Erde (Erniedrigung) und wieder zurück zum Vater (Erhöhung) gegangen ist.

● **Ausgangspunkt** (V 6): Jesus war *in göttlicher Gestalt*, d. h. er war in einer einzigartigen Stellung, nämlich Gott gleich. Seine Stellung betrachtete er allerdings nicht als persönlichen Besitz, den er zum eigenen Vorteil unbedingt festhalten wollte – so wie ein Räuber seine Beute. Jesus war aus freien Stücken bereit, seine Stellung aufzugeben.

● **Erniedrigung** (V 7f): Sein Weg der Erniedrigung hat zwei Brennpunkte, seine Menschwerdung und seinen Tod am Kreuz. Bei seiner Menschwerdung *entäußerte* er sich (wörtlich: er *entleerte sich* – so wie ein Gefäß bis auf den letzten Tropfen geleert wird); d. h. er verzichtete auch noch auf den letzten Rest seiner göttlichen Stellung. Seinen Weg als einfacher Mensch ging Jesus bis zur äußersten Konsequenz: den Tod am Kreuz.

● **Wendepunkt**: Das Kreuz ist der Wendepunkt. Es bedeutet Gehorsam bis zum bitteren Ende, aber auch Erlösung für die Welt. Im menschlichen Ende liegt der göttliche Neuanfang.

● **Erhöhung** (V 9-11): Die Erhöhung umfasst seine Auferstehung und seine Inthronisation im Himmel. Wörtlich heißt es hier, dass Gott Jesus *übererhöht* hat. Es bleibt offen, ob damit gemeint ist, dass Jesus jetzt höher ist als vor seiner Erniedrigung, oder ob nur ausgedrückt werden soll, dass Jesus jetzt über allem thront. Jesus trägt jetzt den Gottesnamen Jahwe und hat somit Anteil an Gottes Herrschaft. Seine Herrschaft umfasst den ganzen Kosmos: Himmel – Erde – Unterwelt.

Das Beugen der Knie war damals keine Geste der Höflichkeit, sondern Zeichen der bedingungslosen Unterwerfung. Der Sieger konnte seinen Fuß auf den Nacken des Besiegten stellen und so seinen Herrschaftsanspruch zum Ausdruck bringen.

✎ *Finden Sie Aussagen in dem Abschnitt, die Ihnen helfen, das Fest „Christi Himmelfahrt“ besser zu verstehen und mit größerer Freude zu feiern?*

Freitag, 18. Mai — 2. Timotheus 3,1-9

Malt Paulus seinem Schüler hier nicht ein allzu schwarzes Bild von den *letzten Tagen* (V 1) vor die Augen? Geht die sittliche Verwahrlosung wirklich so weit? Doch indem wir die Aussagen abschwächen oder den Lasterkatalog (V 2-5) in eine ferne Zukunft projizieren und auf andere beziehen, machen wir es uns zu leicht. **Gottes Wort spricht immer zu denen, die es gerade hören oder lesen.** Es spricht nicht zu uns über andere, sondern über uns. Nehmen wir also den Lasterkatalog als Spiegel, in dem wir unser eigenes Verhalten selbstkritisch überprüfen. Dann kann er uns wirklich helfen.

> ✎ *Schreiben Sie die von Paulus erwähnten Eigenschaften und Verhaltensweisen untereinander auf ein Blatt und notieren Sie rechts daneben, wo sie auf Sie zutreffen!*

● *Frömmigkeit* kommt in den Briefen an Timotheus und Titus zehnmal vor, ist also ein Begriff, der im Denken des alten Paulus großes Gewicht bekommt. Das im griech. Urtext stehende Wort *eusebeia* bezeichnet das Gott gegenüber angemessene Verhalten – etwa die ***Ehrfurcht vor Gott***. In V 5 beschreibt Paulus Menschen, die zwar mit den äußeren Formen echten Christseins (Sprache, Mimik, Gestik, Verhaltensweisen u. a.) vertraut sind, die aber nicht zulassen, dass Gottes Kraft sie selbst im Innern verändert. Es geht um **fromme Heuchelei.**
Um Beispiele dafür ist Paulus nicht verlegen:

➢ Lesen wir heute manchmal von sexuellen Eskapaden amerikanischer Prediger, so hat es Ähnliches zu Paulus' Zeiten auch schon gegeben: dass sich Männer (unter dem Vorwand seelsorglicher oder missionarischer Bemühung) an Frauen heran und sie von sich abhängig machen. Vielleicht denkt er hier (wie 1Tim 5,11) an junge Witwen, die gern mit ihrer Attraktivität spielen und ihr Single-Dasein nicht ertragen können.

➢ Von denselben Frauen sagt Paulus, dass sie sich zwar (wohl mit Blick auf die christliche Botschaft) immer wissbegierig geben, aber doch nicht fähig oder bereit sind, mit dem Glauben wirklich ernst zu machen (V 7). Ihr Interesse am Glauben ist wohl nur vorgeschoben.

Wie gut, dass es im Leben ein *Aber* (V 10a.14a) **gibt!** Dunkelheit – aber auch Licht; Trauer – aber auch Freude; Verlust – aber auch Gewinn! Nach dem Bericht über die vielen Enttäuschungen, die ehemalige Mitarbeiter Paulus bereitet haben, kommt erneut der treue Timotheus in den Blick. Er hat sich den Apostel in vielerlei Hinsicht zum Vorbild genommen (V 10f). Und wieder ist der Häftling Paulus beim Thema *Leiden* angekommen (V 11-13). Er verallgemeinert seine persönliche Erfahrung im Blick auf alle, die *fromm* (d. h. so, wie es Gott entspricht und gefällt) *leben wollen* und die dabei nicht an irgendein höheres Wesen denken, sondern deren Glaube an Gott zugleich an Gottes Beauftragten, Jesus, gebunden ist.

✎ *Von welcher Seite müssen Christen Unverständnis, in manchen Regionen der Erde sogar massive Verfolgung befürchten? Was sind die Gründe dafür?*

Noch einmal beginnt Paulus eine Aussage mit: *du aber* (V 14).
➢ Unser Glaube beruht gewiss zuerst auf den Fakten, die Gott in Christus geschaffen hat (Schöpfung, Erlösung, Hoffnung).
➢ Er wird gestärkt durch eigene Erfahrungen mit Gott (Erhörung von Gebeten, Bewahrungen, Führungen).
➢ Er orientiert sich aber auch an dem, was frühere Generationen mit Gott erlebt haben und deren Festhalten an Gott auch in schwierigen Zeiten am Ende belohnt wurde.
● Mit der *Heiligen Schrift* meint Paulus das heilige Buch der Juden, unser AT. Als Sohn einer jüdischen Mutter hatte Timotheus eine entsprechende religiöse Erziehung genossen.
➢ V 16 könnten wir auch übersetzen: *Die ganze Schrift ist von Gott eingehaucht* (lat. *inspiriert*) *und nützlich …* Viele Fragen tun sich bis heute im Blick auf das rechte Verständnis der Inspiration der Bibel auf. Jede Epoche hatte ihre speziellen Bedenken, warum die Bibel als Ganze *nicht* als Wort Gottes genommen werden dürfe. Manche davon haben sich längst erübrigt.
➢ Wo könnten wir denn sonst Gott zuverlässig reden hören? **Die Bibel bleibt das Grunddokument unseres Glaubens, das alle christlichen Kirchen miteinander verbindet.**

● Ps 131 ist einer der kürzesten im ganzen Psalter. David hat sich in diesen Versen aufgemacht, **seinem Gott zu begegnen**, in seine Nähe zu kommen, um ihm bewusst ganz nahe zu sein. Aber er weiß um den grenzenlosen Abstand zwischen Gott und sich, dem geschaffenen Wesen. David, der große und menschlich erfolgreiche König, nähert sich seinem Gott wie ein Kind seinem Vater. Wie ein Kind, das sich mit seinen Gedanken und Wünschen seinem Vater öffnet und darauf vertraut, dass dieser ihm mit Rat und Tat zur Seite steht, ja ihm sogar seine Hand reicht, um mit ihm den richtigen, guten, gesegneten Weg zu gehen.

● David hat aus menschlicher Perspektive viel erreicht. Doch er rühmt sich dafür nicht vor Gott. Er rühmt sich auch nicht dafür, dass er als Beschenkter letztendlich doch stolz sein kann, weil die Vorstellung, dies alles durch seine demütige Gottesbeziehung erreicht zu haben, sich zu bestätigen scheint. David lässt dies hinter sich zurück. Der äußere Erfolg, geistlich gesehen: das Gesegnetsein in so vielen Dingen des irdischen Lebens, tritt in den Hintergrund.

● Was David sucht, ist die ganz große Sehnsucht nach etwas anderem, nämlich nach einer **neuen persönlichen Erfahrung Gottes**. Ganz nahe soll diese Beziehung sein, die er ersehnt, so nahe wie die eines entwöhnten Kindes bei seiner Mutter. David sehnt sich nach unverdientem Geborgensein, nach Gottes Liebe und dem Gehaltensein durch sie. Wird diese Bitte erfüllt, dann wird das Leben heil, gehalten, getrost, angst- und sorgenfrei. David wünscht sich übrigens dies nicht nur für sich, vielmehr ermuntert er sein ganzes Volk, seiner Haltung zu folgen. Dann wird alles gut.

Das Aufsuchen Gottes in Demut und Dankbarkeit lässt geistliches Leben und irdische Existenz gesegnet aufblühen. Sich so in eine neue Woche zu begeben ist wirklich verheißungsvoll.

In dem griech. Wort für *Ermahnen* (V 1) steckt eigentlich ein *Bezeugen*, d. h. Paulus erklärt Timotheus etwas und nimmt ihn dabei in die Verantwortung. Er stellt ihn unmittelbar vor Gott. Es geht zunächst ...

● um den **Inhalt der Verkündigung** und des Glaubens:

➢ Schon in V 1 wird die Verantwortung vor Gott, die jeder Mensch hat, angesprochen. Es kommt der Tag, an dem unser kleines Leben vor dem großen Gott noch einmal zur Sprache gebracht wird. Selbst Paulus sah diesem Gericht früher mit Bangen entgegen (2Kor 5,4.10). Jetzt überwiegt in ihm die Zuversicht (V 6-8).

➢ In V 2 verwendet der Apostel für ***predigen*** ein Wort, das ursprünglich die **Tätigkeit eines Herolds** beschrieb, nämlich eine absolut und für alle gültige Botschaft des Herrschers öffentlich bekannt zu machen (griech. *keryssein*).

> ✎ *„Das Evangelium ist eine öffentliche Wahrheit, die alle angeht" (L. Newbigin). Warum ist es so wichtig, gerade heute das Evangelium mit diesem Anspruch zu verkündigen?*

➢ Christen sind grundsätzlich immer und überall (*zur Zeit oder zur Unzeit*) zum Zeugnis ihres Glaubens verpflichtet. Je nach Anlass und dem Gegenüber wird dieses Zeugnis durchaus unterschiedlich ausfallen. So sprach Paulus mit König Agrippa (Apg 26,2ff) anders als mit dem Gefängnisdirektor in Philippi (Apg 16,27ff) oder den Intellektuellen in Athen (Apg 17,22ff).

● Schließlich geht es Paulus noch einmal um die Themen **Endzeit und Leiden**, und zwar in zweifacher Hinsicht:

➢ Er rechnet nicht mit einem fortwährenden Wachstum der christlichen Gemeinde, sondern mit einer Zeit der Verstockung (V 3f). Nicht mehr die ursprüngliche, nüchterne, aber heilsame Botschaft ist gefragt. Die Leute werden sich lieber Predigern zuwenden, die ihnen Angenehmeres zu sagen wissen.

➢ Dem soll sich Timotheus nicht anschließen. Er soll als Nachfolger des Paulus, der sein nahes Ende spürt (V 6), bei der guten Botschaft bleiben. Die findet zwar nicht den Beifall der Masse, aber sie weist Einzelnen den Weg zu Jesus.

Dienstag, 22. Mai — 2. Timotheus 4,9-22

● Der **Apostel Paulus** selbst hat seine Situation in V 6 knapp dargestellt: Offenbar rechnet er fest mit seiner baldigen Hinrichtung. Verständlich, dass er seinen Nachfolger Timotheus noch einmal sehen möchte und ihn gleich zweimal zur Eile ermahnt (V 9.21). Wo hält sich Timotheus gerade auf? Vielleicht in Ephesus, wo er schon den 1Tim erhielt. Dort hatte er *Aquila und Priska* etwa 15 Jahre zuvor zurückgelassen (Apg 18,19) und dort war auch *Onesiphorus* zu Hause (1,16; 4,19).

● Noch einmal beklagt Paulus **verlorene Mitarbeiter**: innerlich hat er *Demas* und *Alexander* verloren, (nur) äußerlich *Erastus* und *Trophimus* sowie *Kreszens* und *Titus*. Die beiden Letzteren sind wohl in frühere Wirkungsgebiete des Apostels gezogen. Dalmatien könnte Paulus zur Zeit des Tit besucht haben, als er in Nikopolis an der Adria überwinterte (Tit 3,12).

● **Wer ist geblieben?** Nur ***Lukas*** wird von den langjährigen Mitarbeitern erwähnt. Mit *Markus* (V 11) dagegen hat er sich nach der abrupten Trennung zu Beginn der 2. Missionsreise (Apg 15,36ff) längst wieder versöhnt. Die in V 21 Genannten dürften Mitglieder der Gemeinde in Rom sein, die den Apostel im Gefängnis unterstützten.

● Wie an manchen Stellen der Paulusbriefe geht die Schilderung seiner Lebensumstände unmittelbar in **Anbetung** über (V 18). Er blickt auf ein erstes *Verhör* (wörtlich: *Verteidigung*) zurück, bei dem es nicht – wie befürchtet – zur Verurteilung durch Tod beim Tierkampf in der Arena (*Rachen des Löwen*) kam. Da Paulus dann nicht viel später als römischer Bürger durch Enthauptung hingerichtet wurde, kann man vermuten, dass er sich wieder auf sein Bürgerrecht und damit auch auf den Kaiser berufen hat (Apg 25,10; 26,32). Kaiser Nero konnte wohl nicht anders, als ihn zum Tod durch das Schwert verurteilen, denn ihm selbst stand das Wasser bis zum Hals. Man warf ihm – wohl zu Recht – vor, den Brand Roms selbst veranlasst zu haben, doch er schob die Sache den Christen in die Schuhe.

✎ *Kennen Sie andere Stellen, wo Paulus zur Anbetung übergeht? Welche Gründe mögen ihn dabei geleitet haben?*

Titus ist direkt durch den Dienst des Paulus zum Glauben gekommen, deshalb bezeichnet er ihn als *meinen rechten Sohn* (V 4). Paulus hatte ihn als Beispiel eines ursprünglichen Heiden zum Apostelkonzil mitgenommen (Gal 2,1). Als Begleiter des Paulus bei seiner 3. Missionsreise hatte er sich bewährt, sodass Paulus ihn immer wieder als Mann für schwierige Fälle einsetzte, z. B. bei seinem Streit mit der Gemeinde in Korinth (2Kor 8,16ff). Auf Kreta sollte er die Situation in der Gemeinde durch die Einsetzung von Verantwortlichen stabilisieren.

➢ ***Älteste:*** wörtlich ***Ältere*** (griech. *presbyteroi*); es geht um Menschen, die schon Erfahrungen gesammelt und sich bewährt haben; es geht also nicht um das Lebensalter an sich.

➢ ***Bischof:*** wörtlich ***Aufseher, Vorarbeiter*** *(griech. episkopos)*; Bischöfe waren Gemeindeleiter, sie sollten den Aufbau der Gemeinde beaufsichtigen und in richtige Bahnen lenken. Das Bischofsamt damals hat mit dem Status eines heutigen Bischofs allerdings nichts zu tun.

✎ *Ordnen Sie die Bedingungen für die Berufung von Ältesten und Bischöfen in folgenden drei Kategorien ein: Grundvoraussetzungen – negative Ausschlusskriterien – positive Voraussetzungen.*

● Paulus möchte, dass nicht Macht, Einfluss, Geld, Verwandtschaftsverhältnisse bei der Benennung von Verantwortlichen den entscheidenden Ausschlag geben, sondern die persönliche Integrität der Verantwortungsträger. Gleichzeitig lesen wahrscheinlich alle, die haupt- und ehrenamtlich in der Gemeinde tätig sind, die Worte des Paulus mit einer gewissen Beklemmung. Wie können wir als Verantwortliche z. B. dafür garantieren, dass unsere Kinder denselben Weg einschlagen wie wir? Entscheidend für jede Beurteilung ist m. E. das dahinterstehende Anliegen: Wer sich in der kleineren Einheit der Familie bewährt hat, der hat gute Voraussetzungen dafür, dass er sich auch in der größeren Familie der Gemeinde Jesu bewähren wird. Wer schon in der Familie statussüchtig, egoistisch oder träge ist, wird sich auch in der Gemeinde ähnlich verhalten.

Donnerstag, 24. Mai — Titus 2,1-10

Bei der Verkündigungstätigkeit des Titus geht es nicht nur um die Vermittlung von Glaubenssätzen, sondern auch um **das rechte Leben der Christen in der Gemeinde.**

Christen sollen so leben …

➢ dass es für sie selbst und für die ganze Gemeinde *heilsam* – d. h. gut und dem Glauben förderlich – ist (V 1);

➢ dass das Leben der Christen *dem Widersacher* keinen Anstoß gibt und ihr Glaube für Nichtchristen attraktiv ist (V 8);

➢ dass sie durch ihr Tun das Wort Gottes nicht mit Füßen treten, sondern Gott mit ihrem Leben *Ehre machen* (V 5 + 10).

Diesem dreifachen Ziel sind die **konkreten Ratschläge** verpflichtet, deshalb müssen sie in der jeweiligen Zeit vor dem Hintergrund dieser Ziele ausgelegt werden:

● Die meisten Ratschläge des Abschnitts sind zeitlos gültig, manche aktueller denn je, z. B. die Ermahnung zur Nüchternheit und Besonnenheit, sowie die Warnung vor Süchten.

● Manche Ratschläge müssen für die heutige Zeit übertragen werden. So gibt es heute bei uns glücklicherweise keine Sklaven mehr. Die Aussagen von V 10 lassen sich jedoch durchaus auf das Verhalten heutiger Arbeitnehmer übertragen, wobei der in V 9 angesprochene bedingungslose Gehorsam selbst für Arbeitgeber heute glücklicherweise kein Thema mehr ist.

● Einzelne Ratschläge sind m. E. vor dem Hintergrund veränderter Zeitumstände nicht mehr aktuell. In einer Zeit, in der die Gleichstellung von Mann und Frau in der Öffentlichkeit als hohes Gut gilt, wäre es für Nichtchristen äußerst anstößig, wenn in christlichen Familien weiter patriarchalische Strukturen herrschen würden. Da für Paulus Mann und Frau grundsätzlich gleichrangig sind (1Kor 11,11; Gal 3,28), handelt es sich in V 5 um Aussagen im Blick auf Anstand und Sitte, die vor dem Hintergrund der damaligen Zeit verstanden werden müssen. So muss jeweils neu gefragt werden, was heute *heilsam* ist.

✎ *Wer soll Ihrer Meinung nach entscheiden, wie die einzelnen Aussagen einzuordnen sind – jeder einzelne Christ, der Pastor, eine Gemeinde oder Synoden?*

● Zu einem christlichen Lebensstil kommt man nicht durch eigene Anstrengung, sondern wird durch *die heilsame Gnade Gottes* dazu *erzogen* (so wörtlich V 12 das griech. *paideuo*, das Luther mit *nimmt uns in Zucht* übersetzt). **Die Gnade Gottes beinhaltet nicht nur den Freispruch von der bisherigen Schuldverstrickung, sie befähigt auch zu einem neuen veränderten Leben**. Wer die göttliche Gnade in Anspruch nimmt, erlebt die Veränderung zu einem neuen Menschen.

✎ *Wie hat sich die Erziehungsarbeit Gottes (V 12) in Ihrem eigenen Leben bisher ausgewirkt?*

● Die Gnade Gottes hat Auswirkungen auf die **Vergangenheit** (Vergebung der Schuld), auf die **Gegenwart** (Veränderungen des Lebensstils) und auf die **Zukunft** (durch die Hoffnung auf die Vollendung in Gottes Herrlichkeit).

● Die göttliche Gnade ist *heilsam*, weil sie mit der Erlösungstat Jesu am Kreuz verknüpft ist (V 14):

Er hat sein Leben *für uns gegeben*,

➢ deshalb sind wir von der Schuld befreit;

➢ deshalb sind wir als von ihm erwähltes Volk sein *Eigentum*, bei dem er selbst dafür sorgt, dass es zu ihm passt;

➢ deshalb sind wir motiviert *zu guten Werken*, d. h. so zu leben, wie es unserem Erretter gefällt.

● Schon zur Zeit des Paulus wurden **ermahnende Worte** nicht gerne gehört. Es ist viel einfacher, eine Gemeinde zu bestätigen bzw. zu ermutigen. Doch wenn Ermutigung nicht bloß oberflächlich sein soll, gehört die Ermahnung mit dazu. Deshalb soll Titus mit allem Nachdruck ermahnen. Das soll aber nicht von oben herab geschehen. Das hier im griech. Urtext verwandte Wort für *ermahnen – parakaleo* – bedeutet ursprünglich: *zu jemandem reden, indem ich mich neben (para) ihn stelle.* Doch auch brüderliche Ermahnung auf gleicher Augenhöhe stößt auf Widerstand, weil Gemeindeglieder sich nicht gerne korrigieren lassen. Sie nehmen Anstoß an der Person, aber im Grunde nehmen sie an Anstoß der Botschaft. So warnt Paulus die Hörer des Titus: *Niemand soll dich verachten* (V 15)!

● Noch einmal fasst Paulus die **Grundzüge seiner Ethik** zusammen:

➢ Das Verhalten der Christen spiegelt eine innere Haltung wider; sie sind auf Verständigung und Frieden bedacht und begegnen anderen Menschen mit Güte und Respekt (V 1f).

➢ Zum früheren Leben vor der Hinwendung zu Christus besteht ein großer Unterschied; es war gekennzeichnet durch fehlenden geistlichen Durchblick, Gebundenheit an Begierden und gestörte zwischenmenschliche Beziehungen (V 3).

➢ Grundlage aller Veränderungen ist *die Freundlichkeit und Menschenliebe Gottes* (V 4); so wie Gott mit uns umgeht, so können Christen nun auch mit anderen Menschen umgehen.

➢ Nicht durch eigene Anstrengungen, sondern durch Gottes Barmherzigkeit sind wir *gerettet* (V 5).

➢ **Das *Bad der Wiedergeburt*** (hier wohl schon ein feststehender Begriff für die ***Taufe***) **ist der Wendepunkt vom alten zum neuen Leben** und gleichzeitig die „Initialzündung" zu einem Veränderungsprozess, der durch die *Erneuerung im Heiligen Geist* geschieht (V 5f).

● Als Christ ist man also von Anfang an ein neuer Mensch, aber man ist als solcher noch nicht fertig. Deshalb braucht es immer wieder die Ermahnung: **Sei, was du bist – nämlich ein erneuerter Mensch!** Titus soll bei seiner Lehr- und Verkündigungstätigkeit darauf den Schwerpunkt legen (V 8).

● Paulus ermutigt Titus zur **Prioritätensetzung**. Das bedeutet auch, dass er für bestimmte Fragestellungen und Vorlieben mancher Gemeindeglieder keine Zeit verschwenden soll:

➢ Spekulationen über die Zusammenhänge von jüdischen Geschlechtsregistern mit dem Fortgang der Geschichte: solche spekulativen Gedanken lenken nur vom Wesentlichen ab.

➢ Kleinlicher Streit über Gesetzesvorschriften, die die Gewissen nur unnötig belasten und das Evangelium verdunkeln.

➢ *Ketzerische,* d. h. zur Spaltung anstiftende *Menschen* suchen nur Aufmerksamkeit für sich und ihre sektiererischen Lehren, um sich von anderen abzusondern. Wenn Ermahnungen hier fruchtlos bleiben, hilft nur ein klarer Trennungsstrich.

● Der **Lobpreis** am Anfang des Epheserbriefs erinnert an die Einleitung des Johannesevangeliums Joh 1,1-18. Wer die großen Taten Gottes beschreiben möchte, kann dies letztlich nur in der Form des Lobpreises tun. Der Grund des Lobpreises liegt darin, dass Gott *uns gesegnet hat mit allem geistlichen Segen im Himmel durch Christus* (V 3).

> ✎ *Gehen Sie gedanklich die Feste des Kirchenjahres durch bis zum heutigen Pfingstfest. Welcher besondere Segen liegt im jeweiligen Fest?*

● So wie Gott einst Israel in souveräner Setzung aus den Völkern erwählt hatte, so liegt es allein an **Gottes Erwählung**, dass Menschen an Jesus Christus glauben können. Diese Erwählung ist sogar Bestandteil seines Heilsplans, den er schon vor der Erschaffung der Welt gefasst hat. Erwählung bedeutet Auswahl aus einer größeren Menge und damit eine besondere Würdigung. Diese Erwählung kann letztlich nicht hinterfragt werden. Wir können sie nur in staunendem Lobpreis annehmen. Sie ist auch kein Grund zur Überheblichkeit – etwa weil wir besonders dafür qualifiziert wären (vgl. 5Mo 7,7). Die Bibel enthält auch keine Spekulationen über die Verwerfung der anderen. So wie die Erwählung Israel zu einem Leben nach den Geboten Gottes verpflichtete, so bedeutet unsere Erwählung, *dass wir heilig und untadelig vor ihm sein sollten* (V 4).

● Am Pfingstfest besonders interessant ist, was Paulus in seinem Lobpreis in V 13f über den **Heiligen Geist** aussagt:

➢ Wenn wir zum Glauben kommen, werden wir mit dem Heiligen Geist ***versiegelt.*** Seine Anwesenheit in unserm Leben macht uns gewiss, dass wir jetzt ganz zu Jesus Christus gehören und niemand sonst einen Anspruch auf unser Leben hat.

➢ Weil uns der Heilige Geist *verheißen* ist (Joe 3,1; Joh 14,16f u. ö.), können wir uns darauf verlassen, dass er uns geschenkt wird, wenn wir darum bitten.

➢ Der Heilige Geist ist das *Unterpfand des Erbes*, das auf die Kinder Gottes wartet: eine Art *Anzahlung* bzw. *Vorweggabe*, die jubelnde Vorfreude auf das noch Ausstehende wecken soll.

● Mit diesem Psalm findet das Buch der Psalmen als Gebet- und Gesangbuch Israels seinen **abschließenden Höhepunkt**. Die zum Gottesdienst versammelte Gemeinde wird aufgerufen, das sich im Laufe des Gottesdienstes wiederholende Halleluja der levitischen Sänger mitzusingen. Sie sollen einstimmen in das Gotteslob für sein immer wieder neues, gnädiges, unverdientes Handeln und helfendes Eingreifen in der bewegten Geschichte des Gottesvolks und der einzelnen Menschen in ihm. Da wird all der vielen Wohltaten und Segnungen gedacht, aller unverdienten Bewahrung des Volkes und der Einzelnen nach innen und außen, aller gnädigen Führung, die Gott seinem Volk im Lauf der Geschichte Israels hat zuteil werden lassen.

● Ein so umfassendes Gotteslob kann nicht prächtig genug geschehen, darum soll es **mit allen verfügbaren Instrumenten** gestaltet werden. Aber das ist noch nicht alles. Etwas bis dahin nicht Dagewesenes, etwas völlig Neues klingt in der Schlusszeile des Psalms auf und weitet das Gotteslob ins Universale: ***Alles, was Odem hat, lobe den Herrn! Halleluja!*** Mit diesem letzten Satz des letzten Psalms schaut das Liederbuch des Alten Bundes in eine damals noch kaum vorstellbare Zukunft. Das Gotteslob der Psalmen, in dem Israel seinen Gott besingt und mit einer Fülle von Instrumenten in herrlicher Musik preist, soll nicht auf Israel und seine Gotteserfahrungen beschränkt bleiben. Alle Völker, die gegenwärtige und zukünftige Menschheit, werden sich zum Glauben an den Gott Israels einfinden. Sie sollen ebenfalls einbezogen werden in Gottes umfassendes Heilshandeln. **Alle Welt soll des Heils Gottes voll werden und in das Gotteslob einstimmen.** Das wird auf Erden geschehen, wenn die Völker mit Israel gemeinsam im Lob Gottes vereint sein werden. Das wird aber auch in Gottes Welt geschehen, in Gottes himmlischem Heiligtum, im neuen Jerusalem. Darum ist es angemessen, dass der letzte Psalm mit einem Halleluja beginnt und endet. Da leuchtet das Ziel der Heilsgeschichte auf: Gemeinsam mit dem ersterwählten Israel loben alle Völker Gott.

In den Kap. 12–14 kommt Paulus auf ein **neues Thema** zu sprechen: den rechten Gebrauch und die richtige Einschätzung der **Geistesgaben.**

● In den V 1-3 stellt Paulus als Kriterium zur Beurteilung das urchristliche Bekenntnis voran: *Herr ist Jesus!* (vgl. Röm 10,9; Phil 2,11). Dieses Bekenntnis markiert die entscheidende Kehrtwendung im Leben der Korinther.

● Als verschiedene Geistesgaben nennt Paulus: *Gnadengaben* (griech. *charismata*), *Dienste* (so besser als *Ämter* wie Luther das griech. *diakoniai* in V 5 übersetzt) und *Krafttaten* (griech. *energämata*) und führt sie alle auf den dreieinigen Gott zurück (V 4-6). Wichtig sind ihr Ursprung und ihr Gebrauch. **Die unterschiedlichen Geistesgaben sind uns von Gott nicht für den privaten Gebrauch, sondern zum Nutzen für alle in gegenseitiger Auferbauung gegeben** (V 7).

● In der **Liste der Geistesgaben** in V 8-10 nennt Paulus zuerst *Weisheit* und *Erkenntnis*; beides Gaben der Verkündigung. Es folgen der Berge versetzende, *Wunder wirkende Glaube* und das heilende Gebet, d. h. die Begabung zu Heilungswundern verschiedener Art. Der *prophetischen Rede*, den Willen Gottes zielsicher und treffend für Gegenwart und Zukunft anzusagen, wird die Notwendigkeit der prüfenden *Unterscheidung der Geister* zur Seite gestellt. Dass die in Korinth so hoch geschätzte Gabe der *Zungenrede* (griech. *Glossolalie*) und ihre *Auslegung* erst an letzter Stelle genannt werden, ist kein Zufall. V 11 betont die prinzipielle Gleichwertigkeit aller Geistesgaben.

● Ein **Vergleich mit den Gabenkatalogen** in V 28-30; Röm 12,3-8 und Eph 4,11.12 macht deutlich, dass Paulus mit seiner Auflistung hier keine Vollständigkeit anstrebt. So sind im Laufe der Kirchengeschichte immer wieder auch neue Gaben entdeckt und zum Einsatz gekommen, während andere vernachlässigt wurden oder zum Schaden der Kirche verloren gingen.

✎ *Welche der von Paulus aufgezählten Gaben erscheinen Ihnen für die Arbeit in der Gemeinde besonders wichtig; welche werden heute vernachlässigt und welche überbewertet?*

● Den leitenden Grundsatz von V 7 entfaltet Paulus in den V 12-26 mit dem **Bild vom Leib und seinen Gliedern.** Der menschliche Körper mit seinen verschiedenen Gliedmaßen und Organen kann so ohne Weiteres auf keine Funktion verzichten; sie wirken zusammen und brauchen einander, damit es nicht zu Behinderungen kommt (vgl. Röm 12,4ff). Auch andere Gruppen und Vereine mögen den **Grundsatz** verfolgen: **„Alle für einen, einer für alle!"** doch für den Christusleib der Gemeinde gilt er unbedingt. In der Taufe werden alle *zu einem Leib getauft* und im Herrenmahl werden alle *mit einem Geist getränkt* (V 13). Die sonst in der Gesellschaft so gravierenden Unterschiede von Juden und Heiden, Sklaven und Freien, Männern und Frauen haben in der Gemeinde ihre trennende Bedeutung verloren (vgl. Kap. 7,18-22; Gal 3,28). Die Zugehörigkeit zur Gemeinde als dem Leib Christi überwindet Gegensätze und Unterschiede. **Kein Glied an diesem Leib ist überflüssig** (V 16ff); **jedes bleibt ergänzungsbedürftig** (V 21f).

● Die *schwächsten* und die *wenig ehrbaren* Organe des Körpers (wie z. B. Darm, Nase, Haut) sind sogar *besonders nötig* (V 22f). Das stellt unsere Maßstäbe von Ansehen, Stärke und Einfluss gehörig in Frage. Wir sind insgeheim doch oft überzeugt, dass die Schwächsten in der Gemeinde am ehesten entbehrlich sind. Aber um Jesu willen gilt es, in der Gemeinde die Schwachen, Armen und wenig Begabten in mitleidender und mitfreuender Solidarität anzunehmen und ihnen einen angemessenen Platz einzuräumen. Gemeinsam sollen wir Sorgen und Ängste, Erfolge und Niederlagen, Anfechtungen und Hoffnungen, Glaubensüberzeugungen und Verlegenheiten, Freud und Leid tragen und teilen. Es gibt dabei für die einen weder Grund zu Minderwertigkeitsgefühlen noch für die andern zu Hochmut. **Die Geistesgaben wollen zum gegenseitigen Dienst und zum Aufbau der Gemeinde eingesetzt werden.**

✎ *Ist es Ihrer Meinung nach ein Hindernis für die Entfaltung der in einer Gemeinde vorhandenen Gaben, wenn viele Aufgaben bzw. Funktionen auf bezahlte Hauptamtliche übertragen werden?*

Donnerstag, 31. Mai 1. Korinther 12,27-31

● Das Bild vom Leib und seinen Gliedern wird auf **die Wirklichkeit der Gemeinde mit ihren Ämtern und Funktionen** übertragen. Betont stellt Paulus die Verkündigungsfunktionen voran, weil durch sie überhaupt erst die Gemeinde gegründet wird:

➢ Die *Apostel* sind die Garanten der ursprünglichen Jesusüberlieferung und legen mit ihrem Zeugnis den Grundstein für die Gemeinde.

➢ Die christlichen *Propheten* weisen mit ihrer Herz und Gewissen treffenden Botschaft der Gemeinde den Weg in Gegenwart und Zukunft.

➢ Die *Lehrer* unterweisen die Gemeinde in den Traditionen des AT und in der Botschaft Jesu.

● In der neuen Liste der Gnadengaben in V 28-30 folgen darauf die *Wundertäter* und *mancherlei Zungenrede*. Unauffälliger erscheint die Erwähnung diakonischer Hilfeleistungen wie die Fürsorge für Arme und Kranke (*zu helfen:* V 28) und die Leitungsfunktionen in Gottesdiensten und sonstiger Gemeindearbeit (*zu leiten*, griech. *kyberneseis* = *Kybernetik* V 28). Spektakuläre und unspektakuläre Geistesgaben sind grundsätzlich gleich einzuschätzen. Allerdings ergibt sich für Paulus doch eine gewisse Rangordnung, wenn er in Kap. 13 und 14 den inneren Aufbau der Gemeinde beurteilt.

● **Kriterien für die Beurteilung des rechten Gebrauchs der Geistesgaben sind …**

➢ das Bekenntnis zu Jesus Christus und der Ursprung aus dem dreieinigen Gott (V 3-6);

➢ der Dienstcharakter zum Nutzen aller (V 7) in gegenseitiger Liebe (Kap. 13) und zum Aufbau der Gemeinde (Kap. 14,3).

➢ das Sich-Einfügen in das organische Ganze der Gemeinde und das Abstandnehmen von der eigenen Selbstüberschätzung (Kap. 12,12-26; Röm 12,3ff).

✎ *Was fällt Ihnen auf, wenn Sie diese Kriterien auf Ihre Gemeinde anwenden?*

Der Weg in der Nachfolge Jesu ist ein Weg des geistlichen Wachstums

Paulus benutzt in Kap. 3 das Bildwort von der *Milch* und der *festen Speise* (V 2), um deutlich zu machen, dass geistliches Wachstum zum Leben eines Christen dazugehört. So wie Kinder am Anfang ihres Lebens nur leichte Kost vertragen, später jedoch festere Nahrung brauchen, um sich gesund zu entwickeln und stark zu werden, so gilt das auch für das Leben eines Christen. Der Glaube soll wachsen, reifer und belastbarer werden. Ein lebenslanges geistliches Wachstum prägt das Leben.

Strebt nach den größeren Gaben, schreibt Paulus (V 31). Das griechische Wort, das er hier verwendet (*zeleuein = nacheifern*), durchzieht die Kap. 13 und 14 (13,5; 14,1.12.39). Es bezeichnet ein Suchen, ein sich Bemühen und Ringen um die Einsicht in den Willen Gottes und die Konsequenz, danach im Alltag zu leben. Paulus hat das in seinem Leben gelernt (vgl. Phil 3,12-14).

Wachstum in der Liebe – eine lebenslange Baustelle

In vielen Fragen des praktischen Zusammenlebens hat Paulus bisher in seinem Brief die Gemeinde in Korinth ermahnt und zum geistlichen Wachstum ermutigt. Im Hohelied der Liebe geht es nun um die innere Herzenshaltung, aus der die Handlungen eines Menschen entspringen. Da kann einer noch so sehr mit seinen Gaben und Fähigkeiten andere beeindrucken: fehlt es ihm an der Liebe, so ist alles nur nutzloses, leeres Geplänkel. Paulus verwendet für *Liebe* hier das griechische Wort *agape*, das im NT zuallererst im Blick auf die Liebe Gottes zu uns verwandt wird (z. B. Joh 3,16). Agape ist die Liebe, die Jesus uns vorgelebt hat. Diese Liebe hat nicht den eigenen Vorteil und das eigene Wohlbefinden im Blick, sondern wendet sich bedingungslos und selbstlos anderen Menschen zu. Das Ziel und Wesen dieser Liebe liegt darin, dass Gottes Heilswillen Menschen erreicht.

✎ *Nehmen Sie sich ein wenig Zeit und beziehen Sie die V 4-7 auf einzelne Ereignisse der Leidensgeschichte Jesu.*

Im Vergänglichen das Ewige suchen
Paulus setzt jetzt einen neuen Akzent in seiner Argumentation. Die Aussage „Alles ist nichts wert ohne die Liebe!" wird jetzt in einen neuen Zusammenhang gestellt: die Ewigkeit.
Christliches Leben vollzieht sich immer in einer bewussten Spannung zwischen dem Vorläufigen und dem Ewigen. Der Christ lebt im angebrochenen Gottesreich und wartet auf dessen Erfüllung. Er lebt zugleich in dieser Welt und hofft auf den Tag der Wiederkunft Jesu. Er hat jetzt schon bruchstückhaft Anteil an der Fülle, die Gott schenkt und wartet zugleich auf die vollkommene Erfüllung.
Von daher achtet der Christ auch die Gaben der vergänglichen Welt. Sie ist ja Gottes Schöpfung. Sie ist der Lebensraum, den wir als Mitarbeiter Gottes bebauen, bewahren und in dem wir Menschen auf den Weg der Umkehr einladen sollen. In dieser vorläufigen Welt haben auch Charismen wie die Zungenrede und die prophetische Verkündigung ihren Platz. Paulus achtet sie nicht gering. Er warnt nur vor einem: Verwechselt nicht das Vorläufige mit dem Ewigen! Denn in Gottes Herrlichkeit ist mit einem Male alles so sonnenklar, dass das Streben nach Wissen und Erkenntnis sich erübrigen wird.
Glaube, Hoffnung, Liebe – der Dreiklang des Lebens
Dieser Dreiklang beherrscht unseren Textabschnitt. Vermutlich gab es diese Zuordnung der drei Kennzeichen der Gottesbeziehung schon sehr früh und Paulus hat darauf zurückgegriffen. Für ihn sind sie die unüberbietbaren Essentials im Blick auf das Leben eines Christen.
Was bedeuten uns persönlich diese drei Worte?
Glaube: Ich habe eine persönliche Beziehung zu Gott, die von Vertrauen und der Bereitschaft zum Gehorsam geprägt ist.
Hoffnung: Ich weiß, dass diese Welt nur vorläufig ist und ich geschaffen bin, um für immer in Gottes Herrlichkeit zu leben.
Liebe: Ich lebe von Gottes bedingungsloser Zuwendung zu mir und kann die empfangene Liebe an andere weitergeben.

✎ *Formulieren Sie Ihre eigenen Sätze zu diesen drei Worten!*

● **Psalmen fallen nicht vom Himmel.** Sie entstehen in der Regel auch nicht in einem stillen Dichterzimmer oder in der Studierstube eines frommen Theologen, der über Gott und die Menschen und ihre Beziehung zueinander nachsinnt. Und auch nicht auf einer liturgischen Konferenz, die sich über neue gottesdienstliche Formen Gedanken macht und sie zu Papier bringt. Nein, Psalmen verdanken sich zumeist ganz bestimmten Anlässen und Situationen, einer Herausforderung im Leben des Gottesvolkes, der Gemeinde des Herrn insgesamt, oder eines einzelnen Glaubenden. Sie beschreiben, wie Gott in seinem Wirken und in seinen Antworten auf brennende menschliche Lebensfragen offenbar wurde und gnädig handelte. Dass dabei ausgesprochen **kunstvolle Formen** entstanden, die der Würde und der Vollkommenheit Gottes gerecht werden sollten, zeigt Ps 145.

● Ps 145 als Loblied auf Gottes Größe und Barmherzigkeit gehört zur Gruppe der **alphabetischen Psalmen**. Jeder Vers beginnt mit einem der 22 Buchstaben des hebräischen Alphabets. Nur der Vers, der mit „Nun", dem hebräischen „n" beginnen müsste, fehlt.

● Der Psalm ist ein einziges und einzigartiges **Loblied auf die Größe und Herrlichkeit Gottes**. David, der sich dessen zutiefst bewusst ist, kann nicht anders als seinen Königstitel und seinen Status an Gott abzugeben, dessen Lob keine sachlichen noch zeitlichen Grenzen kennt und bekommen darf. Bemerkenswert ist die missionarische Dimension, die Israel aus seiner Gotteserfahrung und Gotteserkenntnis zugesprochen wird und damit ständig in Erinnerung gerufen wird (V 5-7.10-13). Diese Gottesherrschaft eröffnet den Menschen die Fülle inneren und äußeren Lebens, sodass für alle nur eines bleibt, **das immer neue Lob Gottes**.

✎ *Was muss geschehen, dass das Gotteslob mit Herzen, Mund und Händen unsere Gottesdienste prägt und Menschen zum Heil einlädt?*

Auf den ersten Blick ist es verwirrend! Hatte Paulus wenige Verse zuvor (Kap. 13,9f) die Gaben der Zungenrede und der prophetischen Rede noch als *Stückwerk* bezeichnet, so ermutigt er die Gemeinde nun, sich um genau diese Gaben zu bemühen, wobei er allerdings der Gabe der prophetischen Verkündigung den Vorzug vor der Zungenrede gibt. Gerade aber wegen dieses scheinbaren Widerspruchs ist es wichtig, genau hinzuschauen.

Die Agape als Maß aller Dinge

Strebt nach der Liebe! (V 1). Im griechischen Text steht das Wort *diokein.* Man kann es wiedergeben mit: *nachjagen, verfolgen, ein Ziel erstreben.* Paulus nennt hier die unbedingte Voraussetzung für seine weitere Argumentation: Habt bei allem, was ihr tut als Ziel die Liebe vor Augen ...

- als Herzenseinstellung, um mit eurem Tun zu Gottes Ehre zu leben;
- in dem Wissen um die Vorläufigkeit dieser Welt.

Erbauung als entscheidendes Kriterium

Die Gabe der *Zungenrede – Glossolalie* oder heute auch *Sprachengebet* genannt; ein vom Heiligen Geist bewirkter, begeisterter Lobpreis Gottes in einer für andere Gemeindeglieder unverständlichen Sprache – wurde wegen ihrer Auffälligkeit in der korinthischen Gemeinde besonders hoch geschätzt. Für Paulus ist das entscheidende Kriterium für den Wert einer Gabe jedoch, ob dadurch die ganze Gemeinde erbaut wird (vgl. Kap.12,7). Wer in Zungen redet, stärkt damit zunächst einmal nur den eigenen Glauben – es sei denn, er kann anschließend sein Sprachengebet für die Gemeinde verständlich auslegen (V 5). Im Gottesdienst ist es um der Liebe willen wichtig, dass alle verstehen, was geschieht. Darum ist prophetische Rede der Zungenrede vorzuziehen, weil sie als Früchte *Erbauung, Ermahnung und Tröstung* (V 3) für die ganze Gemeinde bewirkt.

✎ *Bis heute scheiden sich an der Gabe der Zungenrede die Geister. Wie schätzen Sie es ein: Sollte jeder Christ nach dieser Gabe streben – oder erscheint sie Ihnen entbehrlich?*

Die Pflege der eigenen Frömmigkeit

Ich danke Gott, dass ich mehr in Zungen rede als ihr alle (V 18). Paulus redet hier sehr offen und unverkrampft über die Pflege seiner persönlichen Gottesbeziehung. Offensichtlich hat die Zungenrede in seinem geistlichen Leben ihren festen Platz. Für ihn ist es ein Beten und Gotteslob im Geist. Ein inniges geistliches Band, das nur Gott und ihn verbindet.

Aus der Gottesbeziehung erwächst echte Freiheit

Paulus unterscheidet deutlich zwischen dem privaten und dem öffentlichen Teil des Glaubenslebens. Alles, was im Gottesdienst geschieht, muss von den Gemeindegliedern verstanden und nachvollzogen werden können. Für die Praxis des Zungengebets im Gottesdienst heißt das: Es muss ausgelegt werden! *Wer also in Zungen redet, der bete, dass er´s auch auslegen könne* (V 13). Hier wird deutlich, warum Paulus zuvor von der Liebe geredet hat: Sie ist die Voraussetzung dafür, dass auch fromm verpackter Egoismus überwunden werden kann. Die Liebe zu den Schwestern und Brüdern eröffnet die Freiheit, im Gottesdienst auf das Zungengebet zu verzichten, wenn Gott keine Auslegung dazu schenkt. So wird das Hohelied der Liebe im Alltagsleben konkret.

✎ *Lesen Sie nochmals Kap. 13,4-8. Überlegen Sie, wie Sie eine Aussage dieses Textes auf Ihr Leben bzw. das Zusammenleben in Ihrer Gemeinde übertragen können.*

Der Gottesdienst hat auch einen missionarischen Auftrag

In der Gemeindeversammlung sollen alle die Möglichkeit haben, in das Gotteslob einzustimmen. Wer es aber nicht versteht, wird automatisch ausgeschlossen. In diesem Sinn ist mit der Bezeichnung *Unkundiger* (V 16) der Christ gemeint, dem diese Gabe fremd ist und der zu den Worten der Zungenrede keine Auslegung bekommt. Da auch Nichtchristen (*Ungläubige* V 23f) zu den Gottesdiensten kamen, hatte die Gemeinde eine missionarische Verantwortung: Sie sollten durch verständliche Verkündigung für den Glauben gewonnen und nicht durch unverständliches Lallen der Zungenredner abgestoßen werden.

Die Vielfalt würdigen

Paulus würdigt die bunte Vielfalt des gottesdienstlichen Lebens in Korinth. Gemessen an dem vorgegebenen liturgischen Rahmen unserer heutigen Gottesdienste war der Gottesdienst der korinthischen Gemeinde durch eine Vielzahl spontaner Beiträge aus der Mitte der Gemeinde geprägt. Damit diese Buntheit nicht in ein schwärmerisches Chaos ausartet, versucht Paulus, das überbordende gottesdienstliche Leben der Gemeinde ein wenig zu ordnen (vgl. dazu V 33.40).

✎ *Vergegenwärtigen Sie sich, welche Elemente den Gottesdienst in Ihrer Gemeinde prägen. Vermissen Sie spontane Beiträge – oder ist Ihnen ein festgefügter Ablauf des Gottesdienstes lieber? Was sind für Sie die wichtigsten Elemente?*

Die Vielfalt gestalten

Für Paulus sollen sich die vielfältigen Gaben, die den Gottesdienst bereichern, an dem Ziel orientieren: *Alle sollen lernen und ermahnt werden* (V 31). Damit *Zungenrede* und *Prophetie* nicht überhand nehmen, sollen möglichst nicht mehr als zwei bis drei Personen zu Wort kommen. *Einer nach dem andern* und nicht durcheinander sollen sie sprechen, damit sie verstanden werden können. Über die *Prophetie* soll gemeinsam geurteilt werden. Hierbei ist nicht eindeutig, wer sich an diesem Gespräch beteiligen darf. Viele Ausleger vertreten die Ansicht, dass mit den *andern* (V 29) nicht die gesamte Gemeinde aufgefordert ist, die Prophetien zu beurteilen, sondern nur die Gruppe der prophetischen Redner. – Daneben soll die *Lehre* einen wichtigen Stellenwert im Gottesdienst einnehmen. Dazu zählt die Weitergabe der Jesus-Überlieferung, die ja erst später in Gestalt der Evangelien schriftlich vorlag. – Schließlich nahm das *Psalmgebet* im Gottesdienst einen festen Platz ein.

Frauen von der Vielfalt ausgeschlossen?

Die Aussagen des Paulus in V 34f dienen bis heute zur Begründung, Frauen etwa vom Pfarrberuf oder Lehramt fernzuhalten. Dabei war Paulus in dieser Frage keineswegs grundsätzlich festgelegt, wie ein Blick auf Kap. 11,5 zeigt.

● Mit Kap. 15 leitet Paulus den **theologischen Hauptteil** seines Briefes ein: **die Frage nach der Auferstehung Jesu und seiner Bedeutung für den christlichen Glauben**. Nach den mehr praktischen Fragen des Gemeindelebens in den vorhergehenden Kapiteln geht es jetzt um die entscheidende Grundlage, mit der der ganze christliche Glaube steht und fällt.

● Ausgelöst sind die Ausführungen über die Auferstehung durch die Behauptung von Christen in Korinth, wonach es *keine* (künftige) *Auferstehung der Toten* gäbe (V 12). Zunächst bereitet Paulus seine Bestreitung dieser Behauptung dadurch vor, dass er die Korinther an das von ihm bei seiner Bekehrung empfangene und dann später von den Korinthern auch angenommene Evangelium erinnert.

● Bei den **Versen 3b-5** handelt es sich nach einmütiger Auffassung der Ausleger neben der Kurzformel *Herr ist Jesus!* um das vermutlich **älteste christliche Glaubensbekenntnis**, wahrscheinlich aus der Jerusalemer Urgemeinde. Für dieses Bekenntnis sind folgende Aspekte von zentraler Bedeutung:

➢ die in Tod und Auferstehung Jesu sich erfüllenden Verheißungen des AT (*nach der Schrift*: V 3b.4b);

➢ die Sühnebedeutung des Todes Jesu (*gestorben für unsere Sünden:* V 3b);

➢ die Wirklichkeit und Härte des Todes Jesu (mit dem Hinweis auf das Begräbnis in V 4a tritt die Urgemeinde denen entgegen, die behaupten, Jesus sei nicht wirklich gestorben);

➢ die Tatsächlichkeit der Auferstehung Jesu, die durch verschiedene Zeugen bestätigt wird (V 4b.5).

● Bei der von Paulus aufgeführten Liste der Auferstehungszeugen fällt insbesondere die Erwähnung von *mehr als 500 Brüdern* (V 6) auf; offensichtlich hat es noch mehr Begegnungen mit dem Auferstandenen gegeben als uns die Evangelien überliefert haben.

✎ *Es fehlt in der Zeugenliste die Erwähnung der Frauen, die nach den Evangelien den Auferstandenen doch als erste gesehen haben. Warum?*

● In Korinth vertreten einige Gemeindeglieder die Auffassung, es gebe keine Auferstehung von den Toten. Dadurch entsteht erhebliche Unruhe in der Gemeinde, zumal damit die von Paulus verkündete Botschaft an einer entscheidenden Stelle als falsch hingestellt wird.

● Vermutlich handelt es sich bei den Leugnern der Auferstehung um Vertreter einer gnostisch-enthusiastischen Frömmigkeit, die glaubten, mit dem Empfang des Geistes Gottes seien sie bereits völlig neue Menschen geworden, wodurch eine künftige leibliche Auferstehung überflüssig wäre. Sie verwarfen also nicht grundsätzlich den Gedanken der Auferstehung, lehnten aber den Glauben an eine zukünftige leibliche Auferstehung der Toten ab.

● **Für Paulus rührt die Frage der Auferstehung an den Nerv des christlichen Glaubens.** Dabei ist für ihn die Hoffnung auf die künftige Auferstehung unauflösbar mit der Tatsache verbunden, dass Jesus selbst von den Toten auferstanden ist. **In unerbittlicher Schärfe formuliert Paulus die Alternative:**

➢ ***Entweder ist Christus auferstanden*** – dann sind wir für immer gerettet und können gewiss sein, dass auch wir einmal auferweckt werden. Dann gibt es Hoffnung für eine ganze verlorene Welt.

➢ ***Oder Christus ist nicht auferstanden*** – dann sind wir für immer verloren und stehen mit der Botschaft von der Auferstehung als betrogene Betrüger da. Die 2.000-jährige Geschichte der christlichen Kirche wäre dann ein riesiges globales Schwindelunternehmen, dem unzählige Menschen zum Opfer gefallen wären.

● In einer Zeit, in der Reinkarnationsvorstellungen fernöstlicher Religionen ebenso populär sind wie der Gedanke an eine Unsterblichkeit der Seele, verliert die von Paulus formulierte Alternative nichts an ihrer provozierenden Aktualität.

✎ *Kritiker wenden ein, Paulus würde mit V 19 unser irdisches Leben zugunsten des zukünftigen abwerten. Wie würden Sie diesem Einwand begegnen?*

● Waren die gnostisch-enthusiastischen Leugner einer künftigen Auferstehung davon überzeugt, schon in der Gegenwart über die ganze Fülle des göttlichen Heils zu verfügen, so geht es Paulus um den Nachweis, dass erst die Zukunft den endgültigen Sieg Christi über die Macht der Sünde und des Todes bringen wird. So skizziert er in unserm Abschnitt den **Ablauf der Endgeschichte**, ausgehend von der Auferstehung Jesu.

● Mit seiner Auferstehung wurde Jesus zum „Prototyp" des neuen Lebens (im griech. Urtext steht hier für *Erstling* das Wort *protos* in V 20). Ihm folgt nach einer bestimmten *Ordnung* (das im griech. Urtext in V 23 stehende, der Militärsprache entlehnte Wort *tagma* bedeutet neben *Ordnung* auch *Reihenfolge*) zunächst die Auferstehung der gestorbenen Christen bei seiner machtvollen Wiederkunft (vgl. 1Thess 4,16). *Danach* – d. h. nach dem messianischen Friedensreich (vgl. Offb 20,5) folgt schließlich *der Rest,* d. h. die Auferstehung der übrigen Menschheit (V 24; das griech. Wort *telos* kann auch mit *Rest* statt *Ende* übersetzt werden).

● Die Wiederkunft Jesu, das Ende der Welt, die Auferstehung der Toten und das vernichtende Gericht über die Feinde Gottes – besonders über den Tod: All dies ereignet sich nicht in einem einzigen Augenblick, sondern vollzieht sich nach einem von Gott beschlossenem, uns Menschen jedoch verborgenen „Fahrplan".

● Dabei beteiligt Paulus sich nicht an Spekulationen über Einzelheiten des endzeitlichen Geschehens. „Nur eines, das Entscheidende, muss er sagen: dass der Sieg Gottes der Sieg des Lebens ist für alle, die zu Christus gehören. Der Apostel richtet seinen Blick einzig auf das Handeln Christi und Gottes, das dieses Ziel verwirklicht. Der Endzeitglaube des Paulus ist ganz um die Person Christi gesammelt" (Heinz-D. Wendland).

● *… damit Gott sei alles in allem* (V 28): Damit meint Paulus nicht ein mystisches Verschmelzen und Verschwinden der Welt, der Erlösten und Christi in Gott, sondern das vollendete Reich Gottes, in dem dann einzig Gottes heiliger Wille regiert und alle mit ihm in vollendeter Einheit und Harmonie leben werden.

● Ps 133 trägt den Titel ***Ein Wallfahrtslied***, wörtlich „Ein Lied des Hinaufsteigens" oder „Ein Lied der Stufen". Das lässt mehrere Deutungsmöglichkeiten zu. Es kann ganz allgemein das Hinaufziehen nach Jerusalem meinen. Enger gefasst käme auch das Besteigen der Vorhallen- und Altarstufen im Tempel in Betracht. Möglicherweise meldet sich hier aber auch eine andere Grundstimmung zu Wort, die sich sonst in den „Wallfahrtspsalmen" findet: Die Heimkehr aus der Fremde, also etwa aus der Babylonischen Gefangenschaft und damit der Neubeginn des Gottesdienstes an dem von Gott erwählten und bestimmten Ort.

● Ps 133 legt neben dem Charakter eines Wallfahrtsliedes noch einen weiteren Schwerpunkt, der in diesem Zusammenhang zur Wirkung kommen soll und wird, nämlich den der **Erneuerung und Belebung der Gemeinschaft des Gottesvolkes**. Die Pilger zum Heiligtum nach Jerusalem treffen sich unterwegs und dann vor allem im Gottesdienst im Tempel als Gemeinde Gottes wieder. Dazu wird als plastisches Modell die Geschichte der Einsetzung von Aaron zum Hohenpriester herangezogen. So wie damals das Salböl Aaron durch Haar und Bart floss, so fließt nun Gottes Gnade dem im Tempel einträchtig versammelten Gottesvolk zu.

● Das Bild vom **Hermon** (V 3) soll wahrscheinlich Folgendes zum Ausdruck bringen: So wie der Tau des wasserreichen Hermongebirges im Norden Israels das umgebende Land bedeckt und fruchtbar macht, so wird Gottes Volk auf seinem Weg zum Zion das empfangen, weshalb es sich dorthin aufgemacht hat, nämlich Gottes Segen für den inneren und äußeren Menschen, ja noch mehr: Dieser Segen ist von ganz besonderer und einzigartigen Füllung. Mit ihm wird nicht zeitliches Gut empfangen, sondern Leben bis in Ewigkeit.

✎ *Haben unsere Erwartungen an das, was im Gottesdienst geschieht, diese Ewigkeitsdimension? Wenn nicht: Was sollte geschehen, dass diese wieder zurückgewonnen wird?*

Montag, 11. Juni 1. Korinther 15,29-34

● Paulus knüpft noch einmal an den Gedankengang von V 14ff an, um an zwei Beispielen aufzuzeigen, welche Konsequenzen es hätte, wenn es keine künftige Auferstehung gäbe. Dabei gibt gleich das erste Beispiel den Auslegern einige **Rätsel** auf. Spricht Paulus hier von der in Korinth geübten Sitte, sich stellvertretend für die Toten taufen zu lassen, um z. B. ungetauft verstorbenen Angehörigen auf diese Weise noch Anteil am zukünftigen Heil zu verschaffen? Dann wäre eigentlich zu erwarten, dass Paulus eine solche mit magischen Vorstellungen verbundene Praxis entschieden abgelehnt hätte. Andere Ausleger gehen davon aus, dass Paulus mit der Formulierung *für die Toten taufen lassen* auf den Märtyrertod anspielen wolle (vgl. Lk 12,50), was dann nahtloser zu den folgenden Versen passen würde.

● Klar ist, was Paulus mit dem zweiten Beispiel sagen will: **Was nützt aller Kampf für das Evangelium, der mit unzähligen Gefahren und Leiden verbunden ist, wenn mit dem Tode schließlich doch alles aus ist?** Von einem Kampf *mit wilden Tieren* (V 32) ist uns aus den Schilderungen der Apg nichts bekannt. Vielleicht will Paulus mit dieser Formulierung auch nur bildhaft auf Auseinandersetzungen anspielen, die er in Ephesus zu bestehen hatte (vgl. Apg 19,23ff).

● Wenn mit dem Tod wirklich alles aus wäre, dann bliebe als logische Konsequenz nur die Haltung: *Lasst uns essen und trinken, denn morgen sind wir tot* (V 32). Für viele materialistisch eingestellte Zeitgenossen ist genau das die Lebensdevise: „Wir wollen unser Leben bis zum letzten Atemzug genießen, denn nach dem Tod kommt sowieso nichts mehr!" Was für ein Armutszeugnis für einen Menschen, für den Gott in seiner Weisheit und Gnade Größeres vorgesehen hat!

● Für Paulus spiegelt daher die Leugnung der Auferstehung einen erschreckenden Mangel an Gotteserkenntnis (V 34).

✎ *Wie würden Sie einem materialistisch eingestellten Zeitgenossen Ihre Hoffnung auf die Auferstehung einsichtig zu machen versuchen?*

● In seinen weiteren Ausführungen geht Paulus auf die vermutete Rückfrage der Kritiker ein, wie man sich diese Auferstehung denn vorzustellen habe. Ist sie eine Neuauflage des irdischen Lebens – wie es etwa die Vorstellung von der Reinkarnation nahelegt? Oder beginnt mit der Auferstehung etwas gänzlich Neues, das mit dem irdischen Leben in keiner Weise vergleichbar ist? **Ging es Paulus bisher um das „Dass" der Auferstehung, so wendet er sich jetzt dem „Wie" zu.**

● V 35-38: Zunächst verdeutlicht Paulus am **Bild vom Samenkorn**, dass sich die Auferstehung wie das Werden einer neuen Pflanze aus dem Samenkorn vollzieht. Der irdische Mensch, der sterben muss, gleicht der Aussaat eines Samenkorns. Sein Tod ist die Voraussetzung dafür, dass Gott neues Leben schafft (vgl. Joh 12,24). Auch wenn der sterbliche Leib mit dem zukünftigen Leib keineswegs identisch ist, so wird das neu geschaffene Leben eben nicht gestaltlos, sondern leiblich sein.

● V 39-44: So wie schon das irdische Leben von Gott in mannigfaltiger Gestalt geschaffen wurde, so gibt es auch eine Vielfalt an himmlischen Körpern. **Dabei unterscheidet die himmlischen Leiber von den irdischen unter anderem der Lichtglanz, der von ihnen ausstrahlt.** Sie haben damit Teil an dem Herrlichkeitsglanz, der von Gott selbst ausgeht (vgl. Offb 21,23). Wir wüssten wohl gerne, welche näheren Merkmale den *geistlichen* (im griech. Urtext steht hier *pneumatikos*) Leib vom natürlichen Leib unterscheidet. Doch dazu macht Paulus keine näheren Angaben und stellt auch keine Spekulationen an.

● V 45-49: Schließlich begründet Paulus den Gegensatz von irdischen und himmlischen Leibern mit einem Schriftzitat. Er greift dabei auf die **Adam-Christus-Typologie** zurück, die er im Röm ausführlich entfaltet (Röm 5,12-21). Ist der *erste Adam von der Erde* und wurde er durch den göttlichen Hauch zu einem lebendigen Wesen, so stammt Christus als *der zweite Adam vom Himmel* und schafft durch den Geist neues Leben.

✎ *Warum vertritt Paulus so vehement den Aspekt der Leiblichkeit für das ewige Leben?*

● V 50: Hat Paulus sich bisher mit der Leugnung der leiblichen Auferstehung auseinandergesetzt, so tritt er hier jüdischen Anschauungen entgegen, nach denen die Auferstehung die materielle Wiederherstellung des irdischen Lebens bedeutet. Diese jüdische Auferstehungshoffnung lehnt Paulus ebenso entschieden ab, wie es zuvor schon Jesus in der Auseinandersetzung mit den Sadduzäern getan hat (Mk 12,18ff). **„Das Leben im neuen himmlischen Auferstehungsleibe ist nicht die gradlinige Fortsetzung des irdischen Lebens nach dem Tode, sondern ein wesenhaft anderes"** (Heinz-D. Wendland).

● V 51-54: Bleibt als **letzte Frage**, die Paulus jetzt noch klären möchte: **Was geschieht mit den Christen, die noch zu ihren Lebzeiten die machtvolle Wiederkunft erleben werden?** Paulus, der zur Zeit der Abfassung des 1Kor davon überzeugt ist, dass sich die Wiederkunft Jesu noch zu seinen Lebzeiten ereignet – (später ist er darin nicht mehr so sicher: vgl. Phil 1,23) – spricht von dem ***Geheimnis*** (griech. *mysterion*) ***der Verwandlung***. Er gebraucht dabei das alte Bild vom „Bekleidetwerden" mit dem himmlischen Leibe, wobei der sterbliche Körper *verschlungen wird* (so 2Kor 5,4).

● V 55-57: Mit dem Gedanken der Verwandlung leitet Paulus über zu einem **überschwänglichen Dankpsalm**, mit dem er Gottes Sieg über Sünde und Tod feiert. Was dem Tod seine tödlich wirkende Angriffskraft verlieh – *der Stachel der Sünde* –, ist durch das Sterben und die Auferstehung Jesu überwunden. Damit hat nun auch der Tod selbst endgültig ausgespielt.

● V 58: Es ist bezeichnend für Paulus, dass er auf den Hymnus auf Gottes großartigen Sieg über Sünde und Tod sogleich eine **nüchterne Ermahnung** an die Christen in Korinth folgen lässt. Von der Auferstehungsbotschaft geht ja eine Kraft aus, die sich im Alltag der Christen zeigt und sie darin gewiss macht, dass ihre Arbeit *nicht vergeblich ist* (die lat. Bibelübersetzung Vulgata verwendet hier das Wort *frustra* = *frustriert* für *vergeblich*).

✎ *Welche Aussage aus Kap. 15 spricht Sie besonders an und beflügelt Ihre Hoffnung am meisten?*

Donnerstag, 14. Juni 1. Korinther 16,1-12

● Bezeichnend für etliche Paulusbriefe ist der **abrupte thematische Wechsel** von tiefgründigen theologischen Gedankengängen zu praktischen Fragen des Gemeindelebens. Dem großen Theologen Paulus ist kein Anliegen im Gemeindealltag zu gering, um sich nicht persönlich damit zu befassen.

● V 1-4: In diesem Fall geht es um die Unterstützung der in materielle Not geratenen Gemeinde in Jerusalem: ***Heilige*** ist hier ein festgeprägter Ausdruck für die Jerusalemer Gemeinde (wie auch in Röm 15,25.31), während Paulus an anderen Stellen alle Christen als Zeichen ihrer Zugehörigkeit zu Gott (*heilig = zu Gott gehörig*) ebenso bezeichnen kann (z. B. Röm 1,7; 1Kor 1,2; Eph 1,15). Mit der **Kollekte für die Gemeinde in Jerusalem** geht es nicht nur darum, dass Gemeinden als **Zeichen ihrer geschwisterlichen Solidarität** einander in Not beistehen sollen. Die Christen in Korinth sollen damit auch ihre **Dankbarkeit** zum Ausdruck bringen, dass von Jerusalem das Evangelium zu ihnen kam (vgl. dazu Röm 15,27). Schließlich ist für Paulus die Sammlung auch ein **Bekenntnis zur Einheit der Gemeinde**, indem die Heidenchristen in Korinth ihre judenchristlichen Geschwister in Jerusalem unterstützen.

● V 5-12: Ausführlich informiert Paulus die Gemeinde über seine **Reisepläne**. Sie unterstreichen, welche Bedeutung der lebendige Verkehr und Austausch zwischen den Gemeinden und die Besuche des Apostels und seiner Mitarbeiter damals hatten. Damit ***Timotheus*** (vermutlich wegen seines jungen Alters) von den Korinthern nicht als „Leichtgewicht" abgetan wird, setzt Paulus sich ausdrücklich dafür ein, ihm mit der notwendigen Wertschätzung zu begegnen. Bemerkenswert ist auch, wie positiv Paulus über ***Apollos*** schreibt, der in der Gemeinde doch spezielle Anhänger hat, die offensichtlich kritisch gegen Paulus eingestellt sind (Kap. 1,12). Paulus lässt sich in solche Konfrontation nicht hineinziehen.

✎ *Gibt es neben geschwisterlicher Solidarität, Dankbarkeit bzw. Bekenntnis zur Einheit des „Leibes Christi" auch noch andere Kriterien, nach denen Sie Ihre Spenden einsetzen?*

● V 13-18: Mit der **Ermahnung** zur Wachsamkeit, zu unerschütterlichem Glauben und zur Liebe leitet Paulus zu persönlichen Grüßen über. Dabei legt er der Gemeinde ***Stephanas*** als hervorragenden Mitarbeiter ans Herz. Die Aufforderung, sich ihm und anderen bewährten Mitarbeitern *unterzuordnen* (V 16) und sie *anzuerkennen* (V 18), erklärt sich auch aus dem Umstand, dass es zur Zeit der Abfassung des 1Kor in der Gemeinde noch keine festgefügten Ämter gab, die ihren Trägern von vornherein eine bestimmte Autorität verliehen hätten.

● V 19: Besonders fallen die Grüße von ***Aquila und Priska*** auf; ein ausgesprochen mobiles und agiles jüdisches Ehepaar, das uns in den Paulusbriefen und der Apg mehrfach begegnet. Wegen eines Erlasses des römischen Kaisers Claudius aus Rom verbannt, kamen sie zunächst nach Korinth. Dort waren sie Paulus zum ersten Mal begegnet und gewährten ihm sogleich Gastfreundschaft in ihrem Hause (Apg 18,2ff). Von Korinth aus begleiteten sie ihn auf seiner 2. Missionsreise nach Ephesus, von wo aus sie nun ihre alten Bekannten grüßen lassen. Später finden wir die beiden erneut in Rom wieder, wo Paulus ihnen im Röm ausdrücklich dankbare Grüße (*sie haben für mein Leben ihren Hals hingehalten* ... Röm 16,4) ausrichten lässt. **Bemerkenswert neben ihrer Mobilität war die von ihnen praktizierte Gastfreundschaft.** Wo immer sie sich niederließen, öffneten sie ihr Haus in vorbildlicher Weise für die Gemeinschaft mit anderen Christen.

● V 21: Unter den diktierten Brief setzt Paulus einen **eigenhändigen Gruß** – wohl auch, um damit die Echtheit des Briefes zu unterstreichen (ähnlich Gal 6,11; Kol 4,18; 2Thess 3,17).

● V 22: Das unmittelbar nach einer Fluchformel, die wohl Bestandteil der urchristlichen Abendmahlsliturgie war, folgende aramäische ***Maranata*** bedeutet ***Unser Herr, komm!*** bzw. ***Unser Herr kommt.*** Es war wie das Hosianna und das Amen eine geprägte Gottesdienstformel in der Sprache der Urgemeinde.

✎ *Gleich dreimal (V 14.22.24) erwähnt Paulus am Schluss seines Briefes die Liebe. Warum liegt ihm besonders daran?*

● Was unter Saul begonnen und von David und Salomo mühsam aufgebaut wurde, wird hier mit einer **unklugen Entscheidung** Rehabeams in einem Moment zunichte gemacht. Ein Schatten fällt dabei auch auf den weisen König Salomo, der offenbar die **Thronfolge** nicht optimal geregelt hatte:

➢ Mit der Verehrung anderer Götter legt er den Grundstein für Gottes Urteil und die Teilung des Reiches (11,31ff).

➢ Zwar ist Rehabeam in Juda unangefochten als Thronfolger akzeptiert, aber er erkennt nicht die Lage im übrigen Reich. Auf die Situation in Sichem scheint er kaum vorbereitet.

➢ Rehabeam zeichnet sich weder durch Urteilsvermögen noch Führungsstärke aus und es fragt sich: Hätte es nicht unter Salomos Söhnen einen fähigeren Nachfolger gegeben?

● Das Volk ist durchaus bereit, Rehabeam in Sichem zum König zu wählen. Die Forderung **nach Erleichterung der Abgaben und Dienstleistungen** *(Joch),* von denen Juda weitgehend ausgenommen war, scheint **plausibel**.

● In unserem Abschnitt kommen Worte wie *(be)raten, reden* und *antworten* besonders häufig vor. Es fallen viele Worte. Rehabeam zieht **zwei Gruppen von Beratern** heran:

➢ Die **Älteren**, mit großer Erfahrung in Diplomatie und Politik. Sie raten Rehabeam, dem Volk zunächst entgegenzukommen (wörtl. *an diesem Tag dienen*), um es auf Dauer zu gewinnen (wörtl. *deine Diener alle Tage*).

➢ Die **Jüngeren**, die keinen anderen Erfahrungshorizont haben als Rehabeam selbst. Mit ihnen entscheidet sich Rehabeam für die Machtdemonstration und gegen Erfahrung.

✎ *Oft wird erst im Nachhinein klar, was die beste Entscheidung war. Wie finden Sie aus vielen Ratschlägen den weisesten und besten heraus?*

● Nachdem Rehabeam der einzigen Bedingung des Volkes mit Hohn begegnet, sagen sich alle Stämme außer Juda vom davidischen Königtum los. Fortan ist Gottes **Volk geteilt in Israel (Nordreich) und Juda (Südreich)**. Beide Staaten sind durch die Teilung geschwächt.

● Ps 36 ist ein gottesdienstliches, möglicherweise auch ein häusliches Gebet. Er schaut auf die Alltagserfahrung, dass es zwei Gruppen von Menschen gibt, die miteinander in einem Volk unter den gleichen politischen, sozialen und religiösen Zuständen leben, und doch im Handeln und Tun, insbesondere in der Befolgung der göttlichen Lebensordnungen, sich grundsätzlich und immer wieder unterscheiden. So paradox es klingt: Das Volk Gottes zerfällt in seinen Lebensäußerungen, ganz gleich, ob es sich um religiöse Ordnungen handelt oder um gerechte Verhaltensmuster in Geschäft, Berufsausübung und Gestaltung des familiären Lebens.

● David als Verantwortlichem ist diese gefährliche Verhaltensweise vieler seiner Untertanen sehr bewusst. Er weiß auch, dass sich daran mit politischem und gesetzlichem Druck wenig verändern lässt. **Erneuerung kann nur von innen her kommen**, in der Zuwendung zu Gott und damit der Befolgung seiner Gebote. So wendet sich der König David an seinen Gott, dass dieser eingreift, die Herzen der Menschen erneuert und sie somit zu gottwohlgefälligen und im Umgang miteinander zu ehrlichen und gerechten Menschen macht. Dass es dazu kommt, kann nur Gottes Werk an den Menschen sein, und darum erbittet er dies voller Leidenschaft. Dass er Mut dazu hat und nicht ohne Grund hofft, dass Gott sich in seiner Gnade den Einzelnen wieder zuwenden wird, darum geht es ihm in seinem Fürbittegebet. Welch eine beglückende Verwandlung wird eintreten, wenn Gott Davids Gebet erhört, weil es ein umfassendes Ja zu Gottes gnädiger Erneuerung erbittet. Öffnet sich das Volk wieder Gott und seinen Weisungen, so wird für alle unverdientermaßen die Quelle alles Lebens von neuem fließen. Ganz besonders wichtig ist in diesem Zusammenhang die Gabe, dass sie neben dem äußeren Segen auch Heil und Frieden mit Gott schenkt.

● Erstaunlich ist der **Abschluss dieses Gebetes**: David bittet für seine Feinde, die seine persönliche Sicherheit bedrohen.

● **Rehabeams** erster Impuls ist eine militärische Aktion gegen den noch nicht gefestigten neuen Staat. V 20 ist wohl eine Zusammenfassung, wobei die zeitliche Zuordnung von Jerobeams Rückkehr und Ausrufung zum König mit ebenso unsicheren Erklärungen behaftet ist wie die Frage, warum Benjamin(iter) auf der Seite Judas kämpften. Der Stamm Benjamin gehörte eigentlich zu den nördlichen Stämmen und galt nicht eben als „pro David". Rehabeam hört auf den sonst unbekannten Propheten Schemaja und ein **Krieg zwischen beiden Teilen des Volkes Gottes wird verhindert**.

● **Jerobeam** wählt zunächst eine **Hauptstadt** und baut dann eine weitere aus. Sowohl Sichem als auch Pnuël hatten geschichtliche Bedeutung für Israel (Jos 24, Bundeserneuerung; 1Mo 32, Jakobs Kampf am Jabbok).

● Danach sorgt er sich um den **Erhalt seiner Macht**. Das Problem: die religiöse und geschichtliche Bindung seiner Bevölkerung an den Tempel und das davidische Königshaus in Jerusalem. Jerobeam begegnet der Gefahr mit

➢ einer dem Nordreich eigenen Form des Gottesdienstes für Jahwe, den Gott Israels, der allerdings bei der Bevölkerung bald zu Missverständnissen und Synkretismus führt;

➢ regionalen Heiligtümern;

➢ Einbeziehung breiterer Bevölkerungsschichten, nicht nur Leviten, als Priester;

➢ einer eigenen Variante des Festkalenders.

Damit heben sich die Bewohner seines Reiches von Juda ab. Ihre Religion ist für sie bequemer und greifbarer geworden und gibt ihnen ein „Wir-Gefühl".

● Wie zuvor Rehabeam berät sich Jerobeam. Das Ergebnis ist gleichermaßen negativ. Zwar sind Jerobeams Maßnahmen nach menschlichem Ermessen klug, aber er verführt damit das Volk zur Sünde. Die **„Sünde Jerobeams"** zieht sich wie ein roter Faden durch die Geschichte des Nordreichs.

✎ *Warum wird Jerobeams kluge Strategie dennoch negativ beurteilt? Beachten Sie auch Kap. 11,29ff!*

● Jerobeam mag den **neuen Gottesdienst** als legitime Variante des israelischen Glaubens verstanden und dargestellt haben. V 33 macht jedoch klar: **Er hatte es sich selbst ausgedacht**, und er war es, der den Altar gemacht hatte. Der Mann Gottes aus Juda bestätigt entsprechend: dieser Gottesdienst wird keinen Bestand haben.

● Der in der Botschaft angekündigte **König Josia** lebte ca. 300 Jahre später. Seine Regierung wird beschrieben in 2Kö 22–24. Im Rahmen einer größeren Kultreform zerstörte er unter anderem das Heiligtum in Bethel (2Kö 23,15-18). Zu jener Zeit gab es bereits kein eigenständiges Nordreich Israel mehr (2Kö 17).

● Weder Jerobeam noch der Mann Gottes wissen, wann sich das Wort Gottes gegen den Altar und Jerobeams Gottesdienst erfüllen wird. Die Legitimation des Mannes Gottes wird durch **zwei Zeichen** unterstrichen:

➢ Der Altar birst, noch während Jerobeam im Begriff ist, darauf Opfer darzubringen, und die Asche auf dem Altar fällt zu Boden. Normalerweise wurde die Asche ordentlich entsorgt (4Mo 4,13). Dieses Zeichen ist ein Vorbote für das endgültige Ende des Gottesdienstes auf diesem Altar.

➢ Gott schützt seinen Boten vor dem Zorn des Königs und gewährt ihm zugleich die Möglichkeit, sich durch eine Wunderheilung zu legitimieren.

● Jerobeam ist durchaus bereit, einen Mann Gottes mit dem gebotenen Respekt zu behandeln und ihn für seine Dienste angemessen zu entlohnen. Doch der Mann Gottes hat ungewöhnlich spezifische Anweisungen bekommen: sobald seine Botschaft gesagt ist und Jerobeam seine Hand zurückziehen kann, muss er **ohne Aufenthalt, aber auf einem anderen Weg zurückgehen**. Jerobeam ist froh über die Wiederherstellung seiner Hand, doch er ist offenbar nicht bereit, der Botschaft Folge zu leisten und die religiöse Ordnung **wiederherzustellen**.

✎ *Was könnte Jerobeam von einer angemessenen Kehrtwende abgehalten haben?*

● Wir haben hier eine der merkwürdigsten Geschichten im Alten Testament. Obwohl die Ereignisse durchaus nicht alltäglich sind, handeln die Akteure wie selbstverständlich.

● Eine neue Person betritt die Bühne: **ein alter Prophet aus Bethel**. Er wird dreimal bezeichnet als derjenige, der den Mann Gottes „zurückgebracht" hat. Am Ende bringt er dessen Leichnam zurück nach Bethel. Er selbst bezeichnet zweimal den Mann Gottes als denjenigen, der *dem Mund Gottes ungehorsam war*. Er belügt den Mann Gottes und verschuldet damit seinen Tod, zeigt aber – außer der Totenklage – kein Zeichen von Reue oder Schuldbewusstsein.

● Der **Mann Gottes aus Juda** weiß sehr wohl um seinen Auftrag. Der Begriff *Wort des Herrn* kommt in Kap. 13 siebenmal vor. Gegenüber dem Propheten wiederholt er wörtlich die genauen Bedingungen seines Auftrags – nichts essen, nichts trinken, auf einem anderen Weg zurückkehren. Er lässt sich täuschen durch die Lüge des Propheten und zeigt keine nennenswerte Reaktion, als er das Urteil hört.

✎ *Echtheit – die Übereinstimmung unseres Handelns mit unseren Worten und Überzeugungen – ist ein hoher Wert in unserer Gesellschaft. Der Mann Gottes zahlt einen hohen Preis, weil er gegen besseres Wissen gehandelt hat. Welche Konsequenzen hat man heute zu erwarten?*

● Es war damals weniger außergewöhnlich als für uns heute in Westeuropa, dass ein Mensch von einem **Raubtier** getötet wurde. Außergewöhnlich war allerdings, dass ein Löwe den Leichnam nicht fraß, sowie Esel und Passanten unbehelligt ließ. Es weist auf Gottes Wirken hin. Durch seinen Tod wird nochmals die Botschaft des Mannes Gottes bestätigt, wie auch der Prophet anmerkt.

● Dies alles hätte Jerobeam **Anlass zur Umkehr** geben sollen. Sein Ausgangspunkt war die Furcht, das Volk könne zu dem Haus David zurückkehren. Doch er hält trotz der Warnungen an seinen Maßnahmen gegen diese Entwicklung fest.

● **Der Prophet Ahija** hatte Jerobeam vorhergesagt, dass er König über Israel werden sollte (11,29ff). In der gegenwärtigen Krise wendet sich Jerobeam wieder an Ahija. Offenbar rechnet er aber nicht mehr mit einer positiven Einstellung Ahijas ihm gegenüber und sendet seine Frau inkognito zu dem Propheten. Sogar die Prophetengaben sind der Verkleidung angemessen. Doch die Verkleidung war nicht nötig, denn erstens war Ahija (fast) blind, zweitens hatte Gott ihn bereits von dem Plan in Kenntnis gesetzt.

✎ *Denken Sie, Jerobeam war sich der Widersprüchlichkeit seines Plans bewusst? Wie hätten Sie an seiner Stelle gehandelt?*

● **Ahijas Botschaft** umfasst mehr als das Anliegen der Frau:

➢ Jerobeam hatte wie David die Chance auf eine bleibende Dynastie (11,38). Bedingung war der Gehorsam gegenüber Gott. Doch Jerobeam hielt dem Vergleich mit David nicht stand. Er übertraf sogar in seinem Ungehorsam Salomo, der damit den Verlust der Einheit verschuldet hatte. Jerobeam hatte sogar das Volk zum Götzendienst verführt. Sein Sohn Nadab wurde nach drei Regierungsjahren durch Bascha gestürzt und die Dynastie Jerobeams ausgelöscht (1Kö 15,25ff).

➢ Der Sohn wird sterben. Wir erfahren nicht, ob er der Thronfolger war und warum er besser war als die anderen Mitglieder der Familie. Doch sein früher Tod ist gleichsam ein Privileg: er wird im Gegensatz zu ihnen betrauert und begraben.

➢ Auch das Volk hatte sich schuldig gemacht und würde der Strafe nicht entgehen. Sie hatten sich Gottesbilder gemacht und andere Götter angebetet (2Mo 20,1-6). Das Nordreich ging nach Jerobeam auf eine bewegte Geschichte mit vielen Umstürzen zu, bevor es dann bereits 722 v. Chr. unterging.

● Oberflächlich betrachtet war Jerobeam als König wohl erfolgreich. Er hatte schnell die Stämme des Nordreichs hinter sich gebracht. Doch auf lange Sicht hatte er gleich zu Beginn den Kurs falsch gesetzt zum Schaden des Volkes.

✎ *Wie lässt sich Gal 6,7 zu diesem Text in Beziehung setzen?*

● **Was inzwischen geschah**: In Juda kommt es unter Rehabeam und Abija zum wirtschaftlichen und religiösen Verfall, der von Asa aufgehalten wird. Im Nordreich werden die Dynastien Jerobeams und Baschas jeweils in der zweiten Generation gestürzt. In den Machtkämpfen setzt sich **Omri** durch. Im AT wird wenig über ihn berichtet, aber vermutlich war er einer der einflussreichsten Könige Israels. In einer Inschrift wird ein König Israels „Sohn Omris" genannt, obwohl er bereits zu einer anderen Dynastie gehörte. Omri gründet Samaria, von da an die Hauptstadt Israels. Alle Könige Israels folgen der „Sünde Jerobeams". Zwischen Israel und Juda herrscht Krieg.

● **König Ahab** wird einer der Hauptakteure der nächsten Kapitel sein. Wie Salomo heiratet er eine ausländische Prinzessin und wendet sich mit ihr fremden Göttern zu. Sidon lag nördlich von Israel, im heutigen Libanon, und war ein wichtiger Handelspartner. Wie Salomo baut Ahab einen Tempel in der Hauptstadt – allerdings für Baal. Mit Ahab wird nicht nur der Baal- und Ascherakult „hoffähig", sondern der Polytheismus – man sieht keinen Schaden darin, den eigenen Gott Jahwe durch andere Gottheiten zu ergänzen. In diesem Klima bleiben alte Vorhersagen unbekannt oder unbeachtet, was zwei von Hiëls Söhnen einen vorzeitigen Tod beschert.

● Ohne Vorankündigung tritt **der Prophet Elia** auf, größter Opponent Ahabs und des Baalskultes, ebenfalls einer der Hauptakteure der nächsten Kapitel. Seine Vorhersage trifft den Baalskult in seinem Kern. Baal war der mächtigste unter den semitischen Göttern und zuständig für Regen und Fruchtbarkeit. Nun wird deutlich: nicht Baal bestimmt, wann es regnet. **Jahwe, der Gott Israels**, kann nicht nur Leben spendenden Regen und Tau vorenthalten, er kann auch

- gleichzeitig in ein trockenes Wadi Wasser fließen lassen,
- auf wundersame Weise seinen Propheten mit ausreichend Nahrung versorgen (zweimal am Tag eine Fleischmahlzeit war keineswegs üblich),
- diesen Propheten vor dem Zugriff eines zornigen Königs bewahren.

● Nach einer Weile erreicht die Trockenheit auch Elia am Bach Krit. **Gottes „Machtkampf" mit Baal** geht in eine neue Runde. Die phönizische Stadt Sidon war die Heimat Isebels, der Frau Ahabs, jetzt Königin in Israel. Sie ist es, die in Israel vehement die Anbetung Baals fördert. Doch selbst in dieser „Heimat" Baals gelingt es ihm nicht, für Regen zu sorgen. Jahwe, der Gott Israels, sorgt dagegen für Einzelne, die sich auf ihn verlassen.

● **Vertrauen in Gottes Aussagen** ist ein wesentlicher Faktor. Auf Gottes Wort hin verlässt Elia den Bach Krit und geht ins Ausland. Auf sein Wort gehen auf wundersame Weise Mehl und Öl nicht aus.

● Der **Gott Elias** ist zunächst nicht der **Gott der Witwe**. Sie bezeichnet ihn ausdrücklich als Elias Gott (V 12). Die Witwe erweckt nicht den Eindruck, als sei sie sich Gottes Anweisung bewusst, dass sie Elia versorgen sollte. Dennoch schenkt sie Elias Worten Vertrauen und tut, was er sagt. Dies ist umso bemerkenswerter, als sie damit ihre letzten Lebensmittel zur Verfügung stellt.

● Es ist ein **Bericht kleiner Verhältnisse und kleiner Mengen**: eine Witwe und ihr Sohn, damals am unteren sozialen Rand. Wie offenbar auch Elia sind sie gewohnt, mit wenig auszukommen. Als Elia die Witwe trifft, ist selbst dieses Wenige, im wörtlichen Sinn das Existenzminimum, nicht mehr gesichert.

✎ *Lesen Sie noch einmal nach, welche Mengen von Lebensmitteln und Holz im Text genannt werden!*

Auch Gottes wunderbares Eingreifen schafft keine vollen Kornkammern für die drei, keine Weinberge, keinen sozialen Aufstieg. Aber Gott hilft dem Mangel ab und garantiert die Grundversorgung, nicht mehr und nicht weniger.

● Mit einem **lobenden Aufblick zu Gott** beginnt dieser Psalm, der zu den längsten des Psalters gehört und dessen zweite Hälfte uns nächsten Sonntag zum Nachbeten und Nachdenken begegnen wird.

● In Ps 106 wird in staunenden Worten der **Treue und Barmherzigkeit** von Israels Gott gedacht. Er wird gepriesen wegen Güte und Treue, die er seinem oft so ungetreuen Volk unentwegt gehalten hat. Gott hat menschlich gesprochen Glauben bewahrt, wo sich sein Volk dem Abfall preisgab. Wie das aussah, wird allerdings nicht in den ausgefeilten Sätzen eines Historikers berichtet, sondern eher in der Gestalt eines **Schuldbekenntnisses** und einer immer wiederkehrenden Bitte um Gottes Barmherzigkeit, Gnade und Geduld für einen Neuanfang der lebensspendenden Glaubensbeziehung.

● Der Psalmist greift zu einem besonderen Stilmittel, nämlich zur **Erinnerung an die Tage großer Gotteserfahrung und Israels Einstellung** dazu. Diese Geschichte mit Gott wird im Gottesdienst Stück um Stück vergegenwärtigt, als solche angenommen und sich zu eigen gemacht: Das ist unser Gott, wie ihn die Geschichte seit Jahrhunderten zeigt, geduldig und gnädig. Gott hält Israel die Treue, obwohl es die seine immer wieder bricht. Israels Geschichte ist so eine Geschichte gottgeschenkter Neuanfänge. Darum werden sie im Psalmengesang des Gottesdienstes erinnert und lebendig. Sie sollen neuen Glaubensmut wecken und das Vertrauen auf den barmherzigen Gott mehren. Im erinnernden Singen bekennt die gottesdienstliche Gemeinde ihre eigene Schuld und dankt ihrem Gott für immer neue Anfänge. Und auch dafür, dass sie auch für sich selbst und ihre Sündhaftigkeit nicht Gericht, sondern Gnade erwarten darf.

● Wie wäre es, wenn in **unseren Gottesdiensten** die alten Psalmen und die neuen Lieder gesungen würden, in denen Gottes Wirken und die Geschichte der Gemeinde dargestellt und Gottes „Dennoch" trotz allem Versagen gerühmt würde? Das wäre wahrer Gottesdienst: Gnade und Barmherzigkeit Gottes fänden ihre ermahnende, erinnernde und tröstliche Wirkung.

Montag, 25. Juni 1. Könige 17,17-24

● Es geht nun nicht mehr um **Leben** spendenden Regen und Leben erhaltende Nahrung. Elia und der Haushalt, in dem er Gast ist, sind direkt mit dem **Tod** konfrontiert.

✎ *Was denken Elia und die Witwe über Leben und Tod?*

● Die Witwe sieht **Elias Rolle** mit neuen Augen:

➢ Zu Beginn sieht sie in ihm einen Mann Gottes, der durch seine Gegenwart Gottes Aufmerksamkeit auf sie lenkt und eine Strafe für vergangene Verfehlungen heraufbeschwört. Elias Gott bringt den Tod.

➢ Am Ende sieht sie in Elia einen Mann Gottes, durch den Gott handelt und durch den Gott nicht nur redet, sondern die Wahrheit redet. Elias Gott bringt Leben.

● In **Elias Reaktion** auf das Schicksal der Mutter und ihres Sohnes …

➢ … ist zunächst **Raum für Klage**. Er beschönigt nicht und nennt den Tod des Sohnes unumwunden etwas „Schlechtes". Gerade eine Witwe, ohnehin sozial schutzlos, traf der Tod des einzigen männlichen Mitglieds des Haushaltes besonders hart. Dass es gerade diese Frau traf, die ihm Gastfreundschaft erwiesen hatte, war für ihn besonders bitter.

➢ … zeigt sich aber auch **Vertrauen**, dass Gott Herr über Leben und Tod ist. Dieses Wunder ist nicht für die Augen der Öffentlichkeit bestimmt, sondern eine Angelegenheit zwischen Gott und Elia. Nicht Elia heilt den Jungen, sondern Gott. Elias Aufgabe ist die Fürbitte, unterstrichen durch eine Symbolhandlung, die uns heute unbekannt und fremd ist.

● Dies ist der erste Bericht in der Bibel, in dem ein Mensch vom Tod ins Leben zurückgebracht wird. Von Elias Nachfolger Elisa wird eine sehr ähnliche Begebenheit berichtet (2Kö 4,18-37). Auch von Jesus wird berichtet, dass er drei Menschen vom Tod auferweckte. Eine enge Parallele zu Elia in Zarpat ist die Totenauferweckung in Nain (Lk 7,11-17).

✎ *Welche Rolle spielt das Thema Tod/Leben in Jesu Wirken und Werk?*

● In 17,1 wurde hervorgehoben, dass Regen und Fruchtbarkeit allein von Jahwe, dem Gott Israels, kommen. Das wird sich jetzt am **Ende einer längeren Dürre** erweisen (V 1).

● Der Name **Obadja** bedeutet „Diener Jahwes" – das kennzeichnet auch sein Verhalten. Als *Hofmeister* war er für die Verwaltung des königlichen Palastes verantwortlich und damit einer der höchsten Beamten unter König Ahab. Er nutzt seine Funktion, um einige der Propheten Jahwes vor der Verfolgung durch Isebel zu retten (V 4.13). Er geht der Gefahr nicht einfach aus dem Weg, auch wenn er unnötige Risiken vermeiden will (V 12-14). Als Beamter Ahabs und „Diener Jahwes" ist Obadja zugleich ein idealer Vermittler für eine Begegnung zwischen Ahab und Elia.

● **Ahab** ist davon überzeugt, dass das Wort Elias den Regen zurückgehalten hat (V 17). Das zeigte sich bereits in seiner verzweifelten Suche nach dem Propheten (V 10). Doch Ahab sieht nicht, dass durch Elia Gott selbst handelt. Überhaupt ist Ahab in seiner Haltung Elia gegenüber seltsam zwiespältig. Nachdem Elia ihn heftig kritisierte (V 18), lässt Ahab sich von ihm ohne Weiteres überzeugen, dass er ganz Israel zu einer Vollversammlung einladen soll (V 19-20). Hat Elia ihn damit schon für seinen Gott gewonnen? Vermutlich war Ahab dann auch von den folgenden Ereignissen mit Feuer und Regen durchaus beeindruckt. Allerdings lässt er sich dann in Kap. 19,1ff von seiner Frau Isebel ebenfalls wieder beeinflussen.

> ✎ *Vgl. Sie zu Ahabs Verhalten auch Kap. 21,4-7 mit 21, 27-29.*

Letztlich gleicht Ahab damit dem Volk Israel, das sich nicht zwischen der Nachfolge Jahwes oder der Verehrung Baals entscheiden kann (V 21).

● V 18 zeigt, dass die **Liebe zu Gott** das alles entscheidende Gebot ist. Ihm mit dem ganzen Leben zu folgen – allein darauf kommt es an. Für uns als Menschen in den reichen Ländern dieser Welt ist dabei sicher der verantwortungsvolle Umgang mit unserem **Reichtum** eine große Herausforderung. Denn nicht zufällig klingt V 21 gerade auch in Mt 6,24 nach.

Mittwoch, 27. Juni 1. Könige 18,25-46

● Durch eine „**Opferprobe**" soll sich zeigen, ob Jahwe oder Baal der wahre Gott ist (V 23-24). Das kommt zunächst etwas überraschend, denn eigentlich geht es ja um Regen und Fruchtbarkeit (V 1.45). Und warum erinnert Elia das Volk nicht einfach daran, wie Jahwe sich in der Geschichte schon längst als Gott Israels erwiesen hatte? Die Erzählung selbst geht auf diese Fragen nicht ein, aber sie zeigen uns, dass Gott sich auf sehr verschiedene Weisen offenbaren kann. Doch nur wenn Menschen sein Handeln in der Bedeutung für ihr Leben erkennen, werden sie ihm dann auch folgen.

● Elia und die Baals- bzw. Ascherapropheten sollen dieselbe Aufgabe erfüllen (V 23-25), doch im Vollzug werden vor allem die **Unterschiede** hervorgehoben:

➢ Elia ist alleine, die anderen sind 450 Männer (V 22).

➢ Die Baalspropheten mühen sich eine lange Zeit ab (V 26-29), Elias Gebet wird dagegen sofort erhört (V 38).

➢ Der kultische Tanz und die Riten der Baalspropheten erscheinen plan- und ziellos und werden mit ironischer Distanz beschrieben (V 26-29). Elia geht dagegen systematisch vor und handelt in Souveränität und Würde (V 30-37).

● Das Volk antwortet auf das Feuer vom Himmel mit einem eindeutigen **Bekenntnis** (V 39). Doch schon in Kap. 19,14 sieht Elia sich wieder ganz alleine gelassen. War das Ereignis auf dem Karmel also umsonst? Wohl kaum, aber es war nicht die alles entscheidende Wende, sondern nur ein Schritt auf Gottes Weg mit seinem Volk.

✎ *Vgl. Sie die ähnliche Abfolge in Jos 24,1-28 und Ri 2,6-12.*

● Die **Hinrichtung der Baalspropheten** (V 40) ist letztlich die Konsequenz aus Isebels Verfolgung der Jahwepropheten (Kap. 18,4): Die böse Tat fällt auf den Verursacher zurück. Allerdings weiß auch das AT bereits, dass Gott nicht den Tod des Sünders, sondern seine Umkehr will (Hes 33,11).

● Im letzten Abschnitt (V 41-46) geht es wieder um Elia und Ahab. Jetzt muss Elia auf die Erhörung des Gebetes warten. Auch er kann nicht einfach über Gott verfügen.

● V 1-2 zeigen, dass **Isebel die eigentliche Widersacherin** Elias ist. Die Königstochter aus dem benachbarten Sidon gibt als Königin in Israel den Ton an. Die Opferprobe auf dem Karmel beeindruckt sie überhaupt nicht. Warum sie allerdings Elia vorwarnt und ihn nicht gleich töten lässt, bleibt offen. Vielleicht wollte sie wie später bei Nabot (Kap. 21) wenigstens den Anschein einer „fairen" Auseinandersetzung wahren.

● **Elias Reaktion** (V 3) überrascht. Er sucht das Weite und flieht nach Juda, wo Isebel keine Macht hat. Doch kaum hat er sich vor ihr in Sicherheit gebracht, wünscht er sich selbst den Tod (V 4). Wäre es dann nicht eines Propheten würdiger gewesen, als Märtyrer von der Hand Isebels zu sterben?

● Gottes Eingreifen bringt die Wende – allerdings nicht sofort.

➢ Zunächst versorgt er Elia durch einen Engel, ähnlich wie vorher durch die Raben am Bach Krit (17,2-7) oder durch die Witwe in Zarpat (17,8-16).

➢ Wohin Elia gehen soll (V 7), sagt der Engel nicht – doch Elia findet jetzt wieder den richtigen Weg. Selbst die zunächst scheinbar ziellose Flucht (V 3) hatte ihn schon näher zum Gottesberg in der Wüste gebracht. ***Horeb*** ist ein anderer Name für den Berg Sinai (vgl. 5Mo 1,6).

➢ Gott gibt Elia Gelegenheit, seinen ganzen Frust noch einmal auszusprechen (V 9-10.14).

● Der Höhepunkt dieses Kapitels ist die **unmittelbare Erscheinung Gottes vor Elia**.

✎ *Vgl. Sie 2Mo 33,18-23 und 34,5-8.*

Wind (Hes 1,4), Erdbeben (Ps 68,9) und Feuer (2Mo 19,17-18) sind an anderen Stellen deutliche Hinweise auf das Kommen Gottes. Vor Elia erscheint Gott jedoch in einem ***stillen, sanften Sausen*** – kaum wahrnehmbar, und doch unverkennbar. Elia erlebt Gottes Gegenwart damit ganz anders als auf dem Karmel – doch es ist derselbe Gott. Und das Wunder geschieht, dass der verzagte Prophet neuen Mut fasst. So groß ist Gott.

● Von dem **dreifachen Auftrag an Elia** (V 15-16) gibt es eine direkte Verbindung nur zu der als letztes genannten Einsetzung Elisas. Zum Nachfolger Elias wird er allerdings erst in 2Kö 2. Und erst Elisa begegnet Hasael (V 15, vgl. 2Kö 8,7-15) und lässt Jehu zum König über Israel salben (V 16a, vgl. 2Kö 9,1-13). Nicht alle Aufträge müssen demnach buchstäblich ausgeführt werden. Offensichtlich war das für die Verfasser der Königebücher kein Problem. Und doch zeigen ihre Erzählungen, wie Gott Elia und Elisa gebraucht.

● **Abel-Mehola** (V 16), der Geburts- und Wohnort Elisas, liegt im Jordantal, etwa in der Mitte zwischen See Genezareth und Totem Meer. Bis dahin hatte Elia vom Horeb eine ziemliche Strecke zurückzulegen. Doch anders als auf dem Hinweg (V 3-9) geht die Erzählung darauf nicht mehr ein. Durch die Begegnung mit Gott hatte Elia die Krise überwunden.

● Mit dem **Überwerfen des Mantels** (V 19) nimmt Elia Elisa „in Besitz". Elisa weiß, was das bedeutet. Ohne zu zögern akzeptiert er diesen Eingriff in seine Lebensplanung (V 20). Das kurze Gespräch zwischen den beiden erinnert auf den ersten Blick an die Dialoge Jesu mit „Nachfolge-Kandidaten" in Lk 9,59-62. Doch anders als dort ist die Antwort Elias hier so zu verstehen, dass er Elisa den Abschied gewährt, auch wenn das Küssen der Eltern nicht ausdrücklich berichtet wird. Doch Elisa wendet sich zunächst noch einmal von Elia ab (V 21a), bevor er endgültig in den **Dienst Elias** tritt (V 21b).

● Der **Mantel Elias** wurde bereits in V 13 erwähnt. Vermutlich war es ein besonderes Kleidungsstück, das die Bedeutung seines Trägers erkennen ließ.

> ✎ *Vgl. Sie zu diesem Mantel 2Kö 2,8.13-14. Auch dort geht es um Elisa als Nachfolger Elias.*

● Das **Schlachten der Rinder** erfüllt einen dreifachen Zweck:

➢ Elisa bringt Gott ein Dankopfer.

➢ Elisa feiert ein Abschiedsfest.

➢ Elisa verbrennt sein Arbeitsgerät und lässt damit seine bisherige Existenz hinter sich.

● Die Erzählung besteht aus mehreren Szenen, in denen immer zwei Personen(gruppen) auftreten. Meist kommt eine davon jeweils auch in der nächsten Szene vor.

● **V 1-3: Nabot und Ahab.** Jesreel war nach Samaria eine zweite Residenz Ahabs (vgl. 18,45). Ausgrabungen haben dort eine gut befestigte Anlage nachgewiesen. Ahab will sie jetzt durch einen Gemüsegarten erweitern. Sein Angebot an Nabot erscheint angemessen. Doch es scheitert an dessen Treue zum traditionellen Bodenrecht (3Mo 25,23-24). Demnach soll Grundbesitz, selbst wenn er verkauft werden muss, möglichst in der (Groß-)Familie bleiben (vgl. Jer 32,6-9).

● **V 4-7: Ahab und Isebel.** Einmal mehr erweist sich Isebel als die eigentliche Herrscherin in Israel. Für sie steht der König über dem Gesetz und kann seinen Willen auch gegen das überlieferte Recht durchsetzen. Das geht jedoch nur, weil sie sich Jahwe, dem Gott Israels, nicht verantwortlich weiß. Denn für Israel war das Recht eine Gabe seines Gottes. Deshalb gilt dieses Recht für alle – auch für den König!

● **V 8-10: Isebel und die Ältesten von Jesreel.** Isebel handelt jetzt im Namen Ahabs. Sie geht davon aus, dass die Verantwortlichen in Jesreel dem König blind folgen. Ihre Intrige ist einfach, aber wirkungsvoll. Ein Fasten konnte als Akt der Buße ausgerufen werden, etwa angesichts einer äußeren Notlage. Die Anklage gegen Nabot könnte dann so verstanden werden, dass sein Verhalten der eigentliche Grund für die Notlage war. Da Nabot außerdem den Ehrenplatz erhalten soll, wird eine Anklage gegen ihn besondere Aufmerksamkeit erwecken. Außerdem können die für das Fasten bereits versammelten Bürger gleich das Urteil sprechen und vollziehen.

● **V 11-14: Die Ältesten und Nabot.** Gegen diese Intrige hat der aufrichtige Nabot keine Chance. Er wird das Opfer eines Justizmordes – und keiner deckt die Hinterlist Isebels auf!

● **V 15-16: Isebel, Ahab und der Weinberg.** Vermutlich konnte der König das Eigentum von Personen, die wegen Gotteslästerung hingerichtet wurden, für sich in Besitz nehmen. Das tut er, indem er den Weinberg abschreitet. Doch Ahab und Isebel haben ihre Rechnung ohne Gott gemacht.

● Der zweite Teil des Psalms, in dem der Geschichte Israels im Gottesdienst gedacht wird, nimmt die Ereignisse der **Zeit nach dem Auszug aus Ägypten** in den Blick: Den Einzug und die Eroberung des von Gott verheißenen Landes. Diese Geschichte ist ausgesprochen wechselhaft, was Israels Glauben und Lebensstil angeht. Es vergeht keine Generation, in der es nicht zum Abfall zu dem einen oder anderen Götzen Kanaans kommt. Das hat Folgen für die soziale Gerechtigkeit im Volk und im Land, aber auch in der Gottesbeziehung.

● Dadurch, dass Israel die Landesbewohner entgegen der göttlichen Weisung nicht vertilgte, blieb die **Gefährdung durch den Götzendienst** ständig gegenwärtig. Die Verführung lag immer wieder neu in der Luft und fand ihre Opfer. Ihre Wirkungen auf Israel als Ganzes verursachten tiefe Spuren. Die Folgen waren die, dass Gott immer wieder mit seinen Gerichten eingriff, um Israel zur Umkehr zu bringen. Es ist schon bedenkenswert, dass es so gut wie keine Generation in Israel gab, an der Gott nicht seine Gerichte halten musste. So ist die Geschichte Israels und später, nach der Trennung in Israel und Juda, eine Geschichte, in der sich Heil und Unheil, Gehorsam und Ungehorsam gegenüber Gottes Wort abwechselten. Dass Israel nicht völlig ausgerottet wurde, sondern schlimmstenfalls unter fremden Völkern zerstreut wurde und dort mehr oder weniger geduldet überlebte, ist ein Wunder der Gnade und Barmherzigkeit Gottes, wie der Psalmist weiß. Und es ist die Chance für einen neuen Anfang. Darum betet er und lässt beten: *Hilf uns, HERR, unser Gott, und bring uns zusammen aus den Heiden, dass wir preisen deinen heiligen Namen und uns rühmen, dass wir dich loben können!* (V 47).

✎ *Wie wäre es, wenn in unseren Gottesdiensten ebenso wie in denen Israels der Geschichte der Gemeinde in ihrem Auf und Ab dankbar und konkret gedacht würde, samt dem Rühmen Gottes für seine Barmherzigkeit mit ihr in immer neuen Anfängen?*

● Der zweite Teil der Erzählung von Nabots Weinberg ist so ganz anders als die erste Hälfte. Er beginnt und endet mit einem **Wort Gottes an Elia** (V 17-19.28-29). In beiden Worten geht es um Ahab.

● In **V 17-19** wird Ahab für den Justizmord an Nabot ein **unehrenhafter Tod** angedroht:

➢ Die Strafe wird in Entsprechung zur Schuld formuliert.

➢ Hunde (V 19) stehen damals für aasfressende Tiere im Bereich der Stadt (vgl. V 24).

➢ V 21-22 weitet die Drohung auf die Ausrottung aller männlichen Nachkommen aus. Die Begründung dafür ist jetzt jedoch nicht mehr nur der Mord an Nabot, sondern die auch in dieser Tat erkennbare Abkehr von Jahwe, dem Gott Israels (V 22b.26). Deshalb ist auch diese schwerste Strafe angemessen.

● In **V 28-29** kündigt Gott Ahab ganz überraschend einen **Strafaufschub** an:

➢ Ahab ist zwar alles andere als ein Freund Elias (vgl. V 20), aber das angekündigte Gericht bringt ihn zur **Einsicht**. Auch die Opferprobe auf dem Karmel war ja nicht spurlos an ihm vorübergegangen (vgl. Kap. 18,41-46).

➢ Aber ist es nicht ungerecht, wenn das von Ahab verursachte Gericht dann seine Kinder trotzdem trifft? Doch wenn selbst Ahab (V 29!) umkehren konnte, hätte Gott auch seinen Kindern **gerne seine Gnade gezeigt.** Leider gaben sie dazu keinen Anlass (vgl. Kap. 22,52-54).

● **Und Isebel?** War sie nicht die Hauptschuldige? Wie kann Gott sie dann noch über ein Jahrzehnt das Gemüse aus Nabots ehemaligem Weinberg genießen lassen?

➢ Die Worte über Ahab zeigen, dass trotz aller Intrigen Isebels (V 25) Ahab als König der eigentlich Verantwortliche ist. Deshalb wird Elia zu ihm geschickt (V 18) – eine direkte Begegnung zwischen Elia und Isebel gibt es dagegen nie.

➢ Auch Isebel entgeht ihrer Strafe nicht (2Kö 9,30-37). Doch der Aufschub auch ohne Einsicht zeigt, dass wir Gottes Handeln in Gericht und Gnade längst nicht immer durchschauen – und dennoch auf ihn vertrauen (Ps 73,23-28).

● Im Mittelpunkt des Kapitels steht eine **Auseinandersetzung zwischen wahrer und falscher Prophetie**. Anlass für den Konflikt ist ein gemeinsamer Feldzug von Ahab, König von Israel, und Joschafat, König von Juda. Ahab will Ramot in Gilead, im nördlichen Ostjordanland, von den Aramäern zurückerobern. Joschafat kommt ihm dazu als Verbündeter gerade recht (vgl. V 29-30).

● Der Plan steht bereits fest, jetzt soll noch Gottes Meinung dazu erfragt werden (V 5). Die von Ahab herbeigerufenen Propheten (V 6) standen als **Hofpropheten** in seinem Dienst. Und sie erfüllen seine Erwartungen. Zedekia unterstreicht ihre positive Botschaft sogar mit einer Zeichenhandlung (V 11).

● Joschafat bleibt skeptisch (V 7). Er fragt ausdrücklich nach einem **Jahwepropheten, einem *Propheten des HERRN***. Auch die Hofpropheten gingen davon aus, dass sie ihre Botschaft vom Gott Israels empfangen hatten (V 24). Doch daneben gab es diese anderen Propheten wie Elia oder Micha ben Jimla, die Ahab treffend charakterisiert (V 8):

➢ Es sind Einzelgänger.
➢ Sie kritisieren den König und riskieren seine Feindschaft.
➢ Sie scheuen sich nicht, Gottes Gericht anzukündigen.

● Der Bote, der Micha holen soll, geht offensichtlich davon aus, dass Micha sich ohne Weiteres beeinflussen lässt (V 13). **Micha ist jedoch nur Gott selbst verantwortlich** (V 14). Er schließt sich zunächst zwar der Auskunft der anderen Propheten an (V 15). Doch für Ahab war klar, dass das nicht seine eigentliche Botschaft sein kann (V 16).

● Micha kündigt den Tod des Königs und das Ende des Feldzuges an (V 17). Doch Ahab lässt sich dadurch nicht von seinem Vorhaben abbringen. Er sieht sich nur in seinen Vorbehalten gegen Micha bestätigt (V 18).

● Die **Vision Michas** (V 19-22) ist in manchem ähnlich wie die Vision Jesajas bei seiner Berufung (Jes 6). Was Micha den anderen Propheten damit zumutet, ist ungeheuerlich: Der Geist, der sie leitet, ist ein Lügengeist, von Gott selbst gesandt! Doch so wird nachvollziehbar, wie die ganz unterschiedlichen Prophetenworte zustande kommen.

● In der ersten Hälfte des Kapitels wird die **Konfrontation zwischen Micha ben Jimla und den Hofpropheten**, angeführt von Zedekia, auf die Spitze getrieben. Jetzt folgen die Reaktionen der Zuhörer:

➤ **V 24-25: Zedekia** zeigt durch den Schlag auf die Backe seine Verachtung für Micha. Er wird durch dessen Vision in seinem Selbstverständnis als Prophet angegriffen. Aber statt sich mit dieser Anfrage auseinanderzusetzen, geht er gleich zum Gegenangriff über.

➤ **V 26-28: Ahab** will Micha durch einen siegreichen Feldzug von seinem Irrtum überführen. Micha akzeptiert diesen Test für die Wahrheit seiner Botschaft – auch wenn das für ihn eigentlich nicht gut ausgehen kann.

➤ **Joschafat** schweigt. Er hatte zwar den Anstoß zur Befragung Michas gegeben, aber jetzt äußert er sich nicht zu dessen Botschaft. Stattdessen tut er einfach, was Ahab von ihm verlangt (V 29-30).

● V 29-40 zeigen, wie Ahab trotz aller Vorsichtsmaßnahmen scheitert und sich das Wort Jahwes durch seine Boten Micha und Elia erfüllt.

➤ V 30-33: Durch einen **Verkleidungstrick** lenkt Ahab die Aufmerksamkeit der Feinde auf Joschafat. Wie abhängig muss dieser von Ahab gewesen sein, dass er sich darauf einlässt!

➤ V 34-37: Die gezielten Angriffe der Gegner konnte Ahab auf Joschafat lenken, aber nicht den „zufällig" abgeschossenen Pfeil. Und dann steht sein Kriegswagen im Stau, sodass er nicht vom Kampfplatz kommen kann. So trifft ein, was **Micha** angekündigt hatte (vgl. V 17).

➤ V 38 erinnert außerdem noch an Kap. 21,19, die **Gerichtsankündigung Elias** über Ahab und sein Haus.

● Im Rückblick fragt man sich, wie Ahab gegenüber der Warnung Michas nur so verblendet sein konnte. Doch hören wir nicht auch lieber das, was uns in unseren Ansichten über Gott und die Welt bestärkt? Oder sind wir bereit, uns auch auf die kritischen und unbequemen Aussagen biblischer Texte einzulassen?

● Der Prophet **Micha** stammte aus Moreschet, südwestlich von Jerusalem, und war ein Zeitgenosse Jesajas. Er ist nicht zu verwechseln mit Micha ben Jimla, von dem wir in 1Kö 22 lesen. Und doch wird ihre Botschaft durch 1Kö 22,28 und Mi 1,2 *(Höret alle Völker!)* zueinander in Beziehung gesetzt.

● Das Wirken Michas von Moreschet fällt in die zweite Hälfte des 8. Jh. v. Chr. Die **Assyrer** hatten ihre Herrschaft ausgeweitet, die Kleinstaaten in Syrien und Palästina, einschließlich dem Nordreich Israel, sind tributpflichtig oder untergegangen. Was wird nun mit Juda? Soll es sich den Assyrern unterwerfen? Oder auf die Ägypter und ihre Hilfe setzen? Das Vertrauen zu Gott schwindet. Der Gottesglaube wird zur äußeren Hülle, die Mächtigen machen, was sie wollen. Glauben und ethisches Handeln fallen auseinander.

● V 1: Die Überschrift ist ähnlich wie Hos 1,1 oder Zef 1,1. ***Wort des HERRN*** betont die Autorität eines Propheten.

● V 2-7: Nur in diesem Abschnitt des Michabuches wird **Samaria**, die Hauptstadt des Nordreichs, angesprochen. Er gehört also in die Zeit vor 722, als Samaria noch nicht zerstört war. Das Drohwort gilt zunächst der ganzen Welt! Wenn Gott zum Gericht erscheint, wenn er „heraustritt", dann wird die ganze Welt erschüttert wie von Vulkanausbrüchen mit feurigen Lavaströmen, wie von Erdbeben! Das geschieht, weil sich Menschen treulos von Gott abgewendet haben. Die Nennung von Juda und Jerusalem (V 5) ist vielleicht eine spätere Ergänzung, die die Bedeutung dieses Wortes auch nach dem Untergang von Samaria deutlich macht. Gottes Strafe kommt, weil Menschen den Glauben an den einen Gott mit allen möglichen Götzen vermischt haben. Doch neben dem einen Gott kann es keine anderen Götter geben!

● V 8-9 sind eine **persönliche Klage Michas** über das Gericht Gottes gegen sein Volk. Der Assyrer Sanherib hatte 701 v. Chr. die aufständischen Könige besiegt. Jerusalem steht vor der Katastrophe. Hiskia muss sich unterwerfen, um sich und Jerusalem zu retten. Micha erlebt diesen *Schlag* unmittelbar selbst, denn sein Heimatort ist vermutlich von der Plünderung und Zerstörung durch die Assyrer betroffen.

● Der Abschnitt besteht aus drei Sprüchen:
➤ V 1-5: Weheruf gegen die habgierigen Reichen
➤ V 6-11: Auseinandersetzung mit Gegnern
➤ V 12-13: Heilsweissagung
● V 2-5: Das ist Michas Thema! Sich einsetzen für Kleinbauern, die von den Grundbesitzern ausgebeutet werden. Hemmungslose Besitzgier, rücksichtslose missbrauchte Machtausübung, gegen alles Recht und alle von Gott gegebene Ordnung! Micha erlebt den Turbo-Kapitalismus seiner Zeit. Die Mächtigen sind wie Raubtiere, um andere auszubeuten. Aber wer so handelt, vergeht sich nicht nur an seinem Nächsten, solches Handeln ist Sünde! Doch Gott lässt das nicht zu! Er wird sie bestrafen: sie selbst werden des ganzen Landes verlustig gehen! Fremde Herren werden alles nehmen, nichts wird ihnen bleiben.

> ✎ *Wo und an wen hätte Micha seine Worte heute zu richten?*

● V 6-11: Wer solch eine Botschaft vertritt, der erntet **Widerspruch**. Damit muss Micha rechnen und so setzt er sich mit einer Schar von Gegnern auseinander.
➤ Sie versuchen, ihn lächerlich zu machen: „Seht, wie er geifernd aus dem Mund tropft, wenn er in Ekstase redet!" Sie gehen davon aus, dass sie mit ihrem Glauben die richtigen heilsgeschichtlichen Traditionen vertreten. Da sie rechtschaffen sind, hat Gott für sie freundliche Worte! Micha dagegen lästert ihrer Ansicht nach Gott mit seinen Weherufen!
➤ Dem setzt Micha entgegen: Wer Gottes Volk sein will, dessen Leben muss anders aussehen – den Besitz der Armen pfänden, Frauen dem Schutz der Familie entreißen – und dann fromm reden. Das ist Lüge und Heuchelei. Lügenpropheten, die passen zu solchem Volk! Micha hält seinen Zeitgenossen einen Spiegel vor: „Erkenne dich selbst, die Beweggründe deines Handelns!"
● V 12-13 sind getragen von der Hoffnung, dass der **gnädige Gott** auch nach dem Vollzug des Gerichtes seinem Volk nahe bleibt und als Hirte vorausgeht.

● Micha ist eine Persönlichkeit, die für **Recht und Gerechtigkeit** eintritt. Er weiß, Gottes Gerechtigkeit gilt jedem! Er leidet darunter, dass bei seinen Zeitgenossen eine Diskrepanz besteht zwischen frommen Reden und schreiendem unsozialen Handeln. So muss er gegen die Rechtlosigkeit, gegen die Bestechlichkeit bei der Oberschicht angehen. Sie, deren Pflicht es ist, Wahrer des Rechts zu sein, missbrauchen ihre Autorität. Sie kennen das Recht, sie tragen Verantwortung für die Gemeinschaft, aber sie handhaben das Recht, um auf Kosten der Ärmeren in Luxus zu leben.

● V 2: Deutlicher kann man es nicht beschreiben: ihr seid dem Bösen verhaftet; ihr zieht den Menschen die Haut ab, zieht ihnen das Fell über die Ohren. Ich sehe vor mir die von Gold strotzenden Paläste selbstherrlicher Herrscher, ich denke an Bankmanager, die einen Bonus in Millionenhöhe einstreichen, nachdem sie Milliarden vergaunert haben.

● V 4: Michas Botschaft ist klar: Wer so handelt, hat bei Gott keine Zukunft, **die Beziehung zu Gott ist durchgeschnitten**. Wer so handelt, dem ist der Weg zu Gott versperrt, denn der Weg zu ihm führt immer über den Nächsten. Gottes Segen ist dann verloren. Gott wird sein Angesicht verbergen.

● V 5-8: Die **„Gottesmänner"** sind genauso bestechlich. „Stopft ihnen das Maul mit Geld – und sie verkünden euch alles Heil der Welt!" Leider zieht sich auch das durch die Geschichte. Der Weg solcher „Propheten" führt in die absolute Dunkelheit! Anders Micha, er ist der Wahrheit verpflichtet, auf die eigene Person darf er keine Rücksicht nehmen. Dieses Selbstbewusstsein des Propheten ist erstaunlich. Aber er weiß es ganz fest: Gott ist bei ihm, das trägt!

● V 9-12: Der **unbestechliche Blick Michas** sieht hinter die Fassaden. Mit Unrecht habt ihr den Tempel gebaut, Gerades krumm gemacht! Beispiellos die Schärfe der Anklage und Drohung gegen den Tempel und Jerusalem. Michas Worte haben Wirkung. Noch hundert Jahre später wird man sich daran erinnern und Jeremia wird es das Leben retten (vgl. Jer 26,18f)!

● Der Psalter ist – wie die „Fünf Bücher Mose" – in fünf Bücher unterteilt. Das dritte dieser Bücher erstreckt sich von Ps 73 bis Ps 89 und enthält vorwiegend Psalmen, die dem **Tempelsänger** ***Asaf*** zugeschrieben werden (vgl. 1Chr 6,16-24; 2Chr 29,30).
● Der 73. Psalm ist einer der wenigen, in denen über weite Strecken nicht *zu* Gott, sondern *über* ihn gesprochen und nachgedacht wird. Man hat den Psalm deshalb auch als ein **Lehrgedicht** bezeichnet.
● Der Psalmist beschreibt eine schwere Krise: *Ich bin täglich geplagt* (V 14), *Es tut mir weh im Herzen und sticht in meinen Nieren* (V 21). Wodurch wird diese Krise ausgelöst? **Durch den Vergleich mit anderen!** Genauer gesagt: durch den Vergleich mit den „Gottlosen", denen es aber trotz ihrer Boshaftigkeit an nichts fehlt: Sie sind gesund (V 4), beliebt (V 10), glücklich und reich (V 12). Wie ist das möglich?
● Solche Fragen können auch für Christen heute eine echte Herausforderung sein: Da macht einer skrupellos auf Kosten von anderen Karriere, ein anderer verdient viel Geld mit Lügen. Und mir, der ich mich an Gottes Geboten orientiere, geht es schlecht. Womit habe ich das verdient? Ist das nicht ungerecht? Was bringt dann überhaupt der Glaube an Gott?
● Im **zweiten Teil des Psalms** (ab V 17) wird beschrieben, wie der Psalmist von diesen quälenden Fragen befreit wird. Es geschieht, als er nicht mehr distanziert *über* Gott redet, sondern als er seine Nähe sucht und *mit ihm* spricht im Gebet. Statt Lehrgedicht nun also **Vertrauensbekenntnis**!
● Auf einmal sieht er mit Gottes Augen, er sieht das Ganze, und er sieht das Leben von seinem Ende her. Deutlich erkennt er nun, worauf es ankommt: *Dennoch bleibe ich stets an dir; denn du hältst mich bei meiner rechten Hand* (V 23).

✎ *Wo mache ich es mir unnötig schwer, weil ich mich mit anderen vergleiche, denen es (scheinbar) besser geht? Welche Fragen, die mich quälen, könnten sich klären oder verändern, wenn ich sie in der Gegenwart Gottes neu bedenke?*

● Ein gewaltiger Wechsel: drei Kapitel nur Droh- und Gerichtsworte – und nun diese **strahlende Vision der Verheißung des Heils**. Das ist ein entscheidendes Moment alttestamentlichen Gottesglaubens: Jahwe, der Gott Israels, ist der, der menschliche Schuld richtet und bestraft, aber am Ende ist sein Erbarmen, seine Gnade, stärker als alles Vergehen. Gericht und Heil gehören bei ihm immer zusammen.

● Faszinierend diese großartige Vision des **göttlichen Friedensreiches**. Entscheidend sind gleich zu Beginn die V 1-5. Daran schließen in V 6-10 verschiedene Einzelsprüche an, die weitere Aspekte ergänzen. Alles sind Bilder, die Hoffnung ausdrücken und etwas von dem kommenden Reich Gottes beschreiben.

✎ *Eine sehr enge Parallele zu V 1-5 findet sich in Jes 2,1-5. Vgl. Sie die beiden Abschnitte.*

● **Gottes Friedensreich** wird eine alles umfassende Größe und Weite haben. Der Zionsberg mit dem Tempel wird zum überragenden Gottesberg. Gottes Herrschaft wird sichtbar vor aller Welt. Die irdische Stadt Jerusalem geht über in eine ganz neue Welt, bestimmt von ganz anderen Mächten und Kräften. Die vielen Heidenvölker, ehemals die Gegner Gottes und seines Volkes, werden aus eigenem Entschluss herzulaufen. Sie werden verwandelt! Dann herrschen nicht mehr Gewalt, Kampf, Zerstörung und Vernichtung. Gott richtet sein Reich auf mit seiner Gerechtigkeit und mit seinem Frieden! Kriegsgeräte werden zu Aufbauwerkzeugen! Da muss keiner mehr lernen „Krieg zu führen"! Ganz unmittelbar, in ihrem Haus, in ihren Weinbergen werden sie es erleben!

● ***Schwerter zu Pflugscharen*** – ein wundervolles Bild! Mit diesem „Aufnäher" haben Jugendliche aus der DDR 1982 gegen Militarisierung, gegen Raketen in Ost und West, gegen Wehrerziehung und manches mehr aufbegehrt. Die Friedensdekade war einer der Anfänge zur friedlichen Revolution in der DDR 1989! Es ist erstaunlich, was möglich wird, wenn Menschen sich diesem Frieden Gottes anvertrauen und zuwenden.

● **Gottes Friedensreich** kommt, keine Macht wird es verhindern. Einige Völker werden sich dagegen auflehnen (V 11-12a). Ein letztes Aufbäumen, um mit Hass und Spott Gottes Heiligkeit und Ehre klein zu machen. Aber da haben sie die Rechnung ohne Gott gemacht. ER lässt sich nicht spotten.

● Die „Ernte" wird eingebracht, das Gericht über die Frevler kommt. Israel, die Tochter Zion, wird der dreschende Ochse sein, der die „Ernte" einfährt und ausdrischt (V 12b-13).

● 5,1: Gottes Friede wird greifbare Wirklichkeit mit dem **Kommen des Messias**, dem Herrscher Israels. Auf erstaunliche, eigentlich unverständliche Weise wird dieser Friedensherrscher kommen. Aus einer kleinen Stadt Israels wird er hervorgehen – aus Bethlehem. Das ist der Ort, aus dem die Familie des König David stammt. Auch bei Jesaja (11,1ff) wird das Kommen des Retters mit dem Haus Davids verknüpft. Der Messias wird ein zweiter David sein, dessen Reich unendlich groß sein wird. Er wird aber nicht das jüdische Großreich neu aufrichten. Sein Reich wird etwas ganz anderes, etwas Neues sein. Dieser Messias hat seinen Ursprung vom Anfang der Schöpfung her und er wird herrschen bis in Ewigkeit (vgl. Joh 1,1-14).

● In diesem Michawort haben wir eine der entscheidenden prophetischen Weissagungen und Verheißungen vor uns, die von Anfang an im NT und von der Christenheit auf **Jesus Christus** bezogen wurden. ER ist der MESSIAS, er ist der Sohn Davids, der zweite David. In der Weihnachtsgeschichte wird den Magiern aus dem Osten auf ihre Frage nach dem neugeborenen König der Juden von den Schriftgelehrten der Vers aus Mi 5 zitiert (vgl. Mt 2,1-6). Dieses Kind von Bethlehem ist der **Herr des Friedens** (vgl. Mi 5,4a; 2Thess 3,16)! Deshalb gilt nicht nur zur Weihnachtszeit: „O heilig Kind von Bethlehem, in unsre Herzen komm, wirf alle unsre Sünden fort und mach uns frei und fromm! Die Weihnachtsengel singen die frohe Botschaft hell: Komm auch zu uns und bleib bei uns, o Herr Immanuel" (EG 55,3).

● V 8 kann man als **Höhepunkt der Verkündigung Michas** bezeichnen. Er ist die Anleitung, wie Menschen mit ihrem Glauben ein heiliges, gottgefälliges Leben führen sollen.

● V 1-5: Die Auseinandersetzung zwischen Gott und dem Volk Israel wird als ein **Rechtsstreit** vorgetragen. Zu Beginn klingt es so, als wäre Gott der Angeklagte, weil er nicht erfüllt, worauf das Volk gehofft hatte. Doch mit V 3 kommt der Wechsel. Gott fragt an: „Wo hättest du, mein Volk, denn Grund gehabt, mit deinem Vertrauen zu mir müde zu werden?" Und er zeigt auf, wo und wie er seinem Volk geholfen hat. Er hat sehr wohl Fürsorge walten lassen und hat es mit seiner Liebe durch die Zeiten begleitet. Israel soll durch die Erinnerung an die geschichtlichen Heilstaten erkennen, dass Gott sich ihm in Liebe zugewendet hat und zuwendet. So will er das müde gewordene Israel wieder auf den rechten Weg bringen.

● V 6-7: Die Gottesrede hat bei den Israeliten etwas bewirkt. Sie zeigen **Einsicht**, erkennen, dass sie Schuld auf sich geladen haben. Doch wie können sie die gute, tragende Gemeinschaft mit ihrem Gott wieder zurückgewinnen? Mit „leeren Händen" kann man sich doch vor Gott nicht sehen lassen! Man muss etwas mitbringen, vorweisen: wirkliche Opfer, gute Werke, Spenden – so würden wir vielleicht überlegen. Die Menschen zur Zeit Michas denken in ihren Vorstellungen: Brandopfer, besonders gute Kälber, zahlreiche Widder, ja vielleicht sogar das erstgeborene Kind?

● V 8: Aber bei Gott gilt eine andere „Währung": ***Recht tun und Güte lieben und in Demut wandeln.*** Diese Grundeinstellung ist das Entscheidende zum Glauben an Gott. Ein herrlicher Dreiklang zum rechten Gottes-Dienst. Das ist der Katechismus von Micha! Echte Gemeinschaft, gegenseitige Hilfe wird möglich, wird getragen von gütiger Liebe und dem Bewusstsein, Gott verantwortlich zu sein: IHM, dessen Liebe und Zuwendung ich alles in meinem Leben zu verdanken habe.

● **Gottes Gnade allein gibt Zukunft** – damit schließt das Michabuch. Der Schluss des Michabuches führt über die Zeit Michas hinaus. Jetzt ist das Gericht über Juda bereits gekommen (V 8), die Mauern Jerusalems sind eingerissen (V 11). Das ist erst im Jahr 586 v. Chr. geschehen.

● Der Abschnitt gliedert sich in vier Einzelstücke:

➢ V 8-10: **Auseinandersetzung mit der „Feindin".** Vielleicht ist „Babel" gemeint, denn dort am Euphrat waren die Judäer nach der Zerstörung Jerusalems im Exil. Obwohl das Volk Gottes jetzt noch im Dunkeln sitzt, ohnmächtig, dem Hohn der Feinde ausgeliefert, lässt es sich die Zuversicht auf Gottes Gnade und Hilfe nicht nehmen. Am Ende wird Gott der Sieger sein!

● V 11-13: Dieser Hoffnungsgedanke wird mit einem **Verheißungswort** verstärkt. *An jenem Tag,* da werden die Mauern wieder aufgebaut, da wird man von Ägypten und vom Euphrat zu dir kommen! Der Neubeginn für Juda kommt.

● V 14-17: Jetzt spricht wieder das Volk. Die Hoffnung ist groß. Als der **Gute Hirte** wird Gott sein Volk zur fruchtbaren Weide führen. Er wird dem Volk die fruchtbaren Gebiete östlich vom Jordan zurückgeben, die ihnen die Babylonier geraubt haben. „Lass Wunder geschehen, wie vorzeiten!" Juda hofft und setzt darauf, dass Gott das kann, wo alles menschliche Vermögen nichts erreicht. Mit drastischen Worten über das Ergehen der Gottlosen schließt der Spruch.

● V 18-20: Alle Hoffnungssehnsucht mündet in einem begeisternden **Lobpreis auf Gottes Güte und Erbarmen**. Seine Güte, seine Einzigartigkeit besteht darin, dass er Schuld vergibt, nicht nachträgt, sondern unverdient Barmherzigkeit und Gnade gewährt. Durch Gericht und Strafe mussten sie hindurch, jetzt werden sie seine Treue und Gnade erfahren. Hier leuchtet ein dicker Strahl der Evangeliumsbotschaft von Jesus Christus auf: *... wir werden gerecht aus seiner Gnade durch die Erlösung die durch CHRISTUS JESUS geschehen ist* (Röm 3,24).

● Das 1. Kap. des Mk stellte Jesus als den Messias vor.
In Kap. 2 folgen eine Reihe von Konflikten mit Pharisäern und Schriftgelehrten; dabei geht es …
➢ in V 1-12 um Jesu Vollmacht zur Sündenvergebung;
➢ in V 13-17 um Jesu Tischgemeinschaft mit Sündern;
➢ in V 18-22 um die Fastenpraxis;
➢ in V 23-28 um Arbeit am Sabbat.
Das Ergebnis dieser Auseinandersetzungen: Pharisäer und Anhänger des Herodes wollen Jesus umbringen.
● Das Fasten gehörte in Israel zur selbstverständlichen Frömmigkeitspraxis. An manchen Festtagen war es vorgeschrieben, an anderen geschah es freiwillig. Fromme Juden fasteten am Sabbat, dazu auch noch am Montag und Donnerstag.

✎ *Lehnt Jesus das Fasten grundsätzlich ab? Was kritisiert er? Lesen Sie, was er in der Bergpredigt dazu sagt: Mt 6,16-18.*

● Die Jünger Jesu fasten nicht – im Gegensatz zu Pharisäern und den Jüngern von Johannes dem Täufer. Darüber ärgern sich einige. Nehmen die Jünger den Glauben weniger ernst? Wer fastet, tut doch etwas Gutes: Er beschränkt sein Leben aufs Notwendigste, um sich ganz auf Gott zu konzentrieren. Warum also verzichten die Jünger aufs Fasten?
● Jesus antwortet mit **drei Bildworten**, die zeigen: Mit seinem Kommen ist **etwas grundsätzlich Neues angebrochen**: Für seine Jünger ist jetzt **Fest- und nicht Fastenzeit!**
➢ Weil Gott in Jesus zu seinem Volk gekommen ist, ist es wie bei einer **Hochzeit**, bei der nicht gefastet wird.
➢ Ein **neues Stück Stoff** ist ungeeignet für einen zerschlissenen Mantel; es kann abreißen und den Riss nur noch vergrößern. Das Neue darf nicht zum Flickwerk des Alten werden.
➢ **Neuer Wein** gehört in neue Schläuche. Die alten würden platzen, wenn man sie mit neuem Wein füllt. Das Neue, das mit Jesus angebrochen ist, braucht auch neue äußere Formen.

✎ *Heute ist Samstag, bei Juden Sabbat. Welche Bedeutung dieser Feiertag hat, können Sie in 2Mo 20,8-11; 5Mo 5,12-15 und Jes 58,13f nachlesen. Beachten Sie, dass unter den Zehn Geboten das Sabbatgebot die längste Begründung hat. Sie lautet in 2Mo übrigens anders als in 5Mo. Wie? – Was macht den Sonntag für Sie zu einem besonderen Tag?*

● Neuer Wein braucht neue Schläuche (V 22). **Eine neue Zeit verlangt nach neuem Handeln**. Im Glanz des Evangeliums fällt ein anderes Licht auf das alte Gesetz. Darum geht es auch im vierten der fünf in Kap. 1 und 2 geschilderten Konfliktsituationen zwischen Jesus und den Pharisäern. Diese hielten das **Sabbatgebot** penibel ein, dazu auch eine Liste von zahllosen Einzelbestimmungen, die im Laufe der Zeit von Rabbinern zum alttestamentlichen Sabbatgebot hinzugefügt worden waren.
● Die Pharisäer ärgern sich nicht über das Abreißen der Ähren am Feldrand; das war erlaubt. Am Rand der Wüste gelten andere Gesetze als bei uns. Sie sind aufgebracht, weil die Jünger dies am Sabbat tun; denn Körner aus Ähren pulen galt als Erntearbeit – und die ist am Sabbat verboten.
● Jesus antwortet seinen Kritikern mit **zwei Argumenten**:
➢ Zuerst mit einem **Schriftbeweis**: Auch David übertrat die geltende Ordnung. Als er und seine Männer Hunger hatten, ging er in den Tempel und ließ sich die *Schaubrote* geben, die sonst nur Priester essen durften (vgl. 1Sam 21,7; 3Mo 24,9).
➢ In V 28 bezeichnet sich **Jesus als *Menschensohn,*** den endzeitlichen Herrscher, den Gott sendet und der die Welt richten wird. Wie schon in V 10 unterstreicht Jesus mit diesem messianischen Hoheitstitel seine ihm von Gott gegebene Vollmacht. Er steht über dem Gesetz, damit auch über dem Sabbatgebot. Gilt dann das Gebot Gottes für Christen nicht mehr? Doch, aber wer zu Jesus gehört, wird seine Lebensgestaltung an ihm ausrichten, und das nicht gezwungen und verängstigt, sondern fröhlich, frei und vertrauensvoll. So ist der Feiertag, unser Sonntag, für Christen nicht ein Tag voller Verbote, sondern voller Freiheit, ihn zu heiligen und Gott darin zu ehren.

● Ursprünglich ist Ps 119 („Das güldene ABC") nach den 22 Buchstaben des hebräischen Alphabets geordnet. Immer nach acht Versen beginnt der neue Abschnitt mit dem nächsten Buchstaben. Mit dem heutigen Abschnitt sind wir beim 15. Buchstaben („S") angelangt.

● **Irritierende Gedanken:** Vom Hass auf die Wankelmütigen ist die Rede (V 113), von der Verwerfung der Sünder (V 118), gar von der Entsorgung der Gottlosen (V 119: „Schlacken" sind Abfallprodukte bei der Metallverarbeitung!) und vom Entsetzen vor dem Gericht Gottes (V 120) – schwerer Tobak für uns christliche Leser im Jahr 2012!

● Aber anstatt uns mit Schaudern abzuwenden, sollten wir ruhig genauer hinschauen. Denn Hass, Verwerfung und Gericht sind nur die Kehrseite einer **totalen Hingabe des Beters** an Gott und seinen Willen. Jeder der Verse veranschaulicht, was es heißt, eine lebendige Beziehung zu Gott und seinem Wort zu pflegen und ihn von Herzen zu lieben: *Ich liebe dein Gesetz* (V 113), *Du bist mein Schutz und mein Schild, ich hoffe auf dein Wort* (V 114) …

● Vielleicht bedenken wir das als Christen von heute zu wenig: dass Hingabe an Gott tatsächlich immer auch eine **Kehrseite** hat:

➢ Liebe schließt – wenn sie echt ist – den Zorn auf alles ein, was dem geliebten Menschen schaden will.

➢ Die Hoffnung auf Errettung und ewiges Leben hat nur Substanz, wenn zugleich das göttliche Gericht über die Sünde ernst genommen wird.

➢ Auch der Ruf in die Nachfolge Jesu schließt Wankelmut aus: *Wer nicht mit mir ist, der ist gegen mich* (Lk 11,23).

✎ *Gibt es im Blick auf mein eigenes Leben radikale Konsequenzen aus dem Glauben an Gott, die ich vermeide? Notwendige Abschiede, die ich vor mir her schiebe? Kehrseiten, die ich ausblende? Kann die Offenheit des Psalmisten mich zu neuen Schritten im Glauben ermutigen?*

● In unserem Textabschnitt geht die **Auseinandersetzung Jesu mit den pharisäischen Schriftgelehrten um die Sabbatheiligung** weiter. Sie lagen regelrecht auf der Lauer, um endlich etwas für eine Anklage in der Hand zu haben.
● Zur Situation: Jesus besucht wie wohl an jedem Sabbat die Synagoge (vgl. das Wort *abermals* in V 1). Es war ihm wichtig mit anderen Juden Gemeinschaft im Gebet und im Hören auf das Wort Gottes zu erleben. Deshalb stand es für ihn außer Frage, am Sabbat regelmäßig in die Synagoge zu gehen.

✎ *Überlegen Sie einmal, was Ihnen der sonntägliche Gottesdienstbesuch bedeutet. Machen Sie Ihren Besuch vom jeweiligen Prediger abhängig – oder entscheiden Sie aus einer momentanen Gefühlslage heraus, ob Sie zum Gottesdienst gehen oder nicht? Vielleicht sollten wir uns von Jesus und seiner Einstellung neu motivieren lassen.*

● Die Gegner wollten herausfinden, ob Jesus am Sabbat auch einen Menschen heilen würde, selbst wenn keine akute Lebensgefahr für den Kranken bestand (*verdorrte Hand* = *Muskelatropie* oder einfach eine *steife Hand*). Jesus lässt sich auf die Auseinandersetzung ein, indem er den Mann in die Mitte bittet. Er stellt seinen Gegnern eine Frage: *Ist es erlaubt, am Sabbat Gutes zu tun oder Böses zu tun? Leben zu retten oder zu töten* (V 4)? **Für Jesus liegt damit das *Gute*, das einer tut, auf einer Linie mit der *Rettung von Leben*, die einem Juden am Sabbat ausdrücklich vom Gesetz erlaubt war.**
● Das Schweigen der Gegner löst bei Jesus einen „heiligen Zorn" aus, dessen Grund ihr verhärtetes Herz ist. Gleichzeitig erfüllt ihn eine tiefe Trauer, dass sie sich seinem Wirken in Wort und Tat verschließen. Diese Verhärtung ihres Herzens ist die Folge ihrer ablehnenden Haltung Jesus gegenüber.
● Jesus heilt den Kranken – übrigens ohne ihn nach seinem Glauben zu fragen – und legt in seiner Vollmacht als Messias das Sabbatgebot weitherziger aus als seine Gegner. Damit ist jedoch für seine Gegner klar, dass Jesus möglichst bald beseitigt werden muss.

● Der heutige Text steht in völligem Kontrast zum vorhergehenden Abschnitt. Den Feinden Jesu und ihrem Verhalten stehen diesmal die Anhänger Jesu gegenüber. Jesus verstärkt diesen Kontrast noch durch sein Verhalten. Er, der eben noch die Auseinandersetzung mit seinen Gegnern nicht gescheut hat, entfernt sich aus der Schusslinie an den See (Genezareth).
● Menschen aus sieben verschiedenen Provinzen als Abbild für das ganze Israel strömen dort zusammen, weil sie von seinen Wundern gehört hatten (V 8). Ohne moderne Medien hatte sich die Kunde von seinem Wirken wie ein Lauffeuer verbreitet, und ohne schnelle Verkehrsverbindungen machen sich Unzählige zu Fuß auf den Weg, um Hilfe von Jesus zu erfahren.
● Das Drängen durch die Menge wird so stark, dass Jesus nur mit Hilfe eines Bootes zu den ihn bestürmenden Menschen sprechen kann. Ohne dass es hier ausdrücklich erwähnt würde (vgl. Kap. 4,1) wird deutlich: Für Jesus hat **die Verkündigung Vorrang vor der Heilung**. Im Zentrum dieser Verkündigung steht die Botschaft vom Reich Gottes (vgl. Kap. 1,15), das in seinem Wirken schon begonnen hat, aber noch nicht voll entfaltet ist. **Seine Zuhörer sollten in den Heilungen sowie den anderen Wundern Zeichen des mit ihm angebrochenen Reiches Gottes erkennen**. Es liegt Jesus fern, von den Menschen einfach nur als Wunderheiler bejubelt zu werden.
● Weil aber Jesus immer den ganzen Menschen im Blick hat, lässt er sich von der Not der Kranken anrühren, die *über ihn herfielen (!)* und *heilte viele* von ihnen (V 10). Für moderne Menschen mag die Vorstellung befremdlich sein, dass Heilung auch durch das bloße Berühren der Person Jesu erfolgen könnte. In der antiken Weltanschauung waren solche **magischen Vorstellungen** jedoch gang und gäbe. Obwohl darin etwas Abergläubisches liegt, kann Gott auch am Aberglauben anknüpfen, wenn er nur eine aufrichtige Sehnsucht bemerkt.
● In V 11 und 12 wird von **Dämonenaustreibungen** berichtet. Die Dämonen durchschauen, wer Jesus ist und fallen sogar vor ihm nieder. Jesus aber weist sie in die Schranken, da er nicht von ihnen als der *Sohn Gottes* bekannt gemacht werden will.

● Der Schauplatz wechselt. Jesus steigt auf einen Berg. **Der *Berg* steht in der Bibel oft für Einsamkeit bzw. die Nähe Gottes.** Jesus sucht nach der turbulenten Szene am See die Einsamkeit auf. Die Parallelstelle in Lk 6,12 berichtet, dass Jesus die Nacht über im intensiven Kontakt mit seinem himmlischen Vater verbringt und erst danach weitere Jünger beruft.

● Aus der Menge der Jünger, die ihn umgibt, will Jesus eine Auswahl treffen: *und rief zu sich, welche er wollte* (V 13). Aufgrund dieser bewussten Auswahl konnte Jesus später sagen: *Nicht ihr habt mich erwählt, sondern ich habe euch erwählt, dass ihr hingeht und Frucht bringt (Joh 15,16).*

● **Jesus setzt hier also ganz bewusst den Zwölferkreis ein und betraut sie mit dem Apostelamt.** Die Zwölfzahl entspricht den ursprünglich zwölf Stämmen Israel. Waren auch einige von ihnen im Lauf der Geschichte zerstreut bzw. untergegangen, so sollen sie unter dem Messias Jesus wieder gesammelt werden (Jes 11,12ff; Am 9,11f). Die Apostel sollen das wiederhergestellte Israel unter Jesus regieren (Mt 19,28). Das Apostelamt gewinnt bei Jesus durch die enge Lebensgemeinschaft mit seinen Jüngern einen besonderen Sinn. Erst diese Prägung infolge der intensiven Gemeinschaft mit Jesus führt zur Sendung, die den Auftrag zur Verkündigung und die Macht über die Dämonen einschließt (V 14f).

● Die Nennung der Namen in V 16-19 zeigt, dass es sich um eine **bunt gemischte Gruppe** handelt, bei der vom Zöllner (Matthäus als ehemaliger Kollaborateur der Römer) bis zum Zelot (Simon Kanaanäus als ehemaliger Widerstandskämpfer gegen die Römer) ganz gegensätzliche Charaktere und Biographien vereinigt sind. In ihrer Vielfalt und Unterschiedlichkeit setzt Jesus sie ein als Keimzelle für eine neue Menschheit.

✎ *Empfinden Sie die Vielfalt, die unsere heutigen Gemeinden widerspiegeln, eher beschwerlich oder bereichernd?*

● Wie schon in V 7 herrscht um Jesus großer Trubel. Bis Nazareth hat sich herumgesprochen, welches Aufsehen Jesus erregt. Seine **Familie** sieht sich gezwungen einzuschreiten, um ihn aus der Schusslinie seiner Gegner zu nehmen. **Sie wollen Jesus für unzurechnungsfähig erklären**, um ihn vor der drohenden Strafverfolgung zu schützen. Gleichzeitig zeigt sich aber auch, dass sich zwischen Jesus und seiner Familie eine Kluft auftut. Auch ihr fehlt die Einsicht in seine Sendung. Anstatt ihn zu unterstützen, stellt sie sich ihm in den Weg.

● Daneben erfährt Jesus **Widerstand aus den Reihen der theologischen Führer aus Jerusalem**. Da sie anerkennen müssen, dass Jesus mit Vollmacht Kranke heilt und Dämonen austreibt, versuchen sie diese Vollmacht dadurch zu erklären, dass sie ihm **unterstellen, er stecke mit dem Obersten der Dämonen, also dem Satan selbst, unter einer Decke**. Jesus geht daraufhin offensiv auf seine Gegner zu und entkräftet die gegen ihn erhobenen Vorwürfe. Mit Hilfe verschiedener Bilder aus dem Alltag versucht er deutlich zu machen, dass es unsinnig ist, wenn der Satan sich selbst bekämpfen würde, da er damit nur seine eigene Macht schwächen und sich ins Abseits stellen würde. Allerdings wird auch deutlich, dass Jesus den Satan als Gegenspieler ernst nimmt, indem er ihn als den *Starken* (V 27) bezeichnet.

✎ *Die Herrschaft des Satans ist die zerstörerische Gegenwelt zur Welt Gottes. Dabei bleibt Satan aber als ein Geschöpf Gott unterworfen und erhält niemals in der Bibel den Rang eines ebenbürtigen Gegengottes. Vgl. dazu Hi 1,6ff; 2,1ff und Offb 20,10.*

● Jesus warnt seine Gesprächspartner eindringlich vor weiteren Diffamierungen seiner Person. Er spricht in diesem Zusammenhang von der *nicht vergebbaren Sünde wider den Heiligen Geist* (V 28f). Unter der ***Lästerung des Heiligen Geistes*** ist in Anlehnung an Hebr 6,4-6; 10,26-29 zu verstehen, wenn Menschen wider besseres Wissen und eigener Erfahrung Jesus als Messias bewusst ablehnen und sich entschieden vom Glauben an ihn wieder losreißen.

● Aus dem Textzusammenhang ist zu erschließen, dass Jesus sich vermutlich immer noch in Kapernaum im Haus des Petrus aufhält und die dichtgedrängte Menschenmenge lehrte. Inzwischen starten seine Mutter und seine Brüder einen Versuch der Kontaktaufnahme mit Jesus. Ob es sich bei der *Mutter, den Brüdern und Schwestern* um dieselben Personen handelt wie bei den *Seinen* in V 21, lässt sich allerdings nicht mit Sicherheit sagen. Unter dem Vorwand, ihn sprechen zu wollen, beabsichtigen sie wohl, ihn „aus dem Verkehr zu ziehen". Es ist anzunehmen, dass Josef, der irdische Vater Jesu, inzwischen verstorben ist, da er nicht genannt wird (vgl. Kap. 6,3).

● Damit stand für alle die Frage im Raum: **Wie ist das Verhältnis Jesu angesichts seines Messiasanspruchs zu seiner Familie?** In diese gespannte Atmosphäre hinein antwortet Jesus zunächst mit einer Gegenfrage: *Wer ist meine Mutter und meine Brüder* (V 33)? In das allgemeine Schweigen hinein gibt Jesus darauf selbst die Antwort. Dabei umarmt er nicht die ganze Welt mit dem Hinweis, dass alle Menschen seine Brüder sind. Vielmehr erklärt er seine um ihn sitzenden Jünger und Jüngerinnen, die *Gottes Willen tun*, zu seiner Familie.

> ✎ *Was bedeutet in diesem Zusammenhang „Gottes Willen tun"? Vgl. dazu auch Joh 6,28f.*

Grundsätzlich ist aus diesem Textabschnitt festzuhalten:

➢ Jesus begründet die **Familie Gottes**, in der Christen durch die Verbundenheit mit ihm zu Brüdern und Schwestern werden.

➢ Schon im Leidenspsalm Jesu, Ps 22,23, wird in einem Atemzug von der **Gemeinde als den Brüdern** gesprochen.

➢ Mit dieser Aussage schafft Jesus zunächst eine **Distanz zu seiner Herkunftsfamilie**. Diese Distanz wird sich erst nach seiner Auferstehung auflösen, als Mutter und Brüder zum Glauben an ihn finden und sich der Urgemeinde anschließen.

➢ Allerdings darf Jesus nicht unterstellt werden, er hätte seine Herkunftsfamilie nicht geliebt. Noch am Kreuz sorgt er für seine Mutter (Joh 19,26) und nach seiner Auferstehung begegnet er als einem der Ersten seinem Bruder Jakobus (1Kor 15,7).

Samstag, 21. Juli Markus 4,1-9

● **Jesus war ein meisterhafter Gleichniserzähler**, der seine Botschaft immer wieder in Bildern und Geschichten aus dem Alltag seinen Zuhörern nahezubringen suchte. In seinen Gleichnissen ist Jesus geradezu sprachschöpferisch gewesen, denn diese Erzählform war bis dahin in Israel unbekannt. In Mk 4 sind einige dieser Gleichnisse zusammengestellt.
● V 1 und 2: Jesus hat immer wieder am See Genezareth gelehrt (vgl. Kap. 2,13; 3,7). Mit dem *Lehren* ist vor allem die Auslegung der Schriften des Alten Bundes (AT) gemeint. Aber das Lehren Jesu ging offensichtlich darüber hinaus, wenn es heißt, dass er *vieles in Gleichnissen lehrte.*
● V 3-9: Jesus umrahmt sein Gleichnis vom Sämann mit dem **ausdrücklichen Aufruf zum Hören** (V 3; V 9). Es ist mehr als nur ein flüchtiges Lesen und Hören des Wortes Gottes nötig. Wir sollen das Wort Gottes nachdenkend lesen und fragen, was Jesus uns damit sagen will (vgl. Ps 1,2).

✎ *Was könnte dies für Ihre „Stille Zeit" bedeuten?*

Juli 7

In den Versen 3b-8 erzählt Jesus wie ein Sämann über den Acker geht und dabei in geradezu verschwenderischer Großzügigkeit Getreidekörner als Samen ausstreut. Mit dem Samen ist das Wort Gottes gemeint. **Das Hauptinteresse Jesu gilt dabei der Frage, was aus dem Samen wird**. Die vier Möglichkeiten werden mit den Worten eingeleitet *und einiges fiel ...*
Ein Teil des Samens fällt auf den Weg (V 4). Er wird sofort von den Vögeln gefressen. Ein anderer Teil fällt auf eine dünne Ackerkrume auf felsigem Land (V 5f). Der Same geht zwar auf, kann aber keine tiefen Wurzeln schlagen. Die Pflanzen verdorren. Ein dritter Teil fällt unter die Dornen (V 7). Der Same geht auch hier zunächst auf, aber die kleinen Getreidepflanzen werden schnell von Dornen überwuchert und gehen zugrunde. Endet die ganze Aussaat im Misserfolg? So hat es fast den Anschein. Doch dann fällt einiges auf fruchtbaren Boden (V 8). Die Pflanzen wachsen und tragen Ähren mit 30, 60 und 100 Getreidekörnern. Das Säen war nicht vergeblich. Am Ende kommt es zu einer überaus reichen Ernte.

● Der ganze 119. Psalm ist ein **Liebeslied an Gott**, an seinen Willen, seine Gebote, sein Gesetz. So auch der vorliegende Abschnitt: *Meine Augen sehnen sich nach deinem Heil und nach dem Wort deiner Gerechtigkeit* (V 123); *Darum liebe ich deine Gebote mehr als Gold und feines Gold* (V 127).

● Kann man das eigentlich – Gottes Gebote lieben? Sind Gesetze und Vorschriften nicht etwas, was unser Leben einschränkt und unsere Freiheit beschneidet? Das biblische Verständnis des Gesetzes weist in eine andere Richtung. Gerade der 119. Psalm führt uns vor Augen, was wir dem Gesetz *verdanken*:

➢ Gott hat uns seinen Willen wissen lassen, **damit es uns gut geht** (V 6).

➢ Seine Gebote sind **Wegweiser und Ratgeber,** damit wir uns zurechtfinden (V 24): *Dein Wort ist meines Fußes Leuchte und ein Licht auf meinem Wege* (V 105).

➢ Sie helfen uns, **gut und fröhlich zu leben** (V 45).

➢ Sie geben uns **Halt und Trost** (V 50.52.92).

● Auch im NT wird die **Bedeutung des göttlichen Gesetzes** bestätigt:

➢ So sagt Jesus in der Bergpredigt ausdrücklich: *Ihr sollt nicht meinen, dass ich gekommen bin, das Gesetz oder die Propheten aufzulösen; ich bin nicht gekommen aufzulösen, sondern zu erfüllen* (Mt 5,17).

➢ Und Paulus betont in Röm 7,12: *So ist also das Gesetz heilig, und das Gebot ist heilig, gerecht und gut.*

● Ein Spiel macht nur Spaß, wenn sich alle an die Regeln halten. Der Verkehr bräche ohne klare Regeln zusammen. Und auch menschliches Leben insgesamt braucht Regeln, um nicht im Chaos zu versinken. Uns solche Regeln gegeben zu haben, ist Gottes Geschenk an uns!

✎ *Was verdanke ich Gottes Regeln, seinem Gesetz, für mein Leben? Kann ich seine Gebote (wieder neu) entdecken und verstehen als seinen guten Willen für mich – und sie dann vielleicht sogar wie der Psalmist lieben lernen?*

Montag, 23. Juli Markus 4,10-12

Nachdem Jesus das Gleichnis vom Sämann erzählt hatte, stehen schließlich nur noch die Jünger bei ihm. Weil sie unsicher sind, fragen sie Jesus nach dem Sinn der Gleichnisse. Wie gut, dass wir bis heute alle unsere Fragen ganz offen Jesus im Gebet sagen können!

In seiner Antwort unterscheidet Jesus zwischen den Jüngern und *denen, die draußen* sind. Letzteres ist ein stehender Ausdruck im NT (z. B. 1Kor 5,12; Kol 4,5; 1Thess 4,12) und bezeichnet Menschen, die nicht zu Jesus und seiner Gemeinde gehören. **Mit dieser Bezeichnung wird zwar eine klare Grenze gezogen, aber Menschen sollen dadurch nicht für immer abgeschrieben werden**. Allen enttäuschenden Erfahrungen zum Trotz wird Jesus weiter großzügig den Samen des Wortes Gottes unter den Menschen ausstreuen, damit sie für alle Ewigkeit von *draußen* nach *drinnen* finden.

Die Jünger können das Geheimnis des Reiches Gottes verstehen. Sie sind in Gemeinschaft mit Jesus. Sie können ihn fragen. Sie hören auf sein Wort und Jesus kann sie durch seinen Geist lehren (Joh 16,13). Trotzdem passiert es selbst den Jüngern trotz ihrer Nähe zu Jesus, dass sie sein Handeln nicht immer verstehen und verwundert fragen: *Wer ist der* (V 41)?

Für die *draußen* sollen die Gleichnisse nicht die Erkenntnis über Jesus und das Reich Gottes erschweren, sondern eigentlich erleichtern. Mit der Aussage in V 12 verfolgt Jesus nicht die Absicht, dass Menschen ihn nicht verstehen und erkennen sollen. Jesus stellt einfach traurig fest: „Leider erkennen und verstehen viele Menschen nicht und darin erfüllt sich abermals Jes 6,9f". **Ebenso meinen die Worte ... *damit sie sich nicht bekehren und ihnen vergeben werde* nicht, dass Jesus die Umkehr von Menschen verhindern will. Das stände im Widerspruch zu allen sonstigen Aussagen der Bibel** (z. B. Joh 3,16; 1Tim 2,4). Vielleicht hat Jesus in seiner aramäischen Heimatsprache sagen wollen: *es sei denn, dass sie sich bekehren*. Das hieße dann: „Wenn jemand umkehrt, wird ihm vergeben und dann kann auch Erkenntnis und Verständnis im Blick auf Gottes Heilsplan und sein Reich wachsen".

In den V 1-9 hatte Jesus das Gleichnis vom vierfachen Ackerfeld erzählt. Jetzt legt er dieses Gleichnis aus. Der Sämann ist der Verkündiger, also Jesus selbst. Der Same ist die von ihm verkündete Botschaft. Das Gleichnis zeigt, dass die Verkündigung auf Frucht zielt. **Ob aber Frucht wächst, liegt nicht am Sämann oder der Qualität des Samens, sondern allein an der Beschaffenheit des Bodens.** Es liegt also am Menschen, seiner Herzenseinstellung, ob das ausgesäte Wort bei ihm aufgeht und Frucht bringt. Jesus nennt vier Gruppen, die das Wort unterschiedlich aufnehmen. Wir werden uns mit den Worten eines alten Liedes ehrlich fragen müssen: „Vierfach ist das Ackerfeld. Mensch, wie ist dein Herz bestellt?"

- „**Wegmenschen**" sind die, die das Wort hören, bei denen es aber nicht ins Innerste dringt. Wenn sie das Wort hören, tut der Teufel alles, dass das Wort gleich wieder vergessen, verdrängt oder von anderen Botschaften übertönt wird und untergeht.
- „**Felsenmenschen**" hören das Wort, nehmen es mit Freude auf und lassen ihr Leben davon prägen. Das Wort kann Wurzel schlagen. Aber wenn Widerstände, Spott oder Verfolgung in der Nachfolge kommen, geben sie den Glauben auf und fragen nicht mehr nach Jesus und seinem Wort.
- „**Dornenmenschen**" machen einen erfreulichen Anfang. Sie hören auf Jesu Wort, aber zugleich wächst in ihrem Leben die böse Saat der Dornen mit auf und erstickt das zarte Pflänzchen Glaube. Wenn die Sorge um das tägliche Leben (Lk 12,16ff; Mt 6,19ff) oder das Streben nach materiellen Gütern die Oberhand gewinnen, verkümmert unweigerlich der Glaube.
- „**Fruchtmenschen**" hören Jesu Wort, schenken ihm ihr Vertrauen und lassen sich Tag für Tag davon leiten. Sie bewahren es in einem guten Herzen wie Maria (Lk 2,19) und bringen so vielfältige Frucht, die andern Menschen zugute kommt.

✎ *Was können wir tun, damit wir den „Fruchtmenschen" gleichen? Könnte Gebet, Gemeinschaft mit anderen Christen, das Bleiben bei Jesus und die Vertiefung in Gottes Wort dabei eine Hilfe sein? – Was ist Ihnen wichtig, um Frucht zu bringen?*

Der heutige Bibelabschnitt gliedert sich in zwei Teile, in das Gleichnis vom Licht (V 21-23) und in das Gleichnis vom rechten Maß (V 24-25), zwischen denen sich wieder der Aufruf zum rechten Hören findet (wie schon V 9).

● **Das Gleichnis vom Licht (V 21-23)**

Für *Licht* steht im Griechischen ein Wort, mit dem die *kleine, runde, flache Öllampe* bezeichnet wird. Sie hatte ein Einfüllloch für das Öl und eine Tülle mit einem Docht, der in das Innere reicht. Wenn es im Haus dunkel war, holte man eine solche Lampe nicht, um sie unter das Bett zu stellen. Man stellte sie auch nicht unter einen *Scheffel* (= Gefäß, das ca. 9 Liter Getreide fasst), sonst würde der Lichtschein verdeckt. Selbstverständlich stellt man sie auf einen *Leuchter* (Ständer), damit ihr Licht möglichst weit leuchtet.

Aus dem Zusammenhang des Gleichnisses vorher (V 1-20) wird deutlich, dass Jesus mit dem Licht wiederum das Wort Gottes meint (vgl. auch Ps 119,105; 2Petr 1,19). Es ist nicht nur für einige Auserwählte bestimmt. Es will hinaus in die Welt. Die Jünger sollen das Wort Gottes nicht für sich behalten, sondern es weitersagen. Das unterstreicht Jesus auch mit V 22, in dem er wahrscheinlich ein Sprichwort aufgreift. **Gottes Wort lässt sich nicht unter Verschluss halten. Es muss unter die Leute.** Dann kann es wie ein Licht in das Dunkel von Angst und Sorge scheinen und Menschen aus ihrer Verlorenheit befreien.

● **Das Gleichnis vom rechten Maß (V 24f)**

Mit dem Gleichnis vom *Maß* (= Gefäß zum Messen von Getreide) lädt Jesus zum rechten Hören und zum Annehmen des Wortes Gottes ein. **Wer sich intensiv mit dem Wort Gottes beschäftigt, den wird Gott durch sein Wort reich beschenken und ihn immer tiefer darin eindringen lassen**. Wer sich andererseits dem Wort verschließt und es ablehnt, bei dem kann Gottes Wort keine Frucht wirken.

✎ *Später wird Paulus davon schreiben, dass jedem Christen ein bestimmtes Maß an Glauben zugeteilt ist (Röm 12,3). Können wir dazu beitragen, dass dieses Maß reicher ausfällt?*

Das Gleichnis von der selbst wachsenden Saat überliefert nur Markus. An einem Vorgang aus der Natur demonstriert Jesus, wie es zum **Wachstum im Reich Gottes** kommt.

● Ganz ähnlich wie in den V 3-9 erzählt Jesus von einem Sämann, der Getreidesamen auf das Land aussät. Dort lag der Vergleichspunkt auf der Bodenbeschaffenheit, die zum Fruchtbringen geeignet bzw. ungeeignet ist. Hier liegt der Vergleichspunkt darauf, dass der ausgestreute Same Frucht bringt, ohne dass der Sämann nach dem Aussäen noch etwas dazutun könnte. Nach dem Säen setzt er seinen normalen Lebensrhythmus fort (Schlafen und Arbeiten), ohne jeden Morgen nachzuschauen und sich zu sorgen, ob der ausgestreute Same auch wirklich Frucht bringt. Er überlässt den Samen sich selbst. **Er weiß ja, dass der ausgestreute Same *von selbst*** (griechisch: *automate, automatisch, ohne weiteres Zutun*) **heranwächst**. Und er weiß auch, dass das Heranwachsen der Frucht seine Zeit braucht. Deshalb wartet er mit Geduld und voller Vertrauen, dass der Same aufgeht und Frucht bringt. Erst wenn die Frucht reif ist, schickt er die Schnitter zur Ernte.

● Auch hier ist der Sämann zunächst wieder Jesus selbst, der Same das Wort Gottes und das Land die Menschen, denen das Wort Gottes gesagt wird. Jesus beauftragt allerdings auch seine Jünger, das Wort weiterzusagen. Auch uns möchte er heute als Säleute gebrauchen.

Mit dem Gleichnis veranschaulicht Jesus:

➤ Wir dürfen dem Wort Gottes etwas zutrauen (Jes 55,10f).

➤ Unsere Aufgabe ist es, Gottes Wort weiterzusagen und für seine Wirkung zu beten; das Wachsen und Reifen können wir aber getrost Gott und dem Wirken seines Geistes überlassen.

➤ Wenn die Zeit reif ist, wird die Ernte (die sichtbare Vollendung des Reiches Gottes) ganz gewiss kommen und alle, die der Botschaft Jesu vertraut haben, werden daran teilhaben.

✎ *Was trauen Sie dem Wort Gottes zu? Beten Sie für seine Wirksamkeit in unserer Zeit? Meinen Sie, man müsse dem Wort Gottes „etwas nachhelfen" – etwa durch gekonnte Rhetorik?*

● Wieder erzählt Jesus seinen Jüngern, aber auch anderen Zuhörern (V 34) ein Reich-Gottes-Gleichnis. Jedes einzelne dieser Gleichnisse bringt einen anderen Aspekt des Reiches Gottes zum Ausdruck. Mit dem Gleichnis vom Senfkorn macht Jesus deutlich, dass **das Reich Gottes klein und unscheinbar beginnt, aber groß und herrlich vollendet wird**.

● Hier (wie auch in Mt 17,20 u. Lk 17,6) verwendet Jesus das Senfkorn als Vergleich. Das Senfkorn war das kleinste in Israel bekannte Samenkorn. Es war nur ein Millimeter groß und konnte zu einer zwei bis drei Meter hohen Staude heranwachsen. Deshalb konnte die ausgewachsene Senfpflanze auch als *Baum* bezeichnet werden (Mt 13,32; Lk 13,19). Vögel hielten sich gerne in Senfstauden auf, weil sie unter den Zweigen und Blättern Schutz und Schatten fanden. Das Bild vom Baum und den Vögeln, die in seinen Zweigen nisten und Schatten finden, ist im AT auch ein Bild für ein großes, gewaltiges Reich.

✎ *Lesen Sie dazu Hes 31,2ff und Dan 4,7ff.*

● Wie die große Senfstaude mit einem winzigen Samenkorn beginnt, so verhält es sich auch mit dem Reich Gottes. Auch das hat mit Jesu Kommen unscheinbar begonnen. Jesus kam nicht mit äußerer Macht. Er verkündete das Evangelium, heilte Kranke und sprach Menschen die Vergebung ihrer Sünden zu. Er sammelte einfache Männer aus dem Volk als Jünger um sich und sandte sie als seine Boten aus. Dieser nach menschlichen Maßstäben so unscheinbare Anfang war nicht vergeblich. Aus einem unscheinbaren Jüngerkreis wird am Ende eine große Gemeinde aus allen Nationen. In ihr finden Menschen Heimat und Jesus ist ihnen Zuflucht und Schatten. Schließlich wird sie in Gottes neuer Welt (Offb 21,1ff) Jesus für immer sehen und „ewig, ewig mit ihm reden" (S. Kierkegaard).

● Mit diesem Gleichnis begegnet Jesus dem Zweifel, ob er als Messias nicht von vornherein beeindruckender, ja glanzvoller auftreten müsse. Dagegen ermutigt Jesus: Seht nicht nur auf den unscheinbaren Anfang. **Seht mit den Augen des Glaubens auf das, was ich aus kleinen Anfängen machen kann**.

● Nach Abschluss der Gleichnisrede (V 1-34) beginnt jetzt eine Reihe von **Wundergeschichten**, die Jesu Vollmacht über die Naturgewalten, Dämonen und Krankheit zeigen (Kap. 4,35–6,6).

● Der Grund für das Übersetzen über den See (V 35) könnte das Verlangen nach Abstand von der Menschenmenge und Ruhe sein.

● V 37 spricht von einem Wirbelsturm. Plötzliche **stürmische Winde** sind am See Genezareth bis heute keine Seltenheit, da warme Fallwinde von den Golanhöhen mitunter auf das wegen der Tiefe des Sees relativ kalte Wasser stoßen. Trotz der Gegenwart Jesu, der im aufkommenden Sturm erstaunlicherweise im Heck des Schiffes schläft, ist die Angst der Jünger überwältigend, wie ihre vorwurfsvoll klingende Frage in V 38 zeigt. Sie rechnen mit dem Schlimmsten.

● V 39 Jesus spricht zu Wind und Wellen wie zu Personen und zeigt seine **Vollmacht über die Naturgewalten**. Damit handelt er so, wie es bereits im AT von Gott gesagt wird, der Ungewitter stillt und stürmische Wellen sich legen lässt (vgl. Ps 65,8; 89,10; 107,29). Die große Stille tritt ebenso überraschend ein, wie vorher der Wirbelsturm losgebrochen ist.

● V 40 Jesus fragt die Jünger nach ihrem (fehlenden) Vertrauen. Der Tadel richtet sich gegen ihr Verzagen und ihre Angst umzukommen, die in Jesu Augen Unglaube ist. Die Jünger antworten nicht auf die Frage Jesu. Ihre Reaktion ist Furcht (V 41). Das ist nicht mehr die nackte Lebensangst von V 38, sondern ein **furchtsames Erstaunen** über die rätselhafte Vollmacht Jesu gegenüber den Naturgewalten.

✎ *Vergleichen Sie V 41 mit anderen Stellen, an denen ein furchtsames Erstaunen berichtet wird (Mt 9,8; 17,6; Lk 5,26; 7,16). Was löst dieses Erstaunen aus?*

● V 41 Mit der **Frage der Jünger nach der Identität Jesu** – *Wer ist der?* – wird ein Grundthema aufgegriffen, das das ganze Mk durchzieht. An dieser Stelle wird die Frage aber noch offen gelassen. Erst in Kap. 8,29 wird Petrus mit einem klaren Bekenntnis die Antwort darauf geben: *Du bist der Christus!*

● **Sehnsucht** ist das vorherrschende Gefühl in diesen Versen des 119. Psalms:

➢ Sehnsucht nach Wegweisung und Orientierung, die so stark ist wie brennender Durst (*Ich tue meinen Mund weit auf und lechze,* V 131).

➢ Sehnsucht nach Zuwendung und Gnade Gottes (V 132).

➢ Sehnsucht nach Konsequenz im eigenen Leben und Handeln (V 133).

➢ Sehnsucht nach Erlösung von Problemen und Druck (V 134).

➢ Sehnsucht nach dem „leuchtenden Angesicht Gottes", wie es im Segen zugesprochen wird (V 135).

➢ Sehnsucht nach Gottes Geboten und nach Unterweisung in seinem Willen (V 131.135).

● Aus gesamtbiblischer Perspektive kommen diese vielfältigen Sehnsüchte in **Jesus Christus** zum Ziel:

➢ Er gibt nicht nur Wegweisung und Orientierung, sondern er ist selbst *der Weg, die Wahrheit und das Leben* (Joh 14,6).

➢ In ihm wendet Gott selbst sich uns zu, *von seiner Fülle haben wir alle genommen Gnade um Gnade* (Joh 1,16).

➢ Konsequent ist unser Leben dann, wenn wir ihm nachfolgen und dabei das *Licht des Lebens* finden (vgl. Joh 8,12).

➢ Jesus hat unsere Probleme, unseren Druck auf sich genommen. Deshalb *ist sein Joch sanft und seine Last leicht* (Mt 11,30).

➢ In ihm zeigt uns Gott sein Angesicht, sein Wesen wird offenbar als Liebe (1Joh 4,9).

➢ Schließlich kommen auch die Gebote Gottes in ihm zum Ziel. Wir brauchen sie nicht mehr zu halten, um vor Gott zu bestehen. Nein: Wie ein Vater schließt uns Gott liebevoll in die Arme und zeigt uns – aus dieser Liebe heraus – die Richtung für den weiteren Weg.

● In dieser Gewissheit können wir – wie der Beter des 119. Psalms – die Gebote Gottes lieben und um einen **„festen Gang in seinem Wort"** (V 133) bitten: „Führe mich, o Herr und leite meinen Gang nach deinem Wort. Sei und bleibe du auch heute mein Beschützer und mein Hort" (EG 445,5).

● V 1: Die **Gegend der Gerasener** liegt am Ostufer des Sees Genezareth, wahrscheinlich ist das Gebiet um Kursi nördlich von Hippos gemeint. Dort befindet sich auch ein steiler Abhang zum Ufer hin. Es handelt sich um heidnisches Land, was auch die Existenz einer (für Juden kultisch unrein geltenden) Schweineherde erklärt.

● V 3-7: Der von einem unreinen Geist Besessene wohnt in **Grabhöhlen**, die als unreine Stätten galten. Das Schreien und das selbstzerstörerische Handeln sind als Wirkungen des unreinen Geistes zu deuten, der durch nichts zu bändigen ist. Ganz im Kontrast dazu steht, dass der Besessene vor Jesus niederfällt. Im Unterschied zu den Jüngern kurz zuvor (Kap. 4,41) erkennen die Dämonen, dass **Jesus der Sohn Gottes, des Allerhöchsten,** ist, weshalb ihm Befehlsgewalt zukommt.

● V 8.9: Auffällig ist, dass Jesus den bösen Geist nicht nur auszufahren befiehlt, sondern dass er ihn auch nach dem **Namen** fragt. Dahinter steht der Sachverhalt: Wer den Namen eines anderen nennt, der besitzt auch Vollmacht über ihn. Der Name ***Legion*** deutet auf eine große Gruppe von Dämonen hin.

● V 10-13: Erstaunlicherweise gewährt Jesus den Dämonen den Wunsch, in die nahe Schweineherde zu fahren. Die selbstzerstörerischen Kräfte, die vorher den Besessenen geknechtet haben, toben sich nun in den 2.000 Tieren aus. Indem die Schweine im See ersaufen, verlieren freilich die Dämonen wieder ihre selbst gewählte Behausung.

● V 14-17: Die Reaktion auf das befreiende Handeln Jesu an dem Besessenen ist **Furcht**. Nachdem die Einwohner von den Augenzeugen unterrichtet wurden, bitten sie Jesus fortzugehen – wohl weniger wegen des für sie unbegreiflichen Wunders als seiner geschäftsschädigenden Auswirkungen wegen.

● V 18-20: Der Geheilte will offenbar zum engeren Jüngerkreis gehören, er wird aber von Jesus zu seinen **Angehörigen** geschickt. Er ist in den synoptischen Evangelien **der einzige Geheilte, der einen Verkündigungsauftrag erhält**, den er auf das Gebiet der Zehn Städte ausweitet. Dieses Gebiet östlich des Jordans galt als heidnischer Fremdkörper in Israel.

● Unser Textabschnitt enthält eine **zweiteilige Erzählung**, bei der in die Erzählung einer Totenauferweckung eine Heilungsgeschichte eingeflochten ist.

● V 22-24: **Jairus**, Synagogenvorsteher und somit angesehener Laie, kommt wegen seiner sterbenskranken Tochter zu Jesus, auf den allein er jetzt noch seine Hoffnung setzt. Die Jesus folgende Menschenmenge ist Zeuge des Geschehens.

● V 25-29: Der chronische **Blutfluss** der Frau hat außer den medizinischen (Blutarmut etc.) noch weitere Folgen:

➢ Nach 3Mo 15,25 galt die Frau als kultisch unrein. Von daher durfte sie z. B. nicht an den religiösen Festen teilnehmen.

➢ Als Unreine wurde sie gemieden (3Mo 15,27) und war vom gemeinschaftlichen Leben weitgehend ausgeschlossen.

➢ Sie lebte in Armut, da sie all ihr Vermögen für vergebliche Arztbesuche aufgewandt hatte.

In ihrer großen Not wagt die Frau es, Jesus zu berühren, womit sie ihn nach jüdischer Auffassung ebenfalls kultisch unrein macht. Sie vertraut darauf, dass von Jesus magische Kräfte ausgehen und sie allein durch die Berührung seiner Kleider gesund wird, was dann auch geschieht (vgl. Kap. 3,10).

● V 30-34: Jesus registriert, dass von ihm eine **Kraft ausgegangen** ist. Dass die Jünger auf seine Frage fast schon sarkastisch antworten, ist verständlich. Als Jesus sich nach der Frau umsieht, kommt diese zu Jesus, kniet ehrfurchtsvoll vor ihm nieder und sagt ihm die ganze Wahrheit, sicherlich wissend, dass sie mit der Berührung Jesu gegen das Gesetz aus 3Mo 15 verstoßen hat. Jesus verweist aber allein auf ihren Glauben, der sie geheilt hat. **Dieser Glaube ist an Jesus gebunden.** Er unterscheidet sich von dem Vertrauen auf die Wunderkraft von Heilern in außerbiblischen Berichten, das dort nicht als Glaube bezeichnet wird. Die Frau empfängt Frieden und die Gewissheit bleibender Heilung.

✎ *Indem die Frau Jesus buchstäblich zu Leibe rückt und dabei noch kultische Schranken überwindet, geht sie aufs Ganze. Wie viel Nähe zu Jesus riskieren Sie?*

● V 35-36: Die Verzögerung aufgrund der Heilung der von Jesus als *meine Tochter* angesprochenen Frau (V 34) hat zur Folge, dass die Tochter des Jairus zwischenzeitlich gestorben ist (V 35). Wenn Jairus daraufhin aufgefordert wird, Jesus nicht weiter zu *bemühen*, so steht dahinter die Überzeugung, dass auch Jesus vor dem Tod kapitulieren muss. Doch Jesus ermutigt Jairus selbst noch in dieser aussichtslos scheinenden Situation zum Glauben, der im Gegensatz zur Furcht steht.
● V 37-38: Jesus gestattet nur drei Jüngern ihn zu begleiten. Beim Haus des Synagogenvorstehers wird entsprechend der zeitgenössischen Sitte der **Trauer** über den Tod des Mädchens intensiv Ausdruck verliehen, vermutlich auch durch eigens bestellte Wehklagende, die sogenannten „Klageweiber".

✎ *Vgl. Sie zur Gegenwart der drei Jünger bei entscheidenden Ereignissen im Leben Jesu Kap. 9,2 und 14,32-33! – Was mag Jesus zur Auswahl dieses „harten Kerns" veranlasst haben?*

● V 39-41: Auf die (in der Tat rätselhafte) Aussage Jesu, dass das Mädchen nur *schläft*, reagieren die Trauernden mit Spott, denn der Tod war ja zweifelsfrei festgestellt worden (V 35), und deshalb waren sie zur Totenklage gekommen. **Jesus hält das Mädchen nicht für scheintot, aber mit dem Ausdruck *schlafen* relativiert er den Tod und erklärt ihn kraft seiner Vollmacht für befristet** (vgl. Joh 11,11 u. 14). Jesus geht es allein um das Heil von Menschen und nicht um Sensationen. So dürfen nur drei Jünger und die Eltern des Mädchens dem Wunder beiwohnen. Jesus handelt durch die Berührung des toten Mädchens, mit der er sich verunreinigt (4Mo 19,11), und durch die knappe Aufforderung: *Mädchen, ich sage dir, steh auf!*
● V 42-43: Die Zwölfjährige steht sofort vom Bett auf und verdeutlicht durch ihr Umhergehen, dass sie wieder lebt und auch von der Krankheit geheilt ist. **Die Anwesenden *geraten* darüber *außer sich*** (griech. ***ekstasis***). Jesu strenges Verbot, das Geschehene weiterzuerzählen, ist damit zu erklären, dass wahre Christuserkenntnis nicht auf Wundern beruhen soll, sondern nur von Jesu Tod und Auferstehung her möglich ist.

Nach verschiedenen Wunderberichten erzählt Markus nun vom Geschick Jesu in seiner Heimatstadt und von der Aussendung und dem Ergehen der Jünger.

● V 1-3: Die Vaterstadt Jesu ist **Nazareth**, ca. 35 km südwestlich von Kapernaum. In neutestamentlicher Zeit war Nazareth ein kleines, aber nicht abgelegenes Dorf mit wohl vorwiegend jüdischer Bevölkerung. Wie er es auch sonst tat (vgl. Kap. 1,21; 3,1), geht Jesus auch diesmal wieder am Sabbat in die Synagoge. Es ist nicht ungewöhnlich, dass er dabei wahrscheinlich um die Schriftlesung und Erläuterungen zu derselben gebeten wurde. Den erstaunten Hörern fällt seine *Weisheit* auf, und sie wundern sich über die Berichte von seinen *mächtigen Taten*. Das führt sie zu der Frage: ***Woher hat er das?*** Die Fragen in V 3 sind rhetorisch und zeigen ihre Skepsis angesichts der Herkunft Jesu aus einfachen Verhältnissen. Schließlich waren sie mit ihm aufgewachsen und kannten ihn als *Zimmermann*. Ebenso war seine Mutter bekannt (Josef wird anders als in Lk 4,22 nicht erwähnt) und auch seine Geschwister, von denen vier Brüder namentlich genannt werden. Die Einwohner von Nazareth wollen oder können nicht glauben, dass ihnen in Jesus ein Prophet oder gar der Messias begegnet. **Für sie wird Jesus zum *Skandal*** (griech. *skandalizo*).

● V 4: Jesus reiht sich in die Gruppe der **Propheten** ein, die vor ihm verworfen wurden. Mit ihnen teilt er das Schicksal, dass ein Prophet in seiner Heimatstadt, bei seinen Verwandten und in seiner Familie keine Anerkennung findet. Seine Reaktion zeigt, dass ihm mit der Ablehnung seiner nächsten Umgebung nichts Außergewöhnliches widerfährt.

● V 5.6: Jesus vollbringt überhaupt **kein Wunder in Nazareth**, wobei dies sofort etwas relativiert wird. Jesus wundert sich über den *Unglauben* der Nazarethaner, der sich in der Verweigerung jeglichen Vertrauens ihm gegenüber äußert. Sowohl sein Anspruch als auch seine Heilkraft werden abgelehnt. Wo das geschieht, dort kann und will Jesus sich auch nicht über die abweisende Haltung der Menschen hinwegsetzen. So zieht er weiter und wird in den umliegenden Dörfern tätig.

V 7: Mit der **Sendung der Zwölf** geschieht das, was bei der Berufung der Jünger bereits ins Auge gefasst wurde (Kap. 3,14-15). Dass Jesus die Jünger jeweils **zu zweit** losschickt (vgl. Kap. 11,1; 14,13), ist auf dem altestamentlich-jüdischen Hintergrund verständlich, dass erst das übereinstimmende Zeugnis von mindestens zwei Personen als zuverlässig gelten kann (5Mo 17,6; 19,15). Die paarweise Aussendung ermöglicht natürlich auch die gegenseitige Hilfe und ggf. Korrektur. Die **Bevollmächtigung** der Jünger entspricht der frühjüdischen Auffassung, dass der *Gesandte* (hebr. *schaliach;* griech. *apostolos*) den Sendenden repräsentiert und daher mit dessen Autorität und Vollmacht auftritt (vgl. Joh 17,18; 20,21).

V 8-9: Die „Ausrüstungsliste" ist sicherlich nicht für die Nachfolge insgesamt zu verallgemeinern, sondern orientiert sich an dem damaligen, spezifischen Auftrag. *Wanderstab* und *Schuhe* sollen mitgenommen werden, aber *kein Brot, keine Vorratstasche, kein Geldgürtel, kein Ersatzhemd.* Unterwegs sollen sie sich ganz auf die Gastfreundschaft von Menschen verlassen, die sie für die Zeit ihres Aufenthaltes bei sich aufnehmen. So sollen sie **auf jegliche Absicherung ihres Lebensunterhalts verzichten** und sich unmittelbar von Gott abhängig machen.

V 10-11: Die Jünger sollen solange in einem Haus bleiben, wie sie sich zur Erfüllung ihres Auftrags in dem betreffenden Ort aufhalten. Jesus bereitet die Jünger auch auf ihre **Ablehnung** vor, womit ihnen dasselbe widerfährt, was Jesus kurz zuvor in seiner Heimatstadt Nazareth erlebt hat. Das Abschütteln des Staubes unter den Füßen drückt den Abbruch der Gemeinschaft mit den die Botschaft Ablehnenden aus, für die die Verkündiger nun keine Verantwortung mehr tragen.

V 12-13: Die Ausführung des Auftrags geschieht durch **Bußpredigt**, **Dämonenaustreibungen** und **Krankenheilungen**, wobei die Jünger ebenso vollmächtig wirken wie zuvor Jesus.

✎ *Inwiefern müssen wir auch heute eigene Sicherheiten aufgeben und uns von Gott abhängig machen, um den Auftrag Jesu ausführen zu können?*

● V 14-16: Jesus begann seine öffentliche Wirksamkeit erst nach Gefangennahme und Tod des Täufers (Kap. 1,14). Insofern wird die Geschichte seiner Hinrichtung an dieser Stelle des Mk nachgeholt, weil inzwischen manche Leute in Jesus den vom Tode auferstandenen Johannes erblicken. Andere identifizieren ihn mit dem Propheten Elia, dessen Rückkehr zur Erde fromme Juden damals erwarten. Übrigens berichtet auch der jüdische Geschichtsschreiber Josephus, der von 37 bis 100 n. Chr. lebte, über die Hinrichtung des Täufers, der auf der Festung Machärus östlich des Toten Meeres, eingekerkert war. – Mit Herodes ist Herodes Antipas gemeint, ein Sohn von Herodes dem Großen. Er regierte von 4 v. Chr. bis 39 n. Chr. als *Vierfürst*, d. h. Fürst eines Teilreiches, über Galiläa und Peräa.

● V 17-20: Herodias war die Ehefrau eines Bruders von Herodes, der sie ihm abspenstig machte, zur Frau nahm und so Ehebruch beging. **Johannes scheute sich daraufhin nicht, Herodes offen seine Schuld vorzuhalten**, was zu seiner Gefangennahme und zu einem abgrundtiefen Hass bei Herodias führte. Herodes befindet sich in einem tiefen Zwiespalt: Innerlich spürt er, dass Johannes mit seiner Botschaft Recht hat, doch der *Fuchs* (Lk 13,32) verfängt sich in seiner Großspurigkeit und hat Angst vor dem Verlust seiner Glaubwürdigkeit.

● V 21-29: Normalerweise waren bei Festen nur Dirnen als Tänzerinnen zugelassen. Herodias setzt in ihrem Hass gegen den Täufer sogar die Ehre ihrer Tochter aufs Spiel, um ihr Ziel bei Herodes zu erreichen. Nach einem voreiligen, dazu noch großspurigen Versprechen des Herodes – als Vasall Roms hätte er keinen Handbreit seines Gebiets verschenken können – fehlt es ihm an Rückgrat, die Bitte um den Willkürmord an Johannes zurückzuweisen. Nun ist die **Lawine der Bosheit** nicht mehr aufzuhalten. – So weist das Schicksal des Johannes voraus auf das Schicksal Jesu und etlicher seiner Jünger.

✎ *Wer wagt es heute so mutig und unerschrocken wie Johannes denen, die Macht über ihn haben, den Willen Gottes zu sagen, zumal dann, wenn es so gefährlich für ihn werden kann?*

● Wie sind die Psalmen eigentlich ursprünglich gebetet worden? Am Anfang des 141. Psalms finden sich Hinweise:
➤ *Herr, ich rufe zu dir … vernimm meine Stimme*: Es handelt sich um laut ausgesprochene Gebete, die Stimme des Beters ist zu hören – er ruft!
➤ Der Psalmist sieht sein Gebet als *Räucheropfer* (2Mo 30,7-8) und als ein *Abendopfer* (2Mo 29,38-41). Das Gebet hat in gewisser Weise das Opfer abgelöst und ist Bestandteil eines festen, täglichen Rituals.
➤ Zum Beten immer die Hände falten? Von wegen! Die Psalmbeter kennen eine Vielzahl unterschiedlicher Gebetshaltungen. Dazu gehört auch das *Aufheben der Hände* (V 2).
● *Bitte um Bewahrung* ist der Psalm in der Lutherbibel überschrieben. Hintergrund dafür ist (wie bei vielen Psalmen) eine Situation, in der sich der Beter bedroht und bedrängt fühlt: von Fallen, die ihm gestellt werden, ist die Rede, von einer Schlinge, die sich um seinen Hals zieht (V 9). Zu denken ist an eine Verfolgungs-Situation, an Mobbing, möglicherweise an ein bedrohliches Gerichtsverfahren und an die Versuchung, *von den leckeren Speisen der Übeltäter mit zu essen* (V 4).
● Wie sieht nun die **Bewahrung Gottes** konkret aus? Im Psalm finden sich Spuren, denen man in vergleichbaren Situationen nachgehen kann:
➤ Der Beter gesteht sich und Gott ein: Aus eigener Kraft kann ich den Versuchungen nicht widerstehen. Deswegen: *Bewahre DU mich, Gott! Neige mein Herz nicht zum Bösen!* (V 3-4). Konkret: Bewahre mich vor falschen und verletzenden Worten: *Behüte meinen Mund und bewahre meine Lippen!* (V 3).
➤ Hilfreich zur Bewahrung sind auch offene, warnende oder kritische Worte von Menschen, die es gut mit mir meinen. Sie nicht abzutun, sondern zu begrüßen wie *Balsam auf dem Haupte* (V 5), ist eine wichtige Wegweisung.
➤ Schließlich ist es hilfreich, sich in Zeiten der Bedrohung immer neu auf Gott auszurichten und ihn anzurufen: *Ja, auf dich, Herr, sehen meine Augen; ich traue auf dich …* (V 8).

Montag, 6. August Markus 6,30-44

Alle Evangelien berichten von der **wunderbaren Speisung der 5.000**. Immer wieder hat man versucht, dieses Speisungswunder auf natürliche Weise zu deuten, um es für den menschlichen Verstand annehmbar zu machen. So erklärte man etwa, dass alle, die Nahrungsvorräte wie Brot und Fisch bei sich hatten, denen davon abgaben, die keinen Proviant mit hatten und auf diese Weise alle satt wurden. Doch solche Interpretationsversuche verfehlen den Text, weil sie z. B. die Feststellung von V 38 völlig außer Acht lassen. Auch wenn das Wunder als solches nicht direkt geschildert wird, so wird das Unvorstellbare doch deutlich, indem am Ende davon gesprochen wird, dass nicht nur alle satt wurden, sondern sogar noch neben Fischen *12 Körbe voll von Brocken* (V 43) übrig blieben – weit mehr, als am Anfang an Vorrat vorhanden war.

Die christliche Gemeinde sah in dieser Geschichte bereits einen **Hinweis auf das Abendmahl** (V 41!) wie auch auf die wunderbare Versorgung der Israeliten mit dem Manna in der Wüste (2Mo 16). So könnte auch die ausführlich beschriebene gruppenweise Lagerung der Menschen auf die Heeresordnung Israels in der Wüste hinweisen (2Mo 18,25; 4Mo 31,14).

Jesus hat *Mitleid* mit dem Volk (V 34; das griech. Wort könnte man auch mit: ***es ging ihm an die Nieren*** bzw. ***es drehte sich ihm das Herz im Leibe um*** übersetzt werden). Er sieht **ihre Not**, wobei damit nicht zuerst ihr knurrender Magen, sondern ihre **geistliche Orientierungslosigkeit** gemeint ist. Darum hält er den Menschen zunächst eine *lange Predigt*, um diesen geistlichen Hunger zu stillen.

Anderen gibt Jesus zu essen, aber für sich selbst – quasi als Demonstration seiner Macht – Steine zu Brot zu machen, weist er als satanische Versuchung zurück (Mt 4,3f).

> ✎ *„Gebt ihr ihnen zu essen!" Ob dies nicht gerade auch für uns Christen heute gilt angesichts des Hungers in der Welt? Und wenn wir einwenden: „Was soll das Wenige angesichts der riesigen Not!" Sollten wir dann nicht daran denken, wie Jesus aus dem Wenigen, was wir haben, enorm viel machen kann?*

● V 45.46: Jesus will keine Massenbegeisterung. Er will nicht als Wundertäter bestaunt werden. Er will kein „Brotkönig" sein (vgl. Joh 6,15). Sogar seine Jünger schickt er weg. Wie so oft zieht Jesus sich in die **Einsamkeit** zurück, um dort im Gebet den **Kontakt zu seinem himmlischen Vater** zu suchen.

● V 47.48: Unter den Jüngern waren erfahrene Fischer wie Petrus, Andreas, Jakobus und Johannes. Dennoch hatten sie Probleme mit dem Wind. Hatten sie die gefürchteten Fallwinde unterschätzt? Jesus sieht ihre Not und kommt zu ihnen; ein weiteres Zeichen seiner göttlichen Vollmacht, denn schon in Hi 9,8 wird von Gott gesagt, dass er *auf den Wogen des Meeres geht.* Doch merkwürdig: Es hat den Anschein, als ob er an ihnen vorbeigehen würde. Will er sie prüfen? Oder soll sein ***Vorübergehen*** auf das Vorübergehen Gottes hinweisen, von dem in 2Mo 33,19-23; 34,6 und 1Kö 19,11 berichtet wird? – Die vierte Nachtwache, die Zeit zwischen 3 und 6 Uhr morgens, galt als Zeit für die Hilfe Gottes (vgl. Jes 17,14).

● V 49-52: Die Jünger schreien auf, als sie meinen, ein Gespenst würde ihnen begegnen. ***Fürchtet euch nicht!*** Mit diesem Ruf gibt sich ihnen Jesus zu erkennen (vgl. Mt 28,10). **Dieser Zuspruch zieht sich wie ein roter Faden durch die ganze Bibel**. So hat einst Gott die Väter in der Wüste angesprochen (vgl. 1Mo 15,1; 46,3). So sagt es der Engel bei der Geburt bzw. nach der Auferstehung Jesu (Lk 1,13.30; Mk 16,6). – Als die Jünger meinten, ein Gespenst begegne ihnen, fürchteten sie sich. Nun, als Jesus zu ihnen in das Boot gestiegen war und der Wind sich gelegt hatte, heißt es: *Sie entsetzten sich über die Maßen.* Warum? „Das Außer-sich-Geraten über den Einbruch Gottes, der die gewohnten Maßstäbe zerbricht, ist das Zeichen dafür, wie wenig der Mensch konkret mit der Wirklichkeit Gottes rechnet" (E. Schweizer). **Trotz aller Wunder bleibt das Herz der Jünger noch *verhärtet*** (vgl. Kap. 3,5!).

✎ *Sind wir – im Unterschied zu den Jüngern – überzeugt, dass uns in Jesus, und nur in ihm, wirklich Gott begegnet? Bekennen wir das auch im Gespräch – etwa mit Muslimen?*

● Die Aufgabe der theologisch ausgebildeten und ordinierten ***Schriftgelehrten*** war das Studium und die Auslegung der Thora, des Gesetzes. Da die fünf Bücher des Mose, kurz *das Gesetz* genannt, für das gesamte bürgerliche Leben maßgebend waren, sind die Schriftgelehrten zugleich Theologen und Juristen. Um für möglichst jede Alltagssituation den Willen Gottes klar benennen zu können, wurden die Gebote detailliert ausgelegt und ein engmaschiges Netz von 613 einzelnen Ge- und Verboten erstellt. **Dabei spielte die Frage nach der rituellen *Reinheit* eine erhebliche Rolle** (siehe zu Mk 7,17ff).

● Die ***Pharisäer*** hingegen waren ein Laienorden, der die Auslegungen der Schriftgelehrten und die Vorschriften, die für die Priesterschaft galten, aufs Genaueste im Alltag erfüllen wollten. Darüber hinaus hatten sie ein „missionarisches Anliegen": Indem sie das einfache Volk zur Beachtung des Gesetzes mit seinen zahlreichen Einzelbestimmungen anhielten, hofften sie, die Ankunft des erwarteten Messias beschleunigen zu können.

● Wenn das Alltagsleben so streng bis ins Detail geregelt ist, besteht die **Gefahr**, dass man mit seinen Maßstäben den alltäglichen Bedürfnissen und Nöten der Menschen nicht mehr gerecht wird. **So verschanzt sich gerade der Fromme hinter seiner äußeren strengen Gesetzlichkeit und setzt den einfachen, klaren Willen Gottes dabei außer Kraft**.

● Mit der **Schwurformel *Korban*** (V 11) konnte ein Sohn seinen Besitz Gott als Opfergabe weihen, der dann nach seinem Tod an den Tempel überging. Was äußerlich als besonders frommes Werk galt, ist in den Augen Jesu jedoch ein Verstoß gegen das vierte Gebot, indem auf diese Weise den Eltern die materielle Unterstützung durch den eigenen Sohn, auf die sie angewiesen sind, vorenthalten wird. Denn was erst einmal Gott geweiht war, konnte als Fürsorge für die Eltern nicht mehr in Anspruch genommen werden.

✎ *Wie und wo verstellt meine Auffassung von christlichen Ordnungen und Traditionen den klaren Blick für das, was Gott und meine Mitmenschen mit Recht von mir erwarten können?*

● Die **Reinheitsgebote des AT** – nachzulesen in 3Mo 11–15 – sagen Israel, dass es seinem Gott ein reines, heiliges Volk in einem reinen Land sein und sich damit auch von andern Völkern unterscheiden soll, wie etwa beim Verzicht auf den Verzehr des Fleisches unreiner Tiere, wie z. B der Schweine. **Es geht dabei nicht um hygienische Reinheit, sondern um kultische Reinheit.** Doch schon die Propheten machten in ihrer Kritik deutlich, dass Gott weit mehr an kultischer als an der sittlichen Reinheit seines Volkes liegt (z. B. Hes 36,25).

● Schriftgelehrte und Pharisäer beschäftigten sich auch z. Z. Jesu intensiv mit den Reinheitsvorschriften, die sich auf das gesamte Leben erstreckten. Sie entfalteten detailliert, was rein und unrein ist – und wodurch sich ein Jude verunreinigt, z. B. durch die Berührung mit einem Heiden. Es gab zahllose rituelle Reinheitsvorschriften, wie der Jude sich von der Verunreinigung rein waschen konnte. **Dass dabei auf die äußerliche Reinheit immer größeren Wert gelegt und die Reinheit des Herzens vernachlässigt wurde, zeigt Mt 23,25f.**

● Jesus widerspricht der Auffassung, dass Menschen sich durch bestimmte Speisen verunreinigen könnten. Damit hebt er grundsätzlich alle kultischen Reinheits- bzw. Speisevorschriften auf. Den Jüngern, die diese wahrhaft revolutionäre Außerkraftsetzung der mosaischen Satzungen nicht verstehen, versucht Jesus sie geduldig zu erklären.

● Für ihn ist die ganze Welt Gottes gute Schöpfung. Es gibt keine reinen oder unreinen Dinge, Tiere oder Lebensbereiche. **Was den Menschen beschmutzt, ist nicht das, was er berührt oder isst, sondern was aus seinem Mund bzw. aus dem Inneren seines Herzen herauskommt.** Als wahre „Mördergrube" erweist sich dabei das menschliche Herz, wie Jesus mit der drastischen Aufzählung von insgesamt 13 Sünden in den V 21 und 22 verdeutlicht. Diese „Herzdiagnose" hat bis heute nicht an Aktualität verloren.

✎ *Wo stehen wir heute in der Versuchung, z. B. das Äußere eines Menschen für wichtiger zu halten als seine Herzenshaltung?*

● V 24: Jesus verlässt vorübergehend das jüdische Galiläa und wendet sich damit heidnischen Gebieten zu – zunächst Tyrus am Mittelmeer, in den nächsten beiden Abschnitten dann dem Gebiet der *Zehn Städte* (der sog. *Dekapolis* östlich des Sees Genezareth). Warum will er in Tyrus verborgen bleiben? Will er nur den dort lebenden Juden das Evangelium bringen? Was auch das Motiv war: Dort, wo Jesus ist, kann es nicht verborgen bleiben. Aber spricht es sich auch heute herum, dass Jesus bei uns ist – in unserem Haus, in unserer Gemeinde?

● V 24-26: **Eine Heidin** erkennt als erste in Tyrus die Chance, die sich ihr durch das Kommen Jesu bietet. Und sie will sie nutzen. Während die Pharisäer *verstockt* sind (Kap. 3,5), die Menschen in seiner Heimatstadt sich an ihm *ärgern* (Kap. 6,3) und selbst die engsten Jünger immer noch *unverständig* (Kap. 7,18) sind, begegnet sie Jesus **mit grenzenlosem Vertrauen**. Alte Weissagungen beginnen sich zu erfüllen: *Alle Völker werden kommen und anbeten* (Ps 86,9; Jes 2,2f; 60,3). Natürlich ist Jesus nicht nur als Heiland Israels, sondern als Heiland der Welt gekommen. Aber er überspringt nicht die heilsgeschichtliche Ordnung. Diese lautet: zuerst Israel, dann die Heiden.

● V 27.28: Man wird das Wort *Hund* hier nicht als Beleidigung verstehen dürfen. Jesus will nicht beleidigen. Aber natürlich klingt sein aus dem Alltagsleben gewähltes Bild wie eine **schroffe Zurückweisung**. Doch die Frau fühlt sich dadurch nicht zum Menschen zweiter Klasse abgestempelt. Menschen und Hunde leben von dem gleichen Brot – da ist es nicht so wichtig, wer zuerst davon isst. **Die Hauptsache ist, dass Jesus auch ihr zu essen gibt, d. h. sich ihrer Not annimmt**.

● V 29.30: Jesus bestätigt dieses Vertrauen zu ihm als dem Heiland aller Welt. Es ist bis heute erstaunlich, wie unwissende Heiden oft besser begreifen, was Jesu Gnade für sie persönlich bedeutet, als wir Europäer, die doch so viel wissen.

✎ *Vergleichen Sie, wie der Evangelist Matthäus die Geschichte erzählt (Mt 15,21-28). Worin zeigen sich die Unterschiede im Verhalten Jesu – und wie beurteilen Sie diese?*

● V 31: Die nächste Station seines Wirkens führt Jesus ebenfalls in überwiegend heidnisches Gebiet. Das **Gebiet der Zehn Städte** (Dekapolis) liegt südöstlich vom See Genezareth und ist Jesus nicht fremd (vgl. Kap. 5,1ff). Es sieht so aus, als ob er auf seiner Reise bewusst heidnisches Gebiet aufsucht, um auch dort Zeichen zu setzen. – Und heute? Wagen wir uns mit unserem gläubigen Handeln so gewollt unter die Ungläubigen?

● V 32: Ein Taubstummer wird zu Jesus *gebracht*. Er selbst ist offenbar zu schwach oder auch zu resigniert, um noch von irgendjemandem Hilfe für sein Leben zu erwarten. Gut, wenn andere dann für solche Menschen **stellvertretend Hoffnung haben** und mit ihnen Schritte zu Jesus unternehmen. Er kann auch in menschlich hoffnungslosen Situationen helfen.

● V 33-35: Jesus nimmt den Mann *aus der Menge beiseite*. Auch dieser Schwache und Behinderte ist ein wertvoller Mensch. Er wird nicht in der Menge abgefertigt. Er ist ein Original Gottes, das Jesus in seinem persönlichen Schicksal würdigt. Die in unseren Augen **umständliche Heilungsprozedur** unterstreicht diese **Würdigung. Auch in seinem heilenden Handeln geht Jesus nicht nach Schema F vor, sondern widmet sich jedem Kranken ganz individuell.**

● V 36: Wieder fällt das Gebot Jesu auf, von dieser Heilung nicht weiterzuerzählen (wie Kap. 1,44; 3,12; 5,43). Will Jesus nicht als Wunderheiler wahrgenommen werden, sondern als Evangeliumsbringer, der zur Umkehr und Nachfolge ruft? Andererseits sagt Jesus bei einer anderen Heilung in derselben Dekapolis das genaue Gegenteil (Kap. 5,19). Wie auch immer – seit der Auferstehung Jesu gilt nicht mehr das Schweigegebot, sondern das Redegebot, der Missionsauftrag.

● V 37: Erstaunlich das **Lob der Menge**. Wo hat er ***alles** wohl gemacht*? Warum wird im Plural geredet (***die** Tauben, **die** Sprachlosen*), wo doch nur ein einziger Mensch geheilt wurde? Übertreibung? Nein, am Beispiel des einen erkennen die Menschen: Mit diesem Zeichen ist ein Einbruch aus Gottes Welt geschehen. Nun gibt es dank Jesus Hoffnung für alle kranken, geschundenen und verzagten Menschen auf Heilung und Heil.

● Der Psalm ist beherrscht von dem Gefühl des Beters, von **Feinden** bedrängt und bedroht zu werden. Diese Feinde werden bezeichnet als die *Gewalttätigen* (V 2), die *Bösen* (V 3), die *Gottlosen* (V 5), die *Hoffärtigen* (V 6; „hoffärtig" = anmaßend, arrogant). In scharfer Form grenzt sich der Psalmist von diesen Menschen ab und bittet Gott um Bewahrung vor ihnen, schließlich sogar um Bestrafung und Unglück für sie.

● Große Teile von Ps 140 dürften in unseren Ohren befremdlich oder inakzeptabel klingen. Das gilt insbesondere für zwei Bereiche:

➢ den **Wunsch nach Rache und Vernichtung der Bösen** (V 10-12). Seitdem Jesus am Kreuz alle Bosheit und Gottlosigkeit auf sich genommen hat, können wir auch Feinde unter seinem Kreuz sehen und in seinem Namen segnen (vgl. Lk 6,27-28).

➢ Jesus lehrt uns die **Abgrenzung von gottlosem Verhalten**, aber nicht von gottlosen Menschen. Als Christen sollen wir uns abwenden vom Unrecht, aber hinwenden zu dem, der Unrecht tut. *Denn Gott will, dass alle Menschen gerettet werden und sie zur Erkenntnis der Wahrheit kommen* (vgl. 1Tim 2,4-6). In diesen Bereichen können wir mit Jesus getrost einen Schritt über den Psalm hinausgehen.

● Aber bitte nicht das Kind mit dem Bade ausschütten! Denn wer genauer hinsieht, findet in Ps 140 auch **Kostbares und bleibend Gültiges**. Auch dafür zwei Beispiele:

➢ Das Böse wird nicht verharmlost, sondern ernst genommen. Niemand kann bestreiten, dass Menschen einander Unendliches an Leid zufügen, dass sie einander bösartig, hinterlistig und verleumderisch attackieren. All das gibt es – leider! Zu Recht wendet sich der Psalmist in seiner Not an Gott: *Errette mich, Herr!* (V 2).

➢ Ebenfalls zu Recht wird Gott als der Anwalt der Armen und Elenden gepriesen: *Denn ich weiß, dass der Herr des Elenden Sache führen und den Armen Recht schaffen wird* (V 13). Von hier führt eine direkte Linie zur Botschaft Jesu in der Bergpredigt: *Selig sind, die da hungert und dürstet nach der Gerechtigkeit; denn sie sollen satt werden* (Mt 5,6).

● Warum wird nach der Speisung der 5.000 (Kap. 6,35ff) nochmals eine ganz ähnliche Geschichte berichtet (übrigens: Lukas verzichtet darauf)? Weil sie bei aller Ähnlichkeit einen entscheidenden Unterschied hat: Sie findet im Gebiet der heidnischen Zehn Städte statt. Damit macht Markus deutlich: **Jesus vollbringt im heidnischen Gebiet nicht nur einzelne Wunder** (vgl. vorherige Abschnitte), **sondern wendet sich in gleicher Weise den Heiden insgesamt zu wie vorher den Juden!** Ihnen gilt ebenso Jesu Verkündigung und Versorgung.

✎ *Es war später das Ringen des Paulus, dass beide Gruppen nicht beziehungslos nebeneinander herlebten, sondern eine Einheit bildeten – lesen Sie dazu Eph. 2,11-22! – Zum besseren Verständnis mag der Hinweis dienen, dass Markus sein Evangelium im heidnischen Rom schrieb.*

● Wie schon bei der ersten Speisungsgeschichte zeigt sich auch in diesem Bericht ...

➢ **das ganzheitliche Denken Jesu**. Ihn jammert nicht nur die Gottlosigkeit, sondern auch die Brotlosigkeit. Er leidet mit, wo Menschen leiden. Aber er leidet nicht ohnmächtig, er hilft auch. Denn Jesus weiß sich für den ganzen Menschen verantwortlich – auch für seine elementaren materiellen Bedürfnisse.

➢ **das bewusste Einspannen der Jünger** in die leibliche Versorgung, auch wenn das zunächst nur Verlegenheit bei ihnen auslöst und den vorhandenen Mangel aufdeckt. Doch schon bei der Aussendung der Zwölf hatte Jesus missionarisches und soziales Engagement miteinander verknüpft, indem die Jünger unterwegs predigten und heilten (Kap. 6,12.13).

➢ **das Dank- und Segensgebet Jesu**. Während Jesus das Dankgebet spricht und Gott die Ehre gibt, verwandelt sich unter seinen Händen das Wenige zur überfließenden Fülle.

➢ **das Vertrauen der Jünger**, die sich in Dienst nehmen lassen, obwohl es – menschlich gesehen – vorn und hinten nicht reicht. Und wir? Bei wie vielen Aufgaben rechnen wir nur mit unseren begrenzten Möglichkeiten? Und fangen deswegen oft gar nicht erst an, weil wir Jesus nichts mehr zutrauen.

V 10: Der Ort ***Dalmanuta*** wird in den Evangelien nur hier erwähnt. Gemeint ist wahrscheinlich die Seegegend am Fuß des Berges der Seligpreisungen. Heute steht dort am See Genezareth die sog. Primatskirche – eine Kirche zur Erinnerung an die erneute Berufung des Petrus, nachdem er zuvor Jesus nach seiner Verhaftung verleugnet hatte (Joh 21,15-18). Damit befindet sich Jesus wieder auf jüdischem Boden.

V 11: Die **Zeichenforderung der Pharisäer** entspricht durchaus jüdischem Denken. Auffällige Zeichen und Wunder spielen in der Heilsgeschichte Israels immer wieder eine positive Rolle, angefangen bei Mose (2Mo 3,12; 4,17; 12,13 u. ö.), bei Gideon (Ri 6,17) und bis zu den Propheten (Jes 7,11). Auch das Kommen des Messias wird nach dem AT von Zeichen und Wundern begleitet sein (Jes 35,4-6). Als Johannes der Täufer im Gefängnis sitzt, lässt er in seiner inneren Verunsicherung bei Jesus anfragen, ob er wirklich der Messias sei. Und Jesus verweist Johannes auf die Zeichen, die geschehen sind (Mt 11,4.5). Was also soll an der Zeichenforderung der Pharisäer so verwerflich sein?

V 12.13: Jesus lehnt hier jede Zeichenforderung ab, obwohl er viele Zeichen gegeben hat und auch Johannes gegenüber auf sie verweist. Was ist der Hintergrund? Die Antwort steckt in den Worten *dieses Geschlecht* (V 12). Bei Matthäus ist es deutlicher ausgedrückt, wenn von diesem *bösen und abtrünnigen Geschlecht* die Rede ist (Mt 16,4). Solange Menschen verstockt sind, helfen ihnen auch die großartigsten Wunder nicht. **Überall im AT und NT sind die Zeichen gekoppelt an den Glauben** – auch wenn dieser Glaube manchmal sehr schwach und verzagt ist. **Ein Zeichen ohne Glauben nützt niemandem**. Denn ein Zeichen für sich allein ist **immer mehrdeutig**. Das hatte sich bereits in Kap. 3,22 gezeigt: Die Pharisäer erkennen zwar die Zeichen Jesu an, aber deuten sie antimessianisch!

✎ *Welche für Juden verständliche Ergänzung der Antwort Jesu berichtet Matthäus (Kap. 16,4)? Warum lässt Markus, der in Rom für Heiden schreibt, diese Ergänzung wohl weg?*

Dalmanuta wird verlassen (V 13) in Richtung Betsaida (V 22). Die Fahrt auf dem See Genezareth wird zum Oberseminar für die Jünger. Sie haben's nötig. Wir vermutlich auch!

● V 15: Jesus spricht eine **Warnung** aus. Verführerische Lehren (Pharisäer) und politische Ideologien (Herodes) sind wie ein **Sauerteig**. So wie der nach und nach den ganzen Teig durchdringt, sickern **falsche religiöse Lehren ebenso wie politische Propaganda und Ideologien** in die Köpfe und Herzen von Menschen ein und bestimmen zunehmend ihr Denken und Handeln. Wie aktuell die Warnung ist, zeigt sich in der Anfälligkeit von Theologen und Politikern gegenüber dem Zeitgeist.

● V 16: **Die Jünger** haben Jesu Warnung gar nicht richtig mitbekommen. Sie hängen ihren eigenen Gedanken nach. **Die Sorge um das tägliche Brot beherrscht sie**. Obwohl sie es eigentlich nicht wollen, sind sie nicht offen für das, was Jesus ihnen zu sagen hat. Auch diese Erfahrung lässt sich leicht nachvollziehen: Wie schnell lassen wir uns z. B. im Gottesdienst ablenken durch Gedanken an das noch unfertige Mittagessen oder die beruflichen Aufgaben der folgenden Woche?

✎ *Die Sorge um die Sicherung unserer Existenz gehört zu den wichtigsten Hindernissen in der Nachfolge Jesu – lesen Sie dazu Mt 6,25-34; Phil 4,6; 1Ptr 5,7!*

● V 17: Existenz- und Versorgungsfragen halten wir wie die Jünger für ein äußeres Problem. Jesus macht deutlich: es ist in erster Linie ein **Problem unseres Herzens**. Was für einen Gott hat unser Herz? Einen knickerigen Gott oder einen freigebigen Gott? Einen distanzierten Schöpfergott oder einen nahen Vatergott? Mit unserem Kopf glauben wir an Gott, den Vater, aber in unserem Herzen trauen wir ihm keine väterliche Fürsorge zu, sondern machen uns lieber selber Sorgen.

● V 18-21: Jesus erinnert die Jünger daran, wie sie trotz allen Mangels satt wurden und sogar noch im Überfluss hatten. Haben wir nicht **im Glauben an Jesus ähnliche Erfahrungen** gemacht? Die Frage ist, was wir für die Sorgen und Lasten dieses Tages daraus gelernt haben.

● V 22: **Betsaida** ist die ursprüngliche Heimatstadt des Petrus (Joh 1,44). Sie liegt am Nordende des Sees Genezareth, nur wenige Kilometer von Kapernaum entfernt. Sie gehört offenbar zu den Städten, in denen Jesus viele Taten und Wunder gewirkt hat (vgl. Mt 11,21!). – Wieder wird ein Mensch zu Jesus *gebracht* (vgl. Kap. 7,32). Viele sind bis heute nicht in der Lage, sich eigenständig auf den Weg zu Jesus zu machen. **Darum brauchen wir nicht nur Weg-Weiser, sondern auch Weg-Bringer zu Jesus.** Viele Menschen finden nur deswegen Anschluss an eine christliche Gemeinde und kommen zum Glauben, weil Freunde, Arbeitskollegen oder Nachbarn sie einladen, abholen und mitnehmen. Das trifft nicht nur auf Menschen mit körperlichen Behinderungen oder seelischen Belastungen zu, sondern ebenso auf ganz normale Mitmenschen.

● V 23a: Wie schon der Taubstumme in Kap. 7,33 so ist auch dieser Blinde es wert, dass Jesus *ihn bei der Hand nimmt* und sich ihm außerhalb des Dorfes unter vier Augen widmet. **Wieder erlebt ein Mensch in Not die ganz persönliche Zuwendung Jesu.** Wie der Schöpfer jeden Menschen mit einer ureigenen DNA beschenkt, so beschenkt der Erlöser jeden mit einer ureigenen, unverwechselbaren Glaubensbegegnung.

✎ *Begnügen wir uns damit, Menschen nur unsere christlichen Formen und Traditionen nahe zu bringen? Oder helfen wir ihnen zu einer persönlichen Begegnung mit dem lebendigen Jesus?*

● V 23b-25: **Die Heilung erfolgt diesmal nicht in einem Akt.** Unsere Frage nach dem Warum bleibt unbeantwortet. Wichtig ist nicht die Dauer eines Heilungsprozesses, sondern das Ergebnis: Jesus macht keine halben Sachen. Darum ist auch Paulus *guter Zuversicht, dass der in euch angefangen hat das gute Werk, der wird's auch vollenden* (Phil 1,6).

● V 26: Der Geheilte stammt offenbar nicht aus Betsaida. Er soll direkt nach Hause gehen, ohne noch einmal ins Dorf zurückzukehren. **Seine vertraute Umgebung soll zuerst mitbekommen, was bei ihm durch Jesus neu geworden ist.**

● V 27a: Caesarea Philippi liegt hoch im Norden Galiläas, südwestlich vom Hermon (nicht zu verwechseln mit Caesarea am Mittelmeer). Hier entspringt eine der drei Jordan-Quellen. – Dieser Abschnitt zeigt den Wendepunkt für die Jünger in der Nachfolge Jesu. Bisher hat Markus Worte und Taten Jesu berichtet. **Jetzt geht es um die alles entscheidende Frage nach dem Geheimnis seiner Person** (sie war in Kap. 4,41 nur einmal kurz aufgetaucht, ohne Antwort zu finden). Bisher hat Jesus in aller Öffentlichkeit vom Reich Gottes geredet und Zeichen für dessen Anbruch gesetzt. Jetzt nimmt er seine Jünger in eine Klausurtagung abseits der Menschenmenge.

● V 27b-29: Jesus selbst stellt die Frage nach seiner Person. Ihm geht es dabei nicht um die eigene Ehre. Ihm geht es um den Glauben der Jünger, die bisher oft noch furchtsam, hartherzig oder unverständig auf sein Reden und Handeln reagiert haben. Sie sollen wachsen in der Erkenntnis Jesu und im Vertrauen auf sein Wirken. Dagegen greift die Hochachtung, die Jesus in der Öffentlichkeit erfährt, zu kurz. **Petrus sieht tiefer: Jesus ist der lang erwartete *Christus*** (hebräisch: *Messias*).

✎ *Woher hat Petrus diese Erkenntnis? Vgl. Mt 16,17.*

● V 30: Warum abermals das **Schweigegebot**? Die Menschen sollen nicht theologisch richtige Formeln über Jesus hören, sondern ihn in seiner Messianität selber erleben. **Wahre Erkenntnis kommt** nicht durch das Nachsprechen christologischer Hoheitsprädikate, sondern **durch den Gehorsam** gegenüber seinen Worten **und das Vertrauen** in sein Handeln.

● V 31: Menschen machen sich oft feste Vorstellungen über Gottes Handeln und sind dann enttäuscht, wenn es nicht so eintrifft wie erwartet. **So verbanden die Juden mit der Vorstellung des erwarteten Messias die Demonstration politischer Macht.** Sie konnten und wollten sich nicht vorstellen, dass der Messias *viel leiden und verworfen werden muss.*

● V 32.33: Selbst Petrus wehrt sich gegen die Leidensankündigung Jesu. Der reagiert darauf ungewöhnlich scharf und weist sein Verhalten als satanische Versuchung zurück.

Samstag, 18. August Markus 8,34–9,1

● Jesus will keinen Glauben des Kopfes, sondern des Lebens. Glaube des Lebens aber bedeutet: **Jesus nachfolgen!** In die Nachfolge hatte Jesus nicht nur die zwölf Jünger gerufen. In die Nachfolge rief er das ganze Volk. **Im Glauben gibt es kein Zwei-Klassen-System: einerseits aktive Nachfolger, andererseits passive Zuschauer.**

● V 34a: Nachfolge beginnt damit, ***sich selbst zu verleugnen***. Was heißt das? Der natürliche Mensch denkt, redet, plant und handelt nach seinen eigenen Interessen und Wünschen. Sein Ziel ist es dabei, sich möglichst autonom selber verwirklichen zu können. Dazu sollen wir nach dem Willen Jesu Nein sagen (= *verleugnen*). Das können wir nur, wenn wir in Jesus Christus eine neue Mitte für unser Leben gefunden haben. Positiv gesagt: **Selbstverleugnung bedeutet die Hingabe unseres Selbst an Jesus.**

> ✎ *Lesen Sie, wie Paulus in Gal 2,20 und 2Kor 5,17 diese Selbstverleugnung formuliert hat!*

● V 34b-37: Zur Nachfolge Jesu gehört, ***sein Kreuz auf sich zu nehmen***, es zu bejahen. Im vorigen Abschnitt (V 31-33) wurde deutlich, wie Jesu Jünger Leiden und Kreuz nur negativ sehen konnten. **Aber Jesus nachzufolgen bewahrt nicht vor Leiden und Schmach, sondern schließt diese ein**. Wer daher in der Nachfolge Jesu dem Kreuz aus dem Wege gehen möchte und ständig auf die Absicherung seines möglichst leidensfreien Lebens bedacht ist, der wird am Ende *Schaden an seiner Seele nehmen* und *das Leben* für immer *verlieren.*

● V 38: Jesus sieht, wie wir als Christen auch dadurch dem Leid der Nachfolge ausweichen, dass wir unsern Glauben zur Privatsache erklären und in der Öffentlichkeit darüber schweigen. Vielleicht reden wir noch allgemein von Gott, aber nicht mehr vom Kreuz Jesu. Darum fügt Jesus dem Ruf zur Nachfolge ein ernstes Wort hinzu: **Zur Nachfolge gehört unabdingbar das Bekenntnis zu ihm in der Öffentlichkeit.**

● V 1: Offenbar erwartet Jesus selbst seine baldige Wiederkunft. Man beachte jedoch seine Selbstbeschränkung Mt 24,36.

● Die Bedeutung der **Stadt Jerusalem** für die Israeliten – und für die Israelis bis heute – ist kaum zu überschätzen: König David machte sie zur Hauptstadt, sein Sohn Salomo baute den Tempel als Stätte der Begegnung mit Gott und des gemeinsamen Gebets.

● In Jerusalem, der Stadt Davids und seiner Nachfolger, war auch das **höchste Gericht des Landes** (V 5: „Thron" ist hier im Sinne von „Richterstuhl" zu verstehen.)

● Auch später kam man aus allen Stammesgebieten nach Jerusalem – *wie es geboten ist* (V 4) bezieht sich auf die Anweisung, dass alle männlichen Israeliten dreimal pro Jahr zum Heiligtum kommen sollten (vgl. 2Mo 23,17). In diesem Sinne ist hier auch die Überschrift zu verstehen: *Ein Wallfahrtslied.*

● So beschreibt der Psalm die **Gefühle und Gedanken eines Pilgers**, der im Rahmen seiner Wallfahrt die Stadt Jerusalem und damit das Ziel seiner Reise und seiner Sehnsucht, erreicht: *Nun stehen unsere Füße in deinen Toren, Jerusalem* (V 2). Vor allem die Freude kommt zum Ausdruck über die Heilige Stadt, in der Gott in seinem Haus (= im Tempel) gegenwärtig ist und an deren Frieden alle Pilger teilhaben sollen. Der Höhepunkt des Psalms ist der Segenswunsch für Jerusalem (V 6f).

● Bis heute ist Jerusalem als heilige Stadt für Juden, Christen und Muslime und als politisch zwischen Israelis und Palästinensern umkämpfte Stadt ein Brennpunkt und ein Ort des Unfriedens. Als Christen dürfen und sollen wir uns beteiligen am Gebet für die zerrissene Stadt (V 8). Zugleich hoffen wir gemeinsam mit den Juden auf das „neue Jerusalem" (Offb 21f; Jes 65,17-19).

● *Wisst ihr nicht, dass* ***ihr*** *Gottes Tempel seid?*, fragt Paulus die Christen in der Gemeinde von Korinth (1Kor 3,16). Was Jerusalem und der Tempel für Israel ist, das ist die Gemeinde der Jesusnachfolger für alle Völker.

✎ *Was bedeutet das für uns und unsere Gemeinden?*

● Hier geht es um **eine außergewöhnliche Begebenheit**. Die Jünger sind ziemlich geblendet und *total erschrocken* (so wörtlich das griech. *ekphobos* in V 6). Petrus will gleich drei Hütten bauen, um den Moment festzuhalten. Jesus muss in seinem strahlenden Glanz überwältigend gewesen sein. Hinzu kommt die Erfahrung, mit Elia und Mose die für den Glauben Israels wichtigsten Gestalten des AT plötzlich vor sich zu sehen.

● Selbst Gott ist gegenwärtig: Eine Wolke überschattet die kleine Versammlung. **Im AT verbindet sich die Erscheinung Gottes oft mit einer Wolke** (2Mo 16,10; 19,9; 33,9 und 1Kön 8,10). Aus der Wolke heraus bestätigt Gott, dass Jesus sein Sohn ist. Doch ebenso plötzlich wie den Jüngern die wunderbare Erscheinung widerfährt, ist sie auch wieder vorbei.

● Wieder kommt es zu der für das Mk so typischen Aufforderung Jesu, von diesem großartigen Erlebnis niemandem weiterzuerzählen („Schweigegebot"); diesmal allerdings mit der zeitlichen Befristung ... *bis der Menschensohn auferstünde von den Toten* (V 9).

● Wie stärkend muss diese Erfahrung **für Jesus** gewesen sein! Bald wird ihn die erbitterte Ablehnung des Volkes und seiner religiösen Führer treffen, die ihn ans Kreuz liefern werden. Nun, kurz vorher, erfährt er im Gespräch mit Mose und Elia **die Bestätigung seiner Sendung**. Erneut bekennt sich Gott – wie bei seiner Taufe (Kap. 1,11) – zu ihm als ***lieben Sohn*** (V 7).

● Aber es war auch eine **ermutigende Erfahrung für die Jünger**. Sie waren niedergeschlagen durch die Ankündigung Jesu, dass er sterben würde. Das passte nicht zu ihren Vorstellungen vom Messias. Jetzt sahen sie etwas von Gottes Gegenwart und Herrlichkeit, der gerade diesen Weg bestätigt. Doch nach dieser für sie so erhebenden Erfahrung müssen sie wieder vom Berg der Verklärung hinunter in den Alltag, wo sie sich erneut begriffsstutzig zeigen und Jesus ihnen „Nachhilfe" im Blick auf den Heilsplan Gottes geben muss (V 10-13).

✎ *Kennen Sie solche besonderen Glaubenserfahrungen aus Ihrem Leben – und was bedeuten sie Ihnen heute?*

● Gerade noch hatten sie mit Jesus auf dem Berg die Herrlichkeit Gottes erlebt, jetzt finden wir die Jünger in den Niederungen des Alltags mitten in einem heftigen Streit mit den Schriftgelehrten. Unvermittelt mischt sich Jesus unter sie, und es stellt sich heraus, dass das Streitobjekt ein an Epilepsie erkrankter Junge ist, den die Jünger offensichtlich nicht zu heilen vermögen. Als der Junge zu Jesus gebracht wird, erleidet er sogleich einen Anfall. Wieder erleben wir, wie Jesus sich für das persönliche Schicksal dieses Jungen interessiert und in ihm nicht nur ein Objekt seiner Heilkraft sieht (V 21).

● **Die Kraft des Glaubens liegt nicht in der Glaubenskraft der Menschen, sondern in dem Gott, dem sie vertrauen**. Die Jünger waren gewiss gläubig. Sie folgten Jesus nach, aber sie waren trotzdem nicht in der Lage zu helfen. Die Schriftgelehrten glaubten nicht an Jesus – sie konnten nur kritisieren. Der Vater konnte nicht glauben, aber er wollte glauben. Er bat Jesus um Hilfe – und genau da setzt die Kraft des Glaubens an. Jesus sagt: *Bringt ihn her zu mir* (V 19)! Er ist die Antwort.

● **Zwei Schlussfolgerungen** können wir aus dieser Heilungsgeschichte für unsern eigenen Glauben ziehen:

➢ **Erstens**: Meine Hilflosigkeit bedeutet nicht, dass Gott ohnmächtig ist oder kein Interesse hat, mir zu helfen. Wie schnell passiert es, dass ich meine Machtlosigkeit auf Gott übertrage.

➢ **Zweitens**: Die Kraft des Gebets liegt nicht bei mir, dem Beter. Sie liegt vielmehr bei Gott. Besondere Gebetsveranstaltungen wie eine Gebetsnacht können eine wunderbare Erfahrung sein. Aber sie sind nicht aus sich heraus wirksam. Es steht allein in Gottes Souveränität, mein Gebet zu erhören.

● Am Ende verweist Jesus die Jünger dann erneut auf das **Gebet als Weg zur Quelle**. „Der Aufruf Jesu zum Gebet betont … das Offensein für Gottes Tat und gerade nicht die eigene menschliche Leistung" (E. Schweizer).

✎ *Schreiben Sie sich doch heute drei Dinge auf, die Sie vertrauensvoll im Gebet zu Jesus bringen wollen. Bitten Sie ihn um seine Hilfe und lassen Sie Ihre Anliegen bei ihm.*

● Gute Kommunikation ist die Voraussetzung für vertrauensvolle Beziehungen. Deshalb ist es für Jesus ganz wichtig, dass seine Jünger verstehen, was jetzt auf ihn zukommt. Instinktiv spüren sie bei der geheimen Wanderung durch Galiläa, dass eine dramatische Entscheidung bevorsteht. **Zum zweiten Mal spricht Jesus offen über seinen bevorstehenden Tod, aber auch über seine Auferstehung** (V 31). Wieder verstehen die Jünger ihn nicht, fragen aber auch aus Angst nicht nach.

● Vielleicht haben sie Angst vor den Antworten. **Was Jesus ihnen erzählt, passt nicht zu ihren Wunschvorstellungen und Erwartungen**. Manches will man einfach nicht wissen. Der Mensch hat die erstaunliche Fähigkeit, Dinge zu ignorieren, die er nicht sehen oder wahrhaben möchte. Dass sich die Jünger dann darüber streiten, wer von ihnen der Größte sein wird, unterstreicht, wie sehr sie die Realität verdrängt haben.

● **Die Jünger** reduzieren alles wieder auf ihre Vorstellungswelt. Sie sehen in Jesus immer noch einen mit politischer Macht ausgestatteten Messias und **träumen von einer glanzvollen Zukunft**, für die jetzt nur noch zu klären ist, wer von ihnen dann welchen Ministerposten bekommt (V 34). Das muss Jesus fast das Herz zerbrochen haben. Er, der sich auch als Messias immer als *Diener* der Menschen verstand (Lk 22,27) und sich anschickte, sein Leben für sie zu opfern, muss mit ansehen, wie sich seine engsten Vertrauten um Amt und Würde streiten.

● Während die Jünger ihren Blick nach oben richten, stellt Jesus ein kleines Kind in ihre Mitte, streichelt es zärtlich und fordert sie dadurch heraus, sich **nach unten, zu den Kleinen und Geringen hin,** zu orientieren (V 35-37).

Aus dem Text heraus könnten **zwei Fragen** hilfreich sein:

✎ *1. Gibt es unbequeme Wahrheiten Gottes in meinem Leben, die ich verdränge und denen ich mich nicht stellen will?*
2. Bin ich in meinem Leben auf das eigene Ansehen, auf Ehre und Anerkennung bei anderen bedacht? Gilt meine Leidenschaft vor allem diesem Ziel – oder habe ich mir den Blick „nach unten“, zu den Kleinen und Geringen, bewahrt?

● Die Jünger Jesu waren offensichtlich irritiert. Da hat sich jemand mit fremden Federn geschmückt und den Namen Jesus benutzt, um böse Geister auszutreiben, – und es hat sogar funktioniert! Nur gehörte der Betreffende nicht zum Kreis der Jünger. So etwas geht doch nicht! Also verbieten die Jünger ihm, im Namen Jesu aufzutreten. Schließlich liegt dieses Recht exklusiv bei ihnen: Sie sind doch ausdrücklich von Jesus berufen und beauftragt worden, böse Geister auszutreiben (Kap. 6,7). Aber Jesus widerspricht ihnen und sagt: *Wer nicht gegen uns ist, der ist für uns* (V 40).

● Menschen, die andern Gutes tun – auch wenn sie nicht „zu uns gehören" oder dies nicht unbedingt aus der „richtigen" christlichen Motivation tun – sind in ihrem Handeln dennoch gesegnet. **Jesus erteilt an dieser Stelle seinen Jüngern eine Lektion in Sachen Weitherzigkeit und Toleranz**.

● Jeder Mensch hat ein Recht auf seine eigenen Gedanken und einen individuellen Lebensweg. Die Gedanken können unvollständig sein und der Weg zunächst in die verkehrte Richtung führen. Menschen brauchen Zeit, um in der Erkenntnis zu wachsen und die Richtung ihres Weges zu korrigieren. **Es gibt zwar nur einen Weg zu Gott, der über Jesus führt (Joh 14,6), aber es gibt viele Wege zu Jesus**. Und selbst dann, wenn einer noch nicht die volle Christuserkenntnis hat und sich bisher keiner der bestehenden christlichen Gemeinden angeschlossen hat, billigt Jesus ihm zu, schon auf der richtigen Seite zu stehen. Eher möchte er ihn liebend überschätzen, als ihm herablassend seinen unzureichenden Glauben oder seine fehlende Taufurkunde vorzuhalten. – Es ist bis heute spannend zu sehen, wie Menschen ihren eigenen Weg zu Jesus finden. Jedes Leben ist anders geführt und bleibt zeitlebens ein Prozess wachsender Erkenntnis und Veränderung.

● Das hat auch **Konsequenzen für unsern Umgang in der Gemeinde**: Wir mögen im Blick auf Erkenntnis, Überzeugung und Begabung noch so unterschiedlich sein: Selbst der Außenseiter verdient unsere Wertschätzung als *Bruder*, solange wir über den Namen Jesus miteinander verbunden sind.

● Unser Leben findet nicht im sozialen Vakuum statt. Bewusst oder unbewusst prägen wir andere Menschen. Im Positiven, wie auch im Negativen. Es geht in diesem Bibeltext um das Reich Gottes. Dabei findet Jesus sehr **harte Worte** für diejenigen, die *einen dieser Kleinen* (V 42) vom Glauben wegführen. Ein ernstes Wort auch an christliche Eltern, ihren Kindern nicht durch negatives Beispiel, durch mangelnde Liebe oder auch religiösen Druck zum Abfall vom Glauben zu veranlassen.

● In einer sehr bildhaften Sprache verdeutlicht Jesus eine grundlegende Wahrheit: **Das mit ihm angebrochene *Reich Gottes* ist das wahre Lebensziel, für das sich jedes Opfer lohnt**. Wer sich von diesem Ziel abbringen lässt, für den gibt es als Alternative nur noch die ***Hölle***. Das dafür im Urtext benutzte Wort ***gehenna*** bezeichnet das nahe Jerusalem gelegene Ben-Hinnom-Tal, wo einst die Israeliten dem Götzendienst verfallen waren und sogar Kinder geopfert hatten (2Chr 28,3 u. 33,6). Daraus entstand die Vorstellung, dass genau an diesem Ort das letzte Gericht stattfinden werde, und schließlich wurde es zur Bezeichnung des Strafortes für die Verurteilten.

● *Hand, Fuß* und *Auge* sind wichtige Körperorgane. Sie sind uns nützlich und ermöglichen uns vieles im Leben. Sie können aber auch missbraucht werden. Unsere Augen können eigensüchtige Begehrlichkeit in uns wecken; unsere Hände sich zur Faust ballen und Böses tun; unsere Füße können uns auf Abwege bringen. Jesus spricht demgegenüber eine erschreckend **radikale Warnung** aus: ***Hau ab! Wirf weg!*** Ist diese Aufforderung zur Selbstverstümmelung wörtlich zu verstehen – wie es etwa bis heute das islamische Recht, die Scharia, fordert? Das wohl nicht. Aber die Aufforderung Jesu „ist ein radikaler Ausdruck dafür, dass der Gehorsam gegen Gott unter allen Umständen wichtiger ist, selbst als die eigenen Körperglieder" (E. Schweizer). Es geht darum, sich von all dem zu lösen, was die Gemeinschaft mit Gott vereitelt.

✎ *Gibt es etwas, dass Sie um des Reiches Gottes willen aus Ihrem Leben entfernen müssten? Wenn ja, dann tun Sie es doch!*

● Wir kennen nicht die Motive der Pharisäer, die Jesus nach seiner Meinung zum Thema Scheidung befragten. Aber offensichtlich kamen sie nicht mit lauterer Absicht, sonst hätte Markus nicht angemerkt, dass sie mit ihrer Frage Jesus *versuchen,* d. h. ihn aufs Glatteis führen wollten (V 2).

● Das **Thema Scheidung** war damals brisant und höchst aktuell in der jüdischen Gesellschaft. Die in 5Mo 24 beschriebene Handhabung des Scheidebriefes wurde in der Praxis unterschiedlich ausgelegt. Streitpunkt war der Begriff *etwas Schändliches* (5Mo 24,1). Dies wurde von dem Rabbiner Schammai als ein sexuelles Vergehen ausgelegt, ohne es näher zu definieren. Der Rabbiner Hillel konzentrierte sich auf die Aussage *nicht Gnade findet in den Augen des Ehemanns* (ebenda) und legte sie so aus, dass ein völlig unbedeutendes Fehlverhalten zur Ehescheidung führen durfte. Alles was dem Ehemann peinlich oder ärgerlich war, konnte ein Scheidungsgrund sein. Es liegt in der Natur des Menschen (in diesem Fall: des Mannes!), dass die lockere Auslegung von Hillel sich durchsetzte.

● Jesus macht in seinen Aussagen zu diesem Thema (vgl. auch Mt 5,31-32; 19,3-9) deutlich, dass **der Scheidebrief** die grundsätzliche Ordnung Gottes (1Mo 1,27 u. 2,24) nicht auflöst. Er **ist nur eine in bestimmten Situationen gebotene Notlösung *um eures Herzens Härte willen*** (V 5). Grundsätzlich gilt weiterhin die Unauflöslichkeit und Exklusivität der ehelichen Beziehung von Mann und Frau, wie Gott es in der Schöpfung vorgegeben hat: Jesus zitiert ausdrücklich 1Mo 2,24 (V 7f).

● Auch heute gehen Christen, mit dem Thema Scheidung und Wiederheirat unterschiedlich um. Einerseits sollten sich Christen für die Ehe als lebenslänglicher Gemeinschaft „ohne wenn und aber" stark machen; andererseits sollten sie barmherzig mit denen umgehen, die in ihrer Ehe scheitern. Niemand heiratet, um sich wieder scheiden zu lassen.

✎ *Bitte nutzen Sie doch diesen Tag, um ganz gezielt für Ehen und Familien zu beten. Für Ihre eigene Ehe, für die Ehen Ihrer Kinder und für die von Verwandten und Freunden.*

● In V 2 wird deutlich, dass dieser Psalm in die Zeit der Rückkehr der Israeliten aus dem Babylonischen Exil (ab 538 v. Chr.) fällt: *Der Herr baut Jerusalem auf und bringt zusammen die Verstreuten Israels.* Dies wurde von den Betroffenen wie die Heilung einer lang andauernden Verwundung empfunden (V 3).

● Dementsprechend ist die **Grundstimmung des Psalms** fröhlich und dankbar. Er lädt zum Lob Gottes ein: *Denn unseren Gott loben, das ist ein köstlich Ding* (V 1). Für dieses Lob werden **verschiedene Gründe** angeführt:

➢ das Handeln Gottes in der Geschichte des Volkes Israel (V 2f), an dem besonders seine Friedensliebe hervorgehoben wird (V 10.14).

➢ das Wirken Gottes als Schöpfer und Erhalter der Welt (V 7-10).

➢ seine Gebote als ein sicherer Rechtsraum, in dem das Volk leben kann (V 13-20).

● Was all diese Aspekte miteinander verbindet, ist die **Gabe des Wortes:**

➢ Durch sein *Wort* regiert Gott die Schöpfung (V 15-16).

➢ Durch sein *Wort* lenkt er auch das Volk (V 19).

➢ Gottes Wort *läuft schnell* und erreicht sein Ziel (V 15).

● Die Wirkung von Gottes Wort wird schließlich mit einem wunderbaren Frühlings-Bild veranschaulicht: *Er sendet sein Wort, da schmilzt der Schnee; er lässt seinen Wind wehen, da taut es* (V 18). Dass Gottes Wort dort, wo sich Menschen ihm öffnen, leuchtet, wärmt, bewegt, berührt und verändert, kann bis heute erfahren werden. Selbst tiefgefrorene Herzen sind schon geschmolzen!

✎ *Reichlich Gründe zum Staunen über Gott werden in diesem Psalm genannt, reichlich Gründe, ihm zu danken und ihn zu loben. An welcher Stelle kann ich mitstaunen? Welche Gründe können mich bewegen, Gott zu loben? Sein Wirken in der Schöpfung, in seinem Wort, in meinem Leben?*

● **Kinder galten in der antiken Gesellschaft nicht viel**. Sie wurden herumgestoßen und waren oft unerwünscht. Im damaligen Judentum wurden sie nicht ernst genommen, da sie die Vorschriften des Gesetzes noch nicht einhalten konnten. Für die Jünger ist es deshalb selbstverständlich, die Kinder wegzuscheuchen. Sie erkennen nicht, dass sie für Jesus so wertvoll sind wie jeder Erwachsene auch.

● Der Vorzug der Kinder besteht nicht in ihrer angeblichen Unschuld. Jesus weiß, dass auch schon Kinder grausam und gemein sein können. Aber dennoch stellt er sie als **Vorbild** hin. **Denn Kinder sind darauf angewiesen, dass sie umsorgt werden.** Sie müssen sich den Erwachsenen anvertrauen und sich von ihnen das Lebensnotwendige schenken lassen. Sie können ihr Leben nicht selbst gestalten, und versuchen es auch gar nicht. So werden sie zum „Prototyp" für glaubende Menschen: **Wir Erwachsenen sollen uns Gott so anvertrauen wie ein Kind**: Von ihm alles erwarten, sich von ihm beschenken lassen und ihm glauben, dass er es gut mit uns macht. Eine solche Haltung müssen wir Erwachsene von Kindern lernen. Nicht einfach, wenn man von Kindesbeinen an mit dem Satz groß geworden ist: „Im Leben wird dir nichts geschenkt!"

✎ *Was hat Gott Ihnen gegeben? Womit versorgt er Sie? Was verdanken Sie ihm? Nehmen Sie sich die Zeit, sich wie ein Kind vor ihm zu fühlen und seine Geschenke wahrzunehmen.*

● Im Mk lesen wir sonst wenig über Jesu Gefühle. Dieser kurze Abschnitt ist aber **voller Emotionen**: Jesus wird ***unwillig*** bzw. ***ärgerlich*** über die Jünger. Und er ***herzt*** die Kinder, ist liebevoll und zärtlich zu ihnen. Diese Emotionalität signalisiert, wie wichtig Jesus das Beispiel der Kinder ist. Denn in seiner Person wird das Reich Gottes gegenwärtig für alle, die sich wie ein Kind von ihm in die Arme schließen und segnen lassen.

Glaube ist wie eine leere, zum Empfangen geöffnete Kinderhand.

● Jesus stellt das Vertrauen der Kinder (V 13-16) als Vorbild hin. Die Reaktion des reichen Jünglings ist dagegen ein abschreckendes Beispiel. Die beiden Begegnungen stehen als großer Kontrast neben- und nacheinander. Wer das Mk liest, soll sich fragen: **Bin ich eher wie ein Kind oder eher wie der junge Reiche?** Vertraue ich bedingungslos und lasse mich von Gott beschenken, oder sichere ich meine Existenz durch materielle Güter, die ich mir erarbeitet habe?

✎ *Im Lesen ahnen wir, welcher der Weg zum erfüllten Leben ist. In unserem Alltag handeln wir aber oft ganz anders. Was können Sie ändern?*

● ***Bei Gott sind alle Dinge möglich*** (V 27)! Dieser Satz ist **kein Freibrief**, sich im Leben einfach treiben zu lassen. Aber in ihm steckt ein **tiefer Trost** für alle, die sich gerne Gott anvertrauen wollen und doch immer wieder kleingläubig werden und zweifeln. Sie müssen nicht an ihrer Unfähigkeit verzweifeln. Jesus versteht wohl die menschliche Zerrissenheit. Deshalb droht er denen nicht, denen der Glaube schwer fällt, und öffnet ihnen einen Ausweg. Aber er lockt sie auch zu einem entschiedenen „Ja" zu ihm und malt ihnen geduldig vor Augen, dass mit ihm lohnendes Leben gelingt.

● Im Gegensatz zum reichen Jüngling gaben die Jünger alles für die Nachfolge Jesu auf. Jesus lobt ihren Entschluss, betont aber, dass dies trotz Trennung und Verzicht für sie kein Verlust war. **Denn er schenkt ihnen schon jetzt trotz aller Entbehrungen und sogar *mitten unter Verfolgungen* (V 30) Gemeinschaft, Verlässlichkeit, Geborgenheit – und selbst materielle Güter.** Das wiegt in der Summe hundertmal mehr als das Leben, das die Jünger zurückließen, als sie Jesus nachfolgten. **Zusätzlich wird Gott ihnen in seiner neuen Welt Leben ohne Ende schenken.** Aber Jesus kennt seine Jünger (vgl. V 35-40). Deshalb mahnt er sie (V 31) vor jeder Überheblichkeit gegenüber denen, die als *die Letzten* den Weg in die unbedingte Nachfolge noch nicht wagen können. Und das sind wohl die meisten Menschen, damals wie heute.

Mittwoch, 29. August Jeremia 1,1-19

● **Jeremia** ist noch ein junger Mann, als Gott ihn in seinen Dienst beruft. Etwa im Jahre 650 v. Chr. wird er als Sohn eines Priesters in Anatot, einer Priesterstadt in der Nähe Jerusalems, geboren. Wahrscheinlich im Jahr 627 trifft ihn der Ruf Gottes, ein besonderer Ruf, der ihm, der eher feinfühlig und gefühlsbetont ist, sehr schwerfällt. Jeremia soll Israel den Willen Gottes ansagen und harte Zeiten ankündigen.

● Die **Berufungsgeschichte** spiegelt schon etwas davon:

➢ Am Anfang steht der **Auftrag**. Gott hat Jeremia schon zum Prophetenamt berufen, als der noch gar nicht auf der Welt war. Er kann eigentlich gar nicht anders, als dem Ruf zu folgen.

➢ Jeremia hält Gott sein **Alter** vor – und macht damit deutlich, dass er sich einer solchen Aufgabe nicht gewachsen fühlt. Gott nimmt seine Einreden ernst, aber er hält an dem fest, was er vorgesehen hat.

➢ Am Schluss des Berufungsgesprächs steht eine klare **Zusage** in Wort und Zeichen: Gott steht zu seinem Wort und wird seinen Boten schützen, was auch kommen mag. Das ist die Ermutigung für gute und für schwere Zeiten.

● **Zwei Symbole** sollen Jeremia zeigen, wozu ihn Gott berufen hat:

➢ Der **Mandelzweig.** Im Hebräischen steht hier ein Wortspiel. Die Wörter für „Mandeln" und „wachen" haben als Wortwurzeln die gleichen Buchstaben. Deshalb bedeutet der Mandelzweig: Gott wird über seinem Wort wachen. Sein Wort ist nie nur ein Wort, sondern immer auch Tat. Jeremia wird diese Wahrheit zu vermitteln haben.

➢ Der **dampfende Kessel**: Von Norden her wird Unheil über Israel kommen, weil Israel seinen Gott verlassen hat und andere Götter anbetet. Jeremia wird das laut sagen müssen. Aber er kann getrost sein: Die Leute können ihm nichts anhaben.

✎ *Vergleichen Sie die Berufungsgeschichte mit 2Mo 3–4 und Jes 6. Wo liegen Vergleichspunkte, was ist ganz anders?*

● Es ist eine **erschütternde Botschaft**, die Jeremia weiterzugeben hat. Sie ist so realistisch, dass sie ohne große Probleme auch in unsere Zeit übertragen werden kann.

● Das große Thema lautet: **Warum nur hat mich mein Volk so schändlich verlassen?** Drei Phasen werden unterschieden:

➢ **Damals**, am Anfang, war einmal alles anders. Damals, als die Liebe des Volkes zu seinem Gott noch frisch war, da gab es keinen Gedanken an andere Götter. Da war der Gott Israels alles in allem. Wüstenzeit war Frühlingszeit.

➢ **Irgendwann unterwegs** muss sich etwas geändert haben. Da ging die Liebe verloren. Da haben die Leute vergessen, was sie an ihrem Gott hatten. Da haben sie sich andere Götter gesucht. Die konnten zwar nicht helfen, aber das war den Menschen offenbar egal. Sie spürten den Unterschied zwischen ihrem Gott und den Göttern nicht mehr.

➢ Und dann, **im Land der Verheißung**, haben sie es schlimmer getrieben als unterwegs. Da haben sie vergessen, dass sie Gott vergessen haben. Selbst die, die doch einmal zum geistlichen Dienst berufen waren, die Priester und Gesetzesausleger, die Verantwortlichen für das Volk, haben sich angepasst und sich den Strömungen der Zeit geöffnet, fremden Kulten, die viel versprachen, aber nichts hielten.

● Die Empörung Gottes ist riesengroß! Er führt sogar Heidenvölker im Osten und im Westen als Beispiele an und sagt, dass nicht einmal sie ihre Götter so wechseln wie es das eigene Volk tut.

✎ Ähnlich wie bei Jeremia klingt die große Mahnrede bei Paulus in Röm 1,21-23. Welche Vergleichspunkte aus der heutigen Zeit fallen Ihnen ein – und wie gehen Sie damit um?

● Offenbar hat die Prophetie Jeremias Wirkung gezeigt. Das Volk ist tief erschrocken. Plötzlich merken die Leute, was sie angerichtet haben. Wie Schuppen fällt es ihnen von den Augen, dass sie ja so lange schon in die Irre gegangen sind. Sie merken, wie wenig ihnen der vorher doch so attraktive neue Weg geholfen hat. Was da war an betörender Farbenpracht, an lautem Getöse, an sexueller Freizügigkeit, an gieriger Neugier auf fremde Kulte, das war in sich zusammengebrochen. Sie standen vor einem Nichts und hatten nur einen Wunsch: **Wir wollen zurück zu dem Gott unserer Väter.**

● Gott hört das Bekenntnis der Schuld. Aber Worte sind schon genug gewechselt worden, und Schuldbekenntnisse gehen schnell über die Lippen. Darum antwortet Gott mit einer dringlichen Rede, die zur Selbstprüfung Anlass geben muss:

➢ Wenn sich das Volk wirklich ändern will, dann muss es **zu Gott selbst zurückkehren**. Die Bekehrung ist immer eine Bekehrung hin zu Gott selbst, nicht nur weg von den Bindungen, die vorher bestanden.

➢ Das heißt aber natürlich auch, dass es zu einer **Abkehr von den *gräulichen Götzen*** (4,1) kommt, von den schuldhaften Bindungen, die bisher das Leben geprägt haben.

➢ Das Ganze ist eine ernste **Herzenssache**, eine heilige Handlung vor Gott selbst (4,4). Buße muss wirklich Buße sein, und nicht nur eine oberflächliche Absichtserklärung. Der ganze Mensch muss erneuert und verändert werden.

➢ Es geht darum, neu anzufangen. Dazu gibt Gott alle Hilfen.

✎ *Auch wir brauchen in unserem christlichen Leben immer wieder Vergebung unserer Schuld. Ein wunderbares Beichtgebet ist der Ps 51.*

Samstag, 1. September Jeremia 6,1-15

● Der Prophet Jeremia muss weitersagen, was ihm von Gott übermittelt worden ist: Die Lage ist mehr als ernst, und zwar besonders für die Stadt Jerusalem. Der **Feind aus dem Norden** rückt immer näher. Da wäre noch eine Chance, wenn sich die Menschen in Jerusalem wieder ihrem Gott zuwenden würden. Aber es ist zum Verzweifeln, sie tun es nicht. Der Prophet kann selbst nicht mehr an sich halten: Er sieht auch keine Chance mehr, dass sich etwas ändert. Ja, er selbst sieht sich als Gefäß des Zornes Gottes, er kann nicht mehr anders.

● Und was ist das eigentlich Schlimme in Israel?

➢ Dass Gott sein Volk wieder und wieder zur Umkehr mahnt, und es will ihn nicht hören.

➢ Dass die drohende Gefahr vor der Tür steht, und die Leute sehen sie nicht.

➢ Dass sie nur ihr eigenes Fortkommen, ihr Bankkonto und ihre Gewinnsprünge vor Augen haben und nicht Gottes Gebot.

● Leider sind die **geistlichen Würdenträger**, die, die eigentlich für Gottes gutes Gebot und die daraus entstehende Nächstenliebe einstehen müssen, auch nicht anders. Sie machen ständig auf „Friede, Friede", obwohl doch gar kein Friede in Sicht ist. Sie bemänteln und verkleistern, wo sie Gottes Willen ansagen sollten. Sie machen Gott zu einem lieben Onkel, der alles gut macht („Alles wird gut!") und wollen nicht begreifen, dass dieser Gott ein heiliger Gott ist, der menschliche Schuld nicht durchgehen lässt.

✎ *Auch Jesus hat an der Verstocktheit der geistlichen Führer seiner Zeit gelitten und ihre Schuld klar benannt. Lesen Sie Mt 23,1-36 und fragen Sie, was diese Aussagen mit uns zu tun haben.*

● Bis auf wenige Kleinigkeiten ist Ps 53 identisch mit Ps 14. Ist der Inhalt so wichtig, dass nochmals daran erinnert werden muss?

● Die Überschrift wird in der Lutherbibel übersetzt mit … *vorzusingen, zum Reigentanz.* Im hebräischen Wortlaut geht es aber weniger darum, dass getanzt wurde, sondern er deutet eher auf eine getragene, schwermütige Melodie hin – was dem Charakter des Psalms auch eher entspricht.

● Das mit ***Tor*** übersetzte hebräische Wort (V 1) hat nichts mit dem Intelligenzquotienten zu tun. Vielmehr kommt darin eine Lebenshaltung zum Ausdruck, die Gott aus dem Leben ausklammert.

● Auch der Satz ***Es ist kein Gott*** ist nicht gleichbedeutend mit dem modernen Atheismus. Dass es Gott gibt, wurde zur Zeit der Psalmisten von niemandem ernsthaft in Frage gestellt. Die Frage war vielmehr – und ist es bis heute: Wie viel Raum gebe ich Gott in meinem Leben? Rechne ich mit seinem lebendigen Wirken? Richte ich mein Leben nach ihm aus? Wer das nicht tut – so der Psalmdichter – handelt töricht, weil er eine wesentliche Dimension der Wirklichkeit einfach ausblendet.

● Diese Bestandsaufnahme bezieht sich aber nicht nur auf einige wenige, sondern ist noch viel **umfassender und radikaler**: *Aber sie sind alle abgefallen und allesamt verdorben. Da ist keiner, der Gutes tut, auch nicht einer* (V 4). Ist das nicht ein bisschen schroff? Fallen nicht jedem auch „gute Menschen" ein, die alles andere als verdorben erscheinen? Der Apostel Paulus jedenfalls zitiert ausgerechnet diesen Vers an zentraler Stelle (Röm 3,12) und bestätigt ihn ausdrücklich. Seine Konsequenz: Wir brauchen – ausnahmslos – *alle* die Gnade Gottes und die Erlösung, die durch Jesus Christus geschehen ist (Röm 3,22-28).

● Nimmt man beides zusammen, dann ergibt sich: Die größte „Torheit" ist, zu meinen: „Ich bin auf diese Gnade nicht angewiesen. Es lebt sich doch auch so ganz gut!" Dieser Haltung mangelt es nicht nur an Glauben und Demut, sondern auch an Realismus. So sprechen die „Toren" von heute.

Montag, 3. September — Jeremia 6,16-30

● Die Lage wird immer angespannter. Der Prophet muss beschreiben, wie grausam der **Feind aus dem Norden** anrücken wird. Offenbar gab es auch schon Leute, die diese feindliche Macht gesehen haben. Derart kraftstrotzend muss die Militärmacht gewirkt haben, dass allein schon ihr Anblick Angst und Schrecken bringen musste.

● Das alles hören die Leute in Israel, **aber sie ändern nichts**, obwohl ihnen Gott eine Brücke nach der anderen baut. Doch wie er auch ansetzt, das Ergebnis ist immer das gleiche:

➢ Gott bittet sein Volk, sich zu erinnern: Die Chance liegt darin, sich noch einmal auf die **Anfänge des Glaubens** zu besinnen. Das Nachdenken über die erste Liebe, über den Frühling des Glaubens kann erneut dankbar machen. Die Erinnerung daran, dass das Volk Gottes einmal gefangen war und durch Gottes Gnade frei geworden ist, müsste doch nachdenklich machen. Aber: die Leute wollen nicht!

➢ Gott hat seine **Propheten** geschickt, Jesaja, Amos, Jeremia, und wie sie alle heißen. Sie sind seine Wächter, die mit Posaunenstößen die Gefahr melden. Sie sollen nicht nur drohen, sie sollen warnen und zur Umkehr rufen. Und sie haben es getan und tun es noch. Aber: Die Leute wollen nicht hören!

➢ Gott nimmt eine **letzte Prüfung** vor, um herauszufinden, ob da noch etwas da ist an Gottesliebe, an Wertschätzung seines Willens. Aber es ist nichts mehr da!

✎ *Ähnlich endgültig klingen die Worte des Paulus in Röm 1,18-32 und Röm 3,9-20. Gott sei Dank folgen dann die Verse in Röm 3,21-26. Die Hingabe Jesu am Kreuz ist Gottes größte Liebestat für eine schuldige Welt.*

● Jetzt hält Jeremia seine wohl größte Mahnrede an das Volk. Als **Tempelrede** ist sie bekannt geworden. Jeremia steht genau an dem Tor, durch das die Leute ziehen müssen, wenn sie in den Tempel wollen. So kann keiner sagen, er habe die Worte des Propheten nicht gehört.

● Um die **Aufdeckung einer großen Heuchelei** geht es: Die Menschen, die im Tempel ein- und ausgehen, wollen beides:

➢ Sie wollen ihr ausschweifendes Leben leben, wie es ihnen gefällt. Sie wollen sich an denen bereichern, die arm und schwach sind. Sie lügen und betrügen. Sie jagen neuen religiösen Kulten nach und nehmen auf, was ihnen passt.

➢ Und dann kommen sie in den Tempel, sind plötzlich ganz fromm, bekommen erhabene Gefühle und fühlen sich geborgen.

● Nein, sagt Jeremia: Das ist reine Heuchelei. Der Tempel als Raum mag erhabene Gefühle hervorrufen. Aber daraus entsteht keine Geborgenheit. Die kommt nur dann zustande, wenn der lebendige Gott Israels und er allein in der Mitte steht und wenn Barmherzigkeit statt Habgier das Leben bestimmt. Nur dann wird der Tempel auch als Ort der Geborgenheit erfahren.

● Aber leider bleibt es bei der Heuchelei. So muss Jeremia ankündigen, was sich wenig später auch vollzieht: **Der Tempel in Jerusalem wird total zerstört** und große Teile des Volkes werden in die Verbannung nach Babylon getrieben.

● Die Tempelrede findet sich noch einmal im Jeremiabuch, in Kap. 26. Dort erfahren wir auch etwas über die Reaktionen auf die Rede.

✎ *Vgl. Sie auch die Tempelreinigung Jesu in Mt 21,12-17 und Joh 2,13-16. Wie gelingt es Ihnen, Sonntag und Alltag glaubwürdig zu verbinden?*

● Zum Prophetenamt gehörte immer auch die **Fürbitte für das Volk**, dem der Wille Gottes angesagt werden musste. So hat auch Jeremia für sein Volk Fürbitte getan; er wird Gott auch in dieser Zeit in den Ohren gelegen haben.

● Aber damit ist nun Schluss: Jeremia wird streng von Gott aufgefordert, dass er damit aufhören soll, für das Volk zu bitten. Damit wird Jeremia noch einsamer, noch stärker auf die Gottesrede allein konzentriert. Er ist nicht mehr auch noch Vertreter des Volkes vor Gott; er ist nur noch **Sprachrohr der Unheilsworte Gottes** gegenüber dem Volk. Das ist sein Schicksal, und immer wieder hat er darunter gelitten und seine Klagen auch Gott gegenüber herausgeschrien.

● Aber Gott hat seinen Grund für seine harte Gangart. Er sieht, wie sein Volk, statt ihm die Ehre zu geben, einer babylonischen Gottheit, der sogenannten **Himmelsgöttin**, verfällt, die damals als Mutter- und Liebesgöttin galt. Und dann kommen die, die so schlimme Dinge tun, in den Tempel Gottes und bringen dort Brand- und Schlachtopfer dar. Was für eine Heuchelei!

● Deutlich wird, dass der Gott Israels nicht nur jetzt, sondern immer schon nur eines will: Dass ihm die Menschen folgen, ihm als dem einzigen Gott, und dass sie seine Gebote halten. Das steht auch über dem damals gängigen Opferkult.

✎ *Wie sehr Jesus selbst in der Kette der Propheten gesehen wurde, die Gottes Wort ansagten, ohne dass sie gehört wurden, lesen wir in Lk 20,9-19. Und doch ist er mehr als ein Prophet. Er ist der Sohn Gottes. Sein Tod am Kreuz bringt Rettung für die, die sich ihm anvertrauen.*

● Gott klagt (V 1ff) über die **Untreue seines Volkes**, möchte am liebsten davonlaufen.

➤ Die Untreue besteht nicht nur in der **geistlichen Hurerei** (Abfall zu fremden Göttern), sondern in einer grundsätzlichen Lebenseinstellung, die sich nicht um Gottes Gebote kümmert.

➤ Das wirkt sich aus im **alltäglichen Umgang**: Respekt und Wertschätzung weichen der Selbstbezogenheit und Rücksichtslosigkeit, Lüge und Betrug werden zu legitimen Mitteln, um die eigenen Interessen durchzusetzen. Die Ehe wird mit Füßen getreten.

Humanität ohne Divinität führt zur Bestialität.

➤ Die **Gerichtsankündigung** (V 6) schreibt hier nicht fest, sondern soll zur Läuterung führen.

● Die **Klage** (V 9ff) geht vom Bild des schon erfolgten Gerichtes aus. Es hinterlässt Leid und Trauer. Betroffen sind die ländlichen Räume im Umfeld Jerusalems. Aber auch die Hauptstadt soll nicht verschont werden (V 10).

● Das **angekündigte Leid** wirkt unfassbar und sinnlos (V 11ff). Menschlich gibt es keine befriedigende Antwort. Dafür nennt Gott selbst den entscheidenden Grund: Das Volk hat den Bund mit ihm gebrochen und sich im Ungehorsam zum Baalismus abgewandt. Gott kehrt sich deshalb selbst ab und gibt das Volk dem Verderben preis.

● Jeremia greift den Trauerbrauch der **Totenklage** auf. Dabei beweinen Klageweiber zusammen mit den Angehörigen laut und öffentlich den Toten. Makaber, denn in diesem Fall ist der beklagte Tote das ganze Volk. Ebenso makaber soll dabei auch die nachwachsende Generation in den Brauch der Totenklage eingewiesen werden.

● Allen Drohungen zum Trotz lässt das **Trostwort** (V 22f) auch Hoffnung zu, gebunden an die Abkehr von der falschen Selbstsicherheit und der Hinwendung zur rechten Gotteserkenntnis im Halten seiner Gebote.

● V 1-6 setzt die erste (11,18–12,6) der fünf **„Konfessionen (= Bekenntnisse) Jeremias"** in Kap. 11–20 fort. Diese Klagegebete eines Einzelnen in der Ich-Form geben einen unvergleichlichen Einblick in die inneren und äußeren Konflikte, die der Prophet durchzustehen hatte. Sie entladen sich bis hin zu schmerzlichen Anklagen gegen Gott. Zugleich zeigen sie, wie abhängig Jeremia von Gottes Zuspruch ist.

● Jeremia ist zutiefst belastet durch den **Konflikt** zwischen dem göttlichen Anspruch und der Wirklichkeit derer, die sich nicht darum kümmern (V 1). Damit meint er seine Verwandtschaft in Anatot, die ihn wegen seiner Prophetie bedrohte (Kap. 11,21).

● Er kann nicht verstehen, dass die Gottlosen für ihren unverantwortlichen Lebenswandel fast noch belohnt werden. Sie reden viel von Gott, aber gehen innerlich zu ihm auf Distanz (V 2).

✎ *Welche Antwort auf Jeremias Frage wird in Ps 73 gegeben?*

● Jeremia sieht sich zu **Unrecht** benachteiligt (V 3). Er vertraut darauf, dass Gott nicht auf Dauer nur zusieht, wie das Land zugrunde gerichtet wird.

● Seine Bitte, die Gegner wie Schafe zum Schlachten wegzureißen, ist nicht Ausdruck aufwühlender Hassgefühle, sondern Zeichen, die **Rache ganz Gott zu überlassen**. Er knüpft damit an sein eigenes Ergehen in Kap. 11,19 an.

● **Gottes Gegenfrage** (V 5f) wirkt erschreckend. Statt Mitleid zu zeigen, fordert er den Propheten noch mehr heraus. Er muss sich auf noch viel schlimmere Verhältnisse einstellen und dafür wappnen.

● Jeremia durchleidet **Anfechtungen**, die ihn eng auch mit unseren heutigen Erfahrungen und Fragen verbinden. Im Unterschied zu vielen heute wirft er den Glauben jedoch nicht weg, sondern wendet sich erst recht an Gott. Nur bei ihm, dessen Auftrag ihn in diese zerreißenden Spannungen bringt, kann er schließlich auch Trost finden.

● Jeremia bekommt den Auftrag zu einer **prophetischen Zeichenhandlung**. Darin wird ein künftiges Geschehen in einer öffentlichen Handlung bildhaft vorweggenommen. Es erreicht Aufmerksamkeit, ist symbolhaft verständlich und fordert heraus, wird aber erst durch das Deutewort in seiner drastischen Tragweite erfassbar. Das veranschaulichte Geschehen wird damit zugleich unausweichlich in Gang gesetzt.

✎ *Bei den von Gott beauftragten Propheten kann eine Zeichenhandlung die Existenz des Propheten selbst einschließen. Lesen Sie Hos 1,1ff. Auch die in der christlichen Kirche tradierten Sakramente sind Zeichenhandlungen mit Deutewort. Vgl. Sie dazu die Einsetzungsworte zum Abendmahl in 1Kor 11,23-26.*

● Der **Gürtel aus Leinen** ist als Lendenschurz zu verstehen, eine Art Untergewand, das auf der bloßen Haut getragen wird. Es wird keine Begründung dafür gegeben, warum der Gürtel aus Leinen sein soll. Der weitere Ablauf lässt vermuten, dass ein lederner Gürtel einen längeren Zersetzungsprozess mit sich gebracht hätte.

● Dass Jeremia zweimal die Strecke zum Fluss Euphrat (hebr. „Frat", ca. 1.100 km) hin- und zurückgegangen sei, ist schwer vorstellbar, zumal er monatelang mitten durch Feindesgebiet hätte wandern müssen. Die Klage über den Abfall des Volkes (V 10) weist auf Jeremias Frühzeit am Ende des 7. Jahrhunderts hin. Das Exil am Euphrat war noch weit entfernt. Deshalb haben Deutungen etwas für sich, die stattdessen das Wadi „Frah", einen Jordanzufluss, eine Stunde von Anatot entfernt, annehmen.

● Das Volk wird mit dem Lendenschurz verglichen (V 8ff), den Gott an seinem Körper trägt. Solange das Volk eng mit Gott verbunden bleibt und auf ihn hört, geht es ihm gut. Aber wenn es Gott verlässt, wird es verdorben. So symbolisiert das Verstecken des Gürtels den Abfall Israels von seinem Gott (V 10).

● Die letzten fünf Psalmen (146–150) hängen miteinander zusammen und werden auch als „**Schluss-Hallel**" (= Schluss-Lobpreis) bezeichnet. Jeder der fünf Psalmen beginnt und endet mit dem Lobruf „Halleluja" (= Lobt Gott!). Im Mittelpunkt steht das Lob Gottes, der als Schöpfer, König, Begleiter des Volkes und Liebhaber der Menschen gepriesen wird. Ein bewusstes Programm: Wie verschlungen die Wege auch sind, wie tief wir auch fallen – am Ende werden alle einstimmen in das Lob des Schöpfers!

● Ps 146 thematisiert zunächst noch eine Frage, die für den Weg zum großen Ziel entscheidend ist: **Auf wen oder was verlasse ich mich auf diesem Weg?** Dafür gibt es grundsätzlich zwei Möglichkeiten:

➢ Entweder ich verlasse mich auf Dinge oder Menschen. Dann bin ich verraten und verkauft, denn Menschen sind – wie ich selbst – vergänglich: *Denn des Menschen Geist muss davon, und er muss wieder zu Erde werden; dann sind verloren alle seine Pläne* (V 4). Eine sehr realistische Sicht: Menschen bieten keinen Halt im Leben und im Sterben, weil sie selbst sterblich sind.

➢ Oder ich verlasse mich auf den Gott, der Himmel und Erde gemacht hat. Dann bin ich gehalten und getragen. Ebenfalls im Leben und im Sterben. Denn der Schöpfer der Welt ist zugleich Herr über Leben und Tod. Deshalb: *Wohl dem, dessen Hilfe der Gott Jakobs ist, der seine Hoffnung setzt auf den Herrn, seinen Gott* (V 5).

● Wichtig dabei: **Der Schöpfer und König der Welt ist nicht abgehoben und fern**, sondern er ist an der Seite der Leidenden, Hungrigen, Gefangenen, Blinden, Traurigen und Rechtlosen (V 6-9; vgl. das Programm Jesu, Lk 4,16-21). Auf ihn allein ist Verlass!

✎ *Worauf verlasse ich mich – im Leben und im Sterben? Auf mich selbst, meine Kraft und Gesundheit, auf das, was ich schaffe und besitze, auf meine Familie und Freunde? Oder setze ich mein Vertrauen auf Gott? Wie äußert sich das?*

● Eine **extreme Trockenheit** und damit einhergehender Nahrungsmittelmangel ist Anlass zu einer neuen prophetischen Ankündigung. V 1 bezieht sich als Überschrift auf das Ganze und speziell auf die Gottesworte in V 10f. Der historische Hintergrund dieser Dürre ist nicht bekannt. Doch ergreifend anschaulich werden die Auswirkungen bei Mensch (V 2-4) und Tier (V 5f) beschrieben.

● In V 7-10 spricht der Prophet stellvertretend für das Volk ein **Klagegebet**; auch er leidet unter der Dürre. Zugleich zitiert er damit, was Inhalt des Fastens und Flehens (V 12) ist. Solche Bußpraxis im Rahmen eines öffentlich ausgerufenen Fastens soll Gott dazu bewegen, der Not ein Ende zu setzen (vgl. Hos 6,1-3).

● Die zitierte **Sündenerkenntnis** kommt Jeremia vom Herzen, in Bezug auf das Volk jedoch wirkt sie ironisch skurril. Angesichts des beschriebenen Zusammenhangs erscheint sie eher als eine fassadenhafte, traditionelle Pflichtübung. Deshalb überrascht es nicht, dass die Fürbitte zur Anklage im ersten Gotteswort (V 10) wird.

● Die Leute im Volk laufen von einem Götzenbild zum andern. Das will Gott nicht auf sich beruhen lassen. Dass dem Propheten dann auch noch die Fürbitte untersagt wird (V 11), muss auf seine Zuhörer erschreckend gewirkt haben.

● Mit dem Hinweis auf die **falschen Propheten** (V 13) nimmt Jeremia das Volk in Schutz, weil es durch die falschen Heilslehren verführt wird. Zugleich begründet er damit seine Sorge, dass seine Verkündigung die Herzen nicht erreicht, weil die Menschen die Kritik nicht hören wollen.

● Die **Auseinandersetzung mit den Lügenpropheten** ist ein Thema, das das ganze Buch durchzieht. Gottes Drohung (V 15f) wird in der Begegnung Jeremias mit Hananja (Kap. 28) anschaulich.

„Das Gute missfällt uns, wenn wir ihm nicht gewachsen sind.“
F. Nietzsche

Dienstag, 11. September Jeremia 15,10.15-21

● Die Ausübung seiner prophetischen Berufung hat Jeremia **einsam** gemacht. Er leidet zutiefst darunter, dass er dadurch nicht am normalen Leben teilhaben kann. Er wird gemieden und geschmäht als sei er ein Verbrecher (V 10), nur weil er Gottes Gericht ankündigen muss – was er ja selbst eigentlich nicht will. Aber es war von vornherein klar: Ein Gerichtsprophet predigt sich selbst zum Gericht!

✎ *Schon bei Jeremias Berufung war diese Spannung zu erkennen. Überprüfen Sie darauf nochmals Gottes Zusage in Kap. 1,17-19.*

● Der Abschnitt zählt als zweite der „Konfessionen (= Bekenntnisse) Jeremias". **Jeremia begegnet uns als einer, der an sich selbst gescheitert ist.** Vielleicht hat Gottes Zusage bei seiner Berufung in ihm unangemessen hohe Erwartungen ausgelöst. Das Vorbildliche an ihm bleibt jedoch, dass er sich auch in der größten Verzweiflung immer noch an Gott wendet.

● Auch wenn er von Menschen geschnitten und verlassen wird, findet er in Gottes Wort bleibenden Zuspruch, Halt und Ermutigung (V 16). Solche Gewissheit verhindert jedoch nicht den bohrenden Schmerz einer Dilemma-Konstellation: Ohne den, der ihn durch die Ausführung seines Auftrags in diese Klemme gebracht hat, kommt er auch nicht mehr heraus. Er ist auf Gedeih und Verderb von Gott abhängig.

● Genau das bringt auch **Gottes Antwort** an ihn zur Sprache (V 19). Gottes Hilfe gibt es nicht, ohne dass sich Jeremia seinem Auftrag stellt.

● Jeremias Situation wirkt für uns heute nicht gerade einladend. Der Glaube, wie er ihn spannungsvoll lebt und erlebt, steht im krassen Gegensatz zu einem Wohlfühlevangelium. Tatsächlich lässt aber auch Jesus, wenn er in seine Nachfolge ruft, keine Kompromisse zu. Umgekehrt müssen Christen heute verstärkt damit rechnen, dass sie auf Ablehnung und Widerstand stoßen, wenn sie sich als Christen zu erkennen geben.

Mittwoch, 12. September Jeremia 16,1-13

● Die Lebensform des Propheten wird selbst zur Botschaft als eine **Zeichenhandlung**, die sich über viele Jahre hinweg erstreckt.

✎ *Ähnliches erleben und erleiden auch Hosea (Kap. 1–2), Jesaja (7,3; 8,3.18) oder Hesekiel (24,15-18). Vgl. Sie einen dieser Texte.*

● Die von Gott selbst – wohl schon bald nach Jeremias Berufung – veranlasste **Ehelosigkeit** macht ihn einerseits von der zusätzlichen Sorge um Familienangehörige unabhängig (vgl. 1Kor 7,25ff). Andererseits hat der Prophet damit in seiner sozialen Isolation auch niemand, mit dem er seinen Schmerz teilen kann. Dies lässt ihn seine Einsamkeit umso mehr spüren. Weil er dem Standard, verheiratet zu sein, nicht entspricht, stößt er auch deswegen auf Verachtung. So nimmt er in seiner Existenz das Gericht Gottes über das Volk vorweg.

● Die **Trauerbräuche** trugen dazu bei, dass die Angehörigen trotz der kultischen Unreinheit nicht ohne Trost blieben. Eine Hochzeitsfeier war ebenso Anlass, miteinander fröhlich zu sein. Solche soziale Teilhabe war Jeremia verwehrt. Auch dadurch musste er Unmut auf sich ziehen und nimmt so Auswirkungen des künftigen Gerichts in seinem eigenen Ergehen vorweg.

● Diese **Gerichtsankündigung** gehört in die Anfangszeit des Wirkens Jeremias. Darauf weist die erwartete Rückfrage des Volkes nach dem Grund des angekündigten Unheils hin. Gottes Antwort stellt die Konsequenz heraus, mit der die gegenwärtige Generation den Unglauben und den Ungehorsam der vorherigen Generationen fortsetzt und durch offenen Götzendienst noch überbietet. Das Gericht hat deshalb die Konsequenz, dass das Volk im Exil tun muss, was es dann nicht mehr will: fremde Götter anzubeten.

Gottes Gnade erweist sich darin, dass wir tun dürfen, was unser Vertrauen zu ihm stärkt. Wenn er seine Gnade zurückzieht, bleibt nur der Unglaube.

Donnerstag, 13. September Jeremia 17,5-13

● Die **Gegenüberstellung von Segen und Fluch** begegnet im AT immer wieder als Ausdruck der Warnung vor Abwegen. An verschiedenen Stellen werden in der Bibel die unheilvollen Auswirkungen beschrieben, wenn Menschen ihr Heil in Geld, Macht und anderen Werten suchen statt in Gott.

> ✎ *Lesen Sie dazu 3Mo 26 oder 5Mo 28. Stellen Sie sich der Frage, wie das in Ihrem Leben aussieht und im Leben der Menschen um Sie herum.*

● Die Warnung richtet sich gegen das **selbstsichere Vertrauen auf menschliche Kräfte und Fähigkeiten**. Solches „Sich-Verlassen auf Menschen" (V 5) steht im Gegensatz zum „Sich-Verlassen auf den Herrn" (V 7) und entspricht dem Gegenüber von Menschenfurcht und Gottesfurcht (vgl. Spr 29,25).

➢ Das Bild des **Dornstrauchs in der Wüste** steht für den Entzug entscheidender Lebensmöglichkeiten.

➢ Der am **Wasser gepflanzte Baum** dagegen ist ein Bild für ein Leben im Überfluss. Segen und Fruchtbarkeit hängen im AT eng miteinander zusammen. Anklänge an Ps 1,3 sind unübersehbar.

● **Segen** bedeutet die Gewährung der Möglichkeiten, die zu einem erfüllten Leben beitragen. **Fluch** heißt, dass Gott seinen Segen entzieht. Gesegnete Menschen leben nicht unbeeinträchtigt, aber sie können auch mit widrigen Umständen ausgeglichener umgehen. Menschen, die einen Sterbenskranken besuchen, um ihn zu trösten, können selbst als Getröstete und so Gesegnete wieder hinausgehen.

● Das **menschliche Herz**, das sich Gott entzieht (V 5), ist *trotzig und verzagt* (V 9), wörtlich *schlichereich* und *unheilbar wund.* Gott lässt sich nicht täuschen und sorgt für ausgleichende Gerechtigkeit. Gerade daran soll der Anblick des zu dieser Zeit noch existierenden Tempels erinnern (V 12f) und zum Bleiben bei Gott veranlassen.

● Gott gibt seinem Propheten Anschauungsunterricht in Sachen **göttlicher Souveränität**. Jeremia wird nicht selbst aktiv in einer Zeichenhandlung, sondern erlebt eine Handlung, die zum Zeichen wird.

➢ Der **Töpfer** wird zum Bild für Gottes Schöpferhandeln. Schon in 1Mo 2,7 steht für das Modellieren Gottes bei der Erschaffung des Menschen das gleiche Wort, das hier für die Tätigkeit des Töpfers gebraucht wird.

➢ Willkürlich kann der Künstler mit seinem Tonmaterial umgehen, daraus gestalten und formen, wie es seinen Vorstellungen entspricht. Was misslingt, wird anderweitig verarbeitet. Gott reagiert damit auf den Vorwurf der Unzuverlässigkeit im Verhalten gegenüber seinem Volk.

✎ *Paulus greift dieses Bild in Röm 9,20f auf, um auf die Frage nach der Vorherbestimmung Israels und der Heiden zu antworten. Worin weicht Paulus mit seinem Bild von Jeremia ab?*

● Auf den modernen Menschen wirkt ein solches Gottesbild eher abschreckend, weil der hohe Wert „Freiheit" damit in Frage gestellt wird. Mit einem Gott, der nicht den eigenen Idealen entspricht, will man nichts zu tun haben. Diese Reaktion entspricht damit der der Zuhörer Jeremias (V 12). Doch der scheinbaren Willkür Gottes wird das Furchterregende genommen, wenn man sich nicht hilflos ausgeliefert vorkommt, sondern Gott als einem liebenden, barmherzigen Vater vertrauen kann. Jesus macht es möglich!

● Auch bei Jeremia wird die Vorstellung ungeordneter **Willkür** Gottes durchbrochen: Ausschlaggebend für Gottes Gericht ist ausschließlich das gehorsame Vertrauen ihm gegenüber. Die Warnung vor dem drohenden Gericht hat immer noch zum Ziel, zur Umkehr zu bewegen. Erschreckend nüchtern ist jedoch die schroffe Ablehnung der Warnung Jeremias.

● Eine neue **Zeichenhandlung** führt Jeremia vor das südwestliche Stadttor Jerusalems, das „Scherbentor". Der Name deutet darauf hin, dass die Bewohner Jerusalems hier am Zugang zum Hinnom-Tal ihren Abfall entsorgten. Offensichtlich wurden hier in der späteren Königszeit Judas sogar Menschenopfer dargebracht – ein ungeheuerlicher Vorgang, der mit dem Glauben an den biblischen Gott absolut unvereinbar ist (V 4f), aber möglicherweise unter den Nachbarvölkern üblich war.

✎ *Lesen Sie dazu 3Mo 18,21; 2Kö 17,17. Was könnte die Judäer veranlasst haben, sich derart an die heidnische Umwelt anzupassen?*

● Der **zerschmetterte Krug** macht unmissverständlich deutlich, dass das Weitergehen in der bisherigen Richtung in Trümmerhaufen endet. Im Unterschied zum weichen Ton im vorausgehenden Abschnitt ist der tönerne, gebrannte Krug nicht mehr elastisch formbar. Wenn er missrät, kann man ihn nur noch zerschmettern.

● Das **Tofet** („Feuerstätte") wurde im Rahmen der Reform Josias ab 627 v. Chr. unrein gemacht, um weitere Opfer zu verhindern (2Kö 23,10). Das entspricht genau der Zeit, in der Jeremia zum Propheten berufen wurde. Im NT wird das Hinnom-Tal (hebr. „Gej Hinnom") zum Sinnbild der Hölle („Gehenna"; Mt 5,29f; 10,28; Jak 3,6).

● Über 30 Jahre später ist das angekündigte Gericht so eingetroffen. Während der Belagerung Jerusalems muss die Hungersnot so extrem gewesen sein, dass die Belagerten sich nicht gescheut haben, sich auch von Leichen zu ernähren (2Kön 6,28f; Kla 2,20; 4,10; Hes 5,10).

● Das angekündigte Gericht erscheint unwiderruflich und soll doch zur **Umkehr** bewegen. Auch hier erschreckt die abweisende Haltung, die gar noch den Propheten für die notvollen Aussichten verantwortlich macht.

● Dieser Psalm „erwischt" mich – wie so viele Christinnen und Christen vor und mit mir: „Ja, so ist es!" Gottes Allwissenheit (V 1-6), seine umfassende Gegenwart (V 7-12), seine vom ersten bis zum jüngsten Tag reichende Schaffenskraft (V 13-16) erschrecken mich, versetzen mich zudem in ehrfurchtsvolles Staunen und schenken mir im selben Moment eine absolut tiefe, mich **tragende Geborgenheit**.

✎ *Kennen Sie diese spannungsvolle Empfindungen, wenn es um den lebendigen Gott geht? „Dürfen" Sie sich diese Gefühle zugestehen? Haben Sie Menschen mit denen Sie sich genau darüber austauschen können?*

● Ich erkenne, dass ich mein Leben gar nicht für mich alleine haben kann. Bei Gott geht es um die tiefste, letzte Wirklichkeit. Ich entkomme ihm nicht (V 7) und merke, wenn ich mich ihm öffne, dass mir etwas Besseres und Heilsameres ja gar nicht passieren kann. So wird Glaube zur umfassenden Lebenshaltung, die weder David noch wir in klugen, theoretischen, abstrakten Sätzen beschreiben können, sondern nur im persönlichen Gebet, in der **direkten Anrede dieses Gottes**, im überschäumenden Lob (V 14).

● Psalmen als **offene Herzensgebete** sind ehrlich. Gut möglich, dass die Angriffe der Gottlosen (V 19-22) sogar ursächlich für dieses Gebet waren. Wir finden in den Psalmen durchgängig Gedanken, die vom Tod des Gottlosen, von Hass und Vergeltung sprechen. Ohne Zweifel durchziehen die ganze Heilige Schrift absolut grundlegende Aussagen zu Gott als Richter über Leben und Tod. Daran halten wir fest und dennoch bekommt unser Beten durch Gottes unüberbietbares Handeln in Jesus Christus einen anderen Akzent als dies hier oder in anderen Racheworten der Fall ist.

● Wir bleiben darauf angewiesen, dass Gott uns im Innersten prüft, läutert und uns auf dem Weg des (ewigen) Lebens (vgl. Ps 1 und Mt 7,13f) hält und führt. Nur **Vertrauen und Hingabe** entsprechen dem Bekenntnis des Beters zu dem allwissenden, allgegenwärtigen und allwirksamen Gott.

Montag, 17. September Jeremia 20,7-18

● Nach Kap. 11,18–12,6; 15,10-21; 17,14-18; 18,18-23 umfasst dieser Abschnitt die letzte der **Konfessionen Jeremias.** Im Mittelpunkt steht seine Klage gegen Gott, ihn gegen seinen Willen zum prophetischen Amt überredet, fast vergewaltigt zu haben (Kap. 1,5-7; dasselbe Wort findet sich in solchem Zusammenhang in 2Mo 22,15). Wenn er am Anfang gewusst hätte, was er jetzt weiß, nachdem er seine Aufgabe über viele Jahre gegen wachsenden Widerstand ausgerichtet hat, dann hätte er sich nicht gefügt.

● Hautnah schildert Jeremia, wie es ihm ergeht, wenn er Frevel und Gewalt beim Namen nennen und die Strafe dafür ankündigen muss. Tatsächlich passierte ja nichts. Die Leute wähnten sich sicher und nahmen an seinem Auftreten Anstoß. Er erntet nur Hohn und Spott (V 8). Diejenigen, mit denen er sich verbunden weiß, für die er sich einsetzt und die er mit seinem Einsatz zur Umkehr bewegen und retten möchte, bedrohen umgekehrt ihn. Drohungen, Beschimpfungen, Intrigen, Nachstellungen ... (V 10). **Jeremia wird zum Opfer seiner eigenen Verkündigung.** Kein Wunder, dass er denkt: Wenn ich Gottes Auftrag nicht mehr ausrichte, dann muss ich nicht mehr leiden. Ich will nicht mehr!

✎ *Im vorausgehenden Abschnitt über die Strafaktion Paschhurs an Jeremia wird erkennbar, was ihn zu solchen Äußerungen veranlasst. Lesen Sie Kap. 20,1-6!*

● **Jeremias Leiden** geht so weit, dass er sein Leben von Geburt an unter einen Fluch gestellt sieht (V 14ff). Dennoch hängt sein Herz mit aller Innigkeit – vielleicht auch schlechtem Gewissen (vgl. Ps 32,3) – an dem, der ihn in Beschlag genommen und dadurch in diese Bredouille gebracht hat. Es ist wie ein heiliger Zwang, der ihn an den einen Herrn bindet. Er kann sich nur darauf verlassen, dass Gott am Ende recht hat (V 11). In seinem Leiden widerspiegelt er Gottes Leiden an seinem Volk.

● **Es ist Krieg.** Das babylonische Heer hat Jerusalem eingekesselt. Die Jerusalemer Truppen kämpfen verzweifelt vor der Stadtmauer. Der König hofft auf ein Wunder (V 2), wie es im Jahr 701 v. Chr. schon einmal geschah (2Kö 19,32ff). Hohe Würdenträger bitten Jeremia um göttliche Auskunft. Doch der Gott Israels ist kein Orakel-Spender, er hat sein Wort schon an Jeremia gegeben.

● V 4-7: **Gott kämpft gegen sein Volk!** Er wird die Truppen zum Rückzug in die Stadt zwingen. Er wird die Stadtbewohner umbringen, und er wird die führenden Leute an Nebukadnezar ausliefern, der sie gnadenlos töten wird. Erschütternd! Wie kann Gott so etwas tun? Gibt es gar keinen Ausweg mehr?

> ✎ *Gottes Hand und Arm sind gegen Jerusalem gerichtet. Vgl. Sie, gegen wen Gott in der Vergangenheit kämpfte: 2Mo 14,31; Ps 89,11.*

● V 8-10: Jeremia spricht nun in der Öffentlichkeit. Es gibt einen Ausweg: **Die Kapitulation und das Überlaufen zu den feindlichen Truppen.** So stellt Gott sein Volk in eine Entscheidungssituation hinein. Es geht um Leben und Tod (V 8). Nur im Gehorsam seinem Gott gegenüber wird Israel eine Zukunft haben.

● V 11-12 erinnert den König an seine Aufgabe, in Gottes Namen für Rechtssicherheit zu sorgen (vgl. Kap. 22,3-5).

● In V 13-14 kritisiert Jeremia die **freche Selbstsicherheit** der Jerusalemer Oberschicht. Selbstsicherheit ist das Gegenteil von Gottesfurcht. Gott wird das nicht mehr mit ansehen.

● Man kann es kaum glauben, was in diesem Kapitel über Jeremia und seine Botschaft berichtet wird. Da ist nichts mehr vom „lieben Gott“ zu sehen, von dem bei uns oft die Rede ist. Ein langes Ringen Gottes um die Treue seines Volkes steht kurz vor der Katastrophe. Wir sollten uns hüten vor oberflächlichen, unbarmherzigen Erklärungsversuchen, wir können nur erschüttert schweigen.

● Was ein **König in Israel** zu tun hat, weiß jeder (Kap. 22,3). Doch Zedekia und seine Regierung – deshalb der Plural „Hirten" – haben völlig versagt. Die Kritik an den unfähigen Königen ließe sich weiter ausführen (vgl. Hes 34,1ff). Zedekia wird noch nicht einmal namentlich erwähnt, so sehr wird seine Legitimität angezweifelt.

✎ *Zedekia hatte einen schlechten Ruf wegen der Umstände seiner Ernennung. Vgl. Sie 2Kö 24,17!*

● V 3-4: Es folgt ein **Heilswort** für die Teile des Gottesvolkes, die in der Zerstreuung überlebt haben. Ihnen soll ein Neuanfang im Land der Väter geschenkt werden. Segen wird ihnen versprochen, das heißt blühendes Leben. Und dann wird es einen König geben, der ganz für Recht und Frieden sorgt.

● V 5-6: Nach dem **Ende des davidischen Königtums** (Kap. 22,30) ist der Weg frei für etwas Neues. Gott selbst wird einen neuen König berufen, der sein Amt ganz und gar in seinem Sinn ausüben wird. Und alles Volk wird ihn als den wahren König anerkennen mit dem Namen *Der Herr unsere Gerechtigkeit.* Jeremia knüpft an die älteren Weissagungen des Jesaja an (Jes 9,5-6; 11,1ff). Angesichts der verkommenen Regierung in der Gegenwart wird die Messiaserwartung brennend lebendig.

● V 7-8: Ein **neues Heilsdatum** wird künftig die Identität des Gottesvolkes prägen. Nicht mehr die Befreiung aus Ägypten, sondern die Zusammenführung aus den Ländern der Erde soll dann das Bewusstsein des Volkes prägen.

● Die Christenheit hat erkannt: Der Davidsspross, der umfassende Gerechtigkeit bringt, ist **Jesus Christus**. Er erfüllt die messianischen Verheißungen des AT, aber er geht noch darüber hinaus. Nicht nur das Gottesvolk des Sinaibundes wird er zusammenführen, sondern die ganze Menschheit in seinem Reich.

Donnerstag, 20. September Jeremia 23,21-32

● Nicht nur König und Regierung, auch die **Berufspropheten** sind schuld an den schlimmen Verhältnissen in Jerusalem. Sie sind Tempelbeamte, die Seelsorge üben und den Menschen die Weisung Gottes in die persönlichen Lebensumstände hinein zu sagen haben. Doch diese Propheten erfüllen ihre Aufgabe nicht.

➢ Sie leben nicht nach den Geboten Gottes (V 10-11).

➢ Sie sind nicht von Gott autorisiert, sie hören sein Wort nicht (V 21).

➢ Deshalb können sie die Menschen nicht zur Umkehr rufen (V 22).

➢ Sie haben keine Ahnung von der Größe und Erhabenheit Gottes, von seiner Nähe und Allwissenheit (V 23-24).

➢ Sie erzählen eigene Träume und geben diese als Wort Gottes aus (V 25-27).

Beißender kann man eine geistliche Berufsgruppe nicht kritisieren. Und es ist die **Kritik Gottes** an seinen eigenen Tempeldienern!

● Die Rolle der **Träume** hat Jeremia besonders beschäftigt. Träume können eine Botschaft von Gott enthalten, aber viel öfter drücken sie nur die eigenen Wünsche aus. Das ist das Problem der Berufspropheten: Sie reden den Leuten nach dem Mund.

> ✎ *Gott kann auch durch Träume sprechen. Vgl. Sie dazu 1Mo 28,12ff; Joel 3,1; Mt 1,20; 2,13.*

● Jeremia hat erfahren: **Gott spricht zu ihm** bei vollem Bewusstsein, am helllichten Tag (Kap. 18,3-6, vgl. 4Mo 12,6-8). Und Gottes Wort drängt sich oft auf gegen jedes eigene Wünschen, es brennt wie Feuer und ist nicht zu bändigen (Kap. 5,14; 20,9). Wer das nicht kennt, ist kein Prophet. Wer diese Erfahrung nicht hat, kann nur loses Geschwätz verbreiten (V 32).

● Eine **Schaltstelle im Buch Jeremia**: Der Prophet schaut auf 23 Jahre seines Wirkens zurück. Noch unter König Josia wurde er von Gott berufen (V 3, vgl. Kap. 1,2). Nun, fast ein Vierteljahrhundert später, hat sich die Weltlage völlig geändert. Der junge babylonische Feldherr und König Nebukadnezar hat die Ägypter bei Karkemisch im nördlichsten Zweistromland vernichtend geschlagen. Er tritt nun die Herrschaft über Syrien-Palästina an (2Kö 24,7; 604 v. Chr.). Die **Bedrohung aus dem Norden**, vor der Jeremia schon immer gewarnt hatte (Kap. 1,14; 4,6; 10,22; 13,20) ist jetzt da! Jeremias Botschaft ist wahr!
● An diesem Wendepunkt der Geschichte wird die **Verkündigung Jeremias zusammengefasst**:
➢ Jeremia und andere Propheten haben das Gottesvolk immer wieder zur Umkehr gerufen (V 4-6).
➢ Das Volk hat nicht hören wollen (V 4.7).
➢ Gott wird sein Volk entsetzlich strafen durch die Völker des Nordens. Sie sollen an Israel den Bann vollstrecken. Was früher Gottes heilvolles Eintreten für sein Volk war, wird nun umgekehrt: Israel soll von Gott vernichtet werden. Dazu setzt Gott seinen „Knecht" Nebukadnezar als Werkzeug ein.

✎ *An diesen Stellen finden Sie andere Personen, die als „Knecht Gottes" bezeichnet werden: 1Mo 26,24; 2Mo 14,31; Hi 1,8; Jes 52,13.*

➢ Israel soll zur Wüste werden. Alle Lebensfreude, alle alltäglichen Vorgänge kommen zum Erliegen (V 10f).
➢ 70 Jahre Frondienst im fremden Land warten auf das Gottesvolk (V 11f, vgl. Kap. 29,10). Das bedeutet ein Menschenalter (Ps 90,10). Wer jetzt lebt, wird die Befreiung am Ende nicht mehr erleben.
● Und wieder fragt man sich: Kann Gott wirklich so hart mit seinem Volk umgehen? Gibt es nicht doch noch einen Ausweg, neue Umkehr, neue Vergebung (V 5f)?

● Der Bericht greift auf die **Tempelrede Jeremias** (Kap. 7,1-15) zurück, die er zu Beginn der Regierungszeit Jojakims (608 v. Chr.) gehalten hat. Eine große Zahl Festpilger versammelt sich im Tempel; entsprechend richtet sich Jeremias Botschaft an das ganze Land. Diese wird hier nur im Kern wiedergegeben (V 4-6):

➢ Wenn das Volk nicht auf die Propheten hört und das Gesetz Gottes achtet,

➢ dann werden Tempel und Stadt Jerusalem schreckliches Unheil erleben.

● Wichtig ist dem Erzähler nun die **Reaktion auf Jeremias Rede**. Volk und Tempelbeamte sind empört und nehmen ihn fest. Wer gegen den Tempel redet, macht sich der Gotteslästerung schuldig und riskiert die Todesstrafe (3Mo 24,16; 1Kö 21,13).

● Die Regierung erhält Nachricht von der Festnahme. Ein ordentliches Gerichtsverfahren bewahrt Jeremia vor der Lynchjustiz. Der Anklage durch Priester und Propheten (V 11) folgt Jeremias Verteidigung (V 12-15):

➢ Jahwe, der Gott Israels, hat ihn tatsächlich gesandt,

➢ gegen Stadt und Tempel zu sprechen.

➢ Wenn das Volk umkehrt, wird Gott gnädig sein.

➢ Jeremia warnt das Gericht, sein Blut zu vergießen.

● Es folgt – überraschend – der **Freispruch Jeremias**. Angesichts des anfänglichen Tumults liest man dies wie ein Wunder. Gott steht zu seinem Propheten (Kap. 1,19)!

● V 17-19 erinnert an eine Begebenheit vor rund 100 Jahren, bei der der Prophet Micha ähnlich predigte (Mi 3,12) und gehört wurde. Diese Erinnerung dürfte den Freispruch Jeremias beschleunigt haben.

✎ *Der Prozess Jeremias zeigt Parallelen zum Weg Jesu. Vgl. Sie Lk 19,43.44.47; Lk 23,22 und Mt 26,61.65.*

● So herzzerreißend, so ehrlich, so schier untröstlich darf ich, dürfen wir Menschen vor Gott klagen. Wir spüren: da ist ein Mensch nah bei Gott und doch zutiefst unglücklich. Die Klage bleibt Klage zu Gott, ist darin Zuwendung, nicht Abwendung, ist **Ringen mit Gott um Antwort und Hilfe**.

✎ *Das „Ringen mit Gott" hat in 1Mo 32,25-31 seinen wortwörtlichen Ausgangspunkt gefunden. Lesen Sie diesen Abschnitt und überlegen Sie, was diese Dimension des jüdisch-christlichen Glaubens für Sie bedeuten kann.*

● Die Korach-Familie gehörte zu den Psalmdichtern, die im Rahmen der Jerusalemer Tempelgottesdienste tätig wurden. Die fehlende Überschrift und die Verwendung des Kehrverses (43,5) legen nahe, dass der 43. Psalm als dritte Strophe dieses vergewissernden Klageliedes zu verstehen ist.

● Mit einem eindrücklichen Bild beschreiben die Psalmdichter (V 2) die tiefe, unerfüllte **Sehnsucht des Beters** nach dem lebendigen Gott. Wahrscheinlich befindet er sich im Hermongebirge, im Quellgebiet des Jordan (V 7) und der Weg nach Jerusalem ist ihm unmöglich (V 4b.10f; 43,1). Für einen frommen Israeliten gehörte aber zur Vertiefung und Erneuerung der Gottesbeziehung der Weg in den Tempel in Jerusalem.

✎ *Welche Bedeutung haben „heilige Orte" für uns heute, wenn wir durch den Heiligen Geist Gott in Christus überall begegnen können? Vgl. Sie dazu Joh 2,19-22; Eph 2,20-22.*

● In der Tiefe und Ernsthaftigkeit der Klage findet der Beter Hilfe in der Erinnerung (V 5) und im ermutigenden **Zwiegespräch mit der Seele** (V 6.12; 43,5). Der Beter nimmt den zukünftigen Dank an seinen Gott (V 6b) im Glauben schon vorweg. Auch wenn er, ganz menschlich, wiederholt in Klage versinkt, helfen ihm sein geistliches Leben (V 9) und seine Geduld (V 6b.12b: *harre auf Gott*) schließlich zur **hoffnungsvollen Bitte** an den gütigen Gott (43,1.3f).

● Es ist die Zeit nach der ersten Wegführung im Jahr 597 v. Chr. In Jerusalem treffen sich Gesandte aus den Nachbarstaaten. Vermutlich soll ein **Aufstand gegen die babylonische Herrschaft** vorbereitet werden.

● Die Botschaft an die Gesandten (V 2-11) soll Jeremia mit einer **Zeichenhandlung** (V 2) bekräftigen. Er legt sich ein Joch auf den Nacken, wie man es zum Einspannen von Rindern vor dem Pflug benutzt. So sollen sich alle unter das Joch Babylons beugen. Begründet wird diese Forderung mit der Schöpfermacht und Weltherrschaft Gottes (V 5f), in dessen Dienst Nebukadnezar handelt *(Knecht* V 6, vgl. Kap. 25,9). Zugleich ist Nebukadnezars Macht aber auf drei Generationen begrenzt (V 7) – Gottes Macht aber bleibt.

✎ *Weitere Zeichenhandlungen von Propheten finden Sie in Jes 20,1-4; Hes 4; Hos 1,2.*

● Dieselbe Botschaft hat Jeremia dem **König Zedekia** und seiner Regierung zu sagen (V 11-15). Hart kritisiert er die falschen Propheten, die Freiheit ansagen. Ihre angenehmen Worte werden gern gehört. Doch Jeremia weiß: Nebukadnezars Herrschaft ist Strafe für das untreue Gottesvolk. Wer sich jetzt nicht beugt, lehnt sich erneut auf gegen Jahwe. Den Status quo anzuerkennen bedeutet, den heiligen Willen Gottes zu erkennen.

● In der Öffentlichkeit greift Jeremia die **falschen Propheten** an. Sie behaupten, die von den Babyloniern im Jahr 597 geraubten Tempelgeräte kämen bald zurück. Doch Jeremia weiß es besser. Auch die noch verbliebenen Geräte sind in Gefahr. Allein Umkehr und Gebet könnte noch das Schlimmste verhindern (V 18).

● Immer wieder stehen falsche und wahre Prophetie im Streit miteinander. Wer hat wirklich Gottes Wegweisung zu sagen? Diese oft quälende Frage unseres Glaubens ist der Bibel nicht fremd.

● Immer noch läuft Jeremia mit dem Joch auf dem Rücken (Kap. 27,2) durch die Stadt. Im Tempel kommt es zur Begegnung mit **Hananja**, einem Propheten von auswärts. Hananja spricht im Namen Gottes eine Heilsankündigung:

➢ Gott wird die babylonische Unterdrückung zerbrechen;

➢ alle Tempelgeräte werden innerhalb von zwei Jahren wieder zurück sein;

➢ alle Verbannten werden zurückkommen.

Jeremia steht dabei mit dem Joch auf dem Rücken. Der Widerspruch steht allen vor Augen. Doch es kommt noch nicht zur Konfrontation.

● Jeremia sagt *Amen* (V 6). Damit drückt er Solidarität gegenüber dem Kollegen aus. Denn dieser gebraucht die Botenformel *So spricht der Herr*. Das weist seine Rede als von Gott autorisiert aus. Jeremia schließt einen Gebetswunsch an (V 6) sowie eine Überlegung. Wahrheitskriterium für ein Heilswort ist, dass das Angesagte eintrifft. Mehr kann Jeremia im Moment nicht sagen. Hananja und Jeremias Joch widersprechen einander. Eine völlig verwirrende Situation!

● Die **Zeichenhandlung Hananjas** (V 10f) steigert die Verwirrung. Jeremia ist öffentlich blamiert. Und er hat offensichtlich kein klärendes Gotteswort dazu zu sagen. Das Wort Gottes ist nichts Mechanisches, das jede Lüge widerlegen müsste. Gott schweigt. Und so räumt Jeremia schweigend das Feld.

> ✎ *Fallen Ihnen Situationen ein, in denen man nicht entscheiden kann, was Gottes Wille ist, in denen man gegensätzliche Positionen erst einmal aushalten muss?*

● Später, vielleicht Tage oder Wochen später, empfängt Jeremia ein **neues Gotteswort**. Das zerbrochene Joch wird durch ein eisernes ersetzt (V 13f)! Also bleiben die Völker unter dem Joch Nebukadnezars. Und Hananja empfängt sein Urteil als falscher Prophet.

● Im Jahr 597 v. Chr. hatte Nebukadnezar Jerusalem erobert und die führenden Kräfte des Volkes nach Babylon deportiert (2Kö 24,10-16). Jeremia, der noch in Jerusalem lebt, schreibt an die Weggeführten einen **Brief**.

● Jeremia fordert sie auf, Trauer und Heimweh (Ps 137) zu überwinden und das **Leben in der Fremde** als dauerhaft anzunehmen. Nur so können sie sich unter das Strafgericht Gottes beugen und einen neuen Anfang finden. Denn Gott ist ihnen auch in Babylon nicht fern. Seinen Segen werden sie im Alltag erfahren (V 5f). Für die Feinde sollen sie beten (V 7) und so eine konstruktive Haltung für das Leben in der andersgläubigen Umwelt gewinnen. Diese Aufforderung ist für die spätere Christenheit prägend geworden (Mt 5,43ff; Röm 12,18; 1Tim 2,1-2).

● Auch im Exil treten **falsche Propheten** auf (V 8f), die dem Volk Wunschträume verkündigen (Kap. 23,28). Jeremia rät: Hört nicht auf sie! Sie reden nicht in Gottes Auftrag.

● Das **Heilswort** (V 10-14) setzt eine **herbe Erkenntnis** voraus: Das Exil wird lange dauern. Kaum einer der jetzt Lebenden wird die Heimat wieder sehen. Die Zahl 70 ist eine symbolisch gerundete Zahl. Tatsächlich dauerte die Verbannung von 597–538 v. Chr., also gut 60 Jahre. Doch dann wird es noch Jahre gedauert haben, bis alle wieder zu Hause waren.

● Das **Heilswort** vermittelt eine **umwälzende Erkenntnis**: Auch wenn es den Tempel nicht mehr gibt, ist der Glaube Israels nicht am Ende. Denn Gott schenkt auch in der Fremde seine Nähe (V 10-14):

➢ Gott denkt an sein Volk.
➢ Er plant Frieden, nicht Leid.
➢ Er erhört Gebete.
➢ Er wird sich finden lassen.
➢ Er wird dem Exil ein Ende machen.

So tröstet Gott sein Volk durch den Brief des Jeremia.

Donnerstag, 27. Sept. Jer. 30,1-3; 31,1-14

● Mit Kap. 30 beginnt eine **Sammlung von Heilsworten**. Israel und Juda, die Verschleppten von 722 v. Chr. (2Kö 17,1ff) wie auch die Verbannten von 597 v. Chr. (2Kö 24,8ff) sind gemeinsam im Blick. Gott will sein ganzes Volk wieder vereinigen. Jeremia soll alle Heilsworte aufschreiben (V 2), damit die Nachkommen ihre Wahrheit nach dem Eintreffen erkennen können (vgl. 28,9).

● Kap. 31 beschreibt den **Plan Gottes** im Einzelnen. V 2 erinnert an die Frühzeit des Gottesvolkes, in der es Gnade erfuhr (2Mo 33,12-17) und Ruhe erwartete (5Mo 12,9). So wie Gottes Liebe zur Erwählung des Volkes führte (5Mo 10,14f), wird sie eine neue Zukunft schaffen (V 3, vgl. Kap. 2,2; Hos 11,1-4).

> ✎ *Die übergroße Liebe Gottes ist auch die Wurzel für die Sendung Jesu Christi. Vgl. Sie Joh 3,16; 15,9; Eph 2,4.*

● V 7-9: Die **Völker der Welt** werden als Zeugen angerufen. Sie sollen Gott preisen, der sein Volk rettet. Auch die, die nicht reisetüchtig sind (V 8), werden dabei sein. Gott wird ihren Weg ebnen. Die **Vaterliebe** (V 9.20; Hos 11,8) wird alle trösten.

● V 10-14: Noch einmal werden die Völker zum **Zeugendienst** aufgefordert. Dabei wird die Strafe Jahwes nicht verschwiegen. Doch umso mehr soll die künftige Erlösung als Wunder Gottes bejubelt werden. Das Volk wird mit Wohlstand gesegnet sein. Alle, alle Bedürfnisse sind erfüllt. Gott und sein Volk sind vereinigt im großen Schalom, wo alles, wirklich alles heil geworden ist.

● Wir entdecken: Diese wunderbare **Heilsankündigung** ist noch nicht erfüllt. Die Christenheit wartet mit Israel und der ganzen Menschheit auf diesen Schalom. Und wir vertrauen darauf: Der, der alles neu machen wird, der ist schon am Werk (2Petr 3,13; Offb 21,5).

● Grundlage für eine Erneuerung der Gottesbeziehung ist die **Umkehr**, das heißt das Erkennen der eigenen Schuld und die Bitte um Vergebung. V 18-20 zeigen, wie dies vor sich geht. Ephraim – das ist ein anderer Name für das Nordreich Israel – klagt über seine Schuld und wirft sich Gott in die Arme. So beginnen Umkehr und Neuanfang. So gewinnt das Volk Gottes neue Zukunft! Die Antwort Jahwes lässt seine Vaterliebe erkennen. Zwischen Gott und seinem Volk ist die Liebe trotz allem das Bestimmende.

● Die **Ankündigung des Neuen Bundes** ist der Höhepunkt der Heilsworte Jeremias. Der Sinaibund wurde gebrochen, nicht weil er schlecht gewesen wäre, sondern weil das Volk ungehorsam war. Der Neue Bund soll anders werden. Das Gesetz wird nicht mehr von außen den Menschen auferlegt, sondern in Herz und Sinn hineingelegt. So kann nun jeder aus eigenem Antrieb das Gesetz halten, es ist „Herzenssache" geworden. Und eine Unterweisung ist auch nicht mehr nötig, weil alle sich auf demselben Kenntnisstand befinden. Ausgangspunkt für den Neuen Bund ist die Vergebung (V 34), die Gott selbst – wie auch den ganzen Bund – aus seiner Freiheit heraus gewährt.

● Die Christenheit erkennt: **Dieser Neue Bund ist in Jesus Christus den Menschen gegeben.** Der Heilige Geist beseelt sie, die Gebote in Liebe zu erfüllen. Denn Christus hat das Gesetz nicht aufgehoben, sondern in der Liebe neu zum Leuchten gebracht (Mt 5,17-20; vgl. Röm 13,10).

✎ *Auch Jesus bezieht sich auf den „Neuen Bund", vgl. Sie Lk 22,20 und 1Kor 11,25.*

● V 35-37 stellt Gott als **Schöpfer und Erhalter der Welt** dar. Die Unermesslichkeit der Schöpfung (V 37) wird zum Maßstab für Gottes unermessliche Vergebungsbereitschaft seinem Volk gegenüber. Nichts kann Israel trennen von der Liebe Gottes!

„Das war ein Vorspiel nur, dort wo man Bücher verbrennt, verbrennt man am Ende auch Menschen." Heinrich Heine

● Eine einzige Absicht hat die ganze Aktion Jeremias und seines Sekretärs Baruch: Alle im Volk mitsamt dem König Jojakim sollen die **Chance der Umkehr** bekommen. Schriftlich sollen sie erfahren, was Gott von ihnen denkt. Keiner soll sich herausreden können.

● Zunächst scheint die Klageschrift Gottes gegen sein Volk Wirkung zu zeigen (V 15). Die Leiter des Volkes beschließen, die Schriftrolle von Gottes Wort dem König weiterzuleiten. Sie erschrecken tief über Gottes Wort.

> ✎ *Dieses Erschrecken über Gottes Wort ist immer wieder Merkmal einer Kehrtwende in biblischen Berichten. Überlegen Sie, an welchen Stellen im AT oder NT solch ein Erschrecken dokumentiert ist.*

● Sogar ein **Fasttag** wird ausgerufen! Alles Volk trat *vor den Herrn* (V 9-10). Was für eine große Chance! Gottes Wort wird öffentlich verkündigt. Jeder soll wissen, was Gott fordert und schenkt: Neue Hinwendung zum lebendigen Gott und die Abkehr von den Götzen.

● Auch heute ist dies die „Grundbewegung" des Glaubens: **Abkehr** von den falschen Wegen und nichtssagenden Göttern und **Hinkehr** zum lebendigen einzigen Gott. Das verkündigte Wort Gottes hat diese „Doppelfunktion". Und diese Grundbewegung des Glaubens eröffnet uns eine neue Chance des Lebens. Umkehr heißt ja immer: Befreiung vom Alten und frei werden für den neuen Weg in Gottes Gemeinschaft.

● Dramatisch ist das **Verhalten des Königs**: Spalte um Spalte verbrennt er die Schriftrolle. Eine erste Bücherverbrennung, die uns berichtet wird. Wie viel unselige und dramatische folgten bis in unsere gegenwärtige Zeit! Als Konsequenz folgte für Jojakim, dass das Gerichtswort Jeremias wahr wurde (V 29-31). Die Zerstörung war nicht mehr aufzuhalten.

● Wer davidische Psalmen liest, dem wird David auch in seiner Rolle als **„Gottesstreiter"** nicht verborgen bleiben. Septuaginta und Targum, also Übersetzungen des Alten Testamentes ins Griechische und Aramäische, verbinden diesen Psalm mit Davids Kampf gegen Goliath. Und in der Tat sind die sprachlichen und inhaltlichen Bezüge, gerade zum 18. Psalm, aber auch zu 1Sam 17 nicht von der Hand zu weisen. Die ersten Verse erhellen, dass es das Wesen eines Gottesstreiters ist, dass er sich seiner eigenen Schwachheit und Hinfälligkeit (V 3f) und damit seiner vollkommenen Abhängigkeit von Gott selbst (V 10) bewusst bleibt. Letztlich ist Gott der Beauftragende, der Kämpfende, der Schützende und Bewahrende, der gebeten wird in einer Theophanie (V 5) einzugreifen und seine Diener zu retten. Diese Bitte um Rettung aus den Gefahren (vgl. Ps 18,17) und von den bundes- und wortbrüchigen Gegnern (V 8) wird wie ein Refrain im Psalm wiederholt (V 7f.11).

✎ *Geprägt von der geschichtlichen Entwicklung in Europa und auch vom Terror religiös motivierter Attentäter befremdet uns heute die militante Sprache mancher biblischen Abschnitte und auch so manchen Kirchenliedes. Hier ist historische Unterscheidung einerseits, aber auch Übersetzungsarbeit zu leisten. Zugleich darf die unaufgebbare Dimension des geistlichen (!) Kampfes nicht verloren gehen (vgl. Lk 22,31; Eph 6,10ff). Wie gehen Sie mit dieser spannungsvollen Frage um?*

● Versteht man unseren Psalm als eine Art **Fürbittegebet des Königs** um Rettung und um Segen für das Volk, dann erklärt sich auch der abrupt wirkende Themenwechsel in den letzten Versen (V 12ff). Das Heil des von Gott erwählten Volkes zeigt sich nicht nur in der Rettung von seinen Feinden, sondern auch in irdischer Fruchtbarkeit als Zeichen göttlicher Gnade. Die Seligpreisungen am Anfang und vor allem am Ende (V 12.15) verdeutlichen, dass eine derartige „Segenszeit" nicht selbstverständlich ist, dass sie aber von Gott, dem Geber aller guten Gaben, demütig erbeten werden darf.

Montag, 1. Oktober — Jeremia 37,1-21

● **Letzte Versicherung!** Zedekia hatte sich zwar bewusst von Gottes Wort losgesagt, aber er traut sich selber nicht. Er hat trotzdem den Verzweiflungsmut, Jeremia um Fürbitte für ihn und das Volk zu bitten. Was für eine innere Zerrissenheit tritt hier zutage! Ganz tief im Herzen weiß er doch, wer das Sagen in der Weltpolitik hat. Gott, der den „Kriegen steuert in aller Welt …".

> ✎ *Vgl. Sie Psalm 46. Dort wird die „Weltpolitik Gottes" entfaltet. Lesen Sie ihn unter der Fragestellung: Was tut Gott heute …?*

● Wo die Argumente ausgehen, da sprechen die Fäuste (V 15)! Jeremia ist der ganzen Regierungsmannschaft von König Zedekia zuwider. Er schwimmt nicht mit der politischen Mehrheit mit. Sein Widerstand muss gebrochen werden. Eine feuchte Kellerbehausung soll ihn mürbe machen und sein Leben gefährden! Der Grund für den ganzen Streit wird schonungslos genannt (siehe V 2).

● Wo **Gottes Wort** ausgehebelt und missachtet wird, muss man sich zum Schluss mit Gewalt gegen die Mahner und Verkündiger dieses Wortes wenden. Auch heute ist dies weltweit zu sehen. Es wird aus sicheren Quellen berichtet, dass weltweit 150.000 Christen jedes Jahr um ihres Glaubens Willen umgebracht werden.

● Was für ein zutiefst verunsicherter König! Ein Bilderbuchpolitiker!? Er will sich mit dem Boten Gottes nicht jede Chance verderben – vielleicht braucht er ihn ja noch. Deshalb muss Jeremia versorgt werden und am Leben bleiben.

● Fragen, die wir beantworten können:

➢ Wo „benutzen" wir heute Gott als „letzte Versicherung" ohne wirklich auf ihn zu hören?

➢ Wie verhalten wir uns gegenüber dem Wissen, dass viele Nachfolger Jesu heute im Gefängnis sitzen?

➢ Geben wir den Verfolgten eine Stimme oder fördern wir durch unser Schweigen „was im Gange ist"?

● Rein in die Zisterne – raus aus der Zisterne! **Zedekia**, der König ist eine sehr schwache Person. Angst, Mitleid, dann wieder Angst um die Macht, treiben ihn hin und her. Er ist ein **Zerrissener zwischen den politischen Fronten**. Dass dies Jeremia zerreibt, ist offensichtlich. Er aber bleibt bei seinem Wort, das er von Gott ihnen zu sagen hat: die Stadt Jerusalem wird an die fremden Könige gehen.

● Es gibt **nur eine Chance**, das Leben des Volkes zu schonen: die Stadt verlassen. Doch warum hört der König nicht auf Jeremia? Er riskiert das Verderben von unzähligen Menschen! Dabei soll der König in Israel Hirte, Bewahrer und Schoner seines Volkes sein. In dem wunderschönen Choral „Lobe den Herren, o meine Seele!" hat der Dichter Daniel Herrnschmidt im Anschluss an Ps 146,3-4 gedichtet: „Fürsten sind Menschen, vom Weib geboren, und kehren um zu ihrem Staub; ihre Anschläge sind auch verloren, wenn nun das Grab nimmt seinen Raub. Weil denn kein Mensch uns helfen kann, rufe man Gott um Hilfe an. Halleluja, Halleluja."

✎ *Fallen Ihnen Situationen aus Geschichte und Gegenwart ein, wo Mächtige in ihrer Zerrissenheit so entschieden haben, dass das Volk darunter schwer gelitten hat?*

● Ausgerechnet ein Ausländer (V 7), ein Fremder, wird zum **Fürsprecher und Lebensretter Jeremias**, zur Schlüsselperson für den Plan Gottes. Das muss uns zu denken geben! Und es soll uns offen machen für Fremde in „unseren Mauern", vielleicht haben wir einen Engel Gottes in unserer Stadt! Zug um Zug wird dann geschildert (V 10-13), wie **Ebed-Melech** seine Rettungsaktion startet und durchführt. Mit Fingerspitzengefühl und Sorgfalt führt er Jeremia ans Tageslicht.

✎ *Wo können wir uns mutig in der Fürsprache für Menschen einsetzen, die in eine Situation der „Gefangenschaft" gekommen sind? Wo können wir das als Hauskreis, Gemeinschaft und Kirche tun?*

● Das ist das dritte Mal, dass der König Zedekia eine **„Geheimbesprechung"** mit dem Propheten Jeremia macht. Jeremia lässt sich darauf ein, sagt aber ihm gegenüber immer die gleiche Botschaft vom Herrn (V 17): Nur die Aufgabe seiner Macht und die Kapitulation würden die Stadt und das Leben des Königs retten. Ansonsten gibt es eine Totalzerstörung Jerusalems. Doch die Angst des Königs ist größer als sein Mut. Er vertraut den Zusagen Gottes nicht. Er schlägt Gottes Wort in den Wind.
● Damit beginnt auch bei uns, in unseren Gemeinden und Kirchen, das ganze Elend, wenn wir Gottes lebendigem Wort nicht mehr trauen und seine Zusagen missachten. Aus diesem Grund ist es auch heute überaus wichtig, dass wir Gottes Wort mehr vertrauen als „politischem Kalkül". In vielen aktuellen Alltagsfragen brauchen wir diese Wegweisung.

✎ *Listen Sie aktuelle Fragen auf, die Sie persönlich oder in Ihrer Gemeinde etc. demnächst entscheiden müssen. Schreiben Sie in eine zweite Spalte der Liste biblische Hinweise, die helfen können, Klarheit in diesen Fragen zu bekommen.*

● **Geheimdiplomatie** (V 24-28)? Nein, Jeremia macht den verzweifelten Versuch, die Stadt, den König und auch sich und seinen Auftrag zu retten. Denn ein toter Prophet lässt auch die Stimme Gottes verstummen. Nicht die Minister des Königs, nicht der König selber soll die Stimme Gottes verstummen lassen. Solange Gott selber den Propheten nicht abberuft, sollen es die Mächtigen auch nicht tun dürfen. Jeremia kann weder seinen König noch sein Volk retten. Er selber aber überlebt. Gott hält über seinen Zeugen seine schützende Hand.

„Mag sein, dass morgen der jüngste Tag anbricht. Dann wollen wir gerne die Arbeit für eine bessere Zukunft aus der Hand legen – vorher aber nicht!"
Dietrich Bonhoeffer

● Eineinhalb Jahre wurde Jerusalem belagert (ca. Januar 588 bis August 587 v. Chr.). Die Stadt wurde förmlich ausgehungert. Alle Voraussagen Jeremias treffen ein. Das Gerichtswort Gottes, vielfach gegeben, wird genau erfüllt. Grausam werden König Zedekia und seine Familie „behandelt". Es ist schrecklich, in die Hände des lebendigen Gottes zu fallen (vgl. Hebr 10,31). Wer fortwährend und dauerhaft Gottes Wort in den Wind schlägt, muss damit rechnen, dass Gott seinen Weg, den er eingeschlagen hat, bestätigt und ihn ins Unglück rennen lässt.

> ✎ *Wo können wir heute sehen oder erahnen, dass Gott Menschen ins Unglück rennen lässt, die ihm fortwährend widerstehen? Sehe ich bei mir selbst ebenfalls solche Gefahren?*

„Wo das Wort bei mir zuhause ist, finde ich in der Fremde meinen Weg, im Unrecht mein Recht, in der Ungewissheit meinen Halt, in der Arbeit meine Kraft, im Leiden die Geduld." Dietrich Bonhoeffer

● Wie ein heller Lichtstrahl taucht plötzlich noch einmal das Schicksal des Ausländers **Ebed-Melech** auf (V 15-18). Er hatte sich für Jeremia und sein Leben eingesetzt. Damit hat er den Boten Gottes am Leben erhalten und die Stimme des Verkündigers dem Volk Gottes erhalten. Dies sieht Gott und deshalb greift er ein und rettet ihn. Der Ausländer und Nichtjude hatte Gott mehr vertraut als allen politischen Machtspielen des eigenen Königs und seiner Minister. Er wird zum Vorbild für das Volk damals und auch heute für uns.

● Wir haben nichts nötiger als ein **unbedingtes Vertrauen zu Gott**! Er kann uns in „höchsten Nöten" beistehen und uns den Lebensmut erhalten. Dieses Vertrauen gründet sich heute auf den dreieinigen Gott. Jesus Christus ist vertrauenswürdig. Er enttäuscht die nicht, die ihm allein glauben.

> ✎ *Wo bin ich in Gefahr, dem Vertrauen zu Gott nicht erste Priorität einzuräumen und statt dessen auf andere Retter zu bauen?*

● Jeremia wird entdeckt von Nebusaradan (vgl. Kap. 39,11-14). Erstaunlich, dass dieser **babylonische Regierungsbeamte** von der inneren Zerrissenheit und dem Kampf Jeremias mit den Mächtigen seines Volkes unterrichtet ist. Das heißt ja wohl, dass in den babylonischen Regierungskreisen der „HERR" eine Rolle spielt, und Gottes Wort im „Umlauf" war. Dieses Phänomen treffen wir immer wieder in der Bibel an, dass die heidnischen Menschen genauer das sehen, was Gott gesagt hat und will. So wird auch der Prophet Jona (Jona 1,6ff) von einem heidnischen Schiffsoffizier zur Rede gestellt und darum gebeten, doch zu Gott um Rettung zu bitten.

● **Jeremia** will bei seinem dezimierten und geschlagenen Volk sein (V 2-6). Er hätte auch nach Babel ziehen können. Wahrscheinlich wäre es ihm, den die Babylonier respektierten, dort ganz gut gegangen. Aber er geht zurück und hält mit stand. Mitten im Chaos bleibt er Prophet seines Gottes – auch wenn dies Volk nicht auf ihn gehört hatte.

„Es gibt Menschen, die es für unernst, Christen, die es für unfromm halten, auf eine bessere irdische Zukunft zu hoffen und sich auf sie vorzubereiten. Sie glauben an das Chaos, die Unordnung ... und entziehen sich in Resignation oder frommer Weltflucht der Verantwortung ..."
Dietrich Bonhoeffer

● Der wieder in die Freiheit gesetzte Prophet Jeremia geht mit guter Ausstattung nach Mizpa, das etwa 13 Kilometer nördlich von Jerusalem liegt. Dort versucht **Gedalja**, der Jeremia wohl gesonnen war (Kap. 39,14), eine notdürftige Verwaltung zusammenzustellen und wenigstens die Erntefrüchte des Landes zu sichern. Das Volk steht zwar unter der Herrschaft von Babel, aber kann leben und ernten. Fast hat man den Eindruck: es gibt nochmals eine Pause der Erholung in dem ganzen sich anbahnenden Durcheinander.

● Neue **Intrigen und Mordpläne** sickern durch (V 13-16). Das Volk ist wirklich „zerstreut" – das heißt: zerrissen und bedroht. Alles Folgen des Ungehorsams gegenüber Gott und seinem Wort.

● Gibt es in dieser Mord- und Totschlaggeschichte überhaupt ein kleines **Hoffnungszeichen**? Das übrig gebliebene Volk Gottes ist wie ein zerrissenes und aufgeriebenes Heer. Während einige auf dem Weg sind, um den Opferdienst aufrecht zu erhalten, sind andere schon dabei, jeden zu töten, der sich ihnen in den Weg stellt.

„Ich glaube, dass Gott aus allem, auch aus dem Bösesten, Gutes entstehen lassen kann und will. Dafür braucht er Menschen, die sich alle Dinge zum Besten dienen lassen."
Dietrich Bonhoeffer

● Auffällig ist, dass die Leichen in eine Zisterne geworfen werden. Statt dass Menschen und Vieh den Durst löschen können, liegt über dem Wasserplatz der Verwesungsgeruch. Gewalt erzeugt aber dann wieder neue Gewalt. Die Spirale der Selbstzerfleischung findet kein Ende. Niemand muss auf das Gericht Gottes warten – die Menschen führen es selbst herbei. Das alles sind Folgen der vielfach getroffenen Entscheidung, gegen Gottes Wort zu leben.

● **Zufluchtsort Bethlehem** (V 17)! Viel später fanden Maria und Josef in Bethlehem *keinen Raum in der Herberge* (Lk 2,7). Hier aber ist Platz und Rettung für die Männer Israels, für Frauen und Kinder und für Menschen, die bisher am Hof gedient haben. Bethlehem kommt in der Bibel immer wieder vor. König David kam aus Bethlehem, Jesus wird dort geboren. So leuchtet in diese dunkle Geschichte das helle Licht des **Neuanfangs Gottes mit seiner Welt**. Und Mord und Totschlag wird ersetzt durch ***Friede auf Erden*** (Lk 2,14). Doch welche Rolle nehmen wir ein in unserer Welt, die nicht minder Mord und Totschlag als Mittel der Politik einsetzt und in der die Eskalation der Gewalt kein Ende nimmt?

● Gebet: Großer Gott, wir bringen dir die Menschen die unter Gewalt und Terror leben müssen. Verwandle Du diese Welt durch das Eingreifen deiner Macht. Du hast deinen Sohn Jesus Christus mitten in den Streit gestellt. Er hat aber alle Gewalt selbst angenommen und Frieden gemacht. Amen.

● Voller Poesie und Kraft der Bilder entfaltet dieser Davids-Psalm die **Fülle Gottes**. Dabei ist die poetisch stimmige Sprache nur Ausdruck der ihr zugrunde liegenden tiefen Harmonie der Gemeinschaft mit Gott. Ein „Gebetserhörer" (V 2) ist dieser Gott und die Perspektive des Psalms geht von Zion, von Jerusalem zu allen Völkern, bis an die Enden der Erde (V 3.6).

● Dieser **Lobpreis der Güte Gottes** spricht anfangs bewusst von der menschlichen Schuld und bittet um Vergebung. Die Erkenntnis, dass es Gottes Güte ist, die zur Umkehr leitet (Röm 2,4b) ist eben nicht nur neutestamentlich. Manchmal verstellt uns ein einseitiges Verständnis der prophetischen Gerichtsbotschaften, die ja auf dem Hintergrund der Erwählung, des Bundesschlusses erfolgen, diesen Blick.

✎ *Was bedeutet diese Erkenntnis für unser eigenes Leben in der Nachfolge? Und – ebenso bedeutsam – was folgt daraus für die Einladung zum Glauben? Welchen Platz haben dann „drohender Zeigefinger" und „Höllenpredigten"? Vgl. 2Kor 5,19ff.*

● **Vergebung ist erfahrene Erwählung** und führt in die Gottesbeziehung (V 5), aus der sich dann der Reichtum des Heils in all seinen Dimensionen erschließt. Das Staunen, ja heilige Erschrecken vor der Majestät Gottes (V 6a wörtlich: *Furchtgebietend in Gerechtigkeit antwortest du uns*) ist dabei ebenso gültig („ambi-valent") wie das Vertrauen und die tiefe Geborgenheit in seiner Gnade und Liebe.

● Eine solche Haltung verbindet auf den ersten Blick vollkommen Unterschiedliches stimmig miteinander: die persönliche Gotteserfahrung und seinen weltumfassenden Willen, Gottes Schöpfungshandeln (V 7f) und sein Völkerregiment (V 8b.9). Das persönlich Kleine ist Teil des universal Großen.

● **Dankbare Freude am Irdischen** (V 10-14), das Triefen und Tropfen, das Krönen und Strömen, Schmettern und Singen ist dann im letzten und tiefsten – Freude an Gott selbst. So wird aus unseren oft bemüht, verschämt oder lieblos wirkenden „Erntegedenktagen" ein wirkliches Erntedankfest.

● Den von den Babyloniern eingesetzten Statthalter Gedalja hat man ermordet. Jetzt geht die Angst um, Nebukadnezar könnte sich rächen. Man denkt an **Flucht nach Ägypten** (41,17 + 18). Doch dann besinnt man sich noch einmal anders. Die Verantwortlichen kommen zu Jeremia und bitten ihn, Gott nach **seinem** Willen zu fragen (V 3). Hoch und heilig versprechen sie, der Weisung Gottes zu folgen, ganz gleich ob es ein leichter oder schwerer Weg sein wird (V 5f).

● Ist das nicht **ein Zeichen von Umkehr**, dem Horchen auf Gott auch das Gehorchen folgen zu lassen? Jeremia ist bereit zur Fürbitte; er weiß, dass die Umkehr von Menschen auch die „Umkehr Gottes“ zu Folge haben kann, dass er also umkehrt von seinen Gerichtsgedanken hin zu seinem Erbarmen.

● Gott ist kein Automat, der unmittelbar auf unsere Gebete reagieren muss. Hier sind es 10 Tage des Wartens und aufmerksamer Hörbereitschaft. Zum ersten Mal nach der Katastrophe von 587 erhält Jeremia wieder ein Gotteswort, einen Zuspruch (V 10-12) und eine Drohung (V 13-18). **Bleiben im Land hat Verheißung**: Gott will wieder *bauen und pflanzen* (1,10); **Fliehen bedeutet Untergang, endgültiges Ende.** Eine klare Alternative! Aber haben sich die Leute in Jerusalem und Judäa nicht längst für Ägypten entschieden?!

● Was geht hier vor? Man erbittet Gottes Weisung und Segen; man verspricht seinem Willen zu folgen – und hat doch längst entschieden, nach Ägypten aufzubrechen, um dort die erhoffte Sicherheit zu finden. Ist das bei uns nicht ähnlich? **Wir haben Pläne, und Gott soll sie absegnen**. Und wenn ER anders entscheidet, machen wir doch, was wir wollten. Wir benutzen Gott wie einen Spielball. Wir werfen ihn weg, wenn er unser Spiel „vermasselt“. Und das alles nennen wir dann vielleicht sogar noch „Frömmigkeit“ und „Gottvertrauen“.

● Was wäre hier wirkliche Umkehr? Man müsste vor allem der Furcht vor Nebukadnezar absagen und Gottes Herrschaft auch über ihn akzeptieren! Und man müsste die Arroganz ablegen, immer schon zu wissen, was gut für uns ist.

● Jeremia bleibt seiner Linie treu: „allen alles zu sagen, was Gott ihm mitgeteilt hat". Schon in der Berufungsgeschichte hatte Gott das von ihm gefordert: *Du sollst gehen, wohin* ***ich*** *dich sende, und* ***predigen alles (!)****, was* ***ich*** *dir gebiete* (Kap. 1,7). Nur wenn alles mitgeteilt wird, kann die Lage klar erkannt, die Umkehr konkret eingeleitet werden. Jedes Wort, jeder Satz ist für die Zukunft und das Leben des Volkes wichtig.

● Eben war Jeremia noch als Mittler und Fürbitter gefragt, jetzt ist er ein Lügner, weil der von ihm weitergegebene Gottesentscheid seinen Landsleuten nicht in den Kram passt. Für sie ist Jeremia zudem ein Weichei, da er sich von seinem Schreiber und Freund Baruch habe beschwatzen lassen. Man merkt überall **die massive Abwehr der Weisung Gottes.**

● Jeremia verteidigt sich nicht. Er weiß, Gottes Wort wird sich selbst durchsetzen und ihn ins Recht setzen. Warum werden die beiden Querulanten Jeremia und Baruch dann doch mit nach Ägypten verschleppt? Meint man, die beiden eines Tages noch brauchen zu können?

● Kurz hinter der Grenze Ägyptens liegt Tachpanhes. Vor einem Palast des Pharao vollzieht Jeremia seine **6. Zeichenhandlung**. Er rammt große Steine in den geglätteten Lehmboden vor dem königlichen Verwaltungsgebäude und ordnet sie so an, dass sie wie ein Thron aussehen: **Hier wird Nebukadnezar eines Tages seinen Thron aufstellen.** Es ist Gottes Wille, dass der Herrscher Babylons – hier erneut *mein (= Gottes) Knecht* genannt – Gottes Gerichtsvollzieher auch in Ägypten ist. Vor Gottes Gericht kann man nicht fliehen; entweder man stellt sich seinem Versagen, Ungehorsam und Misstrauen und bittet um Gnade – oder man erleidet das Gericht, den Tod. Das angekündigte Gericht gilt zwar Ägypten, aber damit auch allen, die hier Zuflucht suchten oder hierhin verschleppt wurden.

✎ *Fliehen ist leicht, aber erfolglos! Warum fehlt uns oft das Rückgrat, zu unserer Schuld zu stehen? Im Wissen um den für uns gekreuzigten Christus müsste das doch leichter fallen?!*

● Das 44. Kapitel enthält **die letzten uns bekannten Worte Jeremias.** Von nun an verliert sich seine Spur im Sand. Wir erfahren nichts über sein weiteres Schicksal, nichts über seinen Tod. Auch das weitere Leben seines Schreibers Baruch bleibt im Dunkel. Anders als bei anderen Großen des AT, z. B. Abraham, Mose oder David, findet sich kein Wort über ihr Ende. Aber bis in die letzten Worte hinein spüren wir etwas von dem leidenschaftlichen Engagement eines Mannes, an dem das Leiden Gottes an seinem Volk erkennbar ist. Er leidet nicht nur an den Reaktionen auf sein prophetisches Reden, sondern **er leidet zutiefst das Leiden Gottes mit.**

● Mit letzter Kraft versucht er die Judäer in Ägypten zum Nachdenken, zur Besinnung zu bringen: **Euer Unheil ist selbstverschuldet, nicht Gott-verschuldet** (V 7). Wer seinen eigenen Plänen oder anderen Göttern vertraut, wer Gottes guten Weg verlässt, darf sich nicht wundern, wenn er eines Tages in einer Sackgasse ohne Wendemöglichkeit landet. Dann kann man nicht mehr fragen: Wie kann Gott das zulassen? **Gott gibt die Freiheit, ins Verderben zu rennen, aber er will es nicht**. Deshalb die starken, eindringlichen Warnrufe eines Jeremia (V 9-14).

● Was Jeremia besonders wurmt, ist der Rückfall in die Verehrung der Himmelskönigin, einer Fruchtbarkeitsgöttin, von der man sich **Brot und Schutz** verspricht (V 17). Schon früher in Jerusalem ist Jeremia gegen diesen Kult massiv vorgegangen (vgl. Kap. 7,17-19). Damals hat das scheinbar eine gewisse Wirkung gezeigt. Jetzt deuten sie ihre schwierige Lage in Ägypten als Rache der Himmelsgöttin, weil sie vor Jahren mit dem Kuchen-Backen und Trankopfer-Darbringen aufgehört haben (V 16-19). Sie sind **völlig verblendet**, darüber nachzudenken, ob nicht das Ende Jerusalems und die jetzige Situation etwas mit der Reaktion des Gottes Israels auf den Treuebruch seines Volkes zu tun hat (V 23).

✎ *Bedenken Sie bitte V 14b und 28 etwas genauer! Was ist bei allem Unheil dennoch Gottes Ziel?*

Donnerstag, 11. Oktober Jeremia 45,1-5

● Kapitel 45 steht am Ende der Leidensgeschichte Jeremias, ist aber nicht die Fortsetzung der zuletzt gelesenen Kapitel. Der Text greift zurück ins **Schicksalsjahr 605 v. Chr.** Nebukadnezar hatte bei Karkemisch am Oberlauf des Euphrat Assyrer und Ägypter vernichtend geschlagen; **Babylon ist jetzt die alleinige Weltmacht im Vorderen Orient.** *Das Unheil kommt aus dem Norden* – dieser Satz aus der Berufung Jeremias (Kap. 1,14ff) und die aktuellen Kriegsnachrichten mit dem Zug Nebukadnezars nach Süden müssen Baruch vor Augen stehen, als er alle Worte Jeremias auf eine Schriftrolle schreiben soll (V 1). Die Nachrichten in Verbindung mit den Jeremia-Worten drücken ihn zu Boden; er kann nicht mehr; er muss klagen, heulen.

● Und nun beruft Gott den **Propheten Jeremia zum Seelsorger an seinem Schreiber Baruch.** Es ist ein merkwürdiges Seelsorgegespräch. Es wird überhaupt nicht auf die Klage des Baruch eingegangen; seine Depression wird mit einer **Klage Gottes** beantwortet. Gott klagt, er leidet, und er bekennt sich zu seinem Leiden: *Was ich gebaut habe, reiße ich ein; was ich gepflanzt habe, reiße ich aus (V 4).* Das heißt doch: Wenn Gott richtet, dann beraubt er sich selbst. Das Unheil, das er schickt, trifft ihn selber; es sind ja seine Menschen; es ist ja sein Volk, das er erwählt, befreit und beschenkt hatte. **Die Katastrophen der Geschichte, die Gerichte Gottes sind deshalb immer auch Gottes Tragödien.**

● Seelsorge an Baruch heißt: Den Blick von ihm selbst weg auf Gott lenken. Gott muss zurückstecken, Verluste hinnehmen – und du willst deinen Lebensentwurf, deine Sehnsucht festhalten? Was Gott über Jahrhunderte aufgebaut hat, geht jetzt in die Brüche. Und du trauerst um dein kleines Glück?

● Ich gehe zur Seelsorge und erzähle, dass bei mir gerade einiges schief läuft. Plötzlich unterbricht der Seelsorger mein Gejammere und fragt gezielt: Weißt Du eigentlich, wie es Gott jetzt geht angesichts der Machtbesessenheit der Menschen, die zu Kriegen und zu Hungersnöten führen? Das Gespräch war beendet. Der Perspektivwechsel war heilsam für mich.

● Was Jeremia angekündigt hat, ist eingetreten. **587 v. Chr.** wird Jerusalem zerstört, der Tempel vernichtet, das Königtum beendet, weitere Personen ins Exil nach Babylon deportiert. Was viele als militärische Niederlage, als politischen Unfall werten, erkennen andere als **Gericht Gottes,** als **Folge ihrer mangelnden Bereitschaft, auf Gottes Weisungen und Warnungen durch Propheten wie Jeremia zu hören.** Sie hatten sich lieber an Heilspropheten orientiert, die nur Schönwetter predigten (2,14).

● Die **Klagelieder**, lateinisch auch **Threni** genannt, wurden später Jeremia zugeschrieben, stammen aber von uns unbekannten Leuten aus und um Jerusalem. Nur in Kap. 3 redet ein Einzelner, sonst immer eine Gruppe bzw. die Stadt Jerusalem. Die Beter der Klagelieder schieben die Schuld für die Katastrophe von 587 nicht auf andere, sondern bekennen: Juda erfährt Gottes Gericht *um ihrer großen Sünden willen* (V 5), *Jerusalem hat sich versündigt* (V 8), *der Herr ist gerecht, denn ich bin seinem Worte ungehorsam gewesen* (V 18), *du hast mich zugerichtet um all meiner Missetat willen* (V 22).

● Die Klagelieder erinnern in vieler Hinsicht an eine **Totenklage.** Nicht von ungefähr beginnen die Kapitel 1, 2 und 4 mit dem Schmerzensruf: ***Ach!*** Wie beim Verlust eines lieben Menschen erscheint die Vergangenheit in hellem Licht (V 6f), die Gegenwart aber ist dunkel, einsam, öde, von plündernden Feinden bestimmt. Jerusalem ist wie eine trauernde Witwe, die durch ihre Tränen hindurch das ganze Elend der Stadt wahrnimmt und zugleich feststellen muss: Da ist **kein Helfer, kein Tröster** in Sicht, das Jubelgeheul der Feinde macht alles nur noch schlimmer (V 21, aber auch V 2.9.16f).

● Die trostlose und niederdrückende Lage in Jerusalem, vor allem der zerstörte Tempel, sind für die Beter aber kein Grund, Gott den Rücken zu kehren, ganz im Gegenteil: Leidenschaftlich wenden sie sich Gott wieder zu, hoffend, dass er ihnen einen **Neuanfang** gewährt (V 9.11.20-22).

Samstag, 13. Oktober Klagelieder 3,1-33

● Das 2. Klagegebet (Kap. 2,1-22) bekennt noch eindeutiger als die 1. Klage (Kap. 1,1-22): Unser Gott selbst ist der Hauptakteur bei der Zerstörung Jerusalems. *Er ist uns wie ein Feind geworden (Kap. 2,5), denn wir haben uns gerne von falschen Propheten verführen lassen (Kap. 2,14).* In diesem Leid begegnen sie dem lebendigen Gott, hier aber als Richter *(Kap. 2,17).* Weil er *zerstört hat ohne Erbarmen,* deshalb kann auch **von ihm nur die Hilfe** kommen. Darum: *Schreie! Schütte dein Herz vor ihm aus! Höre nicht auf damit, lass nicht davon ab! (Kap. 2,18-19).*

● Das 3. Klagegebet (V 1-66) ist eine Konkretisierung dieses Aufrufs, dieser Hoffnung. Hier betet **ein einzelner leidgeprüfter Mensch**, nicht wie bisher die Stadt Jerusalem, aber man spürt, wie er stellvertretend für andere mitbetet.

➢ Die Verse 1-13 beginnen fast alle mit *Er* und beschreiben, wie der Beter Gottes Gerichtshandeln bei sich selbst erlebt. Da ist **von den Erfahrungen des 23. Psalms nichts zu spüren,** ganz im Gegenteil: Da ist Mangel, da ist *Finsternis und nicht Licht,* da ist kein festlicher Tisch *angesichts der Feinde,* da fühlt sich jemand innerlich *eingemauert, mit Bitterkeit gespeist, mit Wermut getränkt,* da ist kein Trost, kein Schutz im dunklen Tal, da herrscht die *Angst wie vor Bären oder Löwen,* **da sind der Friede und alle Geborgenheit dahin,** da weiß man nicht mehr, was gut ist.

➢ Aber nun geschieht es: mitten im tiefsten Elend keimt neue Hoffnung auf. Als der Beter endlich Gottes strafendes Handeln akzeptiert, es als göttliches Tun an sein Herz lässt, kommt es zur Wandlung. Der Blick geht von der Not zu Gott. Er erinnert sich der Bekenntnisse und Lieder seines Volkes: ***Barmherzig und gnädig ist der Herr, geduldig und von großer Güte. Er wird nicht für immer hadern noch ewig zornig bleiben (Ps 103,8-9).*** Und auf dem Hintergrund dieser alten Gotteserfahrungen formuliert er jetzt seine Hoffnung neu, wie V 22-26.31-33 zeigen. Andere haben später im Anschluss daran gedichtet: „All Morgen ist ganz frisch und neu ..." (EG 440), oder: „Die Güte des Herrn hat kein Ende ..." (Lebenslieder 321).

● Der Psalm versetzt uns in die mühsame und bedrohliche Zeit, nachdem die nach Babylon Deportierten in das zerstörte Jerusalem zurückkehren konnten. Sie erinnern sich an ihr **Leiden in der Fremde**. An die Trennung von Jerusalem und Tempel, die sie damals zugleich als Gottesferne verstehen und ertragen mussten (V 1). Hinzu kam der Spott der heidnischen Unterdrücker, denen sie ihre Glaubenslieder (etwa Ps 46, 48 oder 84) zur Belustigung und eigenen Demütigung singen sollten. Ihr Widerstand gegen diesen Machtmissbrauch erfolgte um der Ehre ihres Gottes willen (V 2.4). Und in einer Selbstverfluchung (V 5f) beteuert der Psalmdichter, dass die Sorge um Zion und die vollständige Wiederherstellung Jerusalems höchstes Ziel bleiben muss.

● Vielleicht war die fortwährende Bedrohung durch das Nachbarvolk der **Edomiter** der Anlass zu diesem Psalm. Gott selbst soll den Hass und Übermut der Edomiter strafen (vgl. Ob 10-13; Hes 25,12-14). Und vor allem soll er das vom Perserkönig Kyrus 539 v. Chr. eroberte **Babylon** vollends zerstören, indem – so eine wahrscheinliche Auslegung – die Nachkommenschaft der Herrscherdynastie ausgelöscht wird.

● Auch wenn mir angesichts der letzten Verse der Atem stockt und viele mit derartigen Bibelzitaten (vgl. Jes 13,16) das Gewaltpotential der jüdischen und christlichen Überlieferung beweisen wollen, gilt: **Flüche und Rachebitten** erfolgen aus größter emotionaler Bewegtheit und der **Perspektive der Unterdrückten**. Es geht dem Beter dabei letztlich um Gottes Ehre, seine Gerechtigkeit (V 8), sein Gericht. Gut, wenn Menschen auch mit ihren tiefsten Abgründen zu Gott kommen und damit zugleich ihren Wunsch nach Vergeltung an Gott abtreten (5Mo 32,35). Dieser Psalm gehört zum vielstimmigen Chor der biblischen Offenbarung. Er gibt Opfern von Gewalt eine Stimme, um Angst, Scham und Wut auszuhalten, ohne selbst gewalttätig zu werden. Obwohl fremd und ungewohnt, will ich diese Worte so hören und dazu die lauteren und deutlicheren Stimmen der Vergebung und der Feindesliebe, die Gott uns zuletzt in Leben und Werk seines Sohnes Jesus Christus geschenkt hat, erklingen lassen.

● Die letzten Verse des vorhergehenden Textes (3,31-33) sehen Gottes Gerichtshandeln nicht nur als Strafe oder als Stopp-Schild: „Bis hierher und nicht weiter!", sondern auch als Erziehungsprozess, als Lernprogramm auf dem Weg des Glaubens. Ziel dieses Weges ist unsere **Umgestaltung** in das „Bild Jesu Christi", in die **„Christusähnlichkeit"**. Was macht das Bild, den Charakter Christi aus? (1) Eine unendliche Güte, (2) eine dauernde Hörbereitschaft Gott gegenüber, (3) ein Engagiert-Sein für die Menschen bis hin zur Lebenshingabe. Es lohnt, sich dieser Persönlichkeitsbildung Gottes zu öffnen (Phil 1,6-11).

✎ *Vgl. Sie zum „Leiden als Lernprozess" auch Hiob 5,17-19; Hebr 12,4-11. Können Sie bestimmte Lebensphasen bei sich oder anderen als solche Lernprozesse ansehen?*

● Abrupt wechselt das Klagegebet von tiefem Vertrauen in Gottes Treue und seinen Neuanfang mit uns (V 21-33) in ein Schuldbekenntnis und in einen Aufruf, wenn überhaupt, dann sich selbst anzuklagen (V 39). Dabei nennt der Beter drei massive **Verletzungen der Menschenrechte:**

➢ Der menschenunwürdige Umgang mit Gefangenen (V 34);
➢ die Beugung des Rechts durch Lüge und Betrug (V 35);
➢ der Missbrauch des Richteramtes, indem man das Recht zum eigenen Vorteil bzw. dem von Freunden oder Mächtigen verdreht (V 36).

Aus unserer Tagespresse ließen sich dazu auch heute viele Beispiele nennen. Deshalb: *Tu deinen Mund auf für die Stummen und für die Sache aller, die verlassen sind!* (Spr 31,8).

● Ab V 40 will der Beter andere bewegen, sich selbst ernsthaft zu prüfen, wo Gottes gute Wege verlassen wurden: „Hört auf mit dem Selbstmitleid, eine wirklich tief gehende Buße ist gefragt!" Es scheint, als lege er seinen Mitbürgern Worte vor, die sie bewusst nachsprechen sollten. Er berichtet deshalb davon, wie Gott sein Gebet erhört hat (V 55-58).

● Schwer tut sich der Beter mit dem **Spott der Feinde**. Denkt er, dass ihre Schmähungen und ihr Siegesgeheul auch den Gott Israels (be-)treffen – oder sind es seine Rachegefühle?

● Das letzte der fünf Klagegebete erinnert stark an die ***Grundform der Volksklage***, wie wir sie z. B. in Ps 80, aber auch in Ps 44; 60; 74; 79 u. a. erkennen können:

➢ Anrede an Gott (V 1).

➢ Klage über Gottes Abkehr und Abwesenheit, oft mit *Warum* oder *Wie lange* eingeleitet (V 22 + 24).

➢ „Wir-Klage", in der die Beter beschreiben, was sie erleben, was sie zu ertragen haben, wie sie sich innerlich fühlen, und „Feind-Klage", in der berichtet wird, was die Feinde dem Volk antun (beides hier vermischt in V 2-18).

➢ Bitte um Zuwendung und Rettung (V 21).

➢ Bekenntnis der Zuversicht und des Vertrauens (V 19).

● Der längste Teil ist hier die Klage in V 2-18. Die Menschen in Jerusalem sind **heimatlos und schutzlos**, sie haben keine Rechte mehr und werden unterdrückt (V 1-5). Die Schuld an der Misere liegt in der Vergangenheit (V 6f), vielleicht ist an die Bündnispolitik der Könige und Militärs gedacht, die Sicherheit bei anderen Völkern, aber nicht beim Gott Israels suchten, obwohl er sich immer wieder als Burg und Fels erwiesen hatte. Die gegenwärtige Generation muss mit den Folgen leben, Bedrohtsein (V 8-10) und Entehrung (V 11-13). Schuld wird hier nicht abgeschoben auf die Vorfahren, die Betenden wissen selbst: ***Wir haben gesündigt*** *(V 16).*

● Die Gemütslage ist bedrückend, alle Freude dahin, das Herz krank, die Augen trübe, weil **der Zion, der Tempel** zerstört ist (V 14-18). Hier blitzt etwas auf, was den Menschen der eigentliche Halt und die eigentliche Freude war: **Gottes Nähe, Gottes Zuwendung.** Als alles genommen ist, erkennen sie den Verlust, sie **leiden am „Verlust der Mitte".**

● In V 19-22 bekennen sie den lebendigen Gott als den Halt in der Haltlosigkeit des Gerichts. Sie klammern sich an den Richter als ihren Retter. Und sie erkennen, dass sie selbst zu einer tiefen und **ernsthaften Umkehr nicht fähig** sind. Gott selbst muss eine wahre Umkehr in ihnen wirken, sonst wird aus allem eigenen Bemühen nichts wirklich Neues. Ähnlich klar benennt Ps 51,12 unsere Lage: Ein neues Herz durch Gott, unseren Schöpfer, ist nötig!

Mittwoch, 17. Oktober 2. Korinther 1,1-11

● V 1: Zum antiken Briefeingang gehören drei Elemente: Absender, Empfänger, Gruß. Was Paulus darüber hinaus einfügt, bekommt daher ein besonderes Gewicht.

✎ *Zum Nachdenken: Welche besonderen Akzente setzt Paulus durch seine Einfügungen?*

Der Brief aus dem Jahr 55/56 richtet sich nicht nur an die Korinther, sondern an alle Gemeinden in Südgriechenland (*Achaja*).
● V 2: Der Gruß gibt keinen frommen Wunsch weiter, sondern er spricht die göttlichen Gaben der Gemeinde zu. V 3f: Wo in antiken Briefen der Dank an die Götter seinen Platz hatte, rühmt Paulus den *Vater der Barmherzigkeit*. Hinter dem griech. Wort für *Barmherzigkeit* steht das Körperinnere, die Eingeweide. Not und Elend gehen „an die Nieren". **Wir haben keinen unbeteiligten, distanzierten Gott, sondern einen, den unser persönliches Schicksal bewegt und umtreibt.** Das gibt seinem *Trost* einen besonderen Tiefgang. *Gott allen Trostes* meint: Gott ist der Urheber eines Trostes, der in jede Art von *Trübsal* (das griech. Wort kann auch mit *Bedrängnis* übersetzt werden) hineinreicht. Paulus fühlt sich in allem Schweren dem leidenden Jesus Christus verbunden. Weil Jesus gelitten hat, werden seine Nachfolger Leiden nicht als etwas Unziemliches betrachten können. Es gehört zum normalen Christsein. Sie werden darin *reichlich* (wörtlich: *zum Überlaufen*) getröstet. Der erfahrene Trost setzt sich um in tröstendes Handeln. **Wer von Gott getröstet worden ist, kann und soll nun seinerseits andere trösten.** So verlängert sich der Trost von Gott hin zu denen, die diesen Trost nötig haben.
● V 8-11: Unter *Asien* wird die westliche Türkei mit der damaligen Hauptstadt Ephesus verstanden. Die Forscher rätseln, welche *Bedrängnis* hier von Paulus angesprochen wird. Auf jeden Fall stand sein Leben auf dem Spiel. Aus der erlebten Rettung aus *Todesnot* schöpft Paulus Hoffnung, dass Gott auch weiterhin seine Hand über ihn halten wird. Diese Hoffnung wird auch durch die *Fürbitte* (wörtlich: *mit darunter arbeiten*, d. h. *unterstützen)* der Korinther lebendig erhalten.

Donnerstag, 18. Oktober 2. Korinther 1,12-24

● V 12-14: **Paulus wendet sich gegen den Vorwurf des unlauteren Verhaltens**. Dabei beruft er sich auf sein Gewissen, das ihm und seinen Gefährten das *Zeugnis* ausstellt, *in der Gnade Gottes* ihr Leben zu führen. Paulus beteuert, keineswegs verschlagen und trickreich mit den Korinthern umgegangen zu sein, sondern in *Einfalt* (ohne Hintergedanken) und *Lauterkeit* (Reinheit). Das Adjektiv *göttlich* bezieht sich auf beide Begriffe und steht im Kontrast zur *fleischlichen* (im Sinne von *sündhaft* bzw. *selbstsüchtig) Weisheit*. Nun können sich die Korinther *rühmen*, Paulus, der ihre Gemeinde gegründet hat, zum geistlichen Vater zu haben. Und umgekehrt: Paulus rühmt sich der Gemeinde zu Korinth.

✎ *Bitte lesen Sie in Apostelgeschichte 18 nach, wie das Evangelium durch Paulus nach Korinth kam!*

● V 15-22: Paulus hat seine **Reisepläne** oft geändert bzw. ändern müssen. Die Gründe dafür sind nicht immer klar ersichtlich. Paulus hatte den Korinthern seinen Besuch angekündigt, ohne seine Absicht dann in die Tat umzusetzen. Daraufhin bezichtigten ihn die Korinther des Wortbruchs. Hat sich Paulus vorher auf sein Gewissen berufen, so ruft er jetzt Gott direkt als *Zeugen* an (V 18). Wo seine eigene Verlässlichkeit angezweifelt wird, bringt Paulus die Verlässlichkeit von Jesus Christus ins Spiel. Dessen *Ja* gilt felsenfest und wankt nicht.
Wir Christen sind in unserem Verhalten nicht immer fest und unerschütterlich, aber Jesus Christus ist es. Paulus nutzt die Kritik an seiner Person dazu, den Korinthern diese grundlegende Glaubensbasis in Erinnerung zu rufen. Sie sind *gesalbt* und *versiegelt* worden. Sie haben durch Taufe und Glauben den Heiligen Geist als *Unterpfand* (wörtlich: *Anzahlung*) erhalten. Das garantiert die 100%ige Einlösung in Gottes Ewigkeit.
● V 23-24: Paulus greift zu einer deutlichen **Beteuerungsformel**. Er hatte die Angst, in Korinth hart eingreifen zu müssen. Das wollte er vermeiden. Paulus versteht sich vielmehr als *Gehilfe* (wörtlich: *Mitarbeiter*), der die Korinther darin unterstützen will, durch das Evangelium zur *Freude* zu finden.

Freitag, 19. Oktober 2. Korinther 2,1-11

● V 1-4: Paulus setzt seine Überlegungen zu einem Besuch bei den Korinthern fort. Offensichtlich hat ein Zwischenbesuch *in Traurigkeit* stattgefunden. Darüber hinaus hat ein sog. „Tränenbrief" (V 4) des Paulus die Korinther erreicht (es könnte sich dabei um die Kap. 10–13 unseres Briefes handeln). Die Korinther sollen nicht meinen, dass Paulus aus *großer Trübsal und vielen Tränen* geschrieben hätte, um sie traurig zu stimmen. Nein, hinter seinem eindringlichen Brief stand einzig seine Besorgnis um die Korinther. Er war aus **Liebe** geschrieben. **Die muss gelegentlich auch hart sein, weil sie den anderen Christen nicht in seinen Verkehrtheiten belassen will.**

> ✎ *Bitte suchen Sie Ereignisse aus der Bibel heraus, wo sich die Liebe in harten und deutlichen Worten äußert!*

Christen sollen sich aneinander freuen. Doch die Umstände in Korinth machen das für Paulus derzeit unmöglich. Aber er ist überzeugt, dass seine Freude am Ende auch wieder von den Korinthern geteilt wird.

● V 5-8: Ein Gemeindemitglied hat Paulus schwer zugesetzt (*betrübt*). Das hat auch die Gemeinde als Ganze verletzt. Die Hintergründe dieses Vorfalls werden hier nicht ersichtlich. Der Betreffende hat die negative Reaktion der Gemeinde zu spüren bekommen (V 6), vielleicht in Form eines Verweises oder des Ausschlusses von der Abendmahlsgemeinschaft. Damit ist er genug gestraft, zumal er selber zur Besinnung gekommen ist und in Gefahr steht, von seiner Traurigkeit *verschluckt zu werden* (so wörtlich). Nun ermuntert Paulus die Gemeinde, ihn wieder liebevoll in ihre Mitte zu nehmen.

● V 9-11: Paulus hatte seinen „Tränenbrief" (s. o.) nicht in persönlicher Gereiztheit geschrieben. **Es geht ihm um die *Bewährung* der Gemeinde im Glauben. Das schließt den *Gehorsam in allen Stücken* ein.** „Zerwürfnisse in der Gemeinde passen dem Satan ins Konzept" (G. Voigt). Er hat nur eins im Sinn: Christen gegeneinander aufzubringen und dadurch die Gemeinde und ihre Wirkmöglichkeiten zu lähmen. Deshalb will er Vergebung und Bereinigung verhindern.

● V 12-13: In dem Bild von der *Tür* wird anschaulich, worauf es für Paulus ankommt: **Gott selbst muss die *Tür auftun*, d. h. die Herzen öffnen, damit das Evangelium Menschen erreichen kann.** Hier lässt sich nichts erzwingen.
In Troas findet Paulus keine Ruhe, denn er findet dort Titus nicht vor, mit dem er sich wohl verabredet hatte. Deshalb bricht er nach Mazedonien auf, eine römische Provinz in Nordgriechenland.
● V 14-16: Hier bricht unvermittelt der bisherige Gedankengang ab. Paulus setzt neu ein und beschreibt den Triumphzug des Evangeliums durch die Welt. Der Sieg des Evangeliums wird jedoch nicht mit dem Auftreten seiner Boten begründet, sondern mit dem Handeln Gottes selbst. Er schafft die offenen Türen (V 12) und sorgt dafür, dass sich die *Erkenntnis Christi* wie eine „Duftmarke" ausbreitet. Für ***Wohlgeruch*** werden in V 14 und 15 unterschiedliche griech. Begriffe gebraucht. Nach antiker Anschauung ist er Zeichen göttlicher Gegenwart und Lebenskraft. Vielleicht kann man ihn als eine Art belebender Frühlingsbrise verstehen, die sich zwar überall verströmt, aber unterschiedlich auswirkt: Bei denjenigen, die sich dem Evangelium öffnen, bewirkt es *Wohlgeruch*, eine wohltuende Ausstrahlung. Bei denen jedoch, die sich der rettenden Botschaft verschließen, führt es schließlich zum „Verwesungsgeruch". Es geht also bei der Evangeliumsverkündigung immer um Leben und Tod, um Gerettetwerden oder Verlorenbleiben. Der Entscheidung des Einzelnen kommt dabei eine hohe Tragweite zu. Deshalb verwundert es nicht, dass Paulus fragt, wer denn wohl zu einem solch wichtigen Dienst geeignet und fähig sei.
● V 17: Als inkompetent erweist sich auf jeden Fall derjenige, der mit der Verkündigung eigensüchtige Interessen verfolgt und damit sein Geschäft „auf eigene Rechnung" betreibt. **Christusgemäße Verkündigung bedarf der *Lauterkeit*, d. h. der Reinheit der Motive** (vgl. 1Petr 5,2f).
Das Ausrichten des Evangeliums kann nur *aus Gott*, d. h. aus der Verbindung mit Gott und in göttlicher Legitimation geschehen. Zugleich geschieht sie in Verantwortung *vor Gott*.

● V 1: Die Überschrift verbindet den Psalm mit der **Flucht Davids** in die Höhle Adullam (1Sam 22,1) oder in das weit verzweigte Höhlenlabyrinth von En-Gedi (1Sam 24,4).

● V 2-4: David befindet sich demnach in einer großen Notlage durch seinen Verfolger Saul, der ihn töten will. Die Angst bringt ihn dazu, laut zu Gott zu schreien, nicht nur in Gedanken mit Gott zu reden. In V 4 übersetzt Luther *so nimmst du dich meiner an.* Wörtlich heißt es: *Du kennst meinen Pfad*, d. h. Gott weiß um Davids Not schon vor seinem Gebet (vgl. Jes 65,24; Mt 7,7f).

● V 5: Obwohl David in den oben genannten Situationen in Begleitung von Gefährten und Mitkämpfern war, erlebt er sich in seiner Not doch als einsam und allein gelassen.

● V 6: ***Teil im Lande der Lebendigen*** erinnert daran, dass Israel das Land Kanaan eroberte und jedem Stamm sein Teil am Lande zugewiesen wurde. Der Stamm Levi erhielt damals kein eigenes Land, kein Erbteil. Da er in besonderer Weise Gott am Heiligtum dienen sollte, war statt dessen Gott selbst sein Teil, sein Lebensgrund. David hat auf der Flucht ebenfalls keinen Anteil am Land, da er von seinem Land vertrieben ist. Nur Gott selbst ist sein Anteil, ist Garant, dass er im Land der Lebendigen bleibt. Jahwe, der Gott Israels, ist der Lebendige. Wer an ihm Anteil hat, befindet sich im Land der Lebendigen.

● V 8b: David weiß, dass er nicht der einzige ***Gerechte*** ist. In den Erzählungen über seine Flucht lesen wir davon, dass seine Familie und Freunde sich ihm auf der Flucht anschlossen, um ihm zu helfen (1Sam 22,1-2).

✎ *Auch Ps 57 wird mit den Ereignissen von 1Sam 22–24 in Zusammenhang gebracht. Vergleichen Sie die beiden Gebete mit den Erzählungen über Davids Flucht in den Samuelbüchern und achten Sie auf Übereinstimmungen und Unterschiede.*

● V 1-3: Offensichtlich gab es Verkündiger (*gewisse Leute*), die sich mit *Empfehlungsbriefen* in Korinth einführten, um sich bei ihnen einzuschmeicheln. Dergleichen Werbemaßnahmen hat Paulus nicht nötig. Wenn es eine Bestätigung seines Apostelamtes gibt, dann ist es die Existenz der Gemeinde in Korinth. Sie geht auf sein Wirken zurück: *durch unseren Dienst zubereitet.* So wird die Gemeinde zu einem Empfehlungsschreiben eigener Art. Dieser *Brief* ist zunächst mit dem göttlichen Geist *in unser Herz geschrieben.* Zugleich ist er von *allen Menschen* wahrzunehmen: **Am Leben der Christen in Korinth sollen andere Menschen die Handschrift Gottes erkennen können, denn er hat sein Wort in ihre Herzen *geschrieben.*** Wahrscheinlich klingt hier Hes 11,19 an: Aus *steinernen* Herzen sind durch Gottes Geist *fleischerne,* d. h. lebendig pulsierende, mitfühlende Herzen geworden. So hat Gott den Dienst des Paulus in Korinth beglaubigt.

✎ *Das Leben der Christen als „offener Brief": Was können andere Menschen aus Ihrem Leben ablesen?*

● V 4-6: Was Paulus und seine Gefährten an Positivem bewirkt haben, schreiben sie nicht eigener Tüchtigkeit zu, sondern einzig der Gnade Gottes und dem Wirken seines Geistes. Das *Vertrauen* auf ihn bildet dafür die Basis. Menschliche Begabungen und Fähigkeiten sind dagegen nicht von entscheidender Bedeutung. – Der *Neue Bund* gründet nicht mehr auf den *Buchstaben* des mosaischen Gesetzes. Diese sind penibel einzuhalten. Aber sie *töten,* denn sie entlarven nur die Verlorenheit des sündigen Menschen. Nun aber hat der Heilige Geist Menschen in ein neues, gutes Verhältnis zu Gott gebracht.

● V 7-11: Weil auch das Gesetz des Mose von Gott gegeben war, kam ihm bzw. seinem Überbringer *Herrlichkeit,* d. h. Glanz und Würde zu. Umso mehr liegt Glanz auf dem *Amt* (wörtlich: griech. *diakonia = Dienst*), durch das Jesus verkündigt wird. Für Paulus ist es Lebenselement, in diesem Amt das Beste für die Menschen zu suchen. Es ist und bleibt *herrlich,* in göttlichem Auftrag für Jesus und die Menschen da zu sein.

Dienstag, 23. Oktober 2. Korinther 3,12-18

● V 12: Der Vergleich mit Mose und dem AT wird hier fortgeführt. Weil das *Amt* des NT *Herrlichkeit* hat, kann Paulus es mit *großer Zuversicht* (griech. *parrhesia = Freimut, Freude*; vgl. Apg 28,31) ausüben. Unerschrocken bringt er die Jesusbotschaft zu den Menschen. Diese bietet jedem, der sie hört und aufnimmt, eine großartige Perspektive.

● V 13-16: Doch **Mose und seine Nachfolger** im alten Israel und späteren Judentum sehen das noch nicht. Zwar nehmen sie die heiligen Schriften ernst und lesen sie regelmäßig. Aber sie haben dabei eine *Decke* vor Augen, die sie blind und verstockt sein lässt gegenüber der mit Christus verheißenen neuen Wirklichkeit in der Beziehung zu Gott. **Sie können Gott nur als den Gott des fordernden Gesetzes sehen und nicht in seiner schenkenden Gnade.** Weil Israel Jesus nicht sehen will, kann es ihn auch nicht sehen, geschweige denn verstehen. **In dem Moment jedoch, indem sich Israel Jesus gläubig zuwendet, wird die Decke von *ihren Herzen* genommen**. Das gesamte AT steht nun im Licht der *Herrlichkeit* des Neuen Bundes. Paulus hat hier sicherlich auch seine eigene Vergangenheit vor Augen. Er selbst hat erlebt, wovon er hier redet. Zugleich erhofft er Israels künftige Bekehrung (Röm 11,26).

> ✎ *Erstmals im NT werden hier die heiligen Schriften der Juden als „Altes Testament" bezeichnet. „Testament" als „Bund, Heilsverfügung und Heilssetzung".*

● V 17f: Der *Herr* (Jesus Christus) und der *Geist* sind deckungsgleich. Wo der Geist wirkt, bewirkt er *Freiheit*. Das Gesetz hat gefordert und am Ende den sündigen Menschen verdammt, weil er seine Forderungen nicht bis ins Letzte erfüllen konnte. Der Geist Gottes jedoch macht lebendig. „Das heißt: Ich muss nicht, aber ich kann, und ich will. Ich werde nicht von außen genötigt, sondern ich lasse mich ziehen von der wunderbaren Macht, die in mir wirkt" (G. Voigt). V 18: **Nun haben wir einen freien Blick auf die Herrlichkeit Gottes**. Zwar noch nicht unmittelbar und vollkommen (das geschieht erst im Himmel), sondern wie in einem *Spiegel* (vgl. 1Kor 13,12).

● V 1: Mit dem Wort *darum* stellt Paulus die Verbindung zum vorherigen Abschnitt her. Er selbst hat eine gewaltige Veränderung erlebt, seit er Jesus Christus begegnet ist. Je länger diese Beziehung besteht, desto mehr wird Erneuerung sichtbar. **Dabei ist die immer neu erfahrene *Barmherzigkeit* Gottes das Motiv für seinen unermüdlichen Eifer.**

✎ *Was bewahrt Sie in Ihrem Glauben vor Ermüdung?*

● V 2: Wenn Paulus bei seinem Missionsdienst Arglist, Hinterhältigkeit, Verfälschung des Evangeliums unterstellt wird, so kann er das mit gutem Gewissen zurückweisen. Die Menschen, die vom Evangelium erreicht wurden, sind Beweis dafür, dass seine Botschaft wahr und unverfälscht ist. Sie können bezeugen, dass das Evangelium ihre Gewissen getroffen hat. Zwar bleibt das von Paulus verkündete Evangelium manchen Menschen *verdeckt,* was an ihrer **Verblendung** durch den *Gott dieses Äons,* d. h. Satan liegt. Für uns bleibt oft undurchschaubar, warum die Verkündigung keine positive Wirkung zeigt.

● In den V 4.5 zeigt Paulus das **Ziel der Verkündigung** auf: Menschen sollen Jesus Christus als Gott erkennen. Jesu Herrlichkeit besteht darin, dass er als sein Ebenbild wesensgleich mit Gott ist (Hebr 1,3). In V 5 nimmt Paulus sich selbst als Verkündiger ganz zurück, um allein Jesus als den Herrn in den Mittelpunkt seiner Botschaft zu stellen. Für jüdische Ohren verband sich mit dem Prädikat *Herr* eine Ungeheuerlichkeit, denn hinter diesem Wort verbarg sich der Gottesname *Jahwe.* Dieser Name war heilig und durfte über Jahrhunderte hinweg nicht ausgesprochen werden. Er wurde in der griech. Übersetzung des AT, der Septuaginta, durch das Wort *Herr* ersetzt. Hier sagt Paulus nicht weniger als: **Jesus ist Gott.**

● V 6: Wenn im Herzen eines Menschen diese Erkenntnis aufleuchtet, dann ist das ein sensationelles Wunder. Es geht dabei ja nicht um einen rationalen Erkenntnisvorgang, sondern darum, dass Menschen durch *den hellen Schein in ihren Herzen* **Erleuchtung** widerfährt. Nur so können sie Jesus in der Mitte ihres Seins als Gott erfassen.

Donnerstag, 25. Oktober 2. Korinther 4,7-12

● V 7: **Zwei konträre Begriffe** prägen diesen Vers: ***Schatz* und *tönerne Gefäße*.** Worin der *Schatz* besteht, hat Paulus zuvor in überschwänglichen Worten beschrieben.

✎ *Um den Gegensatz zwischen beidem zu begreifen, ist es wichtig, dass Sie sich noch einmal mit eigenen Worten klarmachen, worin dieser Schatz für Sie besteht.*

Das **Bild der *tönernen Gefäße*** macht dreierlei deutlich:
➢ Das Gefäß aus Ton ist im Gegensatz zu metallenen Gefäßen einfaches, billiges Haushaltsgeschirr.
➢ Seine Herkunft ist eindeutig irdisch – es gehört zu diesem vergänglichen Planeten.
➢ Zudem ist es spröde und leicht zerbrechlich.
Mit diesen Eigenschaften beschreibt Paulus seine eigene Existenz und schließt zugleich mit dem *wir* in V 7ff Sie und mich in den Personenkreis derer zusammen, die zu Christus gehören. **Auch wir sind *tönerne Gefäße*, d. h. unser Leben ist vergänglich und zerbrechlich und zudem ständigen Bedrohungen und Gefährdungen ausgesetzt.**
● In den V 8-12 folgt eine sechsfache Aufzählung, wie Paulus und seine Mitarbeiter sich als *tönerne Gefäße* erleben. Dabei stellt er dem negativen Erleben jeweils mit dem *aber* eine positive Haltung bzw. Erfahrung gegenüber. Offensichtlich ist eine solche Dialektik typisch für das Leben eines Christen. Dabei sind nicht Sterben und Tod das Endziel unserer menschlichen Existenz, sondern die Teilhabe an dem Leben des auferstandenen Jesus. **Der von Paulus erlittene Zerbruch hatte paradoxerweise Leben schaffende Auswirkungen auf die Gemeinde in Korinth** (V 12). Um diese Aussage nachvollziehen zu können, ist es hilfreich, die Vorgeschichte seines Kommens nach Korinth zu beachten (Apg 16 und 17). Den eigenen Zustand bei seinem ersten Auftreten in Korinth beschreibt er später in 1Kor 2,3 u. 2Kor 1,8 mit *Schwachheit, Furcht, großes Zittern* und *Verzagtheit am Leben*. Doch die daraus resultierende Frucht seines Wirkens waren gerettete Menschen in Korinth wie auch in anderen Städten.

● In V 13 verweist Paulus auf Ps 116,10. Doch scheint er den gesamten Psalm im Auge zu haben, denn der Dichter dieses Psalms spricht eine ähnliche Situation an, wie Paulus sie erlebt hat: Da war einerseits Todesangst, aber andererseits Rettung durch Gott. Die im Glauben gemachten Erfahrungen geben auch Paulus Motivation und Kraft für seinen Dienst.

● V 14ff: Hat Paulus bisher sein irdisches Leben im Blick gehabt, so rückt nun die Ewigkeit mehr und mehr in seinen Fokus. Noch in V 11 hatte er davon geschrieben, dass das Leben Jesu an dem *sterblichen Leib sichtbar wird.* In V 14 rückt nun die Auferstehung und das Sein bei Gott ins Blickfeld, und die Verse 16 und 17 stellen Diesseits und Jenseits in ein gegensätzliches Verhältnis zueinander. In V 18 schließlich offenbart Paulus seine grundsätzliche Lebenseinstellung. **Nicht die sichtbare, materielle Welt des Hier und Jetzt ist ihm wichtig, sondern die jetzt noch unsichtbare, ewige Welt, die er erwartet.**

● Man könnte Paulus, nach allem was er erlebt hat und erleiden musste, Lebensüberdruss und Todessehnsucht unterstellen. Eine solche Beurteilung greift zu kurz. Für ihn war das Sein bei Gott nicht nur ebenso real wie das irdische Leben, sondern seine eigentliche Bestimmung. Das Wissen um die endgültige Erneuerung seines Lebens in Gottes Herrlichkeit gibt ihm die nötige Schubkraft, sich in diesem Leben zu bewähren.

● In V 15 hat Paulus einen wichtigen Aspekt eingeflochten, der etwas aussagt über das Ziel seiner Arbeit: *um euretwillen.* Es geht Paulus vor allem um das Heil von Menschen. Das aber ordnet er dem einen Ziel unter, dass der Dank der Geretteten an Gott vervielfacht wird zur **Ehre Gottes**. Wenn wir aufmerksam das NT lesen, werden wir immer wieder feststellen: Was Gott durch Jesus getan hat und was wir dann durch ihn tun, hat vor allem das eine Ziel, Gott zu ehren und ihn zu preisen. Das ist auf vielfältige Weise möglich. Nicht nur Gebete oder Lieder ehren ihn. Ein geheiligtes Leben, diakonische Tätigkeit oder die Verkündigung des Evangeliums können dies ebenso tun.

✎ *Womit möchten Sie heute Gott in Ihrem Leben ehren?*

Samstag, 27. Oktober 2. Korinther 5,1-10

● V 1: Immer wieder scheint **das eigentliche Lebensziel** von Paulus in den vorigen Abschnitten durch: ***daheim zu sein bei dem Herrn*** (V 8). *Sterben, auferstehen, mit Christus vereinigt sein* und das *Gericht* sind die Unterthemen. Sterben und Auferstehen kleidet er in Bilder. Für das diesseitige Leben steht das Leben in einem *Zelt* (bei Luther: *Hütte*). Es beschreibt das Provisorische im Gegensatz zum Dauerhaften, dem Leben in einem festen *Haus*. Die Dauerhaftigkeit dieses Hauses ist dadurch gewährleistet, dass es von Gott selbst errichtet ist.

● V 2-4: Angesichts des Sterbeprozesses drückt Paulus eine Sorge. Der Abriss (*Entkleidung*) des Zeltes bis hin zum Tod bereitet Not und Schmerzen. Darum würde Paulus lieber sogleich *überkleidet werden*, d. h. noch zu seinen Lebzeiten bei der Wiederkunft Jesu unvermittelt in die neue Auferstehungsexistenz verwandelt werden (1Kor 15,52).

● V 5f: Gleichzeitig erlebt Paulus den **Beistand des Geistes Gottes**, des *Trösters*, wie er im Joh oft genannt wird. Er ist die *Anzahlung* des Erbes (*Unterpfand* übersetzt Luther). Dieser Geist ist „Substanz" aus der göttlichen Welt. Er vermittelt eine Vision davon, wie es dort sein wird. Daraus resultiert Hoffnung und Vorfreude. Gleichzeitig ist er göttliche Kraft, die den Entkleidungsprozess zu ertragen hilft. Wie immer dieser Geist wirkt, lässt er ein Stück Himmel in unserem Leben aufleuchten.

● V 7-9: Noch ist das neue Sein sinnlich nicht fassbar. Aber für Paulus ist die im Glauben erfasste neue Wirklichkeit deswegen nicht weniger real. **Glaube** ist keine Flucht in eine erdachte Scheinwelt. **Es ist die Fähigkeit, trotz aller Bedrängnisse vertrauensvoll an der Wirklichkeit der unsichtbaren Welt Gottes festzuhalten.** Aus diesem Glauben bezieht Paulus die Motivation, in der Gegenwart so zu leben, dass es Gott gefällt.

✎ *Wodurch zeichnet sich ein Gott wohlgefälliges Leben aus?*

● V 10: Paulus denkt hier nicht an das Weltgericht. Wer zu Jesus gehört, hat dieses Gericht hinter sich. Wohl aber geht es um jenes **Gericht**, in dem Christen bezüglich ihres Wirkens für das Reich Gottes beurteilt werden (1Kor 3,12ff).

● Ps 96 ist einer der **Jahwe-Königspsalmen**, die Jahwe, den Gott Israels, als König der ganzen Welt loben und ausrufen. Die Völker der Welt sollen sich diesem Lob anschließen und damit seine Herrschaft anerkennen. V 2 fordert dazu auf, dass dieses Lob täglich vorgetragen wird (vgl. *von Tag zu Tag*). Fast atemberaubend ist, dass Israel als ein doch sehr kleines, unbedeutendes Völklein zwischen den Großreichen in Ägypten und im Zweistromland mit diesem Psalm seinen Gott als König und Herrscher über alle Völker und deren Götter bekennt.

● V 1-2: **Singen ist die schönste und höchste Form des Gotteslobs.** Singen im Gottesdienst ist keine Erfindung besonders musikalischer Menschen, sondern Ausdruck der Begeisterung, den höchsten König in den höchsten Tönen zu preisen.

● V 4-5: Die **Götter der Völker** werden als Nichtse verhöhnt, die nichts bewirken und schaffen können. Gewöhnlich wurde damals die Macht von Göttern von der kulturellen, wirtschaftlichen und militärischen Macht ihrer Völker abgeleitet. Aber die Macht Jahwes, des Gottes Israels, liegt darin begründet, dass er die ganze Welt erschaffen hat. Als Schöpfer der Welt ist Gott auch deren Herrscher und Richter, und alle Völker haben das Recht von seinen Werken zu hören.

„Nichts auf Erden ist kräftiger, die Traurigen fröhlich, die Fröhlichen traurig, die Verzagten herzhaft zu machen, denn die Musik." Martin Luther

● V 11-12: Die gesamte **Schöpfung lobt den Schöpfer** durch ihre Schönheit und Erhabenheit, durch die Bewunderung, die sie auslöst.

● V 13 spricht erstaunlich positiv von **Gottes Weltgericht**. Es bringt Erlösung für alle, die unter Ungerechtigkeit, Willkür, Gewalt, Krieg, Mangel, und Entbehrungen leiden. Auch die Erwartung der Wiederkunft Jesu Christi wird freudiger und hoffnungsvoller, wenn sie von der Warte der verfolgten Gemeinde und leidenden Menschheit und Schöpfung aus gesehen wird.

● V 11: Nach dem Ausblick auf das Ziel seines Lebens und des Lebens aller Nachfolger Jesu, wendet Paulus sich erneut seinem **Auftrag** zu, ***Menschen* für Jesus *zu gewinnen***. Dies geschieht aus einer Haltung der Ehrfurcht Gott gegenüber, dem er mit seinem missionarischen Wirken Ehre machen möchte (vgl. noch einmal Kap. 4,15).

● Im Hintergrund der V 12 und 13 steht offensichtlich ein **Konflikt mit einigen Gemeindegliedern** in Korinth. Die Ursache lässt sich nur schwer rekonstruieren. Offenbar sind da Christen, die viel Wert auf das äußere Verhalten legen. Für sie muss vor allem die Fassade stimmen, was in einem Menschen vorgeht, etwa was ihn innerlich bewegt, ist nicht so wichtig. So war eine der wichtigen griechischen Tugenden der Gleichmut: die Fähigkeit, seine Gefühle im Griff zu haben und nach außen Haltung zu bewahren. Nun werfen die Kritiker Paulus und seinen Begleitern vor, *außer sich*, d. h. *von Sinnen* gewesen zu sein. Beziehen sie sich dabei auf die leidenschaftliche Verkündigung des Paulus? Oder seinen Überschwang, mit dem er öffentlich Gottes Barmherzigkeit pries? – Wir wissen es nicht.

● V 14: Auch hier gibt sein **Motiv** den Ausschlag: ***die Liebe Christi***. Es ist jene Liebe, mit der er sich geliebt weiß und die in ihm brennt, sodass er sie nicht für sich behalten kann. Diese Liebe lässt ihn leidenschaftlich (*von Sinnen*) für Gott da sein. Andererseits lässt sie ihn besonnen argumentieren und theologisch begründet verkündigen. Sie ist ein innerer Drang, dem er nicht widerstehen kann und will.

● V 15: **Diese Liebe** und die daraus resultierende Hingabe entspringt nicht einem Augenblicksgefühl oder einer momentanen Stimmungslage. **Sie hat einen nüchternen realen Grund: Jesus starb für uns**. Mit seinem Tod, in den er alle Menschen mit einschloss, hat er ihnen die drohende ewige Trennung von Gott erspart und durch seine Auferstehung zugleich das neue Leben für und mit Gott ermöglicht.

✎ *Mal nennt Paulus die Ehrfurcht vor Gott, mal die Liebe Christi als Motiv für sein Handeln. Wie hängt beides zusammen?*

● Den Hintergrund von V 16 kennen wir nicht. Möglicherweise will Paulus mit einer neuen Einschätzung anderer Christen Spannungen in der korinthischen Gemeinde entgegenwirken. **Er hat sich dazu entschlossen, Christen nicht mehr nach äußeren Kriterien wie Aussehen, Herkunft, Bildung, Temperament, Charakter oder Vorgeschichte zu beurteilen,** (d. h. *nach fleischlicher Weise*), sondern danach, was Christus aus ihnen gemacht hat, nämlich erlöste Kinder Gottes.

✎ *Warum fällt es uns oft schwer, Mitchristen nicht vor allem nach äußeren Kriterien zu beurteilen?*

● Die nun folgenden V 17-21 sind Juwelen des NT. Die beiden Schlüsselworte sind: ***in Christus*** (griech. *en christo*). Kürzer und treffender kann man das neue Sein des Christen nicht beschreiben: es ist vor allem eine **innige persönliche Beziehung, eine tiefe Verbundenheit zwischen Jesus Christus und dem, der an ihn glaubt**. – In dem nun Folgenden geht es nicht um eine Zukunftsvision, deren Verwirklichung wir irgendwann einmal im Himmel erleben. Es gilt für hier und jetzt: **Wer zu Jesus gehört, ist eine neue Schöpfung.** Klar, wir bezweifeln das bei kritischer Selbstanalyse, weil wir immer noch so viel von dem „alten Adam" an uns wahrnehmen. Das aber ändert nichts an der Tatsache, dass Gott uns so sieht. Grundlage dieser Sicht ist sein versöhnendes Handeln in der Erlösungstat Jesu (V 18b; 19a; 21). Wir mögen oft darunter leiden, dass von der völligen Neuschöpfung unseres Lebens erst so wenig erkennbar ist, doch wer sind wir, dass wir Gottes Sicht anzweifeln und sie uns nicht für uns selbst aneignen dürften?

✎ *Nehmen Sie sich einen Moment Zeit, um die Inhalte des Erlösungswerkes Jesu für Ihr Leben auszuloten.*

● V 20f: Dieses Juwel der Versöhnung und Neuschöpfung darf nicht nur einigen wenigen Menschen vorbehalten bleiben. Christen sind dazu berufen, als ***Botschafter an Christi Statt*** alle Menschen zur Versöhnung mit Gott einzuladen.

Mittwoch, 31. Oktober 2. Korinther 6,1-10

● Nach den unübertrefflichen Aussagen über den Dienst der Versöhnung durch Jesus Christus kommt Paulus auf den Boden der Realität zurück. Seine seelsorgerliche Verantwortung für die Gemeinde veranlasst ihn zu dringender Ermahnung. **Das Geschenk der Erlösung, seine Gnade, kann man *vergeblich empfangen*** (wörtl.: *ins Leere gehend*). Gnade ist, wie Luther es formuliert hat, „der fahrende Platzregen", der genutzt werden muss. Die Gnade ist für uns Menschen nicht nach Belieben zu haben. Es liegt allein in Gottes Souveränität, wann und wie lange er uns seine Gnade schenkt.

✎ *Wo liegen die Probleme der Korinther? Was behindert den Empfang der Gnade in dieser Gemeinde? – Wo könnten für uns Hindernisse liegen, die uns die Gnade versäumen lassen?*

● In V 3 kommt Paulus wieder auf **das zentrale Thema** seines Briefes zurück: **seine Rechtfertigung gegenüber Kritikern** in Korinth, die ihn verdächtigen, angreifen und bekämpfen. Ist dieser Paulus in seinem jämmerlichen Auftreten wirklich ein von Gott legitimierter Bote? Es ist erstaunlich, mit welcher inneren Überzeugung Paulus seinen Kritikern entgegentritt. Solche Selbstgewissheit verleiht nur der Heilige Geist. Paulus achtet peinlich genau darauf, dass er mit seinem Dienst kein *Ärgernis* (Luther: *Anstoß*) gibt, der sein Amt beschmutzen könnte.

● Die V 4-10 haben Ähnlichkeit mit dem Abschnitt Kap. 4,7-18. Die vielfach erlebte Not, häufige Demütigungen und erlittene Ungerechtigkeiten brechen bei Paulus immer wieder wie ein Wasserfall hervor. Dabei verbinden sich mit jedem einzelnen dieser Begriffe konkrete Lebenserfahrungen. Später wird Paulus all das noch einmal zu seiner Verteidigung mit protokollarischer Genauigkeit auflisten: Kap. 11,23ff. Dennoch hebt er auch die positiven Erfahrungen hervor (V 6f).

✎ *Es ist lehrreich und heilsam bei dieser Beschreibung des Erlebten ein wenig zu verweilen. Wer als Christ in einem freiheitlichen Land denkt, dass der Dienst für Jesus ihm Unannehmlichkeit und Leid erspart, wird hier eines anderen belehrt.*

Donnerstag, 1. Nov. 2. Korinther 6,11–7,1

● Der Abschnitt Kap. 6,14 bis 7,1 ist ein Einschub mit vielen alttestamentlichen Zitaten und behandelt ein Sonderthema: Eingebettet in eine Liebeserklärung an die Gemeinde (Kap. 6, 11-13 und 7,2) zitiert Paulus hier wahrscheinlich – leicht kommentierend – ein **Taufbekenntnis**, denn damals gehörte zur Taufe auch eine klare Trennung von der sündigen Welt und eine Absage an alle bösen Mächte.

● Konkret könnte das dann heißen: „Ihr Korinther, erinnert euch doch an euer eigenes Bekenntnis – gerade in den innergemeindlichen Kämpfen – und sondert euch ab von allen Irrlehrern; schafft klare Verhältnisse und duldet keine heidnischen Einflüsse im frommen Gewand! Ihr seid doch der Tempel des Heiligen Geistes und kein Tummelplatz aller scheinfrommen Möchtegern-(Ver)Führer" (zu V 16 vgl. 1Kor 3,16).

● Kap. 7,1: … *von aller Befleckung des Fleisches und des Geistes reinigen*: Der Glaube drohte in Korinth zu einem normalen religiösen Kult zu verkommen, wo in großer Freiheit alles möglich und erlaubt war, ohne als Sünde angeprangert zu werden. Paulus fordert die Korinther auf, im Denken und Handeln, also „ganzheitlich" Klarheit zu schaffen, um vor dem heiligen Gott (*Furcht Gottes*!) bestehen zu können.

● Das Problem ist so alt wie die Christenheit: **Wie weit darf / soll / muss man sich anpassen** und zeitgenössische Denk- und Handlungsweisen in die Gemeinde integrieren, auch um des glaubwürdigen Zeugnisses gegenüber Nichtchristen willen – **und wann ist radikale Absonderung und Trennung gefordert?** Einerseits leben wir in dieser Welt (vgl. 1Kor 5,10), andererseits kann es auch nicht sein, dass weltliche Praktiken, nichtchristliche Ethik und andere Einflüsse nur notdürftig christianisiert werden und dann in der Gemeinde den Ton angeben.

✎ *Jede Zeit hat hier unterschiedliche Antworten gegeben. Aber wo liegt die Grenze? Für manche beginnt sie schon im Musikstil, für andere in der Kleiderordnung oder im Umgang mit Alkohol und Tabak. Wo verrate ich meinen Herrn durch falsche Enge, wo durch ebenso falsche Weite?*

Freitag, 2. November 2. Korinther 7,2-16

Wahrscheinlich hat Paulus vier Briefe nach Korinth geschickt: einen allerersten (1Kor 5,11), dann unseren 1Kor, dann nach einem deprimierend verlaufenden Kurzbesuch (Kap. 2,1) den sog „Tränenbrief" (Kap. 2,4) und schließlich unseren 2Kor. Gerade der uns verloren gegangene und aufrüttelnde „Tränenbrief" hat in der Gemeinde große Trauer und Betroffenheit ausgelöst. Das klingt in den V 8-13 deutlich nach.

● **Das Verhältnis von Paulus zur Gemeinde in Korinth war also stets von extremen Wechselbädern der Gefühle begleitet.** Leidenschaftlich kämpft er auch in unserem Abschnitt um die Liebe der Gemeinde. Er befindet sich in Mazedonien, evtl. in Philippi, in großer äußerer Bedrängnis und inneren Anfechtungen (V 5). Da kommt Titus mit guten und versöhnlichen Nachrichten direkt aus Korinth gerade recht (V 6). Paulus erfährt, dass sein „Tränenbrief" Wirkungen gezeigt hat und die Problemgemeinde wieder auf einem guten Weg ist. In dem ganzen notvollen Prozess (V 11) sieht er Gottes Handeln, der auch auf diesem Wege nur das Heil im Auge hat (V 10). Und so ist es jetzt auch egal, wer wann wen *beleidigt* hat (zu V 12 vgl. auch 2,5ff). Gott hat Versöhnung geschenkt – und die gilt!

● **Gemeindekonflikte** – jeder kennt sie. Oft werden sie jahrelang weitergeschleppt – und keiner traut sich das heiße Eisen anzufassen. Was unterscheiden unsere Konflikte von den Auseinandersetzungen des Paulus mit der Gemeinde in Korinth?

> ✎ *Welche Stufen auf dem Weg der Auseinandersetzung und der Versöhnung können wir aus diesem Abschnitt erkennen? Versuchen Sie, sich die einzelnen Schritte zu vergegenwärtigen.*

● Paulus hatte selbst auf dem Höhepunkt des Streites Titus gegenüber sehr positiv von der Gemeinde gesprochen, ja geradezu geschwärmt (V 14). Er kann also deutlich differenzieren zwischen dem momentanen Konflikt und seiner positiven Grundeinstellung zu der Gemeinde.

> ✎ *Warum geht uns diese differenzierte Sicht in einem Konflikt so schnell verloren?*

Samstag, 3. November 2. Korinther 8,1-9

Die damaligen Gemeinden kannten noch kein organisiertes Finanzwesen und erst recht kein Kirchensteuersystem; auch wird die alttestamentliche Allgemeinsteuer, der „Zehnte", nicht automatisch auf die christliche Gemeinde übertragen. Ebenso spricht Paulus nirgends vom „Opfer", wenn es ums Geld geht. Das alles bleibt den Entwicklungen späterer Jahrhunderte vorbehalten. Er bindet die **Kollekte für die verarmte Gemeinde in Jerusalem** (sie ist mit den *Heiligen* in V 4 gemeint) stattdessen viel enger an den Glauben und die Liebe, als es die o. g. Begriffe und Traditionen leisten können:

➢ Geben und geben können ist eine *Gnade!* Das griechische Wort *charis* kommt viel häufiger vor, als es die Übersetzungen wiedergeben (Luther übersetzt meist mit *Wohltat:* V 1.4.6.7.9).

➢ Geben und geben können gehört untrennbar zur vertrauensvollen Hingabe an Christus dazu (V 5).

➢ Geben und geben können – auch bei *abgrundtiefer Armut* (so wörtlich V 2) wie in Mazedonien – hat etwas damit zu tun, dass Christen in einer einmaligen Solidargemeinschaft leben (V 4), die Christus selbst geschaffen hat.

➢ Geben und geben können gehört in den Verbund aller anderen Gnadengaben wie Glaube, Wort Gottes, Erkenntnis, Eifer und Liebe (V 7).

➢ Geben und geben können hat seinen tiefsten Grund in der Selbsterniedrigung von Jesus Christus. V 9 erinnert stark an den Christushymnus in Phil 2,6-11: Wenn wir dem gehören, der alles für uns gegeben hat, dann können auch wir alles für seine Gemeinde einsetzen.

● Nachdem sich die nordgriechischen Gemeinden so eifrig und bereitwillig an der Geldsammlung beteiligt haben, möchte Paulus also auch in Korinth diese Sammlung zu einem guten Ende führen, die schon ein Jahr vorher begonnen hatte (vgl. Kap. 9,2). Titus ist beauftragt, das Ganze zu organisieren.

✎ *Was müsste sich bei uns ändern, damit die tiefe Verbindung zwischen unserem geistlichem Reichtum und unserer Spendenpraxis wieder deutlicher zutage tritt?*

● V 1-2: **Gerechtigkeit** ist in der biblischen Sprache ein Beziehungsbegriff. Wir verstehen ihn am besten, wenn wir ihn ebenfalls in eine Beziehung bringen: Werde ich Gott und seinem Willen gerecht? Wird Gott mir als Geschöpf oder seinem Volk gegenüber gerecht? Kein Mensch wird diesem Gott und seinem Willen gerecht (vgl. Röm 3,9-20). Gott wird aber David als Angehörigem des Gottesvolkes und als Beter gerecht, wenn er ihn erhört und ihm die Schuld vergibt. Am ehesten lässt sich diese Gerechtigkeit Gottes, an die David appelliert, als **Bundestreue** übersetzen.

● Die Bitte, dass Gott nicht mit ihm ins Gericht gehen soll (V 2), ist bemerkenswert, da sonst die Verfolgten Gott gegenüber stets ihre Unschuld beteuern (vgl. Ps 7,4.5.9).

● V 3: Der Beter fühlt sich dem Tode nahe. Das ***Finstere*** meint vielleicht das Gefängnis, das schon zur Todessphäre gehört.

● V 5: In seiner Verzweiflung und Erschöpfung erinnert er sich an die früheren **Heilstaten Gottes**. Hier findet er Trost und Vertrauen.

● V 8: Der **frühe Morgen** ist der Zeitpunkt, an dem Gott antwortet und hilft (Ps 30,6; 46,6) und deshalb der beste Zeitpunkt für das Lob Gottes (Ps 59,17; 92,3).

● V 12: Die **Bitte um Vernichtung der Feinde** findet sich öfter in den sogenannten Rachepsalmen. Sie ist menschlich verständlich, aber für uns Christen überwunden durch das Gebot der Feindesliebe bei Jesus und seinem Vorbild. Gelegentlich wird sie heute als Gebet gegen Dämonen und satanische Mächte gedeutet. Doch davon sprechen die Psalmen nicht. Selbst Jesus vernichtet die Dämonen nicht, sondern treibt sie aus.

✎ *Im NT wird an wenigen Stellen ein Fluch gegen die Feinde des Evangeliums und Christi ausgesprochen oder angedroht (Gal 1,8f; Röm 3,8; Offb 22,18f). Wie ist das zu verstehen?*

Wie wirkt es wohl in Korinth, wenn die mazedonischen Gemeinden so hoch gelobt werden, die trotz großer Armut reichlich spenden? Macht das Mut oder wirkt es eher entmutigend? Paulus scheint die Gefahr zu spüren und „rudert etwas zurück". Er will keinen Druck ausüben, sondern die Korinther nur dazu anspornen, den ihnen gemäßen Beitrag zu leisten (V 10-12).

● Zudem scheint es auch in Korinth Stimmen zu geben, die sagen: „Was geht uns Jerusalem an? Sollen wir uns einschränken, damit die Christen dort *gute Tage haben*?" (V 13a). Die Antwort (V 13b-14) ist an Nüchternheit kaum zu überbieten: Es geht beim Spenden „nur" um einen **Lastenausgleich**; keine Rede vom „Opfer" oder vom „Zehnten". **Weil Christen aller Kontinente** (Jerusalem war weit weg!) **eine große Familie sind, muss es zu diesem Lastenausgleich kommen, wenn sich der Glaube als echt erweisen soll.** Was die Jerusalemer Urgemeinde im Kleinen praktiziert hatte (Apg 2,44), gilt jetzt für die ganze Kirche: „Einer für alle, alle für einen." Aber weil eine solche Solidargemeinschaft ihren Grund allein in der Zugehörigkeit zu Christus hat, funktioniert sie auf Dauer auch nur dort. Das unterstreicht der Hinweis auf das Manna (V 15), denn Gott selbst sorgte auf der Wüstenwanderung wunderbar dafür, dass alle in gleicher Weise versorgt wurden.

● Wenn es um die Verteilung von Geld geht, regieren oft Argwohn und Begehrlichkeiten. Deshalb legt Paulus größten Wert darauf, dass die Kollekte von einem Team überbracht wird (V 18 ff). Zu schnell könnte der Verdacht der persönlichen Bereicherung erhoben werden, was im nichtchristlichen Umfeld damals wie heute fast schon normal ist. Auch nutzt das beste Gewissen vor Gott nicht viel, wenn man Menschen gegenüber ungeschickt handelt und Verdächtigungen provoziert (V 21).

✎ *Paulus orientiert sich bei seinem Spendenaufruf an der aktuellen Not der Jerusalemer Gemeinde (vgl. auch Lk 10,36!) und nicht am Haushaltsplan der Korinther (vgl. 1Kor 12,26). Welche Konsequenzen könnte diese Denkrichtung für uns heute bedeuten? Gibt es auch Grenzen der Solidarität – und wo liegen die?*

● V 1-5: Paulus geht ziemlich raffiniert vor: Den Mazedoniern hatte er gesagt: „Die Korinther haben ihre Spendenbereitschaft schon im letzten Jahr bewiesen" – und den Korinthern schreibt er: „Die Mazedonier haben so großartig gesammelt, weil ich euch schon als Vorbild genannt habe, nun blamiert mich nicht!"

● V 6: kann bei oberflächlicher Betrachtung dazu verleiten, einen Kausalzusammenhang herzustellen: „Wer viel gibt, der hilft viel." In diesem Sinne wird dieser Vers oft missverstanden. Aber man darf dabei nicht vergessen, dass der Zusammenhang zwischen Saat und Ernte im alttestamentlichen Verständnis eben kein Automatismus ist, sondern immer ein Handeln Gottes mit einschließt: Dass der Same aufgeht und Früchte bringt, liegt allein an Gottes Segen!

● In diesem Sinne sind dann auch die folgenden Aussagen (V 7-9) zu verstehen: Dass die Korinther genug haben, um überhaupt spenden zu können, – das ist alles allein Gottes unverdiente Gnade, sein Geschenk. Deshalb können Christen auch dann, wenn sie ihre materiellen Gaben mit Bedürftigen teilen und ihnen etwas davon abgeben, das Ganze in „heiliger Gelassenheit" (ein Stichwort des Mittelalters) als *fröhliche Geber* tun. **Es geht beim Spenden im NT niemals um ein „Opfer", das von uns gefordert wird und uns vor Gott angenehm macht, sondern immer um ein dankbares und großzügiges Teilen um Gottes willen**, der doch schon alles für uns getan und uns reich beschenkt hat (V 8-9).

● Spenden ist paradoxerweise immer beides gleichzeitig: andere segnen – und selber Segen empfangen (V 5).

✎ *Wer spendet, gibt etwas aus der Hand und damit auch aus der eigenen Verfügbarkeit. Er vertraut es Gott an, auch wenn Menschen es verwalten. Was mit der Spende in Jerusalem gemacht wurde, konnten damals die Korinther nicht mitbestimmen. Wie ist von daher der heutige Trend zu immer mehr zweckgebundenen Spenden zu bewerten? Könnte es nicht auch ein Mangel an Vertrauen bedeuten? Ab wann wird mit Spenden auch Macht über die Empfänger ausgeübt?*

Mittwoch, 7. November 2. Korinther 9,10-15

● *Der aber Samen* **gibt** … (V 10) – für das farblose *gibt* steht im griech. Text zweimal ein Wort mit der ursprünglichen Bedeutung: *Die Gesamtkosten für die Aufführung eines Chores übernehmen* – ein schönes Bild für Gottes Wirken in der Natur und in der Gemeinde: **Gott selbst übernimmt die Gesamtkosten – auch wenn wir spenden!** Und so mündet die ganze „Kollektenrede" dieses Briefes ein in das Lob Gottes.

● Für *Sammlung* oder *Liebeswerk* (V 12) steht im griech. Text das Wort *leiturgia = Gottesdienst (Liturgie).* **Auch eine Spendensammlung ist also ein Gottesdienst zur Verherrlichung seiner Allmacht!** Es geht nicht nur um den Ausgleich des Mangels in Jerusalem, sondern in der ganzen Aktion geht es um Gott: Er befähigt zum Spenden, er übernimmt alle Kosten und auf ihn allein richtet sich das Lob der Beschenkten und der Schenker. Spenden heißt hier also nicht, unter Druck etwas Gutes zu tun, sondern Paulus sieht darin eine Auszeichnung: Ich darf dabei sei, wenn Gott für seine Gemeinde sorgt!

● Am Ende (V 15) schwärmt Paulus von einer *unaussprechlichen Gabe* (wörtlich: *niemals zu Ende zu erzählende Wohltat!).* Das ist die Erfolgsgeschichte der Gemeinde, bestehend aus Judenchristen und Heidenchristen, die sich trotz mancher Unterschiede nicht nur gegenseitig akzeptieren (Apg 15), sondern nun auch tatkräftig unterstützen – zum Lob Gottes.

● Paulus scheut sich nicht, in diesem Brief zwei Kapitel lang vom Geld zu reden. Schon im 1Kor hatte er praktische Ratschläge zu diesem Thema gegeben (1Kor 16,1-4). Dazu passt eigentlich nicht, dass heute manche Christen und Glaubenswerke grundsätzlich nicht über Geld(-sorgen) reden wollen, weil sie darin ein Zeichen mangelnden Gottvertrauens sehen.

✎ *Anfangs sorgte jede Ortsgemeinde auch finanziell für sich selbst. Die Sammlung für die verarmte Gemeinde in Jerusalem ist ein erster Fall gemeinsamer finanzieller Verantwortung. Je stärker die Kirche zentral verwaltet wurde, desto mehr Geld brauchte sie. (Wie) lässt sich diese Entwicklung auch wieder umkehren – und warum wäre das wünschenswert?*

● Wer kennt das nicht? Eben war ich noch in eine Auseinandersetzung verstrickt. Doch ich habe dabei nicht so gut ausgesehen, wie ich es mir erhofft habe. Deshalb spiele ich die Situation nochmals in Gedanken durch. Da fallen mir auch gleich viel bessere Argumente ein. Manch einer schreibt dann Briefe oder verschickt Mails, um nachträglich seine Aussagen klarzustellen. Andere bereiten sich gedanklich schon auf die nächste Auseinandersetzung vor – und sind dann im Gespräch doch wieder viel milder und nachgiebiger. Genau das wird Paulus vorgeworfen: In seinen Briefen argumentiere er unnachgiebig und scharf, aber in der persönlicher Begegnung gebe er eine schwache, ja geradezu *klägliche* Figur ab (V 10).

● Der Gemeindegründer muss sich für sein Verhalten verteidigen. Warum greift er nicht durch? Weshalb nutzt er nicht seine Autorität (V 8), um in der Gemeinde die erwartete Ordnung wiederherzustellen? Unterscheidet sich geistliche Vollmacht von anderen Formen der Machtausübung? V 4 bringt uns auf die richtige Spur: ***Fleischlich*** beschreibt die gängigen Formen Macht einzusetzen oder gar auszunutzen, nämlich andere in die Knie zu zwingen. Seine *Waffen … im Dienste Gottes* sind andere. Sie setzen am eigenen *Denken* an (das griech. *noema* kann auch mit *Gesinnung* bzw. *Sinn* übersetzt werden; V 5).

● **Geistlich** zu handeln bedeutet für Paulus: Um Christi willen lasse ich meinen Gedanken nicht einfach freien Lauf. Ich kann zwar nicht beeinflussen, welche Gedanken (z. B. der Rache oder Abgrenzung) in mir aufsteigen. Doch durch Christus vom Zwang zur Sünde befreit, muss ich solchen zerstörerischen Gedanken nicht mehr Raum geben und mich davon bestimmen lassen. **Ich kann mein Denken, mein Trachten und Sinnen *gefangen nehmen in den Gehorsam gegen Christus.*** Mit diesem eindrücklichen Bild macht Paulus klar: Ich handle nicht danach, was mir gerade als richtig in den Sinn kommt, sondern frage in allem nach Gottes Willen und höre auf ihn.

● Schließlich erinnert er noch an die gemeinsame Grundlage, die bei allem Streit nie aus den Augen gelassen werden darf: Beide Seiten gehören zu Christus (V 7)!

● Offenbar war in Korinth ein **Wettstreit** darüber ausgebrochen, wer den stärksten Anteil am Aufbau und Wachstum der Gemeinde hat. Ist die Gemeinde nicht längst über die bescheidenen Anfänge aus den Tagen des Paulus hinausgewachsen? Braucht man in der jetzigen Situation nicht kraftvollere Leiterpersönlichkeiten, die auch schon mit ihrem äußeren Auftreten die Gemeinde beeindrucken? Und überhaupt: Paulus ist ja schon längst weitergezogen. Welchen Einfluss auf das konkrete Gemeindeleben sollte er da aus der Entfernung noch nehmen können?

● Der Apostel erkennt, dass es in Korinth um Grundsatzfragen geht. Soweit wir wissen, hat er sich bei keiner anderen Gemeindegründung so viel Zeit genommen, wie ausgerechnet in Korinth (nämlich *ein Jahr und sechs Monate* wie in Apg 18,11 festgehalten ist). Auch sollte man sich dort daran erinnern, dass Paulus es war, der das Evangelium nach Korinth gebracht hat (V 14f). Natürlich leidet er darunter, dass das von den Korinthern kaum noch gewürdigt wird. Doch statt seinen eigenen Beitrag an der Gemeindeentwicklung herauszustellen, liegt ihm an **Mäßigung** (die Worte *Maß, messen* bzw. *anmaßen* finden sich in diesem Abschnitt insgesamt neunmal!). – Schon in seinem ersten Brief an die Gemeinde (1Kor 3,5ff) weist er darauf hin, dass es Gottes Art ist, durch viele unterschiedlich begabte Mitarbeiter seine Gemeinde zu bauen. Neidlos kann er daher anerkennen, was Gott durch andere in der Gemeinde bewirkt hat (vgl. V 15).

● Doch mit solcher Haltung hat er es schwer gegenüber jenen, die sich selbst in den Vordergrund stellen (bzw. *sich selbst empfehlen*; V 12.18). Sie machen damit Gott den Ruhm streitig, der ihm allein gebührt. Das alles ist keine Kleinigkeit. **Wo die Ehre Gottes in den Hintergrund tritt, weil Christen in ihrer Selbsteinschätzung maßlos werden, entsteht für die Gemeinde in Korinth eine ernsthafte Gefahr**: Sie könnte den Weg der Christusnachfolge verlassen und menschlichen Ideen folgen. So könnte zerstört werden, was einmal als geistliches Leben begann. Dazu kann der Apostel nicht schweigen.

Samstag, 10. November 2. Korinther 11,1-6

● Ein Vorwurf, den die Korinther gegen Paulus erhoben, bestand offensichtlich darin, dass er kein brillanter Redner sei (Kap. 10,10, V 6). Aus Kap. 12,7ff und anderen Briefen wissen wir von einem organischen Leiden. Ob es sich bei dem ***Pfahl im Fleisch*** um eine epileptische Erkrankung oder eine Sehschwäche gehandelt hat, lässt sich nicht mehr feststellen. Jedenfalls war sein äußeres Auftreten alles andere als imponierend. Musste man von einem Apostel der Völker, der beansprucht, die wichtigste Botschaft der Welt zu vertreten, nicht mehr Überlegenheit und rhetorischen Glanz erwarten können?

● Paulus lässt sich in Kap. 11 auf die Argumentationsweise der Korinther ein. Wir spüren aus seinen Worten die emotionale Betroffenheit (V 2f): Schließlich hat er gerade in den Aufbau dieser Gemeinde persönlich viel investiert. Es ist für ihn schwer zu ertragen, dass sich ein großer Teil der Gemeinde bereits auf dem falschen Weg befindet. Sein Vergleich mit dem Sündenfall von Adam und Eva ist heftig: Andere Prediger treten wie die Schlange im Paradies als Verführer auf und wenden die Gemeinde von Christus ab (V 3)! **Die Beurteilung der Entwicklungen in der Gemeinde ist niederschmetternd: *ein anderer Jesus, ein anderer Geist, ein anderes Evangelium*** (V 4)! Und das Schlimmste: Das Auftreten dieser falschen Prediger wird in der Gemeinde nicht nur geduldet, sondern sogar noch von vielen begrüßt! Dazu kann der Apostel nicht länger schweigen. Es geht nicht mehr darum, ob sein Beitrag zur Gemeindeentwicklung gewürdigt wird, sondern darum, dass die noch jung im Glauben stehenden Christen ihr Vertrauen auf Jesus verlieren und von ihm weggeführt werden.

● Schließlich wird Paulus geradezu sarkastisch, wenn er seine **Gegner als *Superapostel* verspottet** (*Apostel im XXL-Format* so könnte man aus dem Griechischen übersetzen; V 5). Mit denen braucht er keinen Vergleich zu scheuen. Er mag zwar kein glänzender Redner sein, aber er hat die *Erkenntnis*, d. h. den entscheidenden Durchblick auf das mit Christus geschenkte Heil. Und darauf wie auf die Weitergabe dieser Erkenntnis kommt es vor allem an (V 6)!

● Unmissverständlich gibt der Psalmist Gott die letzte Verantwortung dafür, dass wir Menschen sterben müssen. Dies läuft einem Trend in Kirche und Theologie entgegen, die im Blick auf Katastrophen, Amokläufen oder besonders schlimmen Todesfällen und Verbrechen versuchen, Gott aus der Verantwortung zu nehmen. Verantwortlich für den Tod der Menschen sind dann die Menschen, der Teufel oder das Schicksal. Nach V 7f ist es **Gottes Zorn über die Sünde des Menschen**, die ihn letztlich das Leben kostet. Allerdings gibt es keinen berechenbaren Zusammenhang von individueller Lebenszeit (V 10) und Schwere der Sünde einzelner Menschen. Aber grundsätzlich kam mit der Sünde der Tod als Strafe Gottes in diese Welt (1Mo 3,22; Röm 5,12ff).

● Der allmächtige Gott wird in der Bibel auch mit dem **Unheil und Leiden** der Menschen in Verbindung gebracht (Jes 45,7; Am 3,6). Andererseits wird er als **Gott der Liebe** beschrieben (Joh 3,16; 1Joh 4,8f.16).

➢ Luther nennt das eine die Werke Gottes mit der **linken Hand**, die er gewissermaßen tun muss und unter denen er auch selbst leidet, wie ein Vater, der sein Kind straft.

➢ Die Werke der Liebe nennt Luther aber die der **rechten Hand**, d. h. das, was er von Herzen tut und will und was zum Heil der Menschen führt.

✎ *Was Gott wirklich am Herzen liegt, seine Liebe und sein eigentliches Wollen, hat er in Jesus Christus offenbart und gezeigt. Vgl. Sie dazu Joh 14,9; 10,11 und Röm 8,31-39.*

● Das **Wissen um die begrenzte Lebenszeit** macht klug. Es zeigt erst, wie kostbar das Leben, die Lebenszeit ist, und kann helfen, die verbliebene Zeit recht zu nutzen. Es hält davon ab, die Zeit zu vertreiben oder gar totzuschlagen, bzw. sie mit *vergeblicher Mühe* zu verbringen. Und es kann dazu führen, Sehnsucht nach ewigem Leben zu entwickeln (Joh 11,25).

Montag, 12. November 2. Korinther 11,7-15

● Obwohl er weiß, dass die nun folgende Argumentation geistlich nicht besonders tiefschürfend ist, versucht Paulus noch einmal auf eine neue Weise, die abdriftenden Christen in Korinth zurückzugewinnen.

● So erinnert er an seinen **diakonischen Lebensstil** (V 7): In Korinth und der ganzen Region hat er **das Evangelium unentgeltlich verkündigt**. Seinen eigenen Lebensunterhalt hat er als Zeltmacher verdient (Apg 18,3), sowie finanzielle Unterstützung aus anderen Gemeinden angenommen (V 8ff). Jedenfalls war die noch junge Gemeinde durch seinen anderthalbjährigen Aufenthalt in keiner Weise finanziell belastet worden. Das unterscheidet ihn wohl von nach ihm auftretenden *Aposteln* (V 13), die offenbar kräftig zulangen und durch ihre materiellen Forderungen ihre Bedeutung zu unterstreichen versuchen.

✎ *Ganz nebenbei erwähnt Paulus hier ein Prinzip seines Missionsdienstes, das bis heute nicht an Bedeutung verloren hat. Christen spenden, damit das Evangelium an anderen Orten verkündigt werden kann (V 9). Und das nicht nur, wenn sie selbst im Überfluss leben. So hat Paulus sich selbst mehrfach für Spendenaktionen eingesetzt (Kap. 8 und 9).*

● Die Gemeinden waren damals vor allem auf die mündliche Verkündigung angewiesen. Die Briefe der Apostel und auch die Evangelien waren erst im Entstehen. Wer als *Apostel* (ursprünglich durften sich nur die Augen- und Ohrenzeugen des Lebens Jesu so nennen; vgl. Apg 1,21) auftreten konnte, genoss daher besondere Wertschätzung als Garant der authentischen Jesusüberlieferung. **Doch den Korinthern fehlte das Unterscheidungsvermögen, die echten von den *falschen Aposteln* zu unterscheiden.** Nicht alles, was sich fromm gebärdet, ist göttlichen Ursprungs! Wieder sind die Vergleiche des Paulus nicht schmeichelhaft (V 14f: Der Satan verbirgt sich hinter der Fassade eines *Lichtengels* und seine Diener verstellen sich als *Diener der Gerechtigkeit*). Dabei gibt es nur eine Gerechtigkeit, die allein Jesus Christus selbst schenken kann!

Dienstag, 13. November 2. Korinther 11,16-33

● Nochmals verschärft Paulus den **ironischen Ton in der vergleichenden Auseinandersetzung** mit den Superaposteln in Korinth. Dabei räumt er gleich ein, dass seine Argumentation nicht geistlich, d. h. *dem Herrn gemäß* (V 17) ist. Selbstruhm bleibt töricht, auch wenn man im Vergleich gut abschneidet. Erstaunen mag, dass er seinen Gegnern nicht abspricht, *Diener Christi* zu sein (V 23). Sie sind zwar von einem falschen Evangelium verführt und verführen somit auch andere. Trotzdem klingt mit dieser Formulierung die Hoffnung an, dass seine Gegner zur gesunden Lehre zurückkehren und so eine Erneuerung der geistlichen Gemeinschaft möglich werden kann.

● So lässt sich Paulus auf den Vergleich ein. In vielen Punkten kann er mithalten (V 22f). Doch er hat auch noch mehr zu bieten (V 24-26). Aber möglicherweise werden ihm gerade seine **Leidenserfahrungen im Dienst für Jesus** von manchen als Makel vorgehalten. Sollte ein Völkerapostel von Gott nicht besser vor Reiseunfällen, Gefängnis, Auspeitschungen oder Raub geschützt werden? Sind solche Ereignisse nicht eher ein Indiz dafür, dass der Apostel doch nicht richtig an den mächtigen Gott glaubt, den er verkündigt? Müsste sein Leben bei diesem Auftraggeber nicht viel glanzvoller aussehen? Das Evangelium muss erfolgreicher und strahlender präsentiert werden, wenn es Menschen gewinnen soll! Doch genau hier liegt der Trugschluss. Christus selbst rettet die Welt durch Leiden und Tod. Seine Nachfolger stehen nicht über ihm. So spiegelt das Leben des Paulus in vielem den Kreuzweg Jesu wider.

● Hinzu kommt sein anderer Umgang mit den Christen. Statt sie zu beherrschen und auszunutzen (V 20f), trägt er schwer an ihrer geistlichen Entwicklung – vor allem, weil er seelsorgerlich auf Augenhöhe mit ihnen als Schwestern und Brüder umgehen möchte. Lieber will er als *zu schwach* erscheinen als mit Machtworten dazwischen zu fahren (V 20f; 28f).

✎ *„Es gibt keine Ferien vom Kreuz“ (H. J. Iwand). Was könnte uns Christen heute helfen, notwendigem Leiden um Christi willen nicht ängstlich oder feige aus dem Weg zu gehen?*

Mittwoch, 14. November 2. Korinther 12,1-10

● In einer **letzten Runde des Selbstruhmes** zeigt der Apostel auf, dass er sich vor seinen Gegnern nicht verstecken muss, wenn es um **besondere Geisteserfahrungen** geht. Im Unterschied zu ihnen scheint er öffentlich nicht über seine eigenen *Visionen und Offenbarungen* (V 1) gesprochen zu haben. War er deshalb geistlich ärmer und musste deshalb von anderen Aposteln übertroffen werden? In großem, zeitlichen Abstand (V 2) lässt er eine besondere ekstatische Erfahrung anklingen, die zwar für ihn selbst wichtig gewesen sein muss, in seiner gesamten Verkündigung jedoch keine Rolle gespielt hat. Auch verweist er in keinem seiner Briefe darauf. Selbst jetzt redet er darüber in der dritten Person und es bleibt mehr verborgen, als dass klar würde, was ihm genau bei seiner ***Entrückung*** widerfahren ist. Doch das ist Absicht. Seine Autorität als Apostel will er nicht auf besonderen Offenbarungen gründen. Er könnte zwar damit auftrumpfen, doch er verbietet es sich selbst.

● Immer wieder einmal wird behauptet, es handle sich hier um eine besondere Erfahrung der sogenannten Zungenrede. Doch schon durch die Formulierung *Worte, die kein Mensch sagen kann* (V 4) ist dies zumindest unwahrscheinlich.

● Paulus weiß, dass auch ein Apostel von Versuchungen nicht verschont bleibt. Gerade besondere geistliche Erfahrungen könnten ihn hochmütig werden lassen. Intensiv hat Paulus Gott darum gebeten, den *Pfahl im Fleisch* (V 7) – wohl ein schweres gesundheitliches Leiden – von ihm zu nehmen, um ihm so noch wirksamer dienen zu können. **Doch Gott macht ihm klar, dass er gerade durch die äußerliche Schwachheit des Apostels handeln will.** So bleibt Paulus ganz und gar abhängig von der *Gnade*, die allein durch die *Kraft Christi* in dem schwachen Apostel bewirkt, was ewig Bestand haben wird. Er will auf den Herrn verweisen, der auch ihm alles bedeutet.

● Immer wieder wird deutlich, dass Paulus sich bei seiner Argumentation des Selbstruhms nicht wohl fühlt. Darum betont er am Schluss noch einmal, dass er sich allein seiner *Schwachheit rühmen* will (Kap. 11,30; 12,5.9f).

Donnerstag, 15. Nov. 2. Korinther 12,11-18

Am Ende seiner **Verteidigungsrede** fasst Paulus zusammen, was ihm bei dem Konflikt mit der Gemeinde wichtig ist:

➢ Auch er ist ein Apostel und hat sich als solcher auch durch *Zeichen, Wunder und Taten* legitimiert (V 12; vgl. Hebr. 2,4). Wieder einmal ist typisch für ihn, dass er diese Dinge nicht breit entfaltet oder als Vorzug darauf pocht. Die Gemeindeglieder werden sich hingegen sehr wohl daran erinnern.

➢ Er hat Korinth bevorzugt behandelt, indem er keine materielle Unterstützung für seinen Dienst beansprucht hat (V 13). Das soll auch bei einem nächsten Besuch so bleiben. Voller Ironie bittet er die Korinther, ihm dieses *Unrecht* zu verzeihen.

➢ Im Gegensatz zur selbstverständlichen Pflicht von Kindern, für ihre Eltern zu sorgen, will Paulus als geistlicher Vater für die Gemeinde sorgen und sich für sie aufopfern (V 14f).

➢ Weder er noch sein Mitarbeiter Titus, den er offenbar sehr überreden musste, nach Korinth zu gehen, haben sich etwas zuschulden kommen lassen. Ihrer beider Auftreten war in jeder Hinsicht transparent (V 18).

● In keinem anderen Brief lässt Paulus uns so sehr in sein Herz sehen. Er leidet auch deshalb unsäglich an der notvollen Entwicklung der Gemeinde, weil er in ihren Aufbau besonders viel Zeit, Kraft und Liebe investiert hat. Doch gerade das sollte für ihn und andere eine weitere Erfahrung der Echtheit seiner Christusnachfolge sein. Gott erinnert ihn daran: „Es ist nicht dein Einsatz, von dem Wohl und Wehe der Gemeinde abhängt. Denn ich baue meine Gemeinde selbst". – **Was momentan wie ein Scherbenhaufen nach langem aufopferungsvollem Dienst aussieht, ist dennoch nicht ohne Hoffnung.** Schon zu Beginn seines ersten Briefes an die Gemeinde (1Kor 1,8f) beschreibt Paulus seine Hoffnung auf ein gutes Ende. Darum ist er auch jetzt trotz sorgenvollen Ringens um den Weg der Gemeinde nicht verzweifelt und am Boden zerstört.

● Werden die Korinther erkennen, worum es ihm wirklich geht (V 14)? Wie werden sie ihn empfangen, wenn er nochmals nach Korinth zurückkehrt? Um Gottes und des Evangeliums Willen will er nicht kneifen. Gott selbst wird ihm beistehen.

War die ganze Verteidigung lediglich eine Stilübung? Hat Paulus vielleicht ein wenig übertrieben, damit seine Darstellungen eindrücklicher in Erinnerung bleiben? Nein! Auch in der Darstellung der eigenen Person ist er ehrlich geblieben. Jeder Gedanke und Satz ist vor Gott verantwortet (vgl. nochmals Kap 10,5). Er setzt alles daran, dass die Gemeinde auf dem Grund weiterbaut, den er selbst legen durfte. **Darum versteht er seinen Brief auch weniger als persönliche *Verteidigung* als vielmehr als *Erbauung* zur Stärkung und Vergewisserung der Gemeinde.** Wenn er auf das sündige Verhalten der Gemeindeglieder eingeht, muss er das nicht mehr ausführlich tun. Schließlich liegt der Gemeinde sein erster Brief vor, in dem er zu all diesen Fragen ausführlich Stellung genommen hat.

Einer geplanten neuen persönlichen Begegnung sehen beide Seiten mit gemischten Gefühlen entgegen, weil sie vermutlich die wechselseitig damit verbundenen Erwartungen enttäuschen wird. Paulus kann nicht erwarten, dass ihn die Korinther mit offenen Armen empfangen. Die Gewöhnung an Sünde hat die Menschen verändert, und das darf er als Apostel nicht einfach hinnehmen. Die Gemeindeglieder ihrerseits dürften sich vor der Ankunft des Paulus fürchten, weil er angekündigt hat, die Dinge beim Namen zu nennen, die zur Nachfolge Jesu im Widerspruch stehen. Aus der Sicht des Paulus ist das unvermeidlich, damit Gott wieder die Ehre gegeben wird und die Korinther endlich von handfesten Sünden und der Knechtschaft falscher Lehren befreit werden.

Nochmals kündigt Paulus an, dass er auch bei seinem kommenden Besuch in der bisher beschriebenen seelsorgerlichen Haltung auftreten will (V 21): Es wird ihn seelisch viel Kraft kosten und er ahnt, dass Gott ihn bei diesem Besuch *demütigen* wird. Trotzdem will er nicht darauf verzichten.

✎ *Mit Blick auf heutige Gemeinden ist es schon ungewöhnlich, wie viel Herzblut Paulus damals in die Gemeinde investiert hat. Fehlt es uns heute eher an theologischer Klarheit, geistlichem Tiefgang oder geschwisterlicher Liebe? Oder an allem Dreien?*

Samstag, 17. November 2. Korinther 13,1-13

● Paulus kündigt zwar seinen Besuch in Korinth an und verweist darauf, dass er Fehlverhalten nicht vornehm übergehen wird. Er will die Korinther *nicht schonen* (V 2). Doch zugleich hofft er bis zuletzt, dass schon sein Brief die dringend notwendigen Veränderungen einleiten wird. Er legt es nicht darauf an, in der bevorstehenden Auseinandersetzung als Sieger hervorzugehen. **Viel lieber wäre es ihm, man könnte einander auf derselben geistlichen Grundlage als Geschwister begegnen, die von der Vergebung leben.** Dann stände er auch selbst gerne als *schwach* bzw. *untüchtig* dar, wenn er sich in der Einschätzung der Korinther geirrt haben sollte und sie wirklich *das Gute tun* und damit wahre Stärke zeigen (V 7.9).

● Seine eigene Grundhaltung ist in der Kreuzestheologie beschrieben (vgl. V 3f mit 1Kor 1,18ff). Wer sich von einem schwachen Gott abwendet, wie er uns in seinem Sohn Jesus am Kreuz begegnet, der verkündigt in der Tat einen *anderen Jesus* (vgl. Kap. 11,4). So fordert der Apostel die Gemeindeglieder zur Selbstprüfung (V 5 und 11) und Umkehr auf. **Dabei ist das entscheidende Kriterium, ob *Jesus Christus in euch* ist** (V 5), d. h. ob die Korinther Jesus in ihr persönliches Leben aufgenommen und ihm die Regie über ihr ganzes Leben überlassen haben. Das ist die Voraussetzung für einen guten Weg der Nachfolge.

● **Die Gemeinde soll *erbaut* (d. h. *aufgebaut*) und nicht *zerstört* werden.** So rät der Apostel auch nicht zur Trennung, sondern hofft darauf, dass sich die Gemeinde wieder *zurechtbringen* lässt (V 11). Ziel bleibt, dass Einheit und Friede wieder die Oberhand gewinnen.

● Auch wenn wir heute nicht mehr genau wissen, wie der ***heilige Kuss*** (V 12) praktiziert wurde, so handelt es sich dabei zweifellos um eine **Geste der Herzlichkeit und Ehrerbietung**, mit der die Christen damals ihre Verbundenheit unterstrichen.

✎ *Halten Sie die herzliche Umarmung von Christen bei der Begrüßung heute für eine angemessene Form, um Ihrer Verbundenheit im Glauben Ausdruck zu verleihen?*

● V 6: Wo wir Sünde oft fast nur noch als zwischenmenschliches Problem verstehen, betont David hier die **Störung des Gottesverhältnisses durch die Sünde**. Menschlich gesehen hat David sich gegen Batseba und vor allem gegen ihren Ehemann Uria versündigt, geistlich gesehen aber vor allem an Gott und seinem Gebot. Denn Gottes Gebot schützt die Ehe und den anderen Menschen. Ehebruch und Mord sind zuerst Auflehnung gegen Gottes Willen, der jeden Menschen als sein Geschöpf liebt und schützt.

● V 7: Man hat diese Aussage oft dahin ausgelegt, dass die **sexuelle Lust bei der Zeugung** eines Menschen diesen schon von Anfang an zum Sünder machen würde. Die Sünde würde sozusagen durch die geschlechtliche Zeugung an die Nachkommen vererbt und weitergegeben. Dieses Verständnis konnte noch verstärkt werden durch ein falsches Verständnis von „Fleisch" im Sinne sexueller Lust in Joh 1,12f; 3,6. Ps 51,7 trug in dieser Deutung nicht unerheblich zur Leib- und Lustfeindlichkeit in einem Teil von Kirche und Theologie bei. Gemeint ist aber, dass jeder Mensch schon von Geburt an Sünder ist und nicht erst durch Erziehung oder Fremdeinwirkung zum Sünder wird (Mk 7,15.20-23; vgl. 1Mo 8,21). Das hat nichts mit einer negativen Sicht von Sexualität zu tun. Diese biblisch-realistische Sicht des Menschen steht aber auch gegen eine heute weit verbreitete Auffassung, dass der Mensch von Natur aus gut sei. Diese Vorstellung ist eher von der Philosophie der Romantik und des Idealismus als von der Bibel geprägt.

✎ *Vergleichen Sie die Ebenbildlichkeit Adams zu Gott mit der Ebenbildlichkeit Seths zu seinem Vater Adam: 1Mo 1,27; 5,1-3.*

Alle Kinder und Nachkommen Adams sind Ebenbilder des in Sünde gefallenen Menschen. Sie werden schon in die Trennung der Menschen von Gott hineingeboren. Wie gut, dass **Jesus Christus als „neuer Adam"** anstatt der Sünde das neue Leben für alle bringt (Röm 5,14-18).

● Der kürzeste Brief des Paulus richtet sich an Philemon. Aus den Namen der Gegrüßten und der Grüßenden kann man schließen, dass Philemon in Kolossä lebte. Er muss wohlhabend gewesen sein, weil er Sklaven besaß und weil sich die Gemeinde in seinem Haus versammelte (V 2).

● Wie in anderen Briefen auch gewährt Paulus einen Einblick in sein Gebetsleben: Das Wohl der Gemeinden und der einzelnen Mitarbeitenden liegt ihm stets am Herzen. Das beispielhafte Leben von Philemon ist für ihn Grund zur Dankbarkeit. Dessen geistliche Entwicklung ist gekennzeichnet durch die enge Verzahnung von Glaube, Erkenntnis und tätiger Liebe (V 4-7).

● Auf das eigentliche Anliegen seines kurzen Briefes kommt Paulus ab V 8 zu sprechen. Philemon besaß einen Sklaven mit Namen ***Onesimus***. Der hatte seinem Namen ***der Nützliche*** im Dienst für Philemon keine Ehre erwiesen und sich eines Tages aus dem Staub gemacht. Doch hatte wahrscheinlich das Evangelium, das er im Haus des Philemon gehört hatte, einen solchen Eindruck auf ihn gemacht, dass er Paulus am Ort seiner Gefangenschaft – wahrscheinlich in Rom, wo auch viele entlaufene Sklaven untertauchten – aufsuchte und dort durch seine Verkündigung zum Glauben kam. Dass der Glaube ein Leben verändert, wurde an ihm sichtbar: **Aus einem unnützen Sklaven wurde ein *sehr nützlicher* Mitarbeiter** (V 11).

✎ *Kennen Sie aus Ihrem Lebensumfeld ähnliche Beispiele einer Lebensveränderung? Was beeindruckt Sie daran?*

● Weil Onesimus natürlich weiter Leibeigener des Philemon blieb und Philemon ein Anrecht auf seine Dienste hatte, wollte Paulus ihn nicht bei sich behalten. Eindringlich bittet er, dass Philemon ihm eine neue Chance gibt und sich davon überzeugen lässt, dass der Glaube das Leben des Onesimus von Grund auf verändert hat. Philemon soll seinen früher unnützen, entlaufenen Sklaven als *lieben Bruder* annehmen. Zwar kennt das NT noch keine grundsätzliche Ablehnung der Sklaverei, aber durch den gemeinsamen Glauben wird das Verhältnis von Sklaven und Freien auf eine völlig neue Basis gestellt (V 16).

Apostolisches Testament für einen profilierten Glauben in einer vergehenden Welt

● Der Apostel Petrus (vgl. Kap. 1,1; 1,16-18; 3,1; die immer wieder genannten Gründe gegen eine Verfasserschaft des Petrus vermögen kaum zu überzeugen) erwartet seinen Tod (V 13f) und schreibt in apostolischer Autorität an die Gemeinde: *an alle, die mit uns denselben teuren Glauben empfangen haben* (V 1). Sein theologisches Testament wirkt wie ein Schreiben aus einer anderen Welt. Es kann aber gerade deshalb Bedeutung haben für Christen, Gemeinden und Kirchen, die sich ihrer Kultur weitgehend angepasst haben und ihr Leben als Christen in dieser Welt vielfach kaum noch als Herausforderung empfinden. **Petrus provoziert uns mehrfach:**

➢ Glauben bedeutet *sich mühen* und verlangt den ganzen Lebens-Einsatz (V 5.10). Er ist also nicht einfach vorgegeben.

➢ Ein Leben im Glauben zielt darauf ab, *Berufung und Erwählung festzumachen* (V 10), d. h. ihnen gemäß zu leben. Wer das nicht tut, der droht zu *straucheln*.

➢ Glaube ist zwar Geschenk, aber es kommt nun darauf an, *Anteil zu bekommen an der göttlichen Natur* (V 4). Gott hat *Verheißungen* (V 4) ausgesprochen. Für uns kommt es nun darauf an, sie in unserem Leben in Anspruch zu nehmen.

➢ Petrus schildert Glaube als einen Weg, der verschiedene Etappen hat, die wir gehen müssen, wenn wir nicht *blind im Dunkel* umher *tappen* wollen (V 9) als solche, die unter geistlichem und mentalem Erinnerungsverlust leiden.

➢ Glaube lebt von *Erkenntnis* Jesu Christi (V 2.3.4f.8) und lebt *in der Wahrheit* (V 12): Das meint nicht theoretisches Trockenschwimmen bzw. theologische Gedankenakrobatik, sondern persönliche Beziehung zu Gott im vertrauensvollen Gespräch mit ihm und in der Bereitschaft, seinen Willen zu tun.

✎ *Welche Schritte hat der geistliche Weg, den Petrus beschreibt? (vgl. V 5-7) – Möchten Sie Petrus gerne widersprechen? Notieren Sie sich, an welcher Stelle, und suchen Sie sich jemanden, mit dem Sie offen darüber reden können.*

Worauf du dich verlassen kannst!

● Glaube hat Gründe. Er vertraut auf verlässliche Quellen. Er ist kein theoretisches System von Überzeugungen; keine religiöse Spekulation. Petrus argumentiert in doppelter Weise für seine Überzeugungen, indem er auf **zwei Sachverhalte** hinweist:

➢ *Wir,* die Jünger und Apostel, *sind nicht ausgeklügelten Fabeln gefolgt.* Der Verfasser des Briefes reiht sich ein in die **Augenzeugen**, die *die Herrlichkeit* Jesu Christi *gesehen haben* (V 16; vgl. Joh 1,14f; 1Joh1,1-4).

Das ist das Wunder der Weihnacht, die Menschwerdung des Sohnes Gottes in Jesus aus Nazareth. Gott wird in ihm Teil unserer menschlichen Geschichte. Das ist der Grund dafür, dass wir von ihm wissen und von ihm erzählen können (vgl. die Evangelien). Gott liefert sich damit uns Menschen als Zeugen und „Medien" aus, die von ihm und seiner Inkarnation (Fleischwerdung) weitersagen. Die Frage, wie verlässlich die Bibel ist, liegt darum in der Natur der Sache und hat ihr volles Recht. **Petrus versichert der Gemeinde: Unser Zeugnis von Christus ist verlässlich. Wir waren selbst aus nächster Nähe dabei.** Und er verweist auf das Zeugnis, das *Gott, der Vater* (V 17), selber auf dem *Berg* (V 18) der Verklärung in Anwesenheit der wichtigsten Gottesmänner des Alten Bundes für Jesus als seinen Sohn abgegeben hat (vgl. Mt 17,5).

➢ Das Aufleuchten der *Herrlichkeit* (V 16) des Sohnes Gottes ist aber nur recht zu verstehen vor dem **Hintergrund der Geschichte Gottes mit dem Volk Israel und dem *prophetischen Wort*** (V 19), das in der (Heiligen) *Schrift* (V 20; gemeint ist hier unser AT) dokumentiert ist. Diese Weissagung verdankt sich nicht menschlicher Auslegung, Zurechtlegung und Interpretation, sondern *getrieben* (wörtlich: *getragen* bzw. *in ihrem Leben durchdrungen und umgeben*) *von dem heiligen Geist haben Menschen im Namen Gottes geredet* (V 21).

✎ *Wie wichtig ist Ihnen die Beschäftigung mit historischen und anderen Fragen, die die Zuverlässigkeit der Bibel betreffen?*

Realistisch und nüchtern sein: Die Verdorbenheit von Kirche und Welt und wie Gott zu ihr steht

● Petrus legt eine ebenso **anstößige wie profilierte Diagnose** der ihm vor Augen stehenden Welt und Kirche vor:

➤ Er beschreibt mit drastischen Worten den *Unrat dieser Welt* (V 20): Verführung anderer durch *erdichtete Worte* (V 3), *stolze Worte, hinter denen nichts ist* (V 18); Ausschweifungen jeder Art machen anfällig für diese Verführungen (V 18); Menschen *verachten jede Herrschaft* (V 10), setzen sich *frech und eigensinnig* (V 10) in ihrer Individualität absolut; die *Augen sind voll von Ehebruch* (V 14); sie sind *getrieben* durch *Habsucht* (V 14.18) und durch ihre Lustorientierung *wie unvernünftige Tiere* (V 12). Sie *versprechen Freiheit* (V 19), obwohl sie selber doch *Knechte des Verderbens* (V 19) sind. – Wer wollte bei dieser Beschreibung nicht an Konsumfixierung und Lustorientierung, an die Ausbeutung von Sexualität, den herrschenden Individualismus, an profitbesessene Banker und haltlose politische Versprechen in unserer gegenwärtigen Gesellschaft denken?

➤ **Das Schlimme ist nun: Die Verdorbenheit unserer Welt macht vor den Toren der Gemeinde nicht halt.** Die, die gerettet sind, werden rückfällig; die *Entflohenen* werden wieder *verstrickt* (V 20). Sie lassen sich verführen und werden irregeleitet durch *falsche Propheten und Irrlehrer* (V 1f). Darunter leidet aber das Zeugnis der Gemeinde, die doch für den *Weg der Wahrheit* (V 2) einstehen sollte.

➤ Petrus weist durch eine breite Schriftexegese darauf hin, wie Gott mit dieser Gottlosigkeit umgeht: Das Ende wird *Gericht* (V 3.9) und *dunkelste Finsternis* (V 17) sein. Gott ist und bleibt derselbe. Er *verschont* (V 4.5) die Ungerechten nicht. Das muss uns Christen heute eine **Warnung** sein. Wir sind errettet, aber wir dürfen diese Errettung nicht aufs Spiel setzen, indem wir uns neu in die verlorene Welt verstricken lassen.

✎ *Sehen Sie sich durch diese düstere Diagnose von Kirche und Welt eher bestätigt – oder lehnen Sie die Aussagen des Petrus als übertrieben ab? Womit begründen Sie Ihre Einstellung?*

Der entscheidende Horizont christlichen Lebens

● Petrus baut auf dem gesicherten Fundament (den *Worten der heiligen Propheten,* dem *Gebot des Herrn,* bezeugt durch die *Apostel;* V 2) auf, um sich nun dem **entscheidenden heilsgeschichtlichen Horizont christlichen Lebens** zuzuwenden: dem ***Tag des Herrn*** (V 10.12). Christen erwarten das gewaltsame *Zergehen* (V 11) dieser Welt. Petrus schildert den **Untergang** dieser moralisch morschen Welt **als Weltenbrand** (V 10.12). Über sie ergeht das *Urteil* Gottes, bevor ein neuer Himmel und eine neue Erde anbrechen (V 13; vgl. Offb 21).

● Genau diese Erwartung: das Alte, Verlorene geht unter und **es kommt etwas ganz Neues**, das Gott selbst in einem **zweiten Schöpfungsakt** schenkt, wird aber nun in der Gemeinde selbst in Frage gestellt: Es *bleibt* doch alles, *wie es gewesen ist* (V 4). Kann man sich auf Gott wirklich verlassen? Wo bleibt er denn? Warum kommt er nicht, nachdem bereits die Generation der *Väter* gestorben ist? **Petrus antwortet auf die enttäuschte glühende Naherwartung der ersten Christen:**

➢ Denkt an *die Sintflut* (V 6)! Damals wogen sich die Menschen auch in trügerischer Sicherheit.

➢ **Gottes Uhren ticken anders**. Bei ihm sind *tausend Jahre wie ein Tag* (V 8). Gott denkt und handelt in anderen zeitlichen Dimensionen als wir sterblichen Menschen.

➢ Gott ist nicht unzuverlässig; es handelt sich nicht um eine *Verzögerung* (V 9) im Sinne von Unpünktlichkeit. Dass Christus noch nicht wiedergekommen ist, ist vielmehr Zeichen seiner *Geduld*: Gott *will nicht, dass jemand verloren* geht, sondern dass *alle* zur *Umkehr finden* (V 9; 1Tim 2,4). **Die verbleibende Zeit bis zur Wiederkunft Christi ist daher noch eine Zeit der Mission** (Mk 13,10). Gott zeigt auch hier eine erstaunliche Flexibilität beim Erreichen seiner Ziele (vgl. Röm 11,11-36).

✎ *Wie leben Sie als Christ in der Erwartung des wiederkommenden Herrn – oder spielt diese Erwartung keine Rolle in Ihrem Glauben? Wie gestalten Sie Ihr Leben, wenn er so lange – mittlerweile knapp 2.000 Jahre – noch nicht wiedergekommen ist?*

Samstag, 24. November 2. Petrus 3,14-18

Theologische Orientierung inmitten drohender Verführung

● Wie verhalten sich Christen in der Zeit bis zum großen Tag Gottes? Petrus gibt eine mehrfache Antwort:

➢ Sie *warten* (V 14). Sie leben in der **Erwartung des kommenden Herrn**. Sie wissen, dass diese Welt nicht so weiterlaufen wird und dass sie auf die große Weltenwende zugehen. Sie haben also einen anderen Horizont.

➢ Dieses Warten, das *im Voraus weiß* (V 17), führt Christen zu **einem anderen Lebensstil**, der sie unterscheidet.

➢ Diesen alternativen Lebensstil halten Christen aber nur durch, wenn sie sich nicht *verführen* (V 17) lassen durch *Irrtümer* (V 17), leere Versprechungen und Lustorientierung derer, die in dieser Welt leben (vgl. Kap. 2). Christen sollen sich dagegen *bemühen, unbefleckt* und *untadelig* (V 14) zu leben.

➢ Christen bleiben vor Verführung bewahrt, wenn sie sich an das *geschriebene* Wort halten (V 15). Durch das **Festhalten an der apostolischen Tradition** gibt es *festen Stand* (V 17).

● Um seinen Mahnungen Nachdruck zu verleihen, verweist Petrus auch auf den *lieben Bruder Paulus* (V 15). Seine *Briefe* (V 16) werden offenbar schon gesammelt und in den Gemeinden gelesen (eine Vorstufe der späteren Kanonisierung als NT unserer Heiligen Schrift). Schon sehr früh wird deutlich, dass **theologische Orientierung nicht einfach** ist: Bei aller Wertschätzung seiner *Weisheit* (V 15) – Paulus ist teilweise *schwer zu verstehen* (V 16). Was er sagt, kann man wie alle Schriften, *verdrehen* (V 16). Dazu muss man noch nicht einmal böswillig, nur *unwissend* und *leichtfertig* sein (V 16). Wer oberflächlich und angepasst lebt, wird nur schwer einen Zugang zur Bibel finden und sie verstehen können. Notwendig sind darüber hinaus Autoritäten, die die Bibel *richtig* interpretieren.

✎ *Aber ist damit der Streit nicht vorprogrammiert? Beanspruchen das nicht viele, alle? Hilft es nicht nur, wenn alle bereit sind, auf einander zu hören und damit auf das, was Gott den Mit-Geschwistern gezeigt hat? Was denken Sie?*

● Dieser Abschnitt aus dem Jesajabuch hört sich eher an wie ein **Psalm** als wie eine prophetische Rede. Die Not, in der das Gebet entstanden ist, lässt sich nicht genauer bestimmen.

● Das Volk *(wir)* geht aus von der Erfahrung, die auch aus Ps 1 spricht: **Der Weg der Gerechten, die nach Gottes Geboten leben, ist ein guter Weg.** Israel wartet darauf, dass Gott Gericht hält und seiner Gerechtigkeit zur Geltung verhilft. Man sehnt sich danach, Gott dafür loben zu können; auch deshalb, weil Gottes Gerichte pädagogischen Charakter haben. Durch sie lernen die Menschen Gerechtigkeit. Aus der Güte Gottes lernen die, die ihn ignorieren, leider nichts. Sie sind blind für Gottes Herrlichkeit und tun weiter Böses. Die Betenden sind überzeugt: Gott wird diese Übeltäter vernichten. Ihnen aber, die sich an Gott halten, wird er Frieden schaffen.

● Doch momentan sieht die Wirklichkeit anders aus: **Fremde Herren herrschen über Gottes Volk.** Dennoch bleibt es bei seinem Gott und vertraut darauf: Er wird die Fremdherrscher vernichten. Sie werden im Tod enden und vergessen werden. Sein Volk aber wird wachsen und sein Gebiet wieder ausdehnen. Darum steht es die schlimme Zeit durch als Zeit der Züchtigung. Selber kann es sich nicht helfen; die Angst verhindert, dass neues Leben entsteht. Aber Gott kann helfen. Er bringt Leben sogar aus dem Tod hervor.

● Das Gebet erinnert uns am **Ende des Kirchenjahrs** daran, dass wir alle vor dem Richterstuhl Christi offenbar werden (2Kor 5,10). Wir erwarten, dass er seine Gerechtigkeit in der Welt durchsetzen wird. Und wir hoffen auf die Auferstehung der Toten. Es handelt sich hier um eine der frühesten Stellen im AT, an der sie verheißen wird. So wird das Klage- und Vertrauensgebet doch zur prophetischen Botschaft.

Montag, 26. November Jesaja 56,1-8

● Der **dritte Teil des Jesajabuchs** (Kap. 56–66) beginnt. Er lenkt unseren Blick in die Zeit nach der Babylonischen Gefangenschaft. Sie wurde als Heilszeit angekündigt (Jes 40–55). Aber die Wirklichkeit sieht noch düster aus. Darum wird die Verheißung erneuert: Das Heil ist nahe, es kommt (V 1). Aber die Leute in Jerusalem müssen aufgefordert werden, dem Heil und der Gerechtigkeit Gottes entsprechend zu leben. Zwei Bereiche werden besonders benannt:

➤ Der **Sabbat** soll geheiligt werden. Nachdem im Exil der Tempel als Kenn- und Wahrzeichen Israels wegfiel, wurde der Sabbat zum Bekenntniszeichen der Juden in aller Welt. Die rabbinische Auslegung sagt: Nicht Israel hat den Sabbat gehalten, sondern der Sabbat hat Israel gehalten.

➤ Zwei Gruppen sollen **zum Volk Gottes gehören** können, für die das nach dem Gesetz bisher nicht möglich war. 5Mo 23,2-9 gibt Auskunft darüber, dass Kastraten und Angehörige fremder Völker aus dem Gottesvolk ausgeschlossen sind. Jetzt lässt Gott den Propheten mitteilen: Die Zeugungsunfähigen und Fremden können unter der Bedingung dazugehören, dass sie den Sabbat und den Bund bzw. das Bundesgesetz halten.

● Die beiden neuen Gruppen im Gottesvolk bekommen jeweils eine **besondere Verheißung:**

➤ Bei Kastraten sind keine **Nachkommen** da, in denen ihr Name, ihre Erinnerung fortleben könnte. Gott selber setzt ihnen ein Erinnerungsmal und gibt ihnen einen bleibenden Namen. Im hebräischen Text steht hier *Hand und Name – Jad wa Schem.* So heißt heute auch die „Gedenkstätte der Märtyrer und Helden des Staates Israel im Holocaust" in Jerusalem.

➤ Die Fremden bekommen **Zugang zum Tempel**, wo sie opfern und beten, also sich an den schönen Gottesdiensten Israels (Ps 27,4) freuen dürfen. Er steht allen Völkern zur Anbetung offen.

● In Kap. 49,6 wurde das **Heil für die Heiden** angekündigt. Dies beginnt sich nun in einer neuen Ordnung auszuwirken. Jesus wird sich ausdrücklich darauf beziehen (Mk 11,17).

Dienstag, 27. November Jesaja 56,9–57,13

● Scharf und bildkräftig wird hier **Gottes Gericht** angekündigt. Es trifft die Wächter und die Hirten. Parallele Texte (Hes 34,1ff; Jer 6,17) zeigen: Es ist damit das **Führungspersonal Israels** gemeint. Zweierlei wird ihm vorgeworfen:

➢ Die Führenden passen nicht auf ihr Volk auf.

➢ Sie schaffen in die eigene Tasche.

Voller Hohn nennt der Prophet sie blind und hirnlos; Hunde, die nicht bellen und in ihrer Gier nicht satt werden. Sie sind mit den ihnen Anvertrauten zusammen wilden Tieren, also Feinden ausgeliefert. Auch die Gerechten kommen mit um; aber sie gehen in den Frieden ein.

● Ab Kap. 57,3 muss der Prophet Anklage dagegen erheben, dass in Gottes Volk allerlei **Götzendienst** getrieben wird. Bei der Zauberei ist wohl an magische Praktiken zu denken. Die Hurerei ist bildhafter Ausdruck für das Fremdgehen zu anderen Göttern. Es dreht sich um die kanaanäischen Fruchtbarkeitskulte mit ihren Opfern unter Bäumen und auf Bergen; sogar Kinderopfer und Kultprostitution werden praktiziert! Hinter dem *König* in V 9 (hebr.: *Melech*) verbirgt sich wohl der kanaanäische Gott Moloch.

● Das Volk ließ es an Phantasie und Einsatz für diesen Götzendienst nicht fehlen (V 10). Für Gott heißt das: Ihr treibt Spott mit mir! (V 4). Gott kann über die Untreue seines Volks nur den Kopf schütteln: Wer sind denn die Götter, dass man sie scheuen und fürchten müsste? Statt dass du mich respektierst! Offenbar hast du mein Schweigen missverstanden, ich sei gar nicht da. Wenn ich mein Schweigen breche, kommt ans Licht, was dein Tun wert ist. Und dann schau, ob dir deine Götter helfen!

● Nur für **diejenigen, die Gott vertrauen**, bleibt ein Hoffnungsschimmer. Noch in Klage und Gerichtsankündigung wirbt Gott – auch um die, die heute anderen Göttern nachlaufen.

✎ *Was sind die Götzen, denen heute die Menschen nachlaufen?*

● Gott lässt seinem Volk das Heil ankündigen! Vieles klingt an die **Trostbotschaft** aus Jes 40,1-11 an.

✎ *Vergleichen Sie die beiden Abschnitte miteinander!*

In Jes 40 wird den Juden in der Babylonischen Gefangenschaft der Aufbruch in die Heimat verheißen. Jetzt werden die in Jerusalem Wohnenden aufgerufen, dem Kommen Gottes in der mühseligen Gegenwart den Weg zu bereiten. Von seinem ewigen, hohen Thron kommt er herunter zu den Gedemütigten und Geschlagenen. Es sind diejenigen, die nach der Rückkehr aus dem Exil einfach nicht auf die Beine kommen und fragen: Hat denn Gottes Strafe für unsere Sünde (entgegen der Ankündigung von Kap. 40,2) kein Ende?

● Doch, lässt Gott seinen Propheten sagen. „Zwar hat mein Zorn euch getroffen; ich habe mich von euch zurückgezogen als ihr eure Wege ohne mich gegangen seid." **Aber der Zorn ist zeitlich begrenzt.** Denn Gott kann sich seinen Geschöpfen, denen er doch seinen Lebensodem eingegeben hat, nicht für immer entziehen. Darum verheißt er seinem Volk erneut: Ich will euch heilen, leiten, trösten, ein Loblied auf die Lippen der Trauernden legen. Ich will Frieden schaffen – denen, die nach Jerusalem zurückgekehrt sind, und denen, die noch in der Ferne in Babylonien wohnen. Es wird Schalom sein, d. h. Friede, Heil, Glück. Alles wird gut.

● Für alle? **Die Gottlosen haben keinen Frieden.** Wer sich von Gott löst, löst sich damit auch von seinen Wohltaten. Darum ist der Abschnitt ein Aufruf an die Menschen aller Zeiten: Pflegt die Verbindung mit Gott! Räumt aus dem Weg, was sein Kommen zu euch hindern könnte. Gott kommt herunter in unsere Tiefen, bereitet ihm den Weg! Der Advent kündigt sich an.

„Komm, o mein Heiland Jesu Christ, meins Herzens Tür dir offen ist. Ach zieh mit deiner Gnade ein; dein Freundlichkeit auch uns erschein. Dein Heilger Geist uns führ und leit den Weg zur ew'gen Seligkeit. Dem Namen dein, o Herr, sei ewig Preis und Ehr." Georg Weissel (1590-1635), EG 1.

● **Fasten** ist in. Auch im Advent verzichten manche auf lieb gewordene Naschereien. Sie wollen sich durch Verzicht vor der Festzeit etwas Gutes tun. Aber was ist rechtes Fasten? Auch die Leute in Jerusalem erwarten, dass bei ihrem Fasten, ihrer Frömmigkeit überhaupt, Gutes für sie selbst herausspringt. Aber nicht mit äußerer Frömmigkeit sind sie vor Gott im Recht. Sie sind es nur, wenn sie Gottes Recht tun. Stattdessen handeln sie während ihres Fastens unrecht an denen, die ihnen anvertraut sind. Ja, Fasten ist Verzicht. Aber nicht als religiöse Pflichtübung, bei der man auf ein wenig von seinem Überfluss verzichtet und das für Gott wohlgefällig hält. Nein, rechtes, **Gott gefallendes Fasten ist …**

- wenn man auf zwar einträgliche, aber unrechte Praktiken verzichtet.
- wenn man Menschen frei lässt, die in Schuldsklaverei geraten sind.
- wenn man Hungrigen, Obdachlosen, Nackten hilft.
- wenn man für sie auf etwas verzichtet.

Solches Fasten tut tatsächlich auch dem gut, der es übt: Sein auf sich selbst bezogenes Wesen wird geheilt. Es wird licht in ihm und um ihn. **Gott macht es recht mit ihm.** Er antwortet ihm auf seine Fragen: Hier bin ich. Wer Gottes Recht tut, der darf mit seiner Gegenwart rechnen. Und wo das Verhältnis zwischen Mensch und Gott sowie zwischen Mensch und Mitmensch in Ordnung ist, da können auch die äußeren Verhältnisse in Ordnung kommen.

● Ein Aufruf, auch den **Sabbat** recht zu halten, schließt sich an. Offenbar ging man damals auch am Sabbat den eigenen Interessen, den Geschäften nach wie am Werktag. Es ist aber der heilige Tag des Herrn (vgl. 1Mo 2,2f). Hält man ihn als solchen, dann kann der ganze Segen Gottes über einen kommen.

✎ *Welche Konsequenzen ziehen wir daraus für das Begehen des Advents und des Sonntags allgemein?*

● In unüberhörbarer Schärfe benennt der Prophet den Grund dafür, dass Gott sich scheinbar von seinem Volk Israel zurückgezogen hat (V 2). Mit **Verschuldungen** fasst er zusammen, was in den folgenden Versen in verschiedensten Bildern und Beispielen entfaltet wird.

● V 3-8: In direkter Anrede geißelt er den **Lebenswandel** in Juda und Jerusalem. Wer diese Verse aufmerksam durchgeht, entdeckt, dass sie in immer neuen Worten das gleiche beschreiben. Es herrschen Bosheit, Ungerechtigkeit, Unheil und Unfrieden vor. Das erinnert an Amos, Hosea und andere Propheten des Alten Testaments. Alle zusammen beschreiben einen Zustand, der unveränderbar scheint. Die Verzweiflung ist fast mit Händen zu greifen.

● V 9-15a: Auffallend ist der Wechsel vom *ihr* des vorangegangenen Abschnittes zum *wir*. Der Prophet will sich selbst nicht als den perfekten Gläubigen darstellen. Er nimmt sich in die Anklage mit hinein und verhindert dadurch, dass er als der außenstehende Rechthaber angesehen wird. Nun wird er selbst zum Verzweifelten, der unter der Ausweglosigkeit der Situation leidet. Es scheint so, dass er kaum den Kopf zu erheben wagt, schon gar nicht vor seinem Gott. Nur an einer Stelle ist ein kleiner Lichtblick zu entdecken. In V 12 findet sich eine **Anrede**, so dass aus einer Beschreibung plötzlich ein kurzes Gebet wird: *Denn wir sind zu oft von* ***dir*** *abgefallen und unsere Sünden zeugen gegen uns.*

● Dieser alte Text weist weit über die damalige Zeit hinaus. Er beschreibt einen Zustand, der so oder ähnlich immer wieder sichtbar wird. Es gehört zu einem geistlichen Realismus, das anzuerkennen und die Welt nicht schöner zu reden als sie ist. Menschen bleiben weit hinter dem zurück, was Gott sich vorgestellt hat. Es hilft nicht, sich anklagend hinzustellen und das Unrecht anzuprangern. Viel eher hilft es, wenn Menschen sich in die Gruppe der Verzweifelten einreihen und mit einem kurzen Gebet die Wende einleiten. Wer, wenn nicht Gott selbst, könnte diese Ausweglosigkeit beenden?

● **Gott ist menschlich.** Er ist kein unnahbares Wesen in weiter Ferne. Er ist zutiefst getroffen, als er das Unrecht sieht, das sich in Israel ausgebreitet hat. In Bildern großer Aktivität beschreibt der Prophet, wie Gott mit dieser ausweglosen Situation umgeht: Gott *sieht, es missfällt ihm*, er *verwundert sich*, er *zieht an*, er *setzt auf* und *kleidet sich* (V 15b-17). Das mag vielen, die sich Gedanken über Gott machen, gegen den Strich gehen. Ein unnahbarer, entfernter Gott, das können sie sich noch vorstellen, aber dass Gott menschliche Züge bekommt? Dabei beschreibt der Prophet hier nur, was sich im NT vollendet. In Jesus wird Gott endgültig Mensch.

● **Gott ist Richter.** Es erstaunt, aus welchem Grund Gottes Reaktion so menschlich beschrieben wird: *Es missfällt ihm sehr, dass kein Recht ist* (V 15b). Die herrschende Ungerechtigkeit ruft Gott auf den Plan. Da ist er seinen Menschen ganz ähnlich. Sie vertragen vieles, aber wenn sie sich ungerecht behandelt fühlen, dann sind sie oft nicht wiederzuerkennen. So ist auch Gott. Seine Wut scheint unendlich. Wie ein Krieger rüstet er sich aus, um nun in den Kampf zu ziehen. Aber sein Richten hat ein Ziel: *dass sein Name gefürchtet werde* (V 19). Wer Gottes Richten lediglich als ein Abrechnen und Verurteilen versteht, übersieht, dass es um seine Ehre geht.

● **Gott ist Erlöser.** Es ist eine echte Wende, dass Gott zwar die Ungerechtigkeit der Völker bestrafen wird, er aber für Israel als Erlöser kommt. Er nennt dafür nur eine einzige Bedingung: das Abwenden von Sünde (V 20). Dieser einen Seite der Medaille muss die zweite hinzugefügt werden: das Hinwenden zu Gott. In V 21 geht der Text fast unmerklich in eine Gottesrede über. Durch den Propheten hindurch schenkt Gott ihm und damit seinem ganzen Volk seine Worte und seinen Geist. Es scheint fast so, als wäre jetzt schon Pfingsten!

✎ *Gott wird Mensch, Richter und Erlöser. Welcher dieser drei Aspekte ist Ihnen besonders wichtig? Warum?*

● Die Zuordnung des Psalms an David verweist auf die **Einbringung der Bundeslade nach Jerusalem** als geschichtlichen Hintergrund (2Sam 6,1-19). Ob sich daraus eine jährliche Prozession mit Aus- und Einzug der Bundeslade in den Tempel entwickelte, ist ungewiss. Die Beschreibung des einziehenden Königs als starker und mächtiger Kriegsgott (V 8 am Schluss wörtlich: *Jahwe, ein Kriegsheld)* könnte darauf zurückgehen, dass die Lade wie früher bei Kriegszügen mitgeführt wurde (2Sam 11,11).

● Auf diesem Hintergrund lässt sich ein **Zusammenhang der drei Teile des Psalms** erkennen:

➢ V 3-6 nennt **Einlassbedingungen** für den Berg des Herrn bzw. den Tempel. Nicht jeder darf einfach in die Gegenwart des *Königs der Herrlichkeit* treten. Dies wurde deutlich, als bei der Überführung der Lade ein gewisser Usa die Lade anfasste um ein Umkippen zu vermeiden und daraufhin sofort starb (2Sam 6,6-11). Nur wer rein und unschuldig ist, kann in der Gegenwart dieses Gottes bestehen und den Segen von ihm empfangen. Das reine Herz ist dabei das durch Gottes Vergebung gereinigte Herz (Ps 51,12; 32,2).

➢ V 1.2: Obwohl der **Einzug der Lade in Jerusalem** nur einen Vorgang mit lokaler Aufmerksamkeit darstellt, hat er doch globale, ja universale Bedeutung. Denn der einziehende König der Herrlichkeit ist eben nicht nur ein Kriegsgott eines kleinen Volkes am Rande der zivilisierten Welt. Es ist der Gott, der die ganze Welt und alles in ihr geschaffen und deshalb ein Eigentumsrecht an der Erde und den Menschen insgesamt hat. Der Einzug in Jerusalem ist gleichzeitig das Kommen Gottes in unsere Welt.

● V 7-10: Dafür sind die **Tore Jerusalems** zu klein. Die Tore sollen deshalb *ihre Häupter erheben* (so wörtlich) und sich weit öffnen. Die von Luther als *Türen in der Welt* übersetzten Worte bedeuten eigentlich: *Tore der Urzeit* oder *Tore der Ewigkeit*. Darin deutet sich vielleicht an, dass Raum und Zeit Gott nicht fassen können, sondern ihre Grenzen in der Gegenwart Gottes aufgehoben sind.

● Die Rede Gottes am Ende von Kapitel 59 setzt sich in Kapitel 60 fort. In beeindruckenden Bildern wird beschrieben, wie die ganze Schöpfung auf Gott ausgerichtet ist. Menschen, Tiere, Inseln und sogar Schiffe und fremde Könige werden kommen, **um Gott die Ehre zu geben** (V 14). Schon einmal, in Kap. 49, werden solche Bilder bemüht, um die Wiederherstellung Israels auszumalen. Unser Abschnitt geht darüber hinaus, indem er die Ewigkeit in den Blick nimmt. Dabei geht es nicht um Vertröstung auf die Zukunft, sondern um eine tiefe Gewissheit, die ihre Kraft schon in der Gegenwart entfalten will. **Am Ende wird Gott im Mittelpunkt stehen und wie ein starker Magnet alles anziehen.** Nichts und niemand wird sich ihm entgegenstellen können.

● In Anlehnung an Ps 24, den Bibeltext des 1. Adventssonntags, bildet V 11 die Mitte unseres Textabschnitts. Das Bild von den offen stehenden Toren des Tempels (Ps 24,7) wird nochmals erweitert. **Am Ende wird der Tempel als Ort der Gegenwart Gottes Tag und Nacht zugänglich sein.** Aus dem Wunsch des alttestamentlichen Gottesvolkes ist endlich Wirklichkeit geworden. Dieses Bild scheint den biblischen Autoren so wichtig zu sein, dass es Johannes in der Offenbarung ein weiteres Mal gebraucht, um ein eindrückliches Bild der Ewigkeit zu zeichnen (Offb 21,25f).

● Zu diesem großen Zukunftsbild gehört allerdings auch, dass es nach wie vor Menschen gibt, die sich dem Anspruch Gottes entziehen. Sie meinen, ohne ihn leben zu können und schlagen deshalb sein Angebot aus. Gott drängt sich ihnen nicht auf. **Es gehört zu seiner Liebe, dass er seinen Menschen die Freiheit lässt, einen anderen Weg zu wählen.** Wer ohne ihn leben will, muss dann auch ohne ihn leben. Das bedeutet für den Menschen allerdings den sicheren Tod (V 12). Auch darin befindet sich unser Text ganz dicht an den Aussagen der Johannes-Offenbarung. Liebe zwingt nicht. Sie erweist ihre Echtheit darin, dass sie Freiheit lässt.

✎ *In welchen Versen entdecken Sie adventliche Motive?*

● Verlassen und ungeliebt zu sein (V 15), gehört zu den schwierigsten Erfahrungen im Leben eines Menschen. Wer das erleben muss, hat häufig große Schwierigkeiten, Liebe zu geben und dauerhafte Beziehungen einzugehen. Die Angst, ein weiteres Mal verlassen zu werden, ist so groß, dass jemand lieber einsam bleibt, als sich erneut dieser Gefahr auszusetzen. **Dieser menschlichen Ur-Angst stellt Gott ein ganz anderes Bild gegenüber.** Aus dem verlassenen und ungeliebten Menschen wird jemand, der königlich ernährt und versorgt wird (V 16). In seiner Umgebung erstrahlt plötzlich alles in einem neuen Licht. Es herrschen Frieden und Gerechtigkeit anstatt Schaden und Verderben (V 17f). Selbst die Gestirne, ein Ur-Bild für Verlässlichkeit, haben ausgedient, weil Gott selbst das ewige Licht sein wird. Aus dem gleichen Grund wird verheißen, dass Sonne und Mond nicht mehr untergehen werden (V 19f).

● Alle Bilder unseres Textes beschreiben das Gleiche: Die Anfänge und das Sichtbare haben keine Hoffnung wecken können. Nach menschlichem Ermessen ist nichts mehr zu erwarten. Aber wenn Gott eingreift, kehren sich die Verhältnisse um. **Gott tut immer Größeres als früher.** Mitten im Advent ist das ein wichtiger Gedanke. Gott kommt in einem armseligen Stall zur Welt und doch ist er der König der Welt. Größer könnten die Gegensätze nicht sein. Aber mehr noch: Als Jesus gekreuzigt wird und stirbt, ist das für die Umstehenden das Ende. Die einen sind unendlich enttäuscht, die anderen erleichtert. Von beiden Gruppen völlig unerwartet, kehrt Gott die Verhältnisse um. **In der Auferstehung wird aus Tod Leben.** So bricht die neue Welt Gottes schon jetzt an, aber nicht als Ergebnis menschlicher Anstrengungen, sondern weil er selbst alle Fäden in der Hand hält und die neue Welt nicht schnell genug herbeiführen kann (V 22).

✎ *Gott macht alles neu – mit welchem Bild würden Sie diese Aussage beschreiben?*

● Die Botschaft dieses Abschnittes weist deutlich über ein „Es wird schon wieder" hinaus. Was in den vorigen Kapiteln begonnen wurde, setzt sich hier in einem großen Bogen fort. Die **Herrlichkeit Gottes** ist mit seinem Geist verknüpft, der eine umfassende Gerechtigkeit schafft. Der Prophet malt die Befreiung aus der Gefangenschaft vor Augen und erinnert gleichzeitig an das **Hall- oder Jubeljahr**, das Gott seinem Volk verordnet hat (3Mo 25,8ff). Es sollte in jedem 50. Jahr stattfinden. Im Unterschied zu anderen Jahren durfte im Jubeljahr nur das geerntet und gegessen werden, was wild auf den Feldern wuchs. Außerdem sollte Grundbesitz seinen ursprünglichen Eigentümern zurückgegeben werden, wenn diese in Armut oder Not geraten waren. Zuletzt kamen Menschen wieder frei, die sich aus wirtschaftlichen Gründen einem anderen Israeliten als Sklave verkauft hatten. Ob das Volk Israel das Jubeljahr je in diesem Umfang begangen hat, ist umstritten. Unbestritten ist jedoch, dass die Anweisungen zum Jubeljahr das Ziel hatten, eine Gemeinschaft zu ermöglichen, wie sie in den umliegenden Völkern in dieser Weise nicht vorkam.

● Die Bilder lassen keinen Zweifel daran, dass das **kommende Friedensreich** mehr ist als „nur" eine ungetrübte Beziehung zwischen Mensch und Gott. Es ist durch einen umfassenden **Frieden** und eine endgültige **Gerechtigkeit** gekennzeichnet.

● Vom Neuen Testament her betrachtet, ist das Jubeljahr ein Vor-Bild dessen, was Gott für die Ewigkeit verheißen hat. Zur Bestätigung und als Ermutigung ist Jesus ein unübersehbar wichtiger Meilenstein auf diesem Weg. **Dort, wo Jesus auftritt, bricht das Jubeljahr bereits an** (Lk 4,18ff). Jede Heilung, die er vornimmt, jedes Unrecht, das er beseitigt, ist ein Vorgeschmack dessen, was noch kommen soll. Wer sich ihm anvertraut, darf schon jetzt eine Ahnung davon bekommen.

✎ *Welche Geschichten von Jesus verdeutlichen das?*

Donnerstag, 6. Dezember Jesaja 62,1-12

● „Name ist Schall und Rauch", heißt es in Goethes Faust. Unser Text drückt etwas anderes aus. Bei Gott sind Namen sehr wichtig. Ob es das *Adam, wo bist du?* aus der Schöpfungsgeschichte oder das *Martha, Martha* im Neuen Testament ist, **Gott redet seine Menschen mit Namen an** und verleiht ihnen damit eine unverwechselbare Identität. In verschiedenen Situationen kommt es sogar vor, dass Gott jemandem einen neuen Namen gibt (z. B. Joh 1,42).

● Namen haben eine Bedeutung und insofern ist es nicht unerheblich, dass Gott seinem Volk eine **Namensänderung** verspricht (V 2.4.12). Israel scheint zunächst unansehnlich und benachteiligt zu sein. Das kleine Volk in der Gefangenschaft interessiert niemanden. Es ist eines von vielen namenlosen Völkern seiner Zeit. Kein Wunder, dass die Israeliten immer wieder an ihrem Gott zweifeln und sich fragen, ob er sie vergessen habe. Um diesen Zweifel zu zerstreuen, beschreibt Gott, was sein großes Ziel ist. Er will aus dem kleinen unbeachteten Volk ein Volk machen, das wieder angesehen ist. Er verspricht, Ungerechtigkeit, Zerstörung und Hunger zu beseitigen. Stattdessen will er Gerechtigkeit schaffen (V 2), Jerusalem aufbauen (V 6f) und Nahrung geben (V 8f). Die Veränderungen sollen so umfassend sein, dass Gott sich wieder über sein Volk freuen kann wie ein Bräutigam über seine Braut (V 5).

● Es fällt auf, dass die Beschreibungen unseres Textes ausgesprochen **lebensbejahend** sind. Das nimmt Jesus in seiner Wirksamkeit auf. Seine Begegnungen mit anderen Menschen, seine Gleichnisse, aber auch manche seiner Wundertaten atmen etwas von dieser **Lebensfreude**. Wie ein roter Faden zieht sich dieser Aspekt durch die ganze Bibel. **Weil die verheißene Zukunft festlich sein wird, darf auch das Leben hier schon etwas Festliches ausstrahlen.**

✎ *In welchen biblischen Texten begegnen Ihnen Lebensfreude und Festlichkeit? Wie könnte das in Ihrem Glauben und Leben zum Ausdruck kommen?*

● Nach den Texten der vorausgehenden Kapitel mit so vielen positiven und lebensbejahenden Bildern erscheint der heutige Abschnitt ganz anders. Er wirkt geradezu **brutal und blutrünstig**. In einem kurzen Dialog fragt jemand nach dem, der in roten Kleidern auf ihn zukommt. Wie immer man sich diesen auch vorstellen mag, ob als Traum oder auch anders, in großer Härte beschreibt Gott die Art und Weise seines Auftretens. Auffallend ist dabei die doppelte Bedeutung von **Rot**. Einerseits ist Rot die Farbe Edoms, denn „Edom" heißt übersetzt „rot". Diese Namensgebung geht für das geographische Gebiet auf die charakteristischen rot-rostfarbenen **Sandsteine** zurück. Da Edom an drei Seiten von Wüsten begrenzt war, blieb den Edomitern für die Ausdehnung ihres Gebietes nur die Ausbreitung nach Norden, was zu Kämpfen mit dem Stamm Juda führen musste.
● Das zweite **Rot** des Textes bezieht sich auf Kelter und Weinlese. Beides ist in den biblischen Texten ein Bild für **Gericht** (vgl. Joe 4,13; Offb 14,20). Dabei ist Gott selbst der alleinige Richter. Er sucht zwar nach Unterstützung, muss aber am Ende doch das Gericht ohne fremde Hilfe durchführen (V 3.5). Das Gewand des Kelterers ist rot, allerdings nicht vom Wein, sondern vom Blut (vgl. Offb 19,13). Darin kommt der ganze Zorn des richtenden Gottes zum Ausdruck. Es scheint so, als sei das Maß im wahrsten Sinne des Wortes voll. Gott gibt sich seinem Zorn hin, und niemand kann ihn aufhalten.
● Für viele Menschen sind solche Texte mit ihren starken und zugespitzten Aussagen nur schwer verständlich. Die Vorstellung, dass es einen vor Zorn rasenden Gott gibt, können sie kaum ertragen. Von daher ist es nur zu verständlich, dass Menschen Gott schon früher gebeten haben, von seinem Zorn abzulassen (vgl. 2Mo 32,12; Ps 85,6; Dan 9,16). Gut zu wissen, dass sein Zorn ein Ende haben wird (Ps 30,6; 103,9).

✎ *Warum sind die biblischen Aussagen über den Zorn Gottes unerlässlich?*

● Das Wechselbad der Gefühle könnte nicht größer sein. Eben noch war von Gottes unglaublichem Zorn die Rede, und plötzlich steht etwas ganz anderes im Mittelpunkt: ein **Bußgebet**. Es ist nicht klar, an welcher Stelle des jüdischen Gottesdienstes dieses Gebet entstanden ist, sicher ist jedoch, dass darin etwas Wesentliches zum Ausdruck kommt. **Wer glaubt, orientiert sich an der Vergangenheit, ohne rückwärtsgewandt zu sein**. Der Blick in die Geschichte dient eher dazu, Zuversicht für die Gegenwart und die Zukunft zu gewinnen. Für die Frömmigkeit des Volkes Israel ist das bis heute ein wichtiger Aspekt ihres Glaubens.

● Wenn Israel der Gnade des Herrn gedenkt (V 1), dann ist das immer ein Rückblick in **Dankbarkeit**. Das Volk Gottes erinnert sich an seine Hilfe und Bewahrung, vor allem im Zusammenhang mit dem Auszug aus Ägypten (V 11ff). Im vorliegenden Text wird allerdings deutlich, dass sich das Volk Israel in der damaligen Situation als weit entfernt von Gott empfand. Die **Leidenserfahrungen** ließen sie daran zweifeln, dass Gott sich noch um sie kümmert. So halten sie Gott nun seine eigene Geschichte vor und erinnern ihn an seine Wohltaten. Damit appellieren sie an Gottes Ehrgefühl. Gott würde sich ihrer Ansicht nach vor den umliegenden Völkern lächerlich machen, wenn er sein eigenes Volk verlassen würde (V 14b).

„Dankbarkeit ist der Wächter am Tor der Seele gegen die Mächte der Zerstörung." Gabriel Marcel

● Wenn wir dem Volk Israel ehrliche Motive unterstellen, ist dieses Bußgebet ein erstaunliches **Glaubenszeugnis**. Es stellt Gottes Ehre höher als die eigene. An dieser Stelle schließt sich der Kreis. In dem Maße, in dem den Israeliten die Ehre Gottes konkurrenzlos wichtig ist, machen sie die Erfahrungen, auf die sie dann in Dankbarkeit zurückblicken können.

✎ *Wie kann es Ihnen im Alltag gelingen, Gottes Ehre anstatt der eigenen zu suchen?*

● Dieser Psalm ist ein **Siegeslied**, das allerdings schon während des Kampfes als Vorwegnahme des endgültigen Sieges gesungen wird (vgl. V 29ff). Der geschichtliche Hintergrund ist am ehesten im Kriegszug Israels gegen Ammon zu sehen, der sich über zwei Jahre hinzog (2Sam 10–12) und bei dem auch die Bundeslade mitgeführt wurde (2Sam 11,11, vgl. V 25ff). Die Eröffnung des Psalms übernimmt die Worte, mit denen Mose den Aufbruch der Bundeslade anordnete (4Mo 10,35). Teile dieses Siegesliedes sind geprägt vom Siegeslied der Deborah (vgl. V 8f mit Ri 5,1-5).

● V 5-7: Gott ist ein **Anwalt und Fürsprecher** der Schwachen und Rechtlosen. Denen, die sich selbst nicht helfen können, gewährt er Schutz und Hilfe. Diese Parteinahme Gottes zeigt sich auch bei Jesus (Lk 6,20-23; Mt 11,28).

● V 12: Die **Wende im Krieg** wird durch ein besonderes prophetisches Wort eingeleitet, das den Kämpfenden reiche Beute verspricht, sodass das Land wie von goldenem Schimmer glänzt. Auch der *Schnee auf dem Zalmon* (V 15) meint wohl Kriegsbeute, die das Land bedeckt und wie Schnee weiß und silbern schimmern lässt. Die Freudenbotinnen werden auch diesmal das Siegeslied singen wie schon Mirjam (2Mo 15), Deborah (Ri 5), Jephtas Tochter (Ri 11,34), die Frauen Israels nach Davids Sieg über Goliath (1Sam 18,6f) und schließlich die Frauen, die an Ostern als erste den Sieg Jesu über den Tod verkündigen (Mt 28,8-10). Luther übersetzte statt Freudenbotinnen *Evangelisten*, denn die hebräische Wortfamilie wird im Griechischen mit *evangelisieren, das Evangelium verkündigen*, wiedergegeben.

● V 16: Das **Gebirge Basan** im nördlichen Ostjordanland war nie Wohnstatt Gottes wie der Sinai und der Zion. Als Lavagebirge wird es hier mit seinen schroffen Bergkegeln und ihrem majestätischen Aussehen gewissermaßen als „Gott unter den Bergen" bezeichnet. Dennoch hat Gott sich für den vergleichsweise sanften und niedrigeren Zionsberg als ewigen Wohnsitz entschieden.

Montag, 10. Dezember Jesaja 63,17–64,11

● Die **Fortsetzung des Bußgebetes** fällt durch einen sehr eindringlichen Ton auf. Geradezu flehentlich schreit das Volk Israel zu seinem Gott. Sie sind außer sich über sich selbst. Ein großes **Erschrecken** spricht aus den entsprechenden Versen. Fast der ganze Textabschnitt ist davon gekennzeichnet, dass das Volk Gottes sich von seinem Gott getrennt hat und dadurch zum Gespött geworden ist (V 19; V 5f). Es ist dem Zorn Gottes ausgeliefert ohne sich wehren zu können und muss die Konsequenzen seiner Schuld in vollem Ausmaß tragen (V 6).

● Trotzdem ist in diese sehr emotionale Klage ein beeindruckendes **Bekenntnis** zu Gott eingewoben (V 3.7). Es ist, als halte Israel seinem Gott in hartnäckigem Trotz seine Erwählung vor (V 17; V 7). Was für manche fast unverschämt klingt, ist ein verzweifeltes Festhalten an Gott. Israel weiß, dass es nur mit seinem Gott aus dieser ausweglos scheinenden Situation herauskommen kann.

● In einer dritten Ebene ringt sich Israel zu dem Wunsch durch, dass Gott doch eingreifen solle, um endlich wieder einen Zustand der **Gerechtigkeit** herzustellen (V 1f). Das Unrecht hat sich so sehr breit gemacht, dass nicht nur das Volk Gottes selbst, sondern auch der Tempel und Jerusalem in Mitleidenschaft gezogen worden sind.

● In dieser schwer wiegenden Krise bleibt Israel nichts anderes übrig als zu **warten**. Niemand kann Gott etwas vorweisen, was ihn gnädig stimmen und zu einer Rettungstat bewegen könnte. So sind die Israeliten allein auf Gottes Erbarmen angewiesen (V 11). Damit macht das Volk Gottes eine grundlegende geistliche Erfahrung, die auch nach ihm viele gemacht haben.
Der Liederdichter Philipp Friedrich Hiller drückt das so aus: „Mir ist Erbarmung widerfahren, Erbarmung deren ich nicht wert; das zähl' ich zu dem Wunderbaren, mein stolzes Herz hat's nie begehrt. Nun weiß ich das und bin erfreut und rühme die Barmherzigkeit."

● Der häufige Wechsel von Heils- und Gerichtsankündigung verwirrt beim ersten Lesen. Von der **Schlüsselstelle** V 8 aus bekommt der Text jedoch eine Struktur. In V 1-7 wird noch das ganze Volk angeredet. Aber V 8 macht deutlich, warum das Gericht nicht allen gilt, sondern Knechte Gottes und Abtrünnige unterschieden werden (V 9-16).

● Danach gilt V 1-7 offenbar nur denen, die Gott in falscher Weise anbeten. Dabei sollte aber das wunderbare Evangelium von der **vorlaufenden Gnade** in den ersten beiden Versen nicht übersehen werden. Dieses bedingungslose Gnadenangebot hat Gott mit der Menschwerdung Jesu aller Welt unterbreitet. Seit Weihnachten, Karfreitag und Ostern heißt es endgültig nicht mehr „wenn – dann": wenn du das und das tust, will ich etwas für dich tun, sondern „*Hier bin ich!* Ich habe alles für dich getan". Diese Gnade, die sogar unserem Suchen zuvor kommt, kann auch als ein guter Grund für die Kindertaufe gesehen werden.

● Aber dieses Gnadenangebot (z. B. Jes 40 oder 53) ist nicht gehört worden. Auf den alten kanaanäischen Höhenheiligtümern vollzieht das Volk dennoch verbotene Kulthandlungen (V 3-5), z. B. Totenbefragung *(Sitzen in Gräbern),* die ja noch heute in spiritistischen Zirkeln praktiziert wird, oder das Schlafen in einer Kultstätte *(Höhle),* um Heilung zu erfahren. Den Abtrünnigen wird das **Gericht** angekündigt, auch wenn hier noch nicht gesagt wird, wie es ergehen wird (V 6-7).

● Mit der Erklärung in V 8, dass das Gericht nicht auch den verheißungsvollen Rest verderben darf, wird der **zweifache Ausgang des Gerichtes** deutlich. Nach der Erneuerung der Landverheißung (V 9-10) und der Anklage in V 11, wird das Gericht nach V 12 als Krieg erwartet *(Schwert).* Wie dann Segen und Fluch im Kontrast zueinander stehen, zeigen schließlich V 13-16.

✎ *Wie verhält sich das bedingungslose Gnadenangebot Gottes zum zweifachen Ausgang des Gerichts? Vgl. Sie z. B. Mt 25.*

● Zum vorhergehenden Text, in dem die Gerichtsankündigung dominiert, steht diese überschwängliche **Freudenbotschaft** in scharfem Kontrast. Und auch von einer Scheidung in Gerechte und Ungerechte ist nicht mehr die Rede. Diese Heilsbotschaft gilt offenbar ganz Israel. Mit Offb 21 können wir sie universal verstehen, wobei allerdings dort die alte Erde und der Himmel durch die Neuschöpfung *ersetzt* werden, während hier Himmel und Erde „lediglich" *erneuert* werden sollen.
● Das hebräische Wort für **Gottes Schaffen** (bara) ist dasselbe wie in 1Mo 1. Es wird in der Bibel nur für das Schaffen Gottes verwendet. Gott ist es, der alles neu macht. Wir schaffen das nicht. Was er schafft, ist Grund zu riesiger und ungeteilter Freude, denn auch Gott freut sich an seiner neuen Schöpfung und an der Freude seines Volkes (V 19).
● In V 20-24 entfaltet der Prophet, wie das konkret aussehen wird, wenn **Gott alle Tränen abgewischt haben wird** (vgl. Jes 25,8; Offb 21,4). V 20 spricht von der Lebensfülle, die Gott dem Menschen grundsätzlich zugedacht hat und die im Erreichen eines hohen Lebensalters deutlich wird. Die angekündigte Heilszeit wird durchaus **diesseitig** verstanden, denn Bauen, Pflanzen und Wohnen sind dem irdischen Dasein zuzurechnen. Doch all die Arbeit soll nicht mehr umsonst gewesen sein. Ihr Ertrag soll nicht mehr wie bisher durch ständige Kriege aufgefressen werden. Zu den Segenswirkungen gehört jedoch entscheidend die heile **Beziehung zu Gott**, die sich in V 24 ausdrückt: Gott wird auf den Ruf der Menschen antworten.
● Erst in V 25 wird das **jenseitige** Heil angesprochen (vgl. Jes 11,6-9) und der Blick ein wenig geweitet zur Erwartung einer universalen Neuschöpfung, wie sie sich auch im Neuen Testament findet.

✎ *Wie kann oder wie soll sich die Erwartung der Neuschöpfung Gottes auf die Motivation zur Arbeit für eine bessere Zukunft in dieser Welt auswirken?*

● Zwischen die Heilsankündigungen ist nun wieder eine gewaltige **Gerichtsrede** eingeschoben. Die Mahnungen und Warnungen sollen das Volk aus seiner Lethargie reißen und von ihren Wegen ohne Gott zu ihm zurückholen. Der geistliche Zustand des Volkes scheint sich nach dem Exil nicht wesentlich von der Zeit vorher zu unterscheiden.

Der ganz oben ist, nimmt sich derer an, die ganz unten sind und richtet sie auf.

● Zunächst spricht der Prophet von dem unendlichen **Abstand** zwischen Mensch und Gott, der mit keinem Tempelgebäude und keinem Kultus zu überbrücken ist. Zugleich wird diese Entfernung auf Null reduziert dadurch, dass der große Schöpfer des Himmels und der Erde gerade das Kleine und Geringe sieht und achtet (vgl. Ps 113,5-9).

● Einem solchen Gott kann keiner etwas vormachen. Er verabscheut halbherzige oder gar frevelhafte **Opferhandlungen**. Die drastischen Gegenüberstellungen sind entweder bildhaft gemeint, um zu zeigen, wie verwerflich Kulthandlungen ohne gottgefälliges Leben sind. Oder sie deuten auf tatsächliche Menschen- und Hundeopfer hin (vgl. Jer 7,31). Dann wäre erst recht verständlich, dass Gott für solchen kultischen Missbrauch sein scharfes Gericht ankündigt.

● Aber V 4 lässt auch genügend erkennen, woran Gott Gefallen hat. Er hat uns **zum Antworten geschaffen**, zur Verantwortung. Es ist geradezu der Sinn des Menschseins, in dieser dialogischen Beziehung mit Gott zu leben. Es tut Gott weh, wenn er ruft und niemand antwortet. Und nicht nur diese Passage, die ganze Bibel macht unmissverständlich deutlich, dass diese Antwort auf sein Wort im Reden und Tun besteht, im Beten und Arbeiten, im sonntäglichen und alltäglichen Gottesdienst. Nicht auf das Gotteshaus kommt es an, nicht auf den sakralen Ort oder Raum, sondern entscheidend sind sein Wort und unsere Antwort.

✎ *Denken Sie darüber nach, welchen Wert es für unser Leben hat, dass Gott mit uns Gemeinschaft haben will.*

● Wieder haben wir den Wechsel von **Gerichts- und Heilsworten** vor uns. Bereits V 5 ist eine prophetische Predigt in sich, die beide Botschaften aufweist. Die Frommen werden getröstet und ihre Verächter aus dem eigenen Volk sollen zuschanden werden. Nur beißenden Spott haben sie für die übrig, die sich an Gottes Wort halten. In der heutigen christlichen Gemeinde würde eine solche **Spaltung** eher in dem Streit darüber drohen, wie denn Gottes Wort richtig zu verstehen und zu befolgen ist. Die Positionen reichen von „fundamentalistisch" bis „liberal-bibelkritisch". Mancher Hohn über die jeweils andere Position bleibt auch hier nicht aus.

● Die Gerichtsworte V 6 und V 15-16 wirken wie ein Rahmen um die Heilsrede V 7-14. In V 6 ist wohl wie in Jes 13,4 Kriegslärm gemeint. Es folgt eine **bilderreiche Heilsankündigung**. Das Bild der Geburt steht für die kommende Heilszeit. Sie wird auf wunderbare Weise, ohne Kriegswehen, kommen. *Wer hat solches je gehört?* Juda erhält seine restlichen Verbannten mit einem Mal zurück. Die Ankunft des Heils soll jedoch nicht durch die Trägheit des Volkes aufgehalten werden (V 9). Vielmehr sollen sich alle freuen, dass sie bald den Überfluss des Heils genießen werden (V 10-11). Dann wird hier erstmals im AT die überfließende Gottesliebe mit der Mutterliebe verglichen. Dieses **Trostwort** muss die auf das Heil Wartenden überrascht und darum besonders tief angerührt haben.

● V 15-16 schildert das Gericht über die Völker. Die zentrale Botschaft „Der Herr kommt!" hat immer beide Dimensionen: Heil und Gericht.

✎ *Kann die in der gesamten Bibel immer wieder begegnende Ankündigung des Gerichts Gottes auch als Frohe Botschaft verstanden werden?*

V 17 ruft das Gericht aus über die jüdischen Volksgenossen, die (wie in 65,3-5) Gott mit verkehrten, gemäß dem mosaischen Gesetz, abscheulichen Opferriten schmähen.

● **Gott kommt!** – so lautet die Botschaft am Schluss des Jesajabuches. Er kommt allerdings nicht nur zum Weltgericht; danach wird er alle Völker sammeln und sie werden seine Herrlichkeit sehen. Aber auch das ist noch nicht der letzte Akt: Wenn die Völker den Gott Israels als den Herrn der Herren erkannt haben, werden sie Boten zu denen **senden**, die noch nichts von ihm gehört haben. Konkrete Orte werden genannt, z. B. Tarsis, eine phönizische Handelsstadt in Spanien (vgl. Hes 27,12f).

● In V 21 geht es entweder um die Ernennung von Priestern und Leviten aus den heimgebrachten Israeliten (V 20) oder sogar aus den besonders in V 19 genannten Heidenvölkern. Bereits Kap. 56,1-8 hatte eine vergleichbare Ausweitung der Gemeinde Gottes angekündigt.

● Haben wir in V 19 eine **Gehstruktur** vor uns, so ist es in V 20.22 wieder die **Kommstruktur**. Die Sendung dient der Sammlung der letzten verstreuten Israeliten zum Zion hin – eine Zusammenfassung dessen, was in Jes 60,3-9 ausführlich geschildert ist. Dies wird in der Kategorie des Kultus beschrieben (Opfergabe), womit dem Tempelberg in Jerusalem unvergleichliche Heilsbedeutung beigemessen wird. Selbst der neue Himmel und die neue Erde dienen nur noch als Vergleich für die Beständigkeit dieses Kultzentrums (V 22).

● Schließlich (V 23-24) teilt sich die Menschheit auf in diesen Ort des ewigen **Gottesdienstes** auf dem Zion und den Ort der ewigen **Vernichtung** im Hinnomtal am Fuße des Zionsberges. Das Licht des endlich erfüllten andauernden Sabbats bei Gott wird kontrastiert mit der Finsternis und seelischen Qual der Gottesferne. Dies dient der Warnung an die Gottlosen, denen es jetzt gut geht, die aber die Frommen verachten.

✎ *Welche Bedeutung hat die Botschaft des Gerichts für die missionarische Verkündigung?*

„Das Himmelreich hängt nicht am Himmel, nicht in den Wolken, nicht im Wolkenkuckucksheim – aber es liegt in der Luft."
Uwe Seidel

● Der zweite Teil des Psalms (vgl. die Auslegung am 9. Dezember) weitet das Siegeslied nach dem Sieg über den konkreten Feind Ammon aus zum **grundsätzlichen Sieg Gottes über seine Feinde** und die Herrscher der Welt schlechthin. Errettung vom Tod (V 21f) meint hinter der vordergründigen Hilfe aus Lebensgefahr die Überwindung des Todes insgesamt (1Sam 2,6; Ps 71,20; 5Mo 32,39).

● V 20b muss wohl so übersetzt werden: *... er trägt uns als Last, der Herr, unser Heil* (vgl. Jes 43,24; 53,4.6).

● V 23-24: Hier geht es nicht um die Sammlung der Zerstreuten Israeliten, sondern darum, dass Gott die Feinde findet und aus den letzten Verstecken holt (vgl. Am 9,2-4). Seinem Gericht entgeht keiner (vgl. Offb 20,13).

● V 25ff: Wie in einem **Triumphzug** wird die Bundeslade nach dem Sieg wieder in das Heiligtum auf dem Zion eingeführt. In den Zug reihen sich nun auch Könige und Herrscher anderer Länder, die Gott ihre Geschenke darbringen (V 30.32; Jes 60,1ff; Offb 21,26).

● V 28 nennt stellvertretend für alle **Stämme Israels** die beiden südlichsten, Benjamin und Juda, sowie die beiden nördlichsten, Sebulon und Naftali.

● V 33-36: Der Einzug Gottes ins Heiligtum bringt keine Eingrenzung Gottes. Im Heiligtum beginnt Gottes Triumphzug durch die ganze Welt einschließlich der Himmel der Vorzeit und der Wolken des Himmels. **Der Tempel in Jerusalem ist die Tür zur ewigen Welt Gottes**, himmlisches und irdisches Jerusalem verschmelzen miteinander.

● Die prophetische Schau des **endgültigen Sieges Gottes** über alle seine Feinde hat wohl Martin Luther veranlasst, 1521 auf der Wartburg eine Auslegung von Psalm 68 niederzuschreiben unter der umfassenden Überschrift „von dem Ostertag, Himmelfahrt und Pfingsttag".

● Ganz im Stil antiker Geschichtsschreiber gibt der **Evangelist Lukas** in V 1-4 Rechenschaft darüber, welche Absicht er mit seinem Evangelium verfolgt. Er widmet es **Theophilus**, einer angesehenen Persönlichkeit. Über das hinaus, was dieser schon vom christlichen Glauben weiß, will ihm Lukas zuverlässige Informationen über die Grundlagen des Glaubens bieten. Dazu gehören auch die sog. Vorgeschichten in Lk 1 und 2.

● Lukas hat genau nachgeforscht, Augenzeugenberichte des Wirkens Jesu gesichtet und sie in eine wohlüberlegte Ordnung gebracht (V 3). Im Gegensatz zu modernen Jesusromanen berichtet Lukas Fakten, die auf sorgfältiger Recherche beruhen und an die man sich halten kann, weil sie verlässlich sind.

✎ *Lesen Sie bitte Joh 15,27; 1Kor 15,3-8; 1Joh 1,1-4 im Hinblick auf die Bedeutung der Augenzeugen für den Glauben.*

● Was Lukas nun berichtet, hat sich zur Zeit von **Herodes dem Großen** ereignet, der von 37 bis 4 v. Chr. als König von Roms Gnaden über Judäa herrschte. Der **Priester Zacharias** (= *Gott gedenkt*) und seine Frau **Elisabeth** *(= mein Gott hat geschworen)*, fromme Leute, waren kinderlos geblieben. Zacharias versieht als Angehöriger der Priesterabteilung des Abija (1Chr 24,10) den Opferdienst im Tempel in Jerusalem. Durch das Los bestimmt durfte Zacharias das wichtige Räucheropfer darbringen. Dies stellte eine ganz besondere Ehre dar und war nur einmal im Leben eines Priesters möglich.

● Während Zacharias am Räucheraltar seine priesterliche Aufgabe erfüllt, erscheint ihm, von Gott bevollmächtigt, *der Engel des Herrn* (V 11). Dieser kündigt Zacharias die zwar lang erbetene, wegen des vorgerückten Alters Elisabeths aber kaum noch vorstellbare Geburt eines Sohnes an. Sein Name soll **Johannes** (hebräisch: *Jochanan = Jahwe ist barmherzig*) sein. Er wird, vom Mutterleib an mit dem Heiligen Geist erfüllt, das Leben eines Gott Geweihten führen. Und er wird Vorläufer des kommenden Retters sein. „Christliche Leser sollen und dürfen das in 1,16 benutzte Prädikat *Gott der Herr* auf Jesus beziehen" (P. Stuhlmacher). Der Verheißene kommt bald!

● Obwohl **Zacharias** in V 6 ausdrücklich bescheinigt wird, dass er *fromm* und *untadelig* war, steht er der Ankündigung des Engels (V 13) zweifelnd gegenüber (V 18). Schließlich sind er und seine Frau *alt und betagt*. Wir werden an die Geschichte von **Abraham und Sara** erinnert (1Mo 17,17; 18,11f.). Und ähnlich wie **Gideon** (Ri 6,36-40) erbittet Zacharias ein Zeichen, an dem er erkennen kann, dass er nicht träumt und die sensationell klingende Botschaft des Engels tatsächlich wahr wird. Es handelt sich bei Zacharias nicht um Unglauben, sondern mehr um ein ungläubiges Staunen: Kann das wirklich wahr sein?!

● Gott hat Geduld mit Zacharias: Durch den **Engel Gabriel** gibt er ihm ein Zeichen: Zacharias wird bis zur Geburt des Sohnes stumm sein; Schweigen wird ihm auferlegt (V 20). „In dieser Zeit kann er lernen, stille zu sein vor Gott und zu erkennen, dass vor und für Gott kein Ding unmöglich ist" (P. Stuhlmacher). Somit liegen in diesem Zeichen sowohl Gericht als auch Gnade ganz eng beieinander.

✎ *An welchen anderen Stellen in der Bibel beginnt Gott durch Engel ein neues Kapitel in seiner Heilsgeschichte?*

● Dass der Priester Zacharias so lange im Tempel bleibt, löst bei der draußen betenden Menge Verwunderung aus. Aus seinem sonderbaren Verhalten schließen die Menschen aber, dass Zacharias eine besondere Gottesoffenbarung erlebt haben muss. Den üblichen Priestersegen zum Abschluss seines Opferdienstes (3Mo 9,22f; 4Mo 6,24-26) kann er jedoch nicht mehr an die Wartenden weitergeben.

● Das von dem Engel angekündigte Wunder geschieht tatsächlich. Nach der Rückkehr ihres Mannes aus Jerusalem wird **Elisabeth** noch im vorgerückten Alter schwanger (V 24) – so wie einst auch Abrahams Frau Sara (1Mo 21,1-7). Die damals als *Schmach* empfundene Kinderlosigkeit (zu V 25 vgl. 1Mo 30,23) war von ihr abgewendet. Der Leben schaffende Gott hatte auf wunderbare Weise Ps 127,3 an ihr wahr gemacht. Nach anfänglicher Zurückhaltung stimmt Elisabeth froh und beglückt in einen Lobpreis dieses gnädigen Gottes ein (V 25).

● Szenenwechsel und Ortswechsel. Der Ort des Geschehens ist nicht mehr der Tempel in Jerusalem, sondern Nazareth in Galiläa. Dorthin wird sechs Monate später der **Engel Gabriel** zu einer jungen Frau mit Namen **Maria** (hebräisch: *mirjam* oder *marjam*) geschickt. Maria wird ausdrücklich als Jungfrau bezeichnet. Sie ist verlobt mit **Josef**, einem aus dem Geschlecht Davids stammenden Mann. Die Ehe wurde damals mit der Verlobung begründet, dann aber erst durch die Heimholung der Braut in das Haus des Bräutigams vollzogen.
● Der grüßende Engel nennt Maria *du Begnadete* (V 28), d. h. *du, der Gott seine Gnade zugewandt hat*, und spricht ihr Gottes Beistand zu: *Der Herr ist mit* dir (vgl. Ri 6,12.16; Jer 1,8). Als einfache junge Frau erschrickt Maria über solche Würdigung.
● Wie zuvor schon bei Zacharias (V 13) und später den Hirten bei Bethlehem (Kap. 2,10) will auch diesmal der Engel mit seiner Botschaft Maria die Furcht nehmen: *Fürchte dich nicht* (V 30)! Es ist ein Zuspruch, der sich wie ein roter Faden durch die ganze Bibel zieht. Maria soll die Mutter des in Israel schon lange erwarteten Messias werden. Das von ihr geborene Kind soll den Namen **Jesus** (*Jeshua = Gott rettet, Gott schafft Heil) erhalten* (V 31b), und es wird der messianische Erlöser auf dem *Thron Davids* sein (V 32f; Jes 7,14; 2Sam 7,14).

✎ *Welche Gemeinsamkeiten und Unterschiede gibt es bei der Ankündigung der Geburt von Johannes und von Jesus? Was ist das Besondere an Jesus?*

● Im Gegensatz zu Zacharias zweifelt Maria nicht daran, dass sich die Verheißung des Engels erfüllen wird. Aber auch sie kann das Wunder ihrer Schwangerschaft nicht fassen, wo sie doch bisher mit keinem Mann geschlafen hat (V 34). Der Engel erklärt ihr die schier unglaubliche Botschaft von der Jungfrauengeburt durch ein einzigartiges Schöpfungswunder Gottes. In Marias Schoß wird Gott selber Mensch (V 35).
● Anders als Zacharias erhält Maria vom Engel ein positives Zeichen: die späte Schwangerschaft ihrer Verwandten Elisabeth. Ja, es stimmt: *Bei Gott ist kein Ding unmöglich* (V 37)!

● Maria hält nun nichts mehr daheim. Nach mehrtägiger Wanderung kommt sie in eine Stadt im gebirgigen Judäa, wo Zacharias und Elisabeth wohnen (der Überlieferung nach En Kerem, nahe bei Jerusalem). **Durch ihren Besuch bei Elisabeth will sich Maria über das ihr vom Engel gegebene Zeichen (V 36) vergewissern.** Als die beiden Frauen aufeinander treffen, ist Elisabeth schon im sechsten Monat schwanger. Doch nicht nur die beiden Frauen begegnen sich, sondern zugleich mit ersten Lebensäußerungen auch schon Johannes und Jesus, der Wegbereiter und der Messias Gottes.

● Als Maria ihre Verwandte Elisabeth begrüßt, *da geschah es, dass das heranwachsende Kind in ihrem Leibe hüpfte* (V 41). Gleichzeitig wird die Priesterfrau Elisabeth vom Heiligen Geist erfüllt und erkennt durch sein Wirken zielgenau, dass auch Maria schwanger ist. Sie heißt die Verwandte aus Nazareth mit einem **besonderen Segenswort** für Mutter und Kind willkommen: *Gesegnet bist du unter den Frauen, und gesegnet ist die Frucht deines Leibes!* (V 42).

✎ *Mit demselben Wort für „gesegnet" (griech. eulogeo) wird im Lk nur noch Jesus bei seinem Einzug in Jerusalem begrüßt (Kap. 19,38). Was heißt das im Blick auf die Bedeutung Marias?*

● Elisabeth bezeichnet Maria ehrerbietig als *die Mutter meines Herrn* (griech. *kyrios* V 43). Das bedeutet: Das in ihr heranwachsende Kind ist kein Geringerer als der Sohn Gottes, der kommende und lang erwartete Messias Israels. **Der heilige Gott und das Kind in Marias Schoß tragen beide den Gottesnamen *Herr*.** Deshalb wird später der erwachsene Jesus von sich bekennen: *Ich und der Vater sind eins* (Joh 10,30).

● Schließlich erzählt Elisabeth Maria vom **„Freudensprung ihres Kindes"** (P. Stuhlmacher) und preist sie selig (V 45): Nach anfänglichem Zögern vertraut Maria der vom Engel überbrachten Botschaft Gottes. Sie willigt in Gottes Plan ein, auf geheimnisvolle Weise Mutter des kommenden Erlösers zu werden.

● Die Begegnung mit Elisabeth ist für Maria eine so große Glaubensstärkung und Ermutigung, dass sie im Überschwang ihrer Gefühle spontan einen **Lobgesang** anstimmt: das sog. **Magnificat** (benannt nach dem ersten Wort ihres Lobgesangs in der lat. Übersetzung = *magnificare*, d. h. *groß machen, erheben*). Dieses Loblied weist eine große inhaltliche Nähe zum Lobgesang der Hanna in 1Sam 2,1-10 auf.

✎ *Wo sind die Gemeinsamkeiten der beiden Loblieder? Und wo geht das Magnificat über Hannas Lobgesang hinaus?*

● In der Mitte des Magnificats steht **der Jubel Marias über Gott und sein heilvolles Wirken**. Gott ist ihr Heiland, ihr Retter, der sie in ihrer äußerlichen Bedeutungslosigkeit nicht übersehen hat. Mit *Niedrigkeit* (V 48) ist im AT wohl primär die Kinderlosigkeit gemeint (vgl. 1Mo 29,32; 1Sam 1,11). Davor ist Maria nun durch Gottes Eingreifen bewahrt. Ihre Seligpreisung durch künftige Generationen machen Marias besondere Stellung als Repräsentantin Israels deutlich: man wird von Maria auch in Zukunft als der Mutter des Messias reden.

● Maria ist ganz davon erfüllt, dass sie gar nicht anders kann, als den Gott Israels zu loben: Sie darf die Mutter des Christus, des Retters aus Gottes Welt, sein, der nun bald geboren werden wird. Dabei hätte sie menschlich gesehen ja durchaus Grund gehabt, die Tatsache ihrer Schwangerschaft als zu diesem Zeitpunkt noch unverheiratete Frau als fatal zu empfinden (vgl. Mt 1,18-20). Doch wie ihr Verlobter darauf reagieren wird, bekümmert sie jetzt nicht. **Sie preist Gottes Macht und Stärke, der sich mitten im Durcheinander dieser Welt als souveräner Herr der Geschichte erweist.** Auch mit den gottlosen Herrschern wird er kurzen Prozess machen und sich stattdessen der kleinen Leute annehmen und die aufrichten, die am Boden liegen. Er wird die Hungrigen satt machen und die verwöhnten Reichen mit leeren Händen weg schicken (V 52f). Was für kühne Worte aus dem Munde einer unscheinbaren jungen Frau! Ja, Gott wird einmal die Herrschaftsverhältnisse in unserer Welt radikal umkehren!

● Von der **Geburt des Johannes** berichtet Lukas in knappen Worten. Dabei wird die Treue Gottes gegenüber Elisabeth deutlich: Er hat die durch den Engel ausgesprochene Verheißung wahr gemacht. Diese Treue beschreibt Paulus im Blick auf Abraham so: *Was Gott verheißt, das kann er auch tun (*Röm 4,21*).* Elisabeths Freude über Gottes Barmherzigkeit und Geschenk teilen ihre Nachbarn und Verwandten.

✎ *Lesen Sie dazu bitte Psalm 113,9 und 127,3. Dadurch wird diese Freude noch verständlicher.*

● Die **Beschneidung** des Johanneskindes als Zeichen der Zugehörigkeit zum Volk Gottes erfolgt nach jüdischer Sitte am 8. Tag. Sie war z. Z. Jesu mit der **Namensgebung** verbunden. Voller Mitfreude über Elisabeths spätes Mutterglück wollen die Besucher das Kind nach seinem Vater **Zacharias** nennen. Doch Elisabeth weigert sich. Sie will im Gehorsam gegenüber dem Auftrag des Engels Gabriel das Kind **Johannes** nennen (Kap. 1,13). Der herbeigewinkte, noch stumme Zacharias bestätigt den Namen. Johannes (hebräisch *Jochanan* bedeutet: *Jahwe ist barmherzig*). Genau das haben die beiden alten Eheleute mit ihrem späten Elternglück erfahren. Gott öffnet nun den lange verschlossenen Mund des Zacharias, sodass er wieder frei reden und von Herzen Gott loben kann.

✎ *Heute werden vielen Kindern modische Namen gegeben, ohne sich für ihre Bedeutung zu interessieren. Dagegen enthalten biblische Namen fast immer eine Botschaft.*

● Das wunderbare Geschehen im Haus des Zacharias löst bei den Anwesenden ehrfürchtiges Erstaunen aus, und die Nachricht darüber verbreitet sich schnell. Alle, die davon hören, bewegt die Frage, was aus diesem Kind wohl werden mag. Natürlich wissen die Leser des Evangeliums längst, was Gott mit diesem Kind vorhat: **Johannes** ist der in Mal 3,1 angekündigte **Vorläufer des Messias**, der Jesus den Weg bereiten wird. Das Leben des Johannes ist damit aufs Engste mit dem von Jesus verknüpft.

● Auf die Frage, welche Psalmen die besten seien, antwortete Martin Luther einmal: **Psalmi Paulini**, die paulinischen Psalmen. Darunter zählte er neben Ps 32; 51 und 143 auch Ps 130. Durch diese Bezeichnung wollte er deutlich machen, dass das **Evangelium** nicht erst im NT zu finden ist, sondern schon an vielen Stellen im AT.

● V 3: Die tiefe äußere oder innere **Not des Beters** hat mit Sünde und Schuld zu tun. Kein Mensch ist in seinem Leben vor Gott so untadelig, dass er nicht auch Strafe verdient hätte (Lk 13,1-3). Die Wende der Not hat deshalb auch immer mit Vergebung der Schuld zu tun. Auch in Jak 5,13-16 gehört zur Bitte um Heilung das Bekenntnis der Schuld.

● V 4: Weil nur Gott allein Sünde vergeben kann, gebührt ihm die Furcht, zumindest im Sinne von **Ehrfurcht und tiefem Respekt**. Wenn Jesus einem Menschen die Sünde vergibt, dann beansprucht er für sich ebenfalls diese Gottesfurcht (Mk 12,5ff). Es ist eine banale Vereinseitigung der Bibel, wenn behauptet wird, wir Menschen bräuchten vor Gott keine Angst zu haben (beachte Mt 10,28). Angst ist die natürliche und berechtigte Reaktion des Menschen auf die Begegnung mit dem Göttlichen, weshalb bei gnädigen Erscheinungen Gottes oder Engeln dann das *Fürchte dich nicht!* erschallt. Wenn Gott uns gnädig ist, nimmt er uns den *Geist der Furcht* (2Tim 1,7) und schenkt uns Freude über die Erlösung. Luther verbindet beides, wenn er die Erklärung für jedes der Zehn Gebote einleitet mit „Wir sollen Gott fürchten und lieben ..."

● V 8: Von dieser Verheißung her wird in Mt 1,21 der **Name Jesus** begründet. Hebräisch ist es der Name *Josua* (buchstäblich: *Jehoschua),* der dann in der aramäischen Umgangsprache auf *Jeschu* verkürzt und als *Jesus* ins Griechische übertragen wurde. Der Name bedeutet: *Jahwe ist Heil/Rettung*. Die Rettung besteht aber nicht in der Rettung aus der römischen Unterdrückung, aus Krankheit oder Not, sondern aus den Sünden.

● Zu keiner Zeit des Jahres wird so viel gesungen wie in der Weihnachtszeit. Heute, am Heiligen Abend, haben wir besonderen Grund dazu, denn wir feiern die Menschwerdung Gottes, die Geburt unseres Heilandes Jesus Christus. Wenn das kein Grund zum Loben und zum Singen ist!

● **Loblieder auf diesen gnädigen Gott** finden sich auch in den Geburtsgeschichten des Lukasevangeliums. Neben dem Lobgesang der Maria (Kap. 1,46-55), dem Lobgesang der Engel (Kap. 2,14) und dem Lobgesang des Simeon (2,29-32) hier nun der Lobgesang des Zacharias (Kap. 1,67-79). Er wird *Benedictus* genannt (benannt nach dem Anfangswort seines Lobliedes in der lat. Übersetzung: *Benedictus = Gelobt;* V 68). Geisterfüllt und in der feierlichen Sprache der Psalmen lobt Zacharias Gott, der den Himmel verlassen hat, um sein Volk zu *besuchen* (das griech. Wort *episkopeo* meint ein „göttliches Eingreifen nach einer Zeit des scheinbaren Sich-nicht-Bekümmerns" – so F. Rienecker; V 68 und 78, dort im Futur!) und zu *erlösen.*

● **Der erste Teil des *Benedictus*** (V 68-75) wird mit V 68b eingeleitet. „Gott hat sich mit der Geburt des Vorläufers Johannes seines Eigentumsvolkes angenommen und die ihm verheißene Erlösung heraufgeführt" (P. Stuhlmacher).

➤ Mit ***Erlösung*** ist die Befreiung *aus der Hand der Feinde* (V 71.74, für uns heute: Macht des Satans und der Sünde) gemeint. Mit der Geburt des Messias erneuert Gott seinen *Bund* und steht zu seinem einst Abraham *geschworenen Eid* (V 72f).

➤ Gott erbarmt sich im Wirken des Messias über sein Volk und schenkt ihm Schutz, Rettung vor Feinden und seine Nähe, damit es ihm wieder voller Hingabe *dienen* kann (V 75).

● Im **zweiten Teil des Hymnus** (V 76-79) richtet sich der Blick auf Johannes. „Man erlebt förmlich mit, wie Zacharias' Herz über die Rolle seines Sohnes jubelt" (G. Maier). Er wird *Prophet des Höchsten* heißen und Jesus als *dem Herrn vorangehen* (V 76). Dessen Licht wird erstrahlen über denen, die im Finstern leben und ihrem Leben eine neue Richtung geben. Auch wenn der *Weg des Friedens* manchmal nur ein mühsamer Trampelpfad ist, so werden sie ihn beherzt gehen (V 79).

1. Weihnachtsfeiertag, 25. Dez. Lukas 2,1-14

● *Es begab sich aber zu der Zeit …, dass alle Welt* ***geschätzt*** *würde* (V 1): Trockene Fakten. Harte Realität. Ein Leben lang werden wir geschätzt, eingeschätzt, abgeschätzt, unterschätzt oder überschätzt, registriert, etikettiert und taxiert. Und genau hier leuchtet die Frohe Botschaft auf: **Der lebendige Gott ist bereit, sich registrieren und schätzen zu lassen, um uns seine ganze Wertschätzung zu schenken.**

● *Augustus* ist eigentlich kein Name, sondern ein Ehrentitel, den der Senat in Rom Octavian zum Regierungsantritt verlieh. *Augustus* bedeutet *der Göttliche, der Anbetungswürdige* und *der Retter.* Gegensätzlicher könnten Augustus und Jesus nicht sein. **Während der eine sich als Retter verehren lässt, geht der andere zu unserer Rettung bis ans Kreuz.** Während der eine herrlich dastehen will und göttliche Anbetung verlangt, erwählt sich der andere einfache Hirten, die seinen Namen verkündigen. Während der eine mit seiner Steuerschätzung die Schätze dieser Welt für sich beansprucht, steuert der lebendige Gott seinen größten Schatz bei.

● Weshalb braucht die Weihnachtsgeschichte eigentlich den Josef? Dass er nicht der leibliche Vater von Jesus ist, sondern Gott, und die Jungfrau Maria Jesu Mutter, zeigt uns Jesu Wesen: Er ist wahrer Gott und wahrer Mensch. Mensch musste er werden, um stellvertretend für uns das Gericht auf sich zu nehmen. Gott musste er sein, um für uns und mit uns den Tod zu überwinden. Und doch spielt Josef eine entscheidende Rolle. Ohne ihn wäre Jesus kein Sohn Davids (V 4). Maria stammt von Aaron ab (Lk 1,5.36) und ist priesterlichen Geschlechts. Nachdem bislang jeder König auf dem Thron Davids zum *Sohn Gottes* adoptiert wurde (Ps 2,7; 2Sam 7,14) und diese Bezeichnung als Würdetitel erhielt, wird jetzt umgekehrt der einzig wahre Sohn Gottes durch den Davididen Josef zum Sohn Davids adoptiert. Deutlich wird: **Jesus ist durch Maria Priester und durch Josef königlicher Davidssohn.** Während der Prophet Sacharja mit Serubbabel einen königlichen Messias und mit Jeschua auch einen priesterlichen Messias kennt (Sach 3–6; bes. 4,14), vereinigt Jesus die beiden Rollen in sich.

2. Weihnachtsfeiertag, 26. Dez. Lukas 2,15-20

● Hirten sind die ersten, denen Gott die Geburt seines Sohnes verkündigen lässt. Ursprünglich sind sie weniger Sinnbild für Menschen am Rand der Gesellschaft als vielmehr Repräsentanten der ganzen Gesellschaft: Israel war ein Hirtenvolk. Abraham, Isaak, Jakob und seine Söhne oder auch David waren Hirten. Entsprechend verheißt Jeremia (Jer 33,12f), dass Israel bei seiner Heimkehr aus der Babylonischen Gefangenschaft wieder überall Weideplätze vorfinden wird, auf denen Hirten ihre Herden versorgen werden. Wenn sich dies um die Zeit von Jesu Geburt verschoben hat und verschiedene jüdische Texte Hirten als *verachtet* schildern, zeigt dies Gottes doppeltes Interesse: **Sein Evangelium richtet sich an alle, vor allem aber an die Ausgestoßenen.**

● Angesichts manch spekulativer Engel-Spiritualität in unserer Zeit, zeigen uns V 9.15, wie wir Engel vor allem sehen sollen: Sie sind Repräsentanten Gottes, von ihm mit einer Botschaft an Menschen beauftragt. Alles Weitere ist spekulativ.

● Wenn dann alles gesagt ist, gibt es nur noch eines: Losgehen (V 15). *Und sie kamen eilend* (wörtlich: *sie sputeten sich*)!

✎ *Die Hirten sputen sich, um bei Jesus einzukehren. Ganz ähnlich sputet sich später ein anderer, dass Jesus bei ihm einkehrt. Lesen Sie Lk 19,6 und entdecken Sie, was geschehen kann, wenn sich ein Mensch sputet, um Jesus zu begegnen.*

● **Wer wie die Hirten etwas mit Gott erlebt hat, kann nicht schweigen.** Gott gebührt die Ehre, und unsere Mitmenschen sollen hören, wie groß und wunderbar Gott ist. Wenn wir bereit sind, Gottes Wunder in *unserem* Leben zu erzählen, werden andere ermutigt, sich auf den Weg des Glaubens zu begeben und Gottes Wunder in *ihrem* Leben zu entdecken, um dann einmal selbst Gott zu loben und wiederum anderen von ihren Erfahrungen weiterzuerzählen. So wird der Lobpreis Gottes exponential ins Unendliche vermehrt.

● Maria *behält und bewegt* die gehörten *Worte in ihrem Herzen.* Denkbar ist, dass Lukas Maria kannte. Dann haben wir hier die Quelle seiner Weihnachtsüberlieferung.

Donnerstag, 27. Dezember Lukas 2,21-24

● Die Beschneidung nach acht Tagen (1Mo 17,10ff) und die damit verbundene Namensgebung sowie die Einhaltung der 40 Reinigungstage (vgl. 3Mo 12,2-4) zeigen: Das Heil der Welt kommt aus Israel. **Jesus ist Jude. Durch die Beschneidung gehört er zum Abrahamsbund und durch die Einhaltung der Gebote wird er dem mosaischen Gesetz unterstellt.**

> ✎ *Lesen Sie auf diesem Hintergrund, wie der Apostel Paulus die Weihnachtsgeschichte erzählt: Gal 4,4-7.*

● Als **Reinigungsopfer** musste eigentlich ein Schaf geopfert werden. Armen ist es jedoch ausdrücklich erlaubt, stattdessen *ein Paar Turteltauben oder zwei junge Tauben* zu opfern. Für noch Ärmere wäre sogar ein noch kleineres Opfer möglich gewesen (3Mo 12,6-8). Der Hinweis auf die Tauben als Opfergabe unterstreicht auch noch einmal, dass Jesus wirklich als Kind armer Eltern geboren wurde, die sich einfach kein Schaf als Opfertier leisten konnten.
● Lukas spricht von *ihrer Reinigung* (V 22), wobei im griech. Urtext *ihre* in der Mehrzahl steht. Deutlich ist, dass es damit nicht nur um die Reinigung von Maria geht, sondern diese mit der *Darstellung* von Jesus untrennbar zusammengehört. Obwohl Jesus doch von Geburt an ohne Sünde war, wird auch für ihn das Reinigungsopfer dargebracht, so wie sich später der erwachsene Jesus von Johannes im Jordan taufen lässt, obwohl er dies doch gar nicht nötig gehabt hätte (Mt 3,13-17).
● **Die *Darstellung* Jesu begründet sich daraus, dass alle männliche Erstgeburt Gott gehört** (V 23). In der Erstgeburt setzt sich Gottes Schöpfung fort, weshalb sie sein Eigentum ist und deshalb eigentlich am Heiligtum verbleiben muss, um ihm zu dienen (vgl. u. a. 2Mo 13,2.12.15). Nun hat Gott aber die Leviten zum Tempeldienst berufen. Durch ihren stellvertretenden Dienst ist es möglich, die Erstgeborenen auszulösen (vgl. 4Mo 8,17f). Um einen erstgeborenen männlichen Säugling auszulösen, waren fünf Schekel Silber zu entrichten (3Mo 27,6).
● Der Sohn Gottes wird nicht ausgelöst, sondern dargestellt. Als Zwölfjähriger erinnert Jesus seine Eltern daran (Lk 2,49).

Freitag, 28. Dezember Lukas 2,25-35

● Im Tempel kommt es zu einer faszinierenden Begegnung. Es ist beeindruckend, wie Gott immer wieder für Überraschungen gut ist. Simeon erwartet das neugeborene Kind geradezu. Diese **Erwartungshaltung** ist ein wesentliches Merkmal seiner intensiven Gottesbeziehung.
● Lukas beschreibt Simeon als *fromm* (wörtlich: *gerecht*) *und gottesfürchtig* (V 25). Sein Gottvertrauen hilft ihm, sein Leben lang geduldig auf den Messias zu warten.
● Simeons Gerechtigkeit und Gottesfurcht zeigen sich auch darin, dass der Heilige Geist mit ihm ist und ihn führt (V 25.27). Darin sollte er uns Vorbild sein. Natürlich können wir uns das **Wirken des Heiligen Geistes** nicht erarbeiten, aber wir können ihn *dämpfen* (1Thess 5,19). Wer sich jedoch darum bemüht, *gerecht und gottesfürchtig* leben zu wollen, der heißt den Heiligen Geist willkommen und ist bereit für seine Führung.
● Seit den Heilsankündigungen Jesajas an das in Babylon gefangene Volk, sehen die Menschen im **Messias** den ***Trost Israels*** **in Person** (V 25). *Tröstet, tröstet mein Volk* (Jes 40,1; vgl. 52,9). So verheißt Jesaja die Heimkehr von Gottes Volk und zugleich das zukünftige messianische Heil für Israel. Entsprechend fährt Simeon fort: *Meine Augen haben deinen Heiland gesehen* (wörtlich: *dein Heil* bzw. *Rettung*). Aus den Gottesknechtsliedern Jesajas weiß Simon: *Der Messias ist ein Licht, zu erleuchten die Heiden* (V 32).

✎ *Wenn wir die Gottesknechtslieder (Jes 42,1-9; 49,1-6.9; 50,4-9; 52,13–53,12) und ihre Aufnahme im NT lesen (Mt 12,17-21; Apg 8,32-35 und bes. Apg 13,47), wird deutlich: Der Gottesknecht ist mehr als nur eine einzige Person.*

● **Auf eine besondere, einzigartige Weise ist Jesus der Gottesknecht** (s. bes. Jes 53 und Apg 8,32-35). Und doch werden einzelne Aussagen aus den Gottesknechtsliedern auch auf Jesaja (49,5), das Volk Israel (Jes 49,3) oder Paulus und Barnabas (Apg 13,47) bezogen. „Paulus kann das tun, weil in dem Boten der Herr selbst auf dem Plan ist" (W. de Boor).

● Eine weitere Person bezeugt im Tempel Gottes Heilstat – entsprechend jenem biblischen Grundsatz, dass *das Zeugnis zweier Menschen wahr ist* (Joh 8,17; vgl. 5Mo 19,15).

● Lukas stellt ***Hanna*** mit konkreten biografischen Angaben vor:

➤ Zunächst ist es für die damalige Zeit außergewöhnlich, dass eine **Frau als Zeugin** anerkannt wird. Gemeinsam bezeugen der alte Simeon und die fromme Greisin Hanna die Geburt des Messias und gemeinsam loben sie Gott.

➤ Hanna ist die Tochter eines gewissen Phanuëls und gehört zum Stamm Asser, einem der unter der Assyrerherrschaft im 8. Jh. v. Chr. untergegangenen Nordreichsstämme.

➤ Hanna hatte kein einfaches Leben. Jung hat sie geheiratet. Nach nur sieben gemeinsamen Ehejahren stirbt ihr Mann und sie bleibt fortan ehelos. Inzwischen ist sie mit 84 hochbetagt.

➤ Was Hanna auszeichnet, ist **ihr gottesdienstlicher Lebensstil**. Sie dient Gott durch ihre Witwentreue, ihr Leben im Tempel und mit ihrem Fasten und Beten bei Tag und Nacht.

➤ Dazu gebraucht Gott sie als **Prophetin**, die andern Menschen verkündigt, was Gott ihr als sein Wort anvertraut hat. Doch diese letzte Offenbarung überbietet alles bislang Dagewesene: Gott hat seinen Erlöser gesandt. Und nun muss sie umgehend diese großartige Botschaft denen weitersagen, die *auf die Erlösung Jerusalems* bzw. Israels *warteten.*

● Schließlich betont Lukas noch einmal die **Gesetzestreue von Josef und Maria** (V 39). Auch wenn Jesu Kindheit in Nazareth anschließend völlig unspektakulär verläuft, so zeichnet er sich schon früh durch *Weisheit* aus und dadurch, dass *Gottes Gnade* ihn erfüllt. – So gibt die Gnade der Erzählung ihren Rahmen und zeigt uns ihr vorrangiges Thema, denn auch schon der Name *Hanna* bedeutet übersetzt *Gnade.*

✎ *Lesen Sie die Messiasverheißung Jes 11, bes. V 1f.16. – Zwei Fragen dazu: 1) Was wird über den kommenden Messias gesagt? 2) Weshalb ist es Lukas wichtig, uns mitzuteilen, dass Hannas Wurzeln im Stamm Asser liegen?*

● Dieser Psalm ist eine Ausrufung oder **Proklamation der Herrschaft Jahwes, des Gottes Israels, über die ganze Welt.** Sie wird nicht nur behauptet, sondern durch die öffentliche Ausrufung bei der Einsetzung des Königs oder an deren jährlichen Gedenktag verwirklicht. Der Vorgang lässt sich vergleichen mit dem islamischen Muezzinruf: „Allah ist groß … es gibt keinen Gott außer Allah." Wo dieser Ruf erschallt, gilt nach islamischem Verständnis der Herrschaftsanspruch Allahs, wird die Stadt seiner Herrschaft untergeordnet.

● V 1-3: Die Welt liegt im **Aufruhr gegen Gott** und seine Herrschaft. Da der *Gesalbte* (hebräisch: *Messias)* der von Gott eingesetzte König in Jerusalem ist, gilt Feindschaft gegen seine Herrschaft ebenfalls als Auflehnung gegen Gott.

● V 4-6: Gott sieht den Aufstand der Völker gelassen. Die Völker sind für ihn wie ein Tropfen am Wassereimer (Jes 40,15). Als souveräner Herr, lacht er über die Selbstüberschätzung der Menschen. Aber er wird eines Tages seinen Zorn über die Heidenvölker ausgießen. Dazu hat er seinen König in Jerusalem eingesetzt, David und seine Dynastie.

● V 7-9: Aufgrund der Verheißung durch den Propheten Nathan *(Ratschluss des Herrn,* vgl. 2Sam 7,11-15) kann David wie später seine Nachkommen bei der Einsetzung ins Königsamt mit den Worten unseres Psalms den Anspruch erheben, Gottes Sohn zu sein: „Ich bin für Gott wie sein Sohn. Er hat mich zum König eingesetzt um die Heiden in Schach zu halten und die Völker bis ans Ende der Welt zu beherrschen."

● V 11-12 heißt wörtlich übersetzt: *Dienet dem HERRN mit Furcht und jubelt ihm zu mit Zittern. Küsst den Sohn, dass er nicht zürne und verloren geht der Weg; denn sein Zorn wird bald entbrennen. Wohl allen, die Zuflucht suchen bei ihm.* Die Könige und Völker der Welt werden aufgefordert, sich dem Sohn Gottes, zunächst dem König in Jerusalem, zu unterwerfen. Ihre wahre Bedeutung entfaltet diese Aussage aber erst prophetisch als Hinweis auf Jesus als den Sohn Gottes und eigentlichen Herrscher der Welt.

● Während für uns heute nur ein Jahr zur Neige geht, sind im Leben von Jesus inzwischen zwölf Jahre vergangen. Damit steht er an einer besonderen Schnittstelle: Mit dem 13. Geburtstag wird ein jüdischer Junge religionsmündig. Deshalb nehmen ihn seine Eltern, entsprechend dem Gebot Gottes (2Mo 23,14-17), schon jetzt zum **Passafest** mit nach Jerusalem, einem der drei jüdischen Hauptfeste (Passa-, Wochen- und Laubhüttenfest).

● Aus Sicherheitsgründen reist keine Familie alleine. Man ist als Dorfgemeinschaft unterwegs. So lässt sich leicht verstehen, weshalb Maria und Josef zunächst gar nichts vom Zurückbleiben ihres Sohnes bemerkt haben. Dass sie dann drei Tage mit Suchen beschäftigt sind, verwundert ebenso wenig, wenn man sich verdeutlicht, dass zum Passafest ein Vielfaches der Einwohnerzahl Jerusalems die Stadt bevölkerte.

● Der Lehrbetrieb der Rabbiner spielte sich in den Säulenhallen des Tempelvorhofs ab. Hier finden die Eltern schließlich ihren Sohn im Gespräch mit Rabbinern vertieft.

● *Warum hast du uns das getan (V 48)?* Diese Frage drückt einerseits elterliche Sorge aus und klingt andererseits vorwurfsvoll. Keine Spur davon, dass die Eltern schon eine Ahnung von der göttlichen Bestimmung ihres Sohnes hatten.

● **Das erste uns von Jesus überlieferte Wort ist das Bekenntnis zu seinem Vater.** Was bislang nur die Engel, die Hirten, Simeon und Hanna bezeugten, hören wir jetzt aus Jesu Mund: Gott ist sein Vater (vgl. V 49 mit Kap. 3,22).

● Weder seine Gottessohnschaft noch sein Mündigwerden befreien Jesus vom Gehorsam gegenüber seinen irdischen Eltern. *Jesus war ihnen untertan* (V 51). Damit erinnert uns Jesus an das vierte Gebot, die Eltern zu ehren.

● Ähnlich wie in der Weihnachtsgeschichte berichtet Lukas, dass Maria *die Worte in ihrem Herzen behielt*, ohne sie vermutlich jetzt schon voll zu erfassen (vgl. V 51 mit Kap. 2,19).

✎ *Mit den Jahren nimmt Jesus an Weisheit, Alter und Gnade bei Gott und den Menschen zu (V 52). Wo wollen wir im neuen Jahr zunehmen? Wohin sollen sich unsere Kinder entwickeln?*

Mitarbeiter

1., 8., 15., 22.1.	Rainer Kiess, Talstr. 21, 70794 Filderstadt
2.-7.1.	Ulrich Mack, Schönblickstr. 12, 70794 Filderstadt
9.-14.1.	Holger Noack, Bundeshöhe 5, 42285 Wuppertal
16.-20.1.	Dr. Matthias Clausen, Karl-Marx-Platz 7, 17489 Greifswald
21.-28.1.	Wolfgang Kraska, Hechtweg 3, 76344 Eggenstein-Leopoldshafen, Wolfgang.Kraska@feg.de
29.1., 5., 12., 19., 26.2., 4., 11., 18.3.	Joachim Lösch, Rappenstr. 25, 72250 Freudenstadt
30.1.-3.2.	Kuno Klinkenborg, Olpe 35, 44135 Dortmund
4.-11.2.	Dr. Ernst Synofzik, Am Sandhaken 12, 89079 Ulm, synofzik-ulm@t-online.de
13.-25.2.	Dr. Andreas Käser, In der Hofstätte 27, 75328 Schömberg, andreas.kaeser@liebenzell.org
27.2.-3.3.	Wolfgang Piertzik, Schützenhofstr. 41a, 07743 Jena
5.-8.3.	Annegret Puttkammer, Backhausweg 3, 35756 Mittenaar
9.-15.3.	Christel Klein, Schillerstr. 2a, 32052 Herford
16.-24.3.	Dr. Eberhard Hahn, Spitalwaldstr. 110, 91710 Gunzenhausen, e.f.hahn@web.de
25.3., 1., 15., 22., 29.4., 6.5.	Dr. Beat Weber-Lehnherr, Birrmoosstr. 5, CH-3673 Linden, weber-lehnherr@sunrise.ch
26.3.-3.4.	Kathinka Hertlein, Mühldorfer Str. 6, 68165 Mannheim, khertlein@web.de
4.-9.4.	Dirk Scheuermann, Kohlenstr. 46, 42555 Velbert, dirk.scheuermann@evkg-nierenhof.de

10.-14.4.	Dr. Friedhelm Jung, Sebastianusweg 5, 53332 Bornheim, fjung@bsb-online.de
16.-21.4.	Friedhelm Schirmer, Schulweg 11, 22844 Norderstedt
23.-26.4.	Gottfried Holland, Frankenstr. 25, 71701 Schwieberdingen, gbm.holland@gmx.de
27.4.-3.5.	Dr. Martin Knispel, Portastr. 8, 32457 Porta Westfalica
4.-11.5.	Manfred Bönig, Hemsener Weg 92 b, 29640 Schneverdingen
17.5.	Joachim Rieger, Brunnenstr. 2, 72116 Mössingen
12.-22.5.	Dr. Heinz-W. Neudorfer, Uhlandstr. 9, 71672 Marbach, neudorfer@dr-neudorfer.de
13., 20., 28.5	Dr. Karl Ulrich Betz, Alter Heidberg 19, 22846 Norderstedt
23.-27.5.	Joachim Rieger, Brunnenstr. 2, 72116 Mössingen
29.-31.5.	Dr. Ernst Synofzik, Am Sandhaken 12, 89079 Ulm, synofzik-ulm@t-online.de
1.-6.6.	Gudrun Theurer, Altensteiger Str. 28, 72297 Seewald
3., 10., 17., 24.6., 1.7.	Dr. Karl Ulrich Betz, Alter Heidberg 19, 22846 Norderstedt
7.-15.6.	Klaus Jürgen Diehl, An der Pferdebahn 5, 58300 Wetter, klaus.j.diehl@gmx.de
16.-25.6.	Dorothea Bender, Breiter Weg 117, 35440 Linden, dorothea@dbender.net
26.6.-4.7.	Dr. Christoph Rösel, Am Hofacker 10, 35094 Lahntal, christoph.roesel@eh-tabor.de
5.-12.7.	Arne Witting, Haeckelstr. 4/II, 99425 Weimar
8., 15., 22., 29.7., 5.8.	Dr. Rüdiger Gebhardt, Bischof-Meiser-Str. 6, 82049 Pullach
13., 14.7.	Ulrich Mack, Schönblickstr. 12, 70794 Filderstadt

16.-20.7.	Marlene Trick, Pfarrstr. 3, 75305 Neuenburg, marlene.trick@gmx.de
21.-27.7.	Werner Trick, Pfarrstr. 3, 75305 Neuenburg, werner.trick@gmx.de
28.7.-3.8.	Dr. Detlef Häußer, Am Grabenacker 7, 35043 Marburg, detlef.haeusser@eh-tabor.de
4.-9.8.	Dr. Lieselotte Mattern, Stuttgarter Str. 95, 71638 Ludwigsburg
10.-18.8.	Jürgen Blunck, An der Windmühle 7, 45289 Essen
12., 19., 26.8., 2., 9.9.	Dr. Rüdiger Gebhardt, Bischof-Meiser-Str. 6, 82049 Pullach
20.-25.8.	Doris Schulte, Buchenweg 23, 57539 Bruchertseifen
27., 28.8.	Annegret Puttkammer, Backhausweg 3, 35756 Mittenaar
29.8.-5.9.	Hartmut Bärend, Pacelliallee 4 A, 14195 Berlin
6.-17.9.	Claus-Dieter Stoll, Dekanatstr. 10, 72172 Sulz
18.-28.9.	Ulrich Seng, Hohe Str. 12, 42929 Wermelskirchen
16., 23., 30.9., 7., 14.10.	Dr. Michael Diener, Vor der Prinzenquelle 1, 34130 Kassel
29.9.-6.10.	Hermann Traub, Südhangstr. 17, 76703 Kraichtal
8.-16.10.	Friedhardt Gutsche, Östliche Feldstr. 20, 32429 Minden, f-gutsche@t-online.de
17.-23.10.	Dr. Christoph Morgner, Speckmannsweg 19, 30826 Garbsen, christoph.morgner@gmx.de
21., 28.10., 4., 11., 18.11.	Martin Hirschmüller, Wilhelm-Röntgen-Str. 11, 73760 Ostfildern, martin.hirschmueller@arcor.de
24.-31.10.	Manfred Hahn, Vierwege 18, 53894 Mechernich

1.-7.11.	Wolfgang Buck, Mühlenstr. 4, 32699 Extertal
8.-17.11.	Dr. Joachim Drechsel, Potsdamer Str. 15, 35039 Marburg
19.11.	Joachim Rieger, Brunnenstr. 2, 72116 Mössingen
20.-24.11.	Dr. Heinzpeter Hempelmann, Zollernstr. 68, 75328 Schömberg
25.-29.11.	Hermann Kiedaisch, Rathausstr. 10/1, 73035 Göppingen
30.11.-10.12.	Wolfgang Tarrach, Pastor-Boldt-Str. 26, 25436 Uetersen
2., 9., 16., 23., 30.12.	Martin Hirschmüller, Wilhelm-Röntgen-Str. 11, 73760 Ostfildern, martin.hirschmueller@arcor.de
11.-15.12.	Dr. Wolfgang Neuser, Werraweg 18, 34317 Habichtswald
17.-24.12.	Rainer Härer, Auerbachweg 14, 73614 Schorndorf
25.-31.12.	Uwe Rechberger, Ludwig-Krapf-Str. 5, 72072 Tübingen, u.rechberger@gmx.net

Bibelstellen-Verzeichnis 2000-2012

1. Mose

1–4	2.-11.1.03
	3.-8.1.11
	10.-13.1.11
6–8	14.-17.1.11
6–9	13.-17.1.03
	18.-19.1.11
	21.1.11
9,1-17	22.1.07
	20.1.11
11	18.1.03
11,1-9	23.1.07
	22.1.11
12,1–19,29	24.1.-7.2.07
21,1-12	8.2.07
22,1-19	9.2.07
23,1-20	10.2.07
24–25	29.5-1.6.07
27,1–29,30	4.-8.6.07
31–33	9.-14.6.07
37,1-11	15.6.07
37,12-36	16.6.07
39–50	18.6.-7.7.07

2. Mose

1–5	10.-16.2.00
	9.-16.6.08
7	17.2.00
	17.6.08
12	18./19.6.08
13,17–20,21	20.6.-1.7.08
12–20	18.2.-1.3.00
24	2.3.00
24,1–25,22	2./3.7.08
32–34	3.-7.3.00
	4.-10.7.08
40	11./12.7.08

3. Mose

1	5.3.01
	2.3.09
8–10	6.-8.3.01
	3.-5.3.09
16	6.3.09
17	9.3.01
19	10.-12.3.01
	7./9.3.09
25	13./14.3.01
	10./11.3.09

4. Mose

6,22-27	24.8.09
9–14	27.8.-6.9.01
	25.8.-3.9.09
17	7.9.01
	4.9.09
20–24	8.-18.9.01
	5.-15.9.09
27	19.9.01
27,12-23	16.9.09

5. Mose

1–10	14.-31.1.02
1–12	13.1-9.2.10
12	1.2.02
15–16	2.-4.2.02
15–19	10.-17.2.10
18	5.2.02
24	6.2.02
	18.2.10
26	19.2.10
30	7.2.02
30–31	20., 22.2.10
33–34	8./9.2.02
	23.-24.2.10

Josua

1–3	13.-16.1.06
6,1-23	17.1.06
7,1–10,15	18.-23.1.06
11,1-15	24.1.06
20,1-9	25.1.06
22–24	26.1.-1.2.06

Richter

1,1-3.17-21	2.2.06
1,27–2,23	3./4.2.06
4,1–5,23	6./7.2.06
6,1–8,3	8.-14.2.06
8,22–9,21	15.-17.2.06
9,50-57	18.2.06
10,17–11,40	20.-22.2.06
13–16	23.-28.2.06

Rut

1–4	5.-8.7.06

1. Samuel

1–10	27.2.-15.3.03
	3.-19.3.11
2	9.12.01
2,1-10	4.12.05
13	17.3.03
	21.3.11
15–18	18.-24.3.03
	22.-28.3.11
20	25./26.3.03
20-25	29.3.-4.4.11
23–25	27.-31.3.03
27–28	1./2.4.03
	5./6.4.11
30–31	3./4.4.03
	7./8.4.11

2. Samuel

1	5.4.03
	9.4.11
2	8.5.03
	12.5.11
5	9./10.5.03
5–7	13.-18.5.11
6–7	12.-14.5.03
11–12	15./16.5.03
	19./20.5.11
15–17	17.-20.5.03
	21.-25.5.11
18–19	22.-24.5.03
	26.-28.5.11
23–24	26./27.5.03
	30./31.5.11

1. Könige

1–3	20.-24.2.04
1–8	13.-25.2.12
5–6	25.-27.2.04
8–11	28.2.-6.3.04
9–11	27.2.-1.3.12
12–14	19.-24.6.04
12–17	16.-25.6.12
16–19	25.6.-2.7.04
18–22,40	26.6.-4.7.12
21–22	3.-7.7.04

2. Könige

2,1-15	3.8.05
4–5,19a	4.-8.8.05
6,8-23	9.8.05
16,1-16	10.8.05
17,1-23	11.8.05
18–20,11	12.-17.8.05
22–25	18.-25.8.05

1. Chronik

10,1–11,9	21./22.8.06
13,1–14,17	23./24.8.06
15,1-16.25-29	25.8.06

16,1–
22,19 26.8.-6.9.06
28,1-13 7.9.06
29,1-22 8.9.06

2. Chronik
1–3 9.-12.9.06
5–7 13.-18.9.06
9,1-12 19.9.06
10,1-19 20.9.06
12 21.9.06
18,1–19,3 22./23.9.06
20,1-26 25.9.06
26 26.9.06
28 27./28.9.06
34–36 29.9.-7.10.06

Esra
1 5.9.05
3–7 6.-10.9.05

Nehemia
1–2 14./15.9.05
4–7,3 16.-19.9.05
8 20.9.05
9,1-
3.32-37 21.9.05
10,1.29-
40 22.9.05
12,27-43 23.9.05
13,15-22 24.9.05

Ester
1–10 9.-21.10.06

Hiob
1–2 24.-28.10.03
1–4 15.-20.10.07
24.-27.10.11
4–6 29.-31.10.03
28./29.10.11
5,17-27 22.10.07
6,1-10. 28./29.10.11
24-30 23.10.07
8–9 1./2.11.95
20./21.10.99
1.-3.11.03
31.10./
1.11.11
8,1-22 24.10.07
9,1-3.
21-35 25.10.07
11–12 4./5.11.03
2./3.11.11
11,1-20 26.10.07
12,1-6;
14,1-12 27.10.07
14 6.11.03
4.11.11
19 5.11.11
19,21-29 29.10.07
28 7.11.03
31–32 8.-10.11.03
7./8.11.11
31,16–
32,22 30./31.10.07
35 11.11.03
38 12.11.03
9.11.11
38,1-21 1.11.07
40 13.11.03
2./3.11.07
9./10.11.11
42 14./15.11.03
5.-7.11.07
11./12.11.11

Psalmen
1 8.7.01
2.11.02
1.5.05
12.11.06
12.7.09
24.1.10
2 31.12.00
25.12.01
31.12.04
25.12.05
28.12.08
30.12.12
3 21.1.01
29.5.05
25.1.09
4 14.1.01
10.8.03
2.1.05
7.10.07
18.1.09
14.8.11
5 14.10.01
25.9.05
11.10.09
6 13.11.05
1.3.09
7 1.7.01
26.6.05
5.7.09
8 1.1.01
1.1.03
1.1.05
1.1.07
1.1.11
9 28.1.01
10.7.05
1.2.09
10 11.3.01
16.3.03
20.2.05
4.3.07
8.3.09
20.3.11
11 5.8.01
17.7.05
2.8.09
12 24.6.01
12.6.05
28.6.09
13 15.7.01
5.6.05
14.6.09
14 12.8.01
24.7.05
9.8.09
15 4.3.01
17.4.05
22.2.09
16 4.2.01
19.10.03
6.2.05
26.8.07
4.1.09
23.10.11
17 26.8.01
7.8.05
23.8.09
18,1-20 11.2.01
8.2.09
18,21-51 18.2.01
30.1.05
15.2.09
19 6.5.01
2.11.03
14.8.05
21.10.07
3.5.09
20 23.9.01
23.10.05
20.9.09
21 29.7.00
16.10.05
26.7.09
22,1-22 1.4.01
26.10.03
13.3.05
28.10.07

Bibelstellen-Verzeichnis 2000-2012

	29.3.09
	30.10.11
22,23-32	8.4.01
	16.11.03
	20.3.05
	4.11.07
	5.4.09
	13.11.11
23	29.4.01
	4.5.03
	10.4.05
	22.4.07
	26.4.09
	8.5.11
24	3.12.00
	2.12.01
	1.12.02
	28.11.04
	27.11.05
	3.12.06
	30.11.08
	29.11.09
	28.11.10
	2.12.12
25	7.10.01
	12.10.03
	18.9.05
	11.2.07
	27.9.09
	16.10.11
26	22.7.01
	3.7.05
	19.7.09
27	27.5.01
	1.6.03
	8.5.05
	20.5.07
	24.5.09
	5.6.11
28	17.6.01
	24.4.05
	21.6.09
29	10.6.01
	21.8.05
	7.6.09
30	20.5.01
	2.2.03
	31.7.05
	25.2.07
	17.5.09
	6.2.11
31	5.3.00
	10.2.02
	22.2.04
	19.2.06
	3.2.08

	14.2.10
	19.2.12
32	21.10.01
	19.6.05
	18.10.09
33	11.11.01
	15.12.02
	30.10.05
	17.12.06
	30.12.07
	1.11.09
	12.12.10
	2.1.11
34	18.3.01
	23.3.03
	27.2.05
	11.3.07
	15.3.09
	27.3.11
35,1-16	28.2.10
35,1-18	19.3.06
35,1-21	24.2.02
35,17-28	7.3.10
35,19-28	23.7.06
35,22-28	3.3.02
36	2.7.00
	9.6.02
	20.6.04
	25.6.06
	1.6.08
	13.6.10
	17.6.12
37,1-20	15.9.02
	3.9.06
	19.9.10
37,21-40	22.9.02
	10.9.06
	26.9.10
38	20.10.02
	12.3.06
	24.10.10
39	10.11.02
	7.11.10
40	25.2.01
	28.12.03
	16.1.05
41	18.8.02
	9.7.06
	22.8.10
42	15.10.00
	28.7.02
	26.9.04
	13.8.06
	12.10.08
	1.8.10
	23.9.12

43	17.3.02
	2.4.06
	21.3.10
44	15.1.06
45	13.5.01
	22.5.05
	10.5.09
46	25.11.01
	20.11.05
	22.11.09
47	24.5.01
	5.5.05
	21.5.09
48	21.7.02
	6.8.06
	25.7.10
49	1.7.02
	19.12.10
50	17.11.02
	19.11.06
	14.11.10
51	19.11.00
	16.6.02
	14.11.04
	5.2.06
	16.11.08
	11:7:10
	18.11.12
51,12-14	28.5.07
52	22.12.02
	29.10.06
	5.12.10
53	13.8.00
	26.3.06
	26.10.08
	18.7.10
	2.9.12
54	15.10.06
55	24.3.02
	30.4.06
	28.3.10
56	29.9.02
	9.4.06
	10.10.10
57	10.3.02
	12.2.06
	14.3.10
58	5.11.06
	27:6:10
59	20.8.06
	8.8.10
60	16.2.03
	18.2.07
	20.2.11
61	28.2.03
	14.10.07

	27.2.11
62	19.8.01
	2.3.03
	9.10.05
	4.2.07
	16.8.09
	6.3.11
63	18.11.01
	9.2.03
	13.2.05
	28.1.07
	13.2.11
64	9.3.03
	12.8.07
	13.3.11
65	1.10.00
	6.10.02
	3.10.04
	1.10.06
	5.10.08
	3.10.10
	7.10.12
66	21.4.02
	7.5.06
	25.4.10
67	30.9.01
	2.10.05
	4.10.09
68,1-19	25.5.06
	7.12.08
	9.12.12
68,1-21	10.12.00
	5.12.04
	13.5.10
68,20-36	28.5.06
	14.12.08
	16.12.12
68,25-36	17.12.00
	12.5.02
	12.12.04
	16.5.10
69,1-16	25.3.07
	8.11.09
	10.4.11
69,17-37	1.4.07
	15.11.09
	17.4.11
69,1-22	28.10.01
	6.4.03
69,30-37	4.11.01
	13.4.03
70	14.1.07
	21.8.11
71	12.1.03
	2.9.07
	9.1.11
72	7.1.01
	6.1.03
	9.1.05
	11.1.09
	6.1.11
73	23.7.00
	30.6.02
	11.7.04
	16.7.06
	22.6.08
	4.7.10
	8.7.12
74	21.12.03
	18.12.11
75	12.10.02
	22.10.06
	17.10.10
76	2.6.02
	26.2.06
	6.6.10
77	25.5.03
	21.1.07
	29.5.11
78,1-31	14.9.03
	9.9.07
	11.9.11
78,32-55	21.9.03
	16.9.07
	18.9.11
78,56-72	28.9.03
	23.9.07
	25.9.11
79	18.11.07
80	7.12.03
	9.12.07
	4.12.11
81	20.5.02
	5.6.06
	24.5.10
82	30.1.11
84	25.3.01
	7.4.02
	30.3.03
	6.3.05
	27.8.06
	18.3.07
	22.3.09
	11.4.10
	3.4.11
85	14.12.03
	16.12.07
	11.12.11
86	23.1.00
	25.1.04
	22.1.12
87	14.4.02
	10.12.06
	18.4.10
88	16.4.00
	4.4.04
	16.3.08
	1.4.12
89,1-19	9.1.00
	11.1.04
	13.1.08
	8.1.12
89,20-38	16.1.01
89,20-53	20.1.08
	15.1.12
90	12.11.00
	24.11.02
	7.11.04
	26.11.06
	9.11.08
	21.11.10
	11.11.12
91	12.3.00
	17.2.02
	29.2.04
	5.3.06
	10.2.08
	21.2.10
	26.2.12
92	6.2.00
	20.1.02
	22.1.06
	17.1.10
	13.5.12
93	25.8.02
	31.12.06
	29.8.10
94	3.9.00
95	5.5.02
	21.5.06
	9.5.10
96	28.5.00
	13.1.02
	31.10.04
	8.1.06
	13.4.08
	10.1.10
	28.10.12
97	19.5.02
	4.6.06
	1.1.10
98	28.4.02
	14.5.06
	2.5.10
99	29.1.06
	23.5.10

Bibelstellen-Verzeichnis 2000-2012

100	13.7.03
	13.5.07
	17.7.11
101	24.8.03
	7.1.07
	28.8.11
102	9.4.00
	28.3.04
	9.3.08
	25.3.12
103	31.12.01
	11.5.03
	31.12.05
	29.4.07
	31.12.09
	15.5.11
104	5.10.03
	30.9.07
	1.1.09
	2.10.11
105,1-15	22.6.03
	26.6.11
105,16-45	29.6.03
	3.7.11
106,1-23	20.2.00
	27.6.04
	10.6.07
	8.6.08
	24.6.12
106,24-48	27.2.00
	4.7.04
	17.6.07
	15.6.08
	1.7.12
107,1-22	19.1.03
	24.6.07
	16.1.11
107,23-43	26.1.03
	1.7.07
	23.1.11
108	18.5.03
	6.5.07
	22.5.11
109	28.9.08
110	6.11.05
	17.5.07
	25.10.09
	2.6.11
111	15.6.03
	3.6.07
	19.6.11
112	6.7.03
11.11.07	
10.7.11	
113	31.8.03
	19.8.07

	4.9.11
114	7.9.03
	8.7.07
	9.10.11
115	9.11.03
	23.12.07
	6.11.11
116	22.4.01
	27.4.03
	3.4.05
	15.4.07
	19.4.09
	1.5.11
117	30.11.03
	2.12.07
	27.11.11
118,1-14	3.6.01
	8.6.03
	15.5.05
	27.5.07
	31.5.09
	12.6.11
118,15-29	4.6.01
	9.6.03
	16.5.05
	1.6.09
	13.6.11
119,1-8	15.7.07
119,9-16	22.7.07
119,17-24	29.7.07
119,25-32	22.10.00
	20.7.08
119,33-40	29.10.00
	27.7.08
119,41-48	3.8.08
119,49-56	2.9.01
	30.8.09
119,57-64	9.9.01
	6.10.09
119,65-72	16.9.01
	13.10.09
119,73-80	27.1.02
	31.1.10
119,81-88	3.2.02
	7.2.10
119,89-96	20.7.03
	24.7.11
119,97-104	27.7.03
	31.7.11
119, 105-112	3.8.03
	7.8.11
119, 113-120	18.7.04
	15.7.12

119, 121-128	25.7.04
	22.7.12
119, 129-136	1.8.04
	29.7.12
119, 137-144	28.8.05
119, 145-152	4.9.05
119, 153-160	11.9.05
119, 161-168	24.9.06
119, 169-176	8.10.06
120	5.11.00
	17.8.08
121	1.1.00
	1.1.02
	1.1.06
	27.4.08
	1.1.12
122	30.4.00
	30.3.08
	19.8.12
123	19.3.00
	7.3.04
	17.2.08
	4.3.12
124	13.2.00
	8.2.04
	13.7.08
	5.2.12
125	30.1.01
	15.2.04
	2.11.08
	12.2.12
126	23.11.02
	25.11.07
	20.11.11
127	26.3.00
	19.9.04
	31.8.08
128	9.7.00
	18.4.04
	27.1.08
	15.4.12
129	17.9.00
	14.3.04
	24.2.08
	11.3.12
130	24.12.00
	8.9.02
	19.12.04
	18.6.06

Bibelstellen-Verzeichnis 2000-2012

	21.12.08
	12.9.10
	23.12.12
131	4.6.00
	23.5.04
	4.5.08
	20.5.12
132	2.4.00
	21.3.04
	2.3.08
	18.3.12
133	25.6.00
	13.6.04
	25.5.08
	10.6.12
134	6.8.00
135	8.10.00
	1.2.04
	29.6.08
	29.1.12
136	7.5.00
	25.4.04
	6.4.08
	22.4.12
137	17.10.04
	14.10.12
138	2.1.00
	8.1.02
	4.1.04
	6.1.08
	3.1.10
139	30.7.00
	30.7.06
	6.7.08
	20.6.10
	16.9.12
139, 1-18.23-24	7.7.02
140	15.8.04
	5.8.07
	7.9.08
	12.8.12
141	20.8.00
	8.8.04
	14.9.08
	5.8.12
142	27.8.00
	24.10.04
	21.9.08
	21.10.12
143	27.10.02
	5.9.04
	2.7.06
	19.10.08
	31.10.10
	4.11.12
144	16.7.00
	10.10.04
	30.9.12
145	18.6.00
	26.5.02
	6.6.04
	11.6.06
	18.5.08
	30.5.10
	3.6.12
146	24.9.00
	1.9.02
	12.9.04
	17.9.06
	24.8.08
	5.9.10
	9.9.12
147	10.9.00
	29.8.04
	10.8.08
	26.8.12
148	14.5.00
	11.8.02
	2.5.04
	23.4.06
	1.1.08
	15.8.10
	29.4.12
149	9.5.04
	6.5.12
149,1-5	21.5.00
	20.4.08
150	12.6.00
	31.5.04
	12.5.08
	28.5.12

Sprüche

1–3	25.4.-2.5.07
4,10–5,23	3.-5.5.07
6,6-19	7./8.5.07
7–9	9.-12.05.07
10–11	16./17.6.03
	17.-20.6.11
14	21.5.11
14–24	18.-28.6.03
	22.6.-2.7.11
25,11-28	2.5.05
26,4-12	3.5.05
27,1-7	4.5.05

Prediger

1–7	12.-19.9.02
	15.-23.9.10
11–12	20./21.9.02
	24./25.9.10

Hoheslied

2	6./7.6.06
4,9–6,3	8./9.6.06
8,1-7	10.6.06

Jesaja

1,1-20	27./28.11.06
2,1-5	29.11.06
3,1-15	30.11.06
4,2–5,24	1.-4.12.06
7,1-17	6./7.12.06
8,1-15	8.12.06
8,23–9,6	9.12.06
1–12	18.11.-7.12.02
	22.11.-11.12.10
11,1-10	11.12.06
12,1-6	12.12.06
14	9.12.02
	13.12.10
19	10.12.02
	14.12.10
24,1–25,9	13./14.12.06
24–26	11.-14.12.02
26	26.11.00
	15.-17.12.10
26,1-19	15./16.12.06
26,7-19	21.11.04
	23.11.08
	25.11.12
28–29	18.-21.12.10
28–30	16.-19.12.02
28,14-22	18.12.06
29,17-24	19.12.06
32	20.12.06
33	21.12.02
33,17-24	21.12.06
	22.12.10
35	23.12.02
35,1-10	22.12.06
	23.12.10
40	3./4.12.07
41,8-14	5.12.07
42,1-9	6.12.07
43–45	7.-17.12.07
40–45	29.11.-16.12.03
40-55	26.11.-31.12.11
49	18.-20.12.07
50,4-11	21.12.07
51,1-8	22.12.07
49–52,12	17.-24.12.03
52–55	27.-31.12.03
52,7-10	24.12.07

52,13–53,12 27./28.12.07
54,1-10 29.12.07
55,6-11 31.12.05
56,1-8 24.11.08
56–58,14 26.-29.11.12
56–60 27.11.-16.12.00
56–63 29.11.-11.12.04
57–62 25.11-8.12.08
59–64,11 30.11./1.-10.12.12
63,7–66,24 9.-17.12.08
65–66 13.-17.12.04
65–66,24 11.-15.12.12

Jeremia
1 25./26.8.08
2,1-13 27.8.08
3,1-10 28.8.08
3,19–4,4 29.8.08
1–3 1.-3.9.04
1–4 28.8.-1.9.00
1–7 29.8.-5.9.12
6–7 2.-4.9.00
4.-7.9.04
6,9-23 30.8.08
7,1-28 1./2.9.08
9,1-23 8.9.04
6.9.00
9,1–20,18 6.-17.9.12
9,11-23 3.9.08
12–21 9.-20.9.04
12,1-6 4.9.08
13,1-11 5.9.08
14,1-16 6.9.08
15,10–16,13 8./9.9.08
14–15 7./8.9.00
18,1-12 10.9.08
19,1-13 11.9.08
20,7–21,14 12./13.9.08
21,1–31,37 18.-28.9.12
23,1-8 21.9.04
15.9.08
25,1-31 16./17.9.08
26,1-19 18.9.08
25–31 22.-29.9.04
28,1–29,14 19./20.9.08
30,1-3;31,1-14 22.9.08
31,18-20.31-37 23.9.08
36,1-32 30.9.04
36–45 24.9.-7.10.08
36,1–41,18 29.9./1.-6.10.12
37–45 1.-12.10.04
42,1–45,5 8.-11.10.12

Klagelieder
1 8.10.08
6.10.00
1,1-22 13.10.04
1–5,22 12.-16.10.12
3 14./15.10.04
9./10.10.08
3,1-33 7.10.00
3,34-59 9.10.00
5 10.10.00
16.10.04
11.10.08

Hesekiel
1–4 17.-23.10.01
19.-24.10.09
7–8 24.-27.10.01
26.-29.10.09
10–11 29./30.10.01
30./31.10.09
17–18 31.10./1.11.01
2./3.11.09
20 3.11.00
4./5.11.09
33–34 5.-8.11.01
6.-10.11.09
36–37 9.-13.11.01
11.-14.11.09
40 14.11.01
16.11.09
43 15.11.01
17.11.09
47–48 16./17.11.01
18./19.11.09

Daniel
1 26.8.05
2,1-3.27-49 27.8.05
3,1-30 29.8.05
5–7 30.8.-2.9.05
12 3.9.05

Hosea
1–2 19.-21.6.02
1–3 23.-28.6.10
4–6 22.-25.6.02
29.6.-1.7.10
8 26.6.02
2.7.10
10–11 27./28.6.02
10–14 3.-8.7.10
13–14 29.6.-1.7.02

Joel
1–4 7.-11.5.00
4.-9.5.09

Amos
1 6.6.02
3 7.6.02
10.-22.6.10
4–9 8.-18.6.02

Obadja
19.11.03
16.11.11

Jona
1–4 15.-18.5.06

Micha
1–5,4 8.-13.7.04
1–7 5.-12.7.12
6,1-8 14.7.04
10–16 8.3.-12.4.04

Nahum
1–2 17./18.11.03
14./15.11.11

Habakuk
1–3 7.-11.9.02
10.-14.9.10

Zefanja
1–3 4.-6.9.02
7.-9.9.10

Haggai
1-2,1-9.20-23 12./13.9.05

Sacharja
1–9 3.-14.12.01
1–9,12 30.11.-15.12.05
4.-15.12.09

11–12 15.12./17.12.01
11 16.12.05
12,9-13,1 17.12.05
17.12.09
14 18.12.01
19.12.05
18.12.09

Maleachi
1,6-14 20.12.05
19.12.09
1–3 19.-24.12.01
2,17–3 21.-24.12.05
21.-24.12.09

Matthäus
1–4 24.-31.12.02
1,1–4,17 23.-30.12.06
24.-31.12.10
4,18–23,39 9.7.-13.10.07
4–23 14.6.-23.10.03
18.7.-22.10.11
24–25 20.-28.11.03
21.-29.11.07
17.-25.11.11
26–28 7.-21.4.03
26.3.-9.4.07
11.-25.4.11

Markus
1–2,17 2.-10.1.04
1–2,28 2.-7.1.12
13./14.7.12
1–3,6 3.-13.1.00
2.-12.1.08
2,18–10 15.7.-31.8.04
3,1-35 16.-20.7.12
3,7–10,52 10.7.-26.8.00
14.7.-23.8.08
4,1-34 21.-27.7.12
4,35–6,13 28.-31.7.12
1.-3.8.12
6,14–7,23 4.-9.8.12
7,24–9,1 10.-18.8.12
9,2–10,12 20.8.-25.8.12
10,13–11,11 5.-8.3.12
27./28.8.12
11–12 9.-18.3.00
11.-20.2.08
11,12–12,27 9.-15.3.12
12,28–13,37 16.-24.3.12
13 17.-20.11.00
21.-23.2.08
14,1-25 20.-22.3.00
25.-27.2.08
14,1-72 26.3.-3.4.12
14,26–16,20 13.-24.4.00
13.-24.3.08
15–16,20 4.-9.4.12

Lukas
1,1-80 17.-24.12.12
1,46-55 16.12.01
11.12.05
25.12.07
13.12.09
25.12.11
1,68-79 23.12.01
18.12.05
20.12.09
1–2 18.-30.12.00
25.-26.12.03
20.-30.12.04
18.-31.12.08
2 26.12.00
2,1-52 25.-31.12.12
2,29-32 26.12.05
26.12.07
26.12.09
26.12.11
3–11 3.1.-23.2.05
2.1.-28.2.09
3–12,48 2.1.-3.3.01
12–18 20.9.-16.10.01
12–18,30 26.9.-27.10.05
17.9.-17.10.09
18,31-24 24.2.-30.3.05
12.3.-15.4.09
18–24 15.3.-18.4.01

Johannes
1 27.-30.12.01
1,1-18 27.-30.12.05
27.-30.12.09
1,19–2,25 2.-7.1.06
1,19–3,36 2.-12.1.10
1–3 2.-12.1.02
3 9.-12.1.06
4–10 11.2.-6.4.02
10.7.-19.8.06
9.7.-18.8.10
11–21 1.3.-22.4.06
25.2.-10.4.10
14–17 23.3.-12.4.00
28.2.-12.3.08

Apostelgeschichte
1–16 12.5.-12.7.01
1–28 6.5.-2.8.05
11.5.-9.7.09
17–28 27.7.-25.8.01
24.7.-22.8.09

Römer
1–11 20.1.-26.2.03
12.2.-24.3.07
24.1.-2.3.11
12–16 22.4.-7.5.03
10.-24.4.07
26.4.-11.5.11

1. Korinther
1–6 11.-30.4.08
1–2,16 9.-14.1.12
3–4,21 16.-20.1.12
5–7,40 21.-28.1.12
7–9 2.-10.5.08
8–9,29 30.1.-3.2.12
1–11 12.1.-18.2.04
1–16 12.5.-8.7.00
10–16 13.5.-7.6.08
10–12,31 4.-11.2.12
29.-31.5.12
12–16 1.-18.6.04
12,31–14,40 1.-6.6.12
15–16,24 7.-15.6.12

2. Korinther
1–13 11.10.-15.11.00
18.10.-20.11.04
13.10-15.11.08
17.10.-17.11.12

Galater
1–6 23.9.-9.10.02
19.5.-3.6.06
27.9.-13.10.10

Bibelstellen-Verzeichnis 2000-2012

Epheser
1,3-14 11.6.00
30.5.04
11.5.08
27.5.12
1–6 8.-19.4.02
12.6.-4.7.06
12.4.-1.5.10

Philipper
1–4 13.-26.7.01
28.5.-14.6.03
14.-26.5.07
10.-23.7.09
1.-16.6.11
2,5-11 1.7.00
20.5.04
1.5.08
8.6.11
17.5.12

Kolosser
1–4 19.4.-5.5.01
28.10.-12.11.05
16.4.-2.5.09

1. Thessalonicher
1–5 19.-28.11.01
14.-23.11.05
20.-28.11.09

2. Thessalonicher
1–3 29.11.-1.12.01
24.-29.11.05
30.11.-2.12.09

1. Timotheus
1–6 14.-27.1.00
30.4.-14.5.04
14.-26.1.08
27.4.-11.5.12

2. Timotheus
1–4 28.1.-5.2.00
15.-25.5.04
28.1.-5.2.08
12.-22.5.12

Titus
1–3 7.-9.2.00
26.-29.5.04
6.-8.2.08
23.-26.5.12

Philemon
16.11.00
22.11.04
9.2.08
19.11.12

1. Petrus
1–5 25.4.-11.5.00
13.-29.4.04
25.3.-10.4.08
10.-26.4.12

2. Petrus
1–3 21.-25.11.00
23.-27.11.04
17.-22.11.08
20.-24.11.12

Jakobus
1–5 3.-12.6.03
8.-20.11.07
4.-16.7.11

Judas
1-25 30.11./1.12.07

1. Johannes
1–5 15.-31.8.02
24.4.-10.5.06
19.8.-3.9.10

2. Johannes
2.9.02
11./12.5.06
4.9.10

3. Johannes
3.9.02
13.5.06
6.9.10

Hebräer
1–13 29.4.-5.6.02
31.3.-30.4.05
3.5.-9.6.10

Offenbarung
1 23./24.10.06
1–11 10.10.-6.11.02
14.10.-10.11.10
12–22 25.10.-25.11.06
20–22 7.-16.11.02
11.-20.11.10